经／邦／济／世／

励／商／弘／文／

京师经管文库

北京师范大学

尹恒文集

尹 恒 / 著

公共财政与收入分配

经济科学出版社
Economic Science Press

总　序

北京师范大学是教育部直属重点大学，其前身是 1902 年创立的京师大学堂师范馆，1908 年改称京师优级师范学堂，独立设校，1912 年改名为北京高等师范学校。1923 年学校更名为北京师范大学，成为中国历史上第一所师范大学。1931 年、1952 年北平女子师范大学、辅仁大学先后并入北京师范大学。师大始终同中华民族争取独立、自由、民主、富强的进步事业同呼吸、共命运，经过百余年的发展，秉承"爱国进步、诚信质朴、求真创新、为人师表"的优良传统和"学为人师，行为世范"的校训精神，形成了"治学修身，兼济天下"的育人理念，现正致力于建设成为具有"中国特色、京师风范"的世界一流大学。

经济与工商管理学院是北师大这棵百年大树长出的新枝嫩叶，其前身是北京师范大学政治经济学系，始建于 1979 年 9 月，由著名经济学家陶大镛教授担任第一届系主任。1985 年更名为经济系，1996 年 6 月组建为北京师范大学经济学院，2004 年 3 月更名为经济与工商管理学院。作为改革开放的产物，北师大经管学院一直坚守"经邦济世、励商弘文"的使命，见证了中国近四十年来所取得的伟大成就，并为之做出了自己的贡献，在这过程中，自身不断壮大，成为了中国经济学和工商管理的重要人才培养和科学研究基地。

北师大经管学院现在涵盖了理论经济学、应用经济学和工商管理三个一级学科，在世界经济、政治经济学、西方经济学、劳动经济、收入分配、教育经济、金融、国际贸易、公司治理、人力资源管理、创新创业、会计、市场营销等领域形成了稳定的研究方向，产生了一批有影响的研究成果。比如世界经济，它是国家重点培育学科，其最早的带头人陶大镛先生是我国世界经济学科的创始人之一。学院在此基础上，还衍生出了国际贸易和国际金融两大研究领域，现在都有很强的实力。还比如教育经济，它是国家重点学科，作为新兴学科和交叉学科，它也是经管学院的特色学科，其带头人王善迈教授是我国教育经济学科的创始人之一，他在20世纪80年代初参与了"六五"国家社会科学重点项目"教育经费在国民收入中的合理比重"的研究，其研究成果为国家财政性教育经费占GDP 4%的目标提供了依据。再比如劳动经济和收入分配，已具有广泛的学术影响和社会影响，其带头人李实教授更被国际同行誉为"收入分配先生"（Mr. Distribution），他所主持的CHIPs数据库，被誉为迄今中国居民收入分配与劳动力市场研究领域中最具权威性的数据库之一。近些年来，学院通过队伍建设、国际化、体制机制改革等措施，因应国家重大理论和现实问题的能力进一步提升，学术成果的影响力进一步增强。比如在"十二五"期间，学院共承担国家社科基金重大项目、教育部人文社科重大攻关项目、国家社科基金重点项目、国家自科基金重点项目15项；在第七届高等学校科学研究优秀成果奖（人文社会科学）评选中，学院7项成果榜上有名，其中一等奖1项，二等奖2项，三等奖4项；此外，学院还有多项成果获北京市哲学社会科学优秀成果奖一等奖、孙冶方经济科学奖、安子介国际贸易研究奖、张培刚发展经济学奖、蒋一苇企业改革与发展学术基金优秀专著奖等，并有

3 项成果入选国家哲学社会科学成果文库。

北师大经管学院一直很重视将教师的学术成果集中呈现给社会。早在 1980 年 5 月，就主办了《经济学集刊》，在中国社会科学出版社出版，其宗旨是"促进我国经济科学的繁荣和发展，积极开展经济理论的研究，提高经济科学的水平，更好地为我国社会主义革命和建设服务。"《经济学集刊》收集有胡寄窗、朱绍文、田光等著名经济学家的大作，但更多的是本院教师的作品，如陶大镛教授的《论现代资本主义的基本特征》、詹君仲教授的《劳动价值学说的由来与发展》、杨国昌教授的《〈资本论〉创作发展阶段问题的探讨》、王同勋教授的《墨子经济思想初探》、程树礼教授的《简论人口规律和生产方式的关系》等，出版后产生了很好的影响。后来又陆续出版了多本。现在我国正处于全面建成小康社会的决胜阶段，未来一个时期，仍是经管学科发展的重要战略机遇期。北京师范大学经济与工商管理学院的愿景是成为具有人文底蕴和国际影响力的一流经管学院，要为"两个一百年"中国梦的实现做出更大的贡献。今天，学院与经济科学出版社合作推出《京师经管文库》，目的是要集中展示学院教师取得的成果，发出师大经管人关于中国社会经济改革和发展的声音，并推动各位学者再接再厉，再攀新高。

《京师经管文库》的汇集出版，得到了北京师范大学"985"工程建设项目和一级学科建设项目的慷慨资助，得到了北京师范大学学科建设与规划处、社会科学处、财经处等的具体指导，得到了经济科学出版社的大力支持。此外，学院学术委员会就文库编辑出版事宜多次开会讨论，许多教职员工为之付出了大量心血。在此一并表示感谢。

《京师经管文库》编委会

2016 年 2 月 14 日

C 目 录
ONTENTS

自 序

在北师大这些年，我很专注地拾"贝"。渐渐地，口袋里积累些形状各异的"贝壳"。我想掏出来让大家看看，于是有了这本文集。

我所搜寻过的"海湾"，早先在政府债务和收入分配问题，后来集中到了地方财政领域。我从最上面的"贝壳"开始，向大家一一展示我的这些发现。

一是地方政府主要向上级政府负责，导致其公共支出的生产性支出偏向。这种偏向是建设公共财政体制和公共服务型政府需要应对的核心问题。根本出路在于逐步增强地方政府对本地居民需求的敏感性。地区经济结构是影响地方政府对本地居民偏好回应程度的重要因素。让市场在资源配置中起越来越重要的作用，是解决地方财政回应性缺乏的方向。

在《县级财政的生产性支出偏向研究》一文中，我们建立了一个动态一般均衡模型，说明县级决策者主要对上级负责，追求尽可能高的经济增长率，而非居民福利最大化，导致其财政决策偏向生产性支出。我们利用县级政府可自由支配的上级转移支付的不确定性，分析不同性质的资金来源对县级财政支出影响的差异，据此验证了生产性偏好的存在性。从根本上解决地方财政生产性支出偏向问题，需要增强本地居民对地方政府行为的约束，逐步强化增强地方政府对本地居民公共服务需求的敏感性和反应性，使地方政府的目标逐渐回归到最大化代表性居民的福利。

在《地方财政对本地居民偏好的回应性研究》一文中，我们同样在一个动态一般均衡框架下，得到地方财政回应性与财政支出结构间的单调关系，从而使财政回应性这个相对抽象的概念变得可以测量。结果表明，地方财政支出中的福利性支出占比，是财政回应性的有效代理变量。综合中国县级财政和规模以上工业企业等多个数据库，我们发现，地区经济结构的如下特征与财政回应性密切相关：民营经济份额越大、个人所得税占地方财政收入的比重越高、本地市场集中度越低，地方财政福利性支出的占比就越高。这表明，民营经济份额、地方财政收入结构和市场集中度所概括的经济结构因素，对地方财政回应确实存在显著影响。市场经济的发展与"公共服务型政府"建设和公共财政改革实际上一个硬币的两面。

二是地区间公共支出相互影响的渠道主要包括溢出效应和竞争效应。不同的公共支出，其地区间相互影响的这两个渠道存在差异。理清地区间公共支出相互影响的渠道和特征，是完善财政分权体制、合理配置公共支出的纵向责任的一项重要基础性工作。

《地市级地区间基本建设公共支出的相互影响》一文提出了契合中国地方政府决策环境的政治经济模型，能够比较满意地理解地区间基本建设支出相互影响的性质。一方面，地方财政基本建设支出具有正外部性，从而地区间公共支出存在"搭便车"的倾向，这可能造成相邻地区基本建设支出间呈现负相关；另一方面，由于地方官员的政治升迁与当地经济增长绩效挂钩，地方官员出于晋升激励或上级经济增长绩效考核的要求，其基本建设公共支出会相互攀比，从而导致同一辖区内地方政府基本建设支出的正相关。我们设计了不同的空间矩阵检验这两个影响渠道。经验分析发现地市级地区间的基本建设公共支出确实存在溢出效应和竞争效应。

在《县级基础教育财政支出的外部性分析》一文中，我们以一个简单的静态模型说明，基础教育财政支出"以县为主"体制的有效性取决于支出外部性和偏好异质性间的权衡。造成支出外部性的主要原因包括外溢效应和竞争效应，它们都使得县级财政基础教育支出偏离有效率的水平。不过两者在地区间支出相互影响的性质方面却是截然不同的：前者是支出相互替代，后者是支出竞次。利用县级财政的面板数据，我们发现相邻县的财政基础教育支出间呈显著的负相关关系。这一结果表明外溢效应是产生基础教育支出外部性的支配性因素。为了纠正基础教育财政支出不足的状况，对"以县为主"体制改革的方向是，上级财政应该承担更多的基础教育支出责任。

三是中国县级地区财力差距悬殊，财力不均等具有很强的持久性且呈上升趋势。上级财政转移支付不但没有起到均等县级财力的作用，反而拉大了财力差异。进入 21 世纪后，从公共财政角度看，转移支付的均等性有所改善，转移支付开始表现出关心公共服务均等化的倾向。

《中国县级政府间财力差距：1993~2003 年》一文利用 1993~2003 年中国县级地区的财政数据，借鉴收入分配文献中发展出来的地区子集和收入来源不平等分解法，对县级政府财力差距进行了分析，发现中国县级政府财力差距悬殊，且财力不均等存在上升趋势；大部分财力不均等是由组内差异解释的，地区间差距对不均等的贡献相对较小。

《政府间转移支付的财力均等化效应》一文发现，中国县级地区间财力不均等呈现很高的持久性，这种持久性还呈不断上升的趋势。上级财政转移支付不但没有起到均等县级财力的作用，反而拉大了财力差异，特别是在分税制改革后，转移支付造成了近一半的县级财力差异；专项补助和税收返还是非均等性最强的转移支付；明确定位在缩小财力差异的各项因素法转移支付并没有达到预定的效果，虽然从财政供养人口平均财力的不均等角度看，它们具有一定的均等化效应，然而从总人口平均的角度分析，它们是非均等的。

《中国县级地区财力缺口与转移支付的均等性》注意到，由于自然条件、人口结构等方面的差异，各地公共服务的提供成本是不同的。即使可支配财力相同，公共服务成本的差异也会造成公共服务水平的差距。因此，有必要综合财政收入能力和公共服务提供成本两方面的因素，分析转移支付均等化公共服务的效应。我们利用 2000～2005 年中国县级财政和社会经济数据，同时考虑政府的财政收入能力和公共服务提供成本，估计县级地区的理论财政收入与支出，得到县级政府在相似税收努力水平下提供大体一致的公共服务水平所面临的财力缺口，并进而评估转移支付的均等性效应。我们发现，在均等现实财政责任的意义上转移支付具有一定的效果，因素法转移支付、专项转移支付、结算补助等项目都在一定程度上向财力缺口较大的地区倾斜。但以普遍接受的公共财政和财政公平观念为标准，转移支付的均等性就要大打折扣。我们还发现，2003 年以后，从公共财政角度看转移支付的均等性有所改善，转移支付开始表现出关心公共服务均等化的倾向。

四是上下级地方政府间的纵向竞争，使得地级市财政存在截留上级财政对县级财政转移支出的倾向，"省直管县"财政改革有助于增加对县级转移支付的可达性，从而改善县级财力与支出责任匹配度。地区间放松税收征管力度以吸引税基的横向财政竞争，导致贫穷县的实际税率要高于富裕县，这有可能进一步加剧地区差异。中心城市与周边地区间不同的竞争和合作模式，导致中心——外围的不同发展结果，例如，北京对环京地区的辐射模式主要以"空吸"效应为主，而上海对周边腹地则表现为"反哺"效应。

《县级政府财力与支出责任：来自财政层级的视角》认为财力与支出责任相匹配是完善财政体制的关键。我们综合考虑各地区税收收入、转移支付以及公共服务的提供成本，纠正了用实际财政支出评价支出责任时所面临的内生性问题，在此基础上构建了财力与支出责任的匹配度指标。我们使用中国县级面板数据分析了财政层级改革对财力与支出责任匹配度的影响，发现"省直管县"财政改革提高了县级财力与支出责任匹配度。这主要是因为其减少了地级市对转移支付的截留，增加了县级转移支付的可达性。财政层级改革使县级财政匹配度平均提高了 10.2 个百分点，且政策效应具有明显的持续性。

《中国县级政府税收竞争研究》认为，放松税收征管力度以吸引税基，是地方政府税收竞争的主要表现形式。地方政府不同策略行为取决于相对税率的权衡；政府间资本税率弹性的差异导致了实际税率的分化。我们利用空间计量方法分析了中国县级政府的税收竞争行为，发现相邻县存在显著的策略互补（税收模仿）。政府的实际税率确实存在差异，贫穷县的实际税率要高于富裕县。这使得贫困地区在竞争处于劣势，存在进一步加大地区差异的倾向。

《空吸抑或反哺：北京和上海的经济辐射模式比较》发现北京对环京地区的辐射模式主要以"空吸"效应为主，而上海对周边腹地则表现为"反哺"效应。各种模型设定和敏感性检验的结论均非常稳健。这表明，北京作为传统政治中心，在资源配置方面似是习惯于层级型的行政命令；而处于中国市场发育比较早的江浙，兼受海外商业文化的浸润，传统上，环沪经济圈在资源配置方面似是更倾向于交易和市场。层级式的行政命令可能更易调动资源向中心集中，而平等的交换和市场更易于互惠和地区间协调发展。

五是农村税费扩大了家庭可支配收入的不平等。世纪之交的农村税费改革明显改善了农村税费的公平性。然而农村税费改革削弱了村庄的公共物品供给能力，其中教育支出的下降尤为明显。

《1995～2002年中国农村税费公平性评估》一文利用中国社会科学院经济研究所收入分配课题组1995年和2002年两次村庄调查数据，根据多种税负公平性定义及测度，从不同角度评估农村税费的公平性。我们分析发现，这一时期我国农村税费体系呈现出对公平性的较大偏离，纵向不公平和背离"累进性原则"尤为突出，因而农村税费实际放大了家庭可支配收入的不平等。但在这一时期农村税费体系对公平性的偏离表现出明显的改善趋势，这主要得益于20世纪末、21世纪初的农村税费改革带来的费的公平性的提高。

《农村税费改革与村庄公共物品供给》一文利用中国社会科学院经济研究所收入分配课题组2002年村庄调查数据，估计农村税费改革对村庄公共物品供给的影响效果。结果表明农村税费改革导致村庄公共物品供给水平显著下降，其中，教育支出的下降尤为突出。导致上述结果的核心原因是农村税费改革减少了基层政府的财力。在结构上，一方面，改革规范了农村税费的征收机制，削弱了县乡政府干预村庄民主的动机，民主化加强了对村干部的监督，节约了行政开支；另一方面，在农村教育支出责任上收县级政府，村庄集体性收入减小的条件下，削减教育经费便成为村级管理组织的理性选择。

六是 20 世纪 90 年代以来，中国城镇居民收入的流动性显著下降。随着中国经济结构逐步趋稳，收入分层结构也逐步固化，不平等存在长期化、持续化的趋势。公共支出同时具有生产性和消费性时，收入分配不平等与经济增长间会存在一定程度的库茨涅兹"倒 U 型"关系。寻租活动不仅可能扩大收入差异，也会损害经济效率。人才投身到纯粹的再分配活动中，而不是从事生产性的企业活动，这种人才误配置会使社会蒙受很大损失。

《中国城镇个人收入流动性研究》一文利用中国社会科学院经济研究所收入分配课题组 1995 年和 2002 年两次城镇居民住户调查数据，对城镇个人收入的流动性进行了经验分析，发现在 1998 ～ 2002 年中国城镇个人的收入流动性比 1991 ～ 1995 年显著下降。这种下降是全局性的，即不同特征人群的收入流动性都呈现出同步下降的趋势。1991 ～ 1995 年较大收入流动的结果是低文化程度者、退休人员和集体企业职工等人群迅速沉入收入底层，而金融业从业人员、机关事业单位人员和管理人员等人群迅速升至收入顶层。在 1998 ～ 2002 年，收入分化的趋势仍然明显地维持着。这似乎表明，前一时期较高的收入流动性是经济转轨的短期特征，随着经济结构逐步趋稳，收入分层结构也逐步固化。

《收入分配不平等与经济增长：回到库茨涅兹假说》认为，财政支出同时具有生产性和消费性，据此建立一个政治经济模型，研究在财政支出同时进入总生产函数和代表性个人的效用函数时收入分配不平等对经济增长的影响。理论分析表明：在经济均衡时增长率与税率呈"倒 U 型"关系：随税率增加，经济增长率先升后降；在政治均衡时收入分配越不平等，实际资本税率就越高，收入分配不平等与经济增长间存在一定程度的库茨涅兹"倒 U 型"关系。这个综合性分析框架，丰富了国内外在收入分配和经济增长关系方面的理论文献，从公共财政角度，为库茨涅兹在 1955 年提出的关于不平等与经济增长的著名经验关系提供了理论基础。

《寻租导致的人才误配置的社会成本有多大》一文利用异质性个体的 OLG 模型，内生化人们的职业选择，评估人才误配置情形下的社会成本。在寻租职位的非货币吸引力比较正常区域内，这种成本大约相当于潜在产出的 10% ~ 20%。如果寻租的魅力大到将社会精英都吸引过去，社会成本将是灾难性的，总产出甚至只有潜在产出的不足 1/3。这一结果表明寻租导致的人才误配置确实可以成为理解各国经济发展路径差异和生活水平差距的钥匙。改革社会游戏规则，让创造性大脑从事做大蛋糕的工作，将大大提高社会的产出和生活水平。

七是政府债务对私人投资存在显著的、稳健的挤出效应，会妨碍经济增长。政府债务的波动对私人投资和经济增长也存在显著的消极影响。政府债务水平的国别间差异明显，一国内部随时间波动也很大。这表明政府债务规模不仅可能受到一些易变的非结构因素影响，还可能受到某些相对稳定的结构性因素的影响。在中国"凯恩斯主义"的政府债务观与现实更相关，政府债务的增加对居民消费的增长存在一定的促进作用。中国政府的跨时预算约束没有得到满足。其原因可能是财政没有主动地预测未来的收支和盈余，并把它作为确定当期债务规模的基础。

《政府债务挤出私人投资：国际证据》运用跨国数据得到一个十分显著、稳健的结论：政府债务对私人投资存在明显的挤出效应。在控制了投资文献中识别出的影响私人投资率的变量后，政府债务—GDP 比率较高的国家，私人投资率较低。我们也发现政府债务—GDP 比率对私人投资率的影响呈现出一定的非线性，政府债务的波动对私人投资也存在显著的消极影响。这表明，现实中的各种摩擦足以导致李嘉图等价性命题失效。"挤出效应"很可能居于主导地位，政府债务的增加可能降低私人部门储蓄率和投资率，会挤出私人投资。

《政府债务妨碍长期经济增长：国际证据》一文运用跨国数据发现：政府债务对经济增长存在明显的消极影响，在控制了增长文献中识别出的影响经济增长率的变量后，政府债务—GDP 比率较高的国家，人均实际 GDP 增长率较低。政府债务的消极影响在发展中国家更为明显。这种消极影响很可能来自于政府债务的波动，它呈现出一定的非线性。而且，国别间的经济增长可能存在一定收敛趋势；代表教育和人力资本水平的变量对经济增长的影响不显著；总投资率、预期寿命对经济增长存在显著的、稳健的积极作用；市场发育状况对经济增长可能发挥重要的影响。

《政府债务规模的国际比较及决定因素研究》一文发现，国债负担率的国别间差异明显，而且随着时间变化很大。这表明政府债务规模不仅可能受到一些易变的非结构因素影响，还可能受到某些相对稳定的结构性因素的影响。我们对国债负担率决定因素的实证分析支持政府债务的新政治经济理论，政府的稳定性越差、政府危机的次数越多，国债负担率就越高。我们的研究也支持李嘉图等价性文献所暗示的关于预期寿命影响的理论假说，预期寿命对国债负担率存在着显著且稳健的正影响，预期寿命越长，政府债务就越大。我们还发现，政府支出规模、通货膨胀率和实际利率对政府债务规模也存在显著且稳健的正影响。

在政府债务对居民消费的影响方面，"凯恩斯主义"和"李嘉图主义"提出了对立的观点。《中国政府债务对居民消费影响的实证研究》一文运用中国宏观经济数据，分别检验了"凯恩斯主义"和"李嘉图主义"的政府债务观，识别出在中国政府债务影响居民消费的基本事实。我们发现，在中国"凯恩斯主义"的政府债务观与现实更相关，政府债务的增加能够促进居民消费增长。居民视其持有的政府债券为净财富，他们基本上没有感受到政府债务增加对未来税收负担的影响。

《政府跨时预算约束是否满足：基于中国数据的检验》一文利用中国政府支出、收入和债务的时间序列数据来检验跨时预算约束。我们基于中国 1979 ~ 2004 年数据的研究表明，中国政府跨时预算约束没有得到满足。我们推测政府可能并没有主动地预测未来的财政收支和盈余，并把它作为确定当期债务规模的基础。一般投资者也很少考虑政府债务规模问题。这可能是由于在样本期内中国的政府债务规模一直处于比较低的区间，政府的跨时预算约束问题没有引起政府和投资者的关注。随着政府债务规模的扩大，投资者可能对政府跨时预算约束问题更为敏感性，它对政府债务行为的约束力也可能逐渐加强。

我的这些"贝壳"，大家不一定都喜欢。

不过，我能体会到持续改善和超越。我相信，这是对我的专注的一种鼓励。

我喜欢在"海边"搜集"贝壳"，并且，我将继续专注地搜索下去。

第一篇
地方财政

县级财政生产性支出偏向研究[*]

一、导　言

经典财政支出理论认为，若所有社会成员得自公共品的边际效用之和等于提供公共品的边际成本，公共物品的提供就达到最优水平。在均衡状态下，虽然各类公共支出的份额可能有很大的差别，但政府没有意图去改变财政支出结构，持续增加某类公共支出，即不会出现财政支出偏向。但是现实表明，中国似乎存在生产性支出偏好①。所谓财政支出偏向，是指虽然政府必须平衡各方面对财政资金的需求，但他们内在地偏向某类支出，会尽可能将财政资金配置到这类支出。生产性支出偏向，就是财政决策偏向生产性支出。

一些文献讨论了中国省级财政支出偏向问题。乔宝云等（2005）以小学义务教育为例，根据1979～2001年的省级数据发现，地区间财政竞争导致义务教育财政支出不足。他们认为，地方政府存在对资本投资的偏好，地方居民的经济福利被忽视了（乔宝云、范剑勇、冯兴元，2005）。平新乔、白洁（2006）运用1999～2002年省级数据研究发现，预算内支出和预算外支出的

　　* 本文原载于《中国社会科学》2011年第1期。作者：尹恒、朱虹。感谢国家自然科学基金（项目号：70773010）和教育部科学技术研究重大项目（项目号：309007）的资助。
　　① 我们经常可以听到县级地区，甚至更高层官员对"吃饭财政"的抱怨。他们认为，财政资金紧张，不得不"保吃饭"、"保运转"。言外之意，只要财力允许，他们就要尽量用来"搞建设"。这类似于计划经济时代的"投资饥渴症"。

结构存在差异，预算内支出主要用于教育等公共品，而预算外支出则主要用于满足当地基础设施等项目的资金需求（平新乔、白洁，2006）。傅勇、张晏（2007）运用1994～2004年的省级数据研究发现，政府支出结构存在"重建设、轻人力资本投资和公共服务"的倾向。

中国地方财政是否存在生产性支出偏向？这种支出偏向的内在原因是什么？本文首次在县级政府层面讨论这些问题①。中国县级政府的支出责任与省级政府存在明显的差别②，民众享受的基础教育、卫生和社会保障等基本公共品主要是由县级政府提供的③。研究县级财政的支出偏向及其产生的原因，对于中国公共财政改革和公共服务型政府建设具有十分重要的意义。

首先，我们从理论上探讨地方政府目标与其支出偏向的关系。基于中国县级政府决策环境的模型表明，如果县级政府主要向上级政府负责，以经济增长率最大化为目标，他们就会尽可能将财政资源投入生产性支出项目，即存在生产性支出偏向；如果县级政府主要对本地居民负责，以最大化代表性居民的效用为目标，则不会存在任何财政支出偏向。在中国垂直管理体制下，县级政府主要对上级负责，以GDP为中心的政绩考核制度使得县级政府追求

---

① 最近利用县级财政数据的经验研究主要包括采自袁飞、陶然、徐志刚、刘明兴，尹恒、朱虹的研究。

② 省级财政支出责任包括：省本级行政管理费、省级派出机构经费，省级公检法支出，全省性或跨市县的水利设施、交通设施建设（包括地方铁路、省道公路、高速公路）支出，全省性的应用研究等科学技术研究与开发，全省性的农业生产与农业技术推广，全省地方性的文化活动以及省级历史文化遗产保护，省属大学、职业技术学校及高中教育的经费补助，义务教育经费（省级财政分担部分）支出，二级医疗保健（全省性的地方病防治，省级公立医院经费补助），省级统筹的社会保障，以及中央委托省级地方事务的管理经费等。县级政府支出责任包括：县乡行政管理费、公检法支出，水利设施、交通设施建设（包括公路和高速公路）支出，公共交通、煤气、自来水等公用事业，城镇基础设施维护和建设经费，应用研究等科学技术研究与开发，文化活动以及历史文化遗产保护，县属职业技术学校及高中教育的经费补助，义务教育经费（县级财政分担部分）支出，初级医疗保健（地方病防治，公立医院及乡镇卫生院经费补助），县级统筹的社会保障支出，以及中央委托县级地方事务的管理经费等。

③ 例如，2003年县级财政的教育支出份额平均为25.26%，而2003年省级（包括省以下）财政的教育支出份额平均为15.7%（参见《中国统计年鉴》，中国统计出版社2004年版）。

尽可能高的经济增长率，而不是居民的效用最大化①。因此，理论假说表明，县级政府会存在生产性支出偏向。另外，利用县级政府可自由支配的上级转移支付的不确定性，分析不同性质的资金来源对县级财政支出影响的差异，据此验证生产性偏好的存在性。2001~2005 年 2067 个县（市）的财政经济数据为生产性偏好的存在性提供了有力的证据。

下文结构安排如下：第二部分建立模型，考察生产性支出偏向存在的条件；第三部分介绍经验分析战略，并对数据进行描述；第四部分讨论经验分析结果；第五部分总结全文，指出解决财政支出偏向问题的根本思路。

二、模　型

下面运用一个简单的政治经济模型讨论县级政府的目标与其支出偏好的关系。以代表性县级地区为主要研究对象。本地居民在政策变量给定的前提下，以自己的福利最大化为目标，做出消费和资本积累的决策；而政府的最优化问题，是在居民的选择和市场均衡前提下，选择可以控制的政策变量（财政支出结构），最大化经济增长率或代表性居民福利。

借鉴阿罗和库尔茨（K. J. Arrow and M. Kurz，1970）、巴罗（R. J. Barro，1990）、阿拉西拉和罗德里克（A. Alesina and D. Rodrik，1994）、德瓦拉杨（S. Devarajan，V. Swaroop and Hengfu. Zou，1996）等，设定县级政府财政支出（g）包括竞争性的两部分。一部分为生产性支出（g_1），用于改善本地区的生产效率，进入生产函数；另一部分为福利性支出（g_2），直接提高居民的福利水平，进入效用函数。具体地，设本地生产函数为：

$$y = f(k, l, g_1) = A k^\alpha g_1^{1-\alpha} l^{1-\alpha}, 0 < \alpha < 1 \tag{1}$$

生产函数关于资本存量 k 和劳动量 l、生产性支出 g_1 的规模收益不变，

①　"政治集中"与"经济分权"的中国式分权受到学界广泛关注。大量的文献从这一角度来解释中国经济增长。参见钱颖一和雷纳德（Yingyi Qian and Gérard Roland，1998）。

$f_k > 0$、$f_{kk} < 0$；$f_l > 0$、$f_{ll} < 0$。初始的资本存量 $k(0)$ 给定，总劳动量（等于总人口量）l 为常数。生产函数（1）的独特之处在于纳入了生产性公共支出 g_1，且：

$$f_{kg_1} > 0 \qquad (2)$$

也就是说，虽然政府不直接从事生产活动，参与国民收入的初次分配，但政府生产性支出 g_1 能够提高资本的边际生产力，这赋予财政支出一定的生产性职能。例如，政府提供的农林水利、气象等农业生产服务，能够提高农业生产效率；政府用于基础设施建设的公共支出，能够改善本地的生产和投资环境。

代表性居民既从私人消费获得效用，也享受来自于政府支出的福利。例如，政府在基础教育、社会保障和医疗等方面的公共支出，能够直接提高居民的效用水平。据此设代表性居民的即期效用函数为 $u(c_i, g_2)$，c_i 为私人消费，g_2 为福利性政府支出。设效用对于私人消费和福利性政府支出是可加可分的，且对于私人消费为经典的常替代弹性（Constant Elasticity of Substitution，CES），即：

$$u(c_i, g_2) = \frac{c_i^{1-\sigma} - 1}{1 - \sigma} + \psi(g_2) \qquad (3)$$

$\psi' > 0$，即福利性政府支出越多，代表性居民的效用水平越高。

政府对资本征收税率为 τ 资本税。县级财政总收入为 $\tau \cdot k$[①]。政府是平衡预算的，$\tau \cdot k = g_1 + g_2$[②]。进一步，设县级财政支出中用于生产性支出的比重为 β，$0 \leqslant \beta \leqslant 1$，这样，$g_1 = \beta \tau k$。

市场是充分竞争的，工资率和资本收益率由各自的边际生产率决定。这样，税后资本收益率和工资率为：

$$r = f_k - \tau = A\alpha(\beta\tau)^{1-\alpha} l^{1-\alpha} - \tau \qquad (4)$$

---

① 为简化分析，这里先不考虑上级财政对县级财政的转移支付。确实，随着这些年来"城市反哺农村"政策的深入，来自上级的转移支付占县级财政收入的比重在提高。不过，在基本框架中引入外生的上级补助收入，结果不会改变。

② 中国的预算法规定，地方政府不能留有预算赤字。

$$w = f_l = A(1-\alpha)(\beta\tau)^{1-\alpha}l^{-\alpha}k \qquad (5)$$

根据式（4），资本收益率（利率）取决于税率 τ 和支出结构 β，与资本存量 k 无关。这在内生增长理论中是常见的设定，内生增长的前提是可积累的生产要素不能递减（P. M. Romer，1986）。在我们的模型中，这一条件来源于纳入了生产性公共支出的生产函数式（2）以及比例的资本税，从而使得产出对资本是线性的，资本的边际生产率不变。

代表性居民每期的可支配收入为：

$$y_i = w \cdot \bar{l} + r \cdot k_i \qquad (6)$$

式中，k_i 为代表性居民拥有的资本，$\bar{l}$ 为代表性居民的劳动供给。设每个居民的劳动供给相同。居民每期的可支配收入扣除消费支出，剩下的资源用于积累资本 k_i，因此：

$$\frac{\mathrm{d}k_i}{\mathrm{d}t} = w\bar{l} + rk_i - c_i \qquad (7)$$

先考虑居民的选择问题。对于代表性居民而言，政策变量（τ、g_1、g_2）是给定的。在给定政策环境、由竞争市场决定的 w、r 前提下，代表性居民选择私人消费路径和资本积累路径，最大化其终身的福利。也就是说，代表性居民的最优化问题是：

$$\max_{\{c_i, k_i\}} \int_0^\infty \left[\frac{c_i^{1-\sigma}-1}{1-\sigma} + \psi(g_2) \right] e^{-\rho t}\mathrm{d}t \qquad (8)$$

$$\text{s. t. } \frac{\mathrm{d}k_i}{\mathrm{d}t} = w\bar{l} + rk_i - c_i$$

$\rho > 0$ 为贴现因子。根据动态优化问题式（8），代表性居民的最优路径上满足：

$$\frac{\mathrm{d}c_i/\mathrm{d}t}{c_i} = \frac{r-\rho}{\sigma} \qquad (9)$$

这就是代表性居民的最优消费增长率。由式（9）可知，均衡路径上代表性居民 i 的消费增长率与个人特征无关。而且，根据预算约束式（7），均衡路径上人们的消费增长率、资本增长率相同：

$$\frac{dc_i/dt}{c_i} = \frac{dk_i/dt}{k_i} = \frac{r-\rho}{\sigma} \equiv \gamma \tag{10}$$

根据生产函数式（1）的设定，这就是总产出即整个经济的增长率。可以看到，它取决于资本的税后收益率 r。根据式（4），经济增长率 γ 取决于政府的财政政策，即税率 τ 和支出结构 β。

下面讨论县级政府的决策问题。县级政府在平衡预算的约束下，选择其可以控制的政策变量，最大化其目标。

中国县级政府的税权十分有限，主要税种的税率都由上级政府决定。这就是说，县级政府不能控制 τ。他们可以施加影响的财政政策工具是本级财政支出结构 β。

县级政府的目标是什么？这里讨论两种情形：经济增长率最大化和代表性居民福利最大化。

首先，考虑县级政府追求的目标是经济增长率最大化。这在中国是一个比较符合现实的设定。在中国，本地居民的偏好对县级政府的决策并不构成决定性影响，县级政府决策者主要对上级负责。他们为了迎合上级政府的政绩考核要求，会争取尽可能高的经济增长率[1]。

具体地，综合式（4）和式（10），县级政府的决策问题是选择政府支出结构 β，实现尽可能高的经济增长率：

$$\max_{\beta} \gamma = \frac{A\alpha(\beta\tau)^{1-\alpha}l^{1-\alpha} - \tau - \rho}{\sigma}$$

由于：

$$\frac{d\gamma}{d\beta} = \frac{A\alpha(1-\alpha)}{\sigma}(\tau l)^{1-\alpha}\beta^{-\alpha} > 0 \tag{11}$$

这表明，经济增长率 γ 随着生产性支出的比重 β 单调增加。当 $\beta^* = 1$，即地方政府支出完全用于生产性支出，取得最大的经济增长率 γ^*。在此之前，

---

[1] 经济增长绩效是上级政府考核下级政府官员政绩的核心内容。上级政府的确将地方官员的政治升迁与当地经济增长绩效挂钩，经济增长绩效相对突出的官员获得提拔，参见李宏彬和周黎安（Hongbin Li and Li-An Zhou，2005）。地方官员间的"晋升锦标赛"竞争也强烈地激励了地方政府官员对经济增长率的追求，参见周黎安（2007）。

地方政府会尽可能多地将财政收入用于 g_1。这正是本文定义的生产性支出偏向。这样，我们得到：

命题 1 如果县级政府追求尽可能高的经济增长率，则会存在生产性支出偏向。

在这种情况下，地方政府表现出"生产性支出饥渴症"。现实中存在多种模型没有考虑的支出约束，这使得地方政府不得不首先考虑基本的支出需求，例如"保运转"、"保吃饭"。然而，只要有机动财力，地方政府就会尽量增加生产性支出。设想地方政府得到一笔可以自由支配的额外资金。如果此时基本支出约束在一定程度上得到缓解，他们会尽可能将其用在生产性支出方面。这样，可以看到县级财政"增量"收入的支出结构与"既有"收入的支出结构会存在明显差别，"增量"收入中可能会有更高的比重用在生产性项目上。

如果县级政府主要关注本地居民的福利，其目标与代表性居民的目标完全一致，情况会如何？此时县级政府的问题是，选择政府支出结构 β，最大化代表性居民的终生贴现效用（8）。可以证明，此时存在最优的政府支出结构 $0 < \beta^* < 1$[①]。于是得到：

命题 2 如果县级政府以最大化本地居民的效用为目标，则不存在财政支出偏向。

这就是说，政府会尽量将公共支出结构调整到最优水平。在均衡状态，尽管各类支出的比重可能有很大的差别，但政府不存在调整支出结构的激励。当然，由于模型没有考虑的种种支出约束，以及调整需要时间，现实更可能是处于向均衡收敛的过程之中，从而公共支出的结构也处于变化之中。但我们仍有充分的理由相信，政府不会始终对某类支出表现出特别的兴趣。在调整过程中更可能的情况是，县级政府的"增量"收入和"既有"收入的支出结构不会存在明显的差别。

---

① 篇幅所限，此处省略证明过程。

三、经验分析思路及数据描述

现实中县级财政是否存在生产性支出偏向？如前所述，比较县级财政"增量收入"和"既有收入"的用途，如果增量资金与既有资金的支出结构存在明显差别，前者更偏向于生产性支出，就能够为生产性支出偏向提供证据。本文的经验分析正是围绕这一思路展开①。

目前，中国县级政府的收入主要包括本级财政收入和来自于上级财政的各种转移支付资金，还包括政府性基金（含土地出让收入）、社会保障缴费收入、纳入财政专户管理的预算外收入等。根据数据的可得性，我们没有考虑基金收入和预算外收入，而主要讨论县级财政的本级收入和各项转移支付资金等预算内收入。这些收入是地方财政的主体，且相对透明，从中寻找支出偏向的证据是有代表性的、合适的。

下面考察"增量收入"和"既有收入"概念在预算内收入中的对应物。首先是可自由支配性②，本级财政收入显然满足这一条件。根据上级政府对县级财政转移支付的制度规定，县级财政能够自由决定用途的转移支付项目包括：税收返还，净原体制净补助（原体制补助—原体制上解），一般性转移支付，民族地区转移支付，取消农业特产税、降低农业税率转移支付和缓解县乡财政困难转移支付。本文称它们为可支配转移支付。而专项转移支付资金被限定在特定的支出范围之内，县级政府必须专款专用，不能随意变更使用数额和方向。农村税费改革转移支付、调整工资转移支付、增发国债转移支

---

① 类似的思路包括平新乔和白洁（2006）。他们认为，地方财政预算内支出受到的约束相对比较大，地方政府官员对于预算外支出拥有更多的控制权。他们比较了省级政府预算内收入和预算外收入对支出结构的影响，但是缺乏县级层面的政府预算外收入和支出数据。

② 本文中可自由支配性与前面提到的支出约束是不同的概念。前者相对于制度规定的专款专用资金而言，例如，本级财政收入是县级政府可以统筹安排的，因此可自由支配；后者指县级政府在配置财政资金时必须区分轻重缓急，例如，本级财政收入首先要面临"保运转"的支出约束。

付等项目服务于特定的政策目标，实行专户管理，有专门用途①。这样，"增量收入"和"既有收入"的搜索范围集中到县级政府的本级财政收入和可支配转移支付。

当然，以是否纳入当年预算为标准来区分"增量收入"和"既有收入"最为理想。按照中国县级财政预算习惯，一般在上年末开始按照"一上一下"程序编制下年的预算。由预算单位（资金使用单位）向财政预算部门上报资金使用计划（一上），财政预算部门根据年度本级财政预计财力加以调整、修改，报送人民代表大会进行预算审批后，年初（1月底）下达至各预算单位执行②。可见，财政预算是各个资金使用部门和财政预算部门就当年预计可用财力的分配方案反复磋商的结果。对各部门来说，纳入财政预算的收入基本上是透明的，其在本年内的支出去向受到各部门的监督，而且还要受到一些结构性约束③。因此，比较接近"既有收入"内涵的是县级财政收入的年初预算数，相应地，我们把没有纳入当年预算的收入视作"增量收入"。然而，出版的数据是各县财政收支的执行数，我们得不到年初预算数、未纳入当年预算的收入等细节。

我们注意到，各种转移支付制度均未规定拨付资金的具体时间，也没有明确规定其必须编入本级政府预算。不过，上级转移支付分配中存在明显的保护既得利益倾向。各利益相关方都清楚，来自上级的转移支付一般会只增

---

① 例如，农村税费改革转移支付是为保证农村税费改革的顺利进行，上级财政统筹考虑各地区提高农业税率增收因素和取消乡镇统筹、降低农业特产税税率、取消屠宰税减收、调整村提留提取办法等因素；对地方净减收部分，通过转移支付给予适当补助，规定主要应用于中小学教育经费、村级管理费、五保户供养补助等方面，县级政府不能挪用。

② 有些地方采用更为细致的"二上二下"编制方式：预算单位将下年度预算编制建议计划上报预算部门（一上），后者在平衡财力后提出各单位预算控制数，下达至各预算单位（一下），预算单位根据预算控制数编制本部门预算并报送财政预算部门（二上），后者修改和汇总，在人大完成政府预算审批程序后，向预算单位下达当年度财政收支预算（二下）。

③ 据不完全统计，中央和各省有关单项支出必须占财政支出一定比例或者单项支出增长必须高于支出（或收入）增长的规定有十余项之多。如1993年7月2日开始实行的《农业法》规定对农业支出增长幅度应该高于财政经常性收入的增长幅度；1994年1月1日开始实行的《教育法》规定教育支出要达到国民生产总值的4%；1996年8月3日开始实行的《国务院关于环境保护问题的决定》规定相关投入应该占国民生产总值的1.5%等。

不减，他们都把上年得到的可支配转移支付数额视作一个稳定的基数，是可供本年运用的稳定财力。从这种意义上看，这部分收入接近"既有收入"内涵。另外，考察期内转移支付政策变动很大，规模增加相当快，年初县级财政很难准确预测当年从上级得到的转移支付资金规模。在这种意义上，当年实际得到的可支配转移支付超过上年数额的部分，对地方政府而言类似一笔意外之财，接近"增量收入"的内涵。

这样，根据本文的研究目的，可以将县级财政收入分成以下几类：本级财政收入；不可自由支配转移支付，包括专项转移支付、农村税费改革转移支付、调整工资转移支付和增发国债转移支付等；可支配转移支付，包括税收返还、净原体制净补助、一般性转移支付、民族地区转移支付、取消农业特产税以及降低农业税率转移支付和缓解县乡财政困难转移支付等。本文进一步将可支配转移支付分为两部分："既有部分"，即可支配转移支付的上年执行数；"增量部分"，即可支配转移支付的当年执行数减去上年执行数。可支配转移支付的这两个部分对财政支出影响的差异，正是本文检验县级财政支出偏向的核心工具。具体来说，本文采用如下支出决定模型：

$$EX = \alpha + \theta_1 \cdot USE + \theta_2 \cdot SE + RE \cdot \beta + X \cdot \lambda + \varepsilon \qquad (12)$$

其中，EX 为各类支出，USE 和 SE 分别为可支配转移支付的增量部分和既有部分，RE 为其他财政收入（包括本级财政收入、专项转移支付、农村税费改革转移支付、调整工资转移支付和增发国债转移支付等），X 为其他控制变量[①]。θ_1 和 θ_2 是经验分析关注的焦点。如果两者差别不显著，可以认为命题2更能概括现实，县级财政不存在支出偏向；如果两者有显著的差别，表明存在支出偏向。增量部分的系数 θ_1 相对较大，则县级财政偏向于此类支出。

类似于式（12）的模型在公共财政领域运用广泛。汉德森最早用类似的模型讨论无条件转移支付与地方选民的收入增加对地方政府支出的影响差异，

---

① 参考摩拉和希尔顿（P. Mauro，1998；C. A. Shelton，2007），以及数据的可获得性，这些控制变量包括人均 GDP、第一产业比重、第二产业比重、人口密度、农业人口比重、财政供养人口比重、小学生比重、中学生比重、万人病床数。

其发现后来被奥肯称之为"粘蝇纸效应（flypaper effect）"[①]。这一效应表明，来自于上级政府的转移支付会激励地方政府增加支出（总支出或某类支出），支出增加的幅度甚至于超过本级收入增加对支出的影响[②]。与"粘蝇纸效应"密切相关的另一个概念是不同收入间的"可替代性"（fungibility）[③]，即意在提高地方政府某类公共支出的上级转移支付或外部援助，与地方政府用于该项公共服务的自有资金间不是互补，而是相互替代的。例如，上级增拨给地方政府一元钱用于教育投入，地方政府就可能减少一元自己的教育投入。这样，上级政府或外部援助机构试图通过补助来提高某项地方公共支出，其政策效果会因"可替代性"而大打折扣。

"可替代性"是否会影响本文经验战略的可行性呢？的确，除了专款专用的情形外，财政收入项目和财政支出项目间一般并不具有对应性，收入间很可能存在"可替代性"，这也正是前面讨论过的财政收入项目"可自由支配"的题中应有之义。不过，由于在年初预算时"既有部分"基本上是确定的，地方政府有了相应的支出安排，而"增量收入"的规模在当年财政预算完成后才确定。这种收入确定上的时间差异，使得模型（12）中我们关心的 USE 和 SE 这两部分间并不存在完全的"可替代性"。而且，如果我们的研究目标是考察"既有部分"和"增量部分"与各项支出间的对应关系，是讨论 USE 和 SE 中用于各项支出具体有多少钱，"可替代性"可能是一个不可回避的困难，它导致我们无法实现研究目标。然而，我们的经验研究关注的是随着"增量收入"的增加，地方政府是否会花更多（少）的钱于某项开支。也就是说，我们关心的是收入增加后支出是否会增加更多，而不关心增加的收入

---

① 参见汉德森（J. M. Henderson，1968）。对这一效应的讨论至今仍是公共财政领域的一个热点。参见英曼（R. P. Inman，2008）。

② 理论界倾向于把这视为一种非理性现象，因为根据标准的中间投票人或代表性居民效用最大化理论，不同收入来源对支出的影响不应该存在区别，参见海纳斯和泰勒（J. Hines and R. Thaler，1995）。一些学者也尝试在理性人假定框架下理解这一现象，例如罗默和西尔维斯特（J. Roemer and J. Silvestre，2002）。

③ "可替代性"也是地方公共财政和国际援助文献经常讨论的重要话题。例如（H. Pack and J. P. Park，1993）。

具体如何运用、增加的支出钱从何处来。具体到模型中，我们主要关心的是，式（12）中系数 θ_1 和 θ_2 是否显著不同，而不是 θ_1 和 θ_2 的具体数值。"可替代性"会影响对 θ_1 和 θ_2 真实值估计的准确性，但并不妨碍检验 θ_1 和 θ_2 是否存在显著差异。据此，我们并不认为"可替代性"对本文的经验战略构成威胁。本文的经验研究在一定意义上更接近于"粘蝇纸效应"文献[①]。

这类模型经常遇到的另一个困难在于因遗漏变量而带来的内生性问题（J. Hamilton，1986）。某地区得到的转移支付可能受到不可观测特征的影响，而这些因素也可能影响该地区的政府支出行为。也就是说，式（12）的残差项可能与关注的解释变量相关，从而估计系数是有偏和不一致的。目前，相关文献中应对内生性的常用策略主要有三种：一是利用工具变量，如奈特以国会代表数作为公路转移支付的工具（B. Knight，2002）；二是利用转移支付分配规则的非连续性，如德尔伯格等（Dahlberg，Matz，Eva Mörk，Jørn Rattsø and Hanna Ågren，2008）；三是用面板数据模型消除不可观测特征带来的内生性问题。由于本文数据的局限，找不到合适的工具变量，我们沿用第三种思路。遗漏的变量可以分为固定的不可观测效应和随时间改变的不可观测效应两种，本文先使用固定效应模型消除前一种效应的影响。

$$EX_{it} = \alpha + \theta_1 \cdot USE_{it} + \theta_2 \cdot SE_{it} + RE_{it} \cdot \beta + X_{it} \cdot \lambda + \mu_i + \varepsilon_{it}, i$$
$$= 1, \cdots, N; t = 2, \cdots, T \tag{13}$$

其中，μ_i 为不可观测的固定因素，可以用固定效应模型将其消除。对式（13）式直接进行回归分析可以讨论 θ_1 和 θ_2 的显著性，但是不能对 θ_1 和 θ_2 的差异进行检验，而后者正是我们关注的。为了检验 θ_1 和 θ_2 是否存在差异，定义 $\theta = \theta_1 - \theta_2$，对式（13）稍作变动（J. M. Wooldridge，2000）：

$$EX_{it} = \alpha + \theta \cdot USE_{it} + \theta_2 \cdot (USE_{it} + SE_{it}) + RE_{it} \cdot \beta + X_{it} \cdot \lambda + \mu_i + \varepsilon_{it} \tag{14}$$

这是本文的基本经验模型。θ 的 t 统计量即为检验式（13）中 θ_1 和 θ_2 是

---

① 实际上，有学者注意到，地方政府收入来源间缺乏"可替代性"，也是导致"粘蝇纸效应"的一个原因，参见海纳斯和泰勒（J. Hines and R. Thaler，1995）在这种意义上，本文的模型从一个新的角度提出了对"粘蝇纸效应"的理论解释。

否存在差异的统计量 $\dfrac{\hat{\beta}_1 - \hat{\beta}_2}{se(\hat{\beta}_1 - \hat{\beta}_2)}$。$\theta$ 为正，表明县级财政偏向于此类支出。

如果存在随时间可变的不可观测因素，内生性问题依然是一个需要考虑的问题。而且，财政支出存在惯性，这在中国尤为明显。现实中，"基数加增长"是编制县级预算的最常用方法。也就是说，前期的支出会影响当期的支出。因此，作为敏感性分析，本文还估计如下动态面板数据模型：

$$EX_{it} = \alpha + \theta_1 \cdot USE_{it} + \theta_2 \cdot SE_{it} + RE_{it} \cdot \beta + X_{it} \cdot \lambda$$
$$+ \omega \cdot EX_{it-1} + \mu_i + \varepsilon_{it} \tag{15}$$

主要的变化在于引入了滞后因变量 EX_{it-1}。由于引入了滞后因变量，即使 ε_{it} 本身不存在序列相关，滞后因变量依然与扰动项相关。这就不能利用固定效应或随机效应方法进行估计。可行的策略是先对式（15）进行一阶差分：

$$(EX_{it} - EX_{it-1}) = \theta_1 \cdot (USE_{it} - USE_{it-1}) + \theta_2 \cdot (SE_{it} - SE_{it-1})$$
$$+ (RE_{it} - RE_{it-1}) \cdot \beta + (X_{it} - X_{it-1}) \cdot \lambda$$
$$+ \omega \cdot (EX_{it-1} - EX_{it-2}) + (\varepsilon_{it} - \varepsilon_{it-1}) \tag{16}$$

差分处理也能够在一定程度上控制时间序列数据的非平稳性问题。由于 $(EX_{it-1} - EX_{it-2})$ 和 $(\varepsilon_{it} - \varepsilon_{it-1})$ 相关，需要运用 GMM 对式（16）进行估计。在扰动项的差分满足某些的假定时，可以得到参数的一致估计量（Arellano and S. Bond，1991；Arellano and O. Bover，1995）。这样，滞后因变量的引入及差分处理，不仅很好地刻画了财政支出的惯性，也有助于进一步控制变化的不可观测因素导致的内生性问题。GMM 估计还利用工具变量进一步提高了估计的有效性。

本文讨论全国县及县级市，不包括地级及以上城市的城区。财政数据来源于 2001～2005 年的《全国地市县财政统计资料》①。社会经济数据来源于国家统计局编撰的 2001～2005 年的《中国县市年鉴》。为了消除行政区划变化的影响，本文逐一查找、分析这一期间的行政区划的变更，将它们分为三种

---

① 财政部国库司、预算司：《全国地市县财政统计资料》，中国财政经济出版社 2001～2005 年版。

情况进行处理①，得到 2001～2005 年包含 2067 个县（市）的面板数据。

按照理论部分的思路，理想的情形是将财政支出划分为生产性和福利性两部分。然而在现实中一些支出类别的性质很难分清②。例如，在县级财政支出中占较大比重的其他支出和包括公检法支出在内的行政支出③。一些支出项目甚至既没有改善生产，又没有增进福利。不过，由于本文经验分析以支出项目方程为基础，基本思路是比较不同性质收入对支出项目的影响差异，我们并不一定要涵盖所有的支出项目。根据经验观察明确部分支出项目的性质（生产性还是福利性），进而通过这些支出方程中影响因素的分析和比较，我们仍然能够获得关于政府支出意愿的信息。具体地，本文主要考虑的县级财政支出项目包括：基本建设支出、农业生产支出④、教育支出、社会保障支出和医疗卫生支出。按照理论思路和经验观察，本文以基本建设支出和农业生产支出代表生产性支出；以教育支出、社会保障支出和医疗卫生支出代表福利性支出⑤。

表 1 列示了各类财政支出所占的比重。一个明确的信息是，在样本期内生产性支出的比重呈现稳定上升趋势，而福利性支出的比重则呈现逐步下降的趋势。这种状况对各支出项目也基本存在，其中，比较明显的是基本建设支出、农业生产支出所占比重上升，而教育支出比重下降。值得注意的是，这种趋势在东部、中部和西部地区基本上是同步的。在所有支出项目绝对量增长的同时，支出结构呈现生产性支出份额逐步上升和福利性支出份额逐步

---

① 第一种情况：名称变更或者行政隶属关系变化，但县级单位行政辖区无实质变化，我们把这样的县级单位视为同一地区；第二种情况：名称无变化，但县级单位行政辖区发生实质改变，我们将这种情形视为不同地区，原编码中止、设立新编码；第三种情况：名称变化，县级单位行政辖区也发生实质改变，我们也将原编码中止、设立新的编码。

② 有些研究并不先界定公共支出的性质，而是把它本身作为研究的目标之一，结论有利于生产和增长，就算生产性支出。参见德瓦拉杨等（Devarajan、Shantayanan、Danyang Xie and Heng-fu Zou，1998）。

③ 其他支出 2001～2005 年在县级财政支出中的比重平均为 34.4%，行政支出的比重平均为 21.4%。

④ 在农业生产支出中，2001～2002 年为支援农村生产支出和农林水气事业费；2003～2005 年为农业支出、林业支出、水利和气象支出。

⑤ 医疗卫生支出本质也是福利性支出。由于医疗卫生支出只有 2003～2005 年的数据，本文单独对其进行分析。

下降，这为县级政府存在生产性支出偏向提供了初步的证据。随着县级财力的提高，县级政府偏向生产性支出的"势能"逐步在释放。

表1 　　　　　　　　　　各项财政支出占当年总支出的比重　　　　　单位：%

		2001 年	2002 年	2003 年	2004 年	2005 年
全国	生产性支出	12.13	12.08	13.25	14.63	14.90
	农业生产支出	8.59	8.49	8.92	10.69	10.15
	基本建设支出	3.54	3.59	4.33	3.94	4.75
	福利性支出	28.28	29.38	28.31	27.57	26.11
	教育支出	25.85	26.37	25.26	24.49	23.13
	社会保障支出	2.43	3.01	3.05	3.08	2.98
	医疗卫生支出	—	—	4.96	4.61	4.75
东部	生产性支出	10.7	10.32	11.71	11.31	12.46
	农业生产支出	7.93	7.57	8.57	8.42	8.83
	基本建设支出	2.77	2.75	3.14	2.89	3.63
	福利性支出	30.34	31.88	30.18	29.96	27.42
	教育支出	28.20	29.24	27.54	27.19	25.10
	社会保障支出	2.14	2.64	2.64	2.77	2.32
	医疗卫生支出	—	—	4.55	4.36	4.39
中部	生产性支出	9.91	9.8	11.31	13.17	13.26
	农业生产支出	7.90	7.96	8.71	10.33	9.86
	基本建设支出	2.01	1.84	2.60	2.84	3.40
	福利性支出	29.87	30.86	29.21	28.24	26.55
	教育支出	26.57	26.85	25.33	24.24	22.49
	社会保障支出	3.30	4.01	3.88	4.00	4.06
	医疗卫生支出	—	—	4.66	4.27	4.37
西部	生产性支出	15.1	15.21	16.15	18.17	18.12
	农业生产支出	9.63	9.50	9.33	12.41	11.23
	基本建设支出	5.47	5.71	6.82	5.76	6.89
	福利性支出	25.57	26.63	26.38	25.49	24.91
	教育支出	23.83	24.37	23.94	23.19	22.65
	社会保障支出	1.74	2.26	2.44	2.30	2.26
	医疗卫生支出	—	—	5.46	5.08	5.32

注：由于2001年和2002年医疗卫生支出缺失，在本表中没有纳入福利性支出合计中。

资料来源：《全国地市县财政统计资料》2001~2005年。

　　根据前面对县级政府各项财政收入的界定，可支配转移支付包括税收返还、净体制补助、一般性转移支付、民族地区转移支付、取消农业特产税降低和农业税率转移支付以及缓解县乡财政困难转移支付①。可支配转移支付的"增量部分"和"既有部分"定义如前。表2对县级财政收入的结构进行了描述。样本期内县级政府的本级收入逐步下降，而来自上级的各项转移支付在迅速上升。可以看出，地方政府的可支配转移支付比重增加很快，在2005年超过了本级收入，达到了总收入的29.82%。与此相对应，增量部分的份额也引人注目，2005年达到了可支配转移支付的31.46%。

表2　　　　　　　　各项财政收入占当年财政总收入的比重　　　　　单位：%

		2001 年	2002 年	2003 年	2004 年	2005 年
本级收入	全国	39.91	34.01	32.79	29.98	28.81
	东部	47.40	41.21	38.54	36.51	37.53
	中部	44.89	37.36	36.66	32.84	31.16
	西部	30.93	26.99	25.97	23.48	21.57
可支配转移支付	全国	17.24	20.53	21.12	25.91	29.82
		17.78	33.33	21.33	33.42	31.46
	东部	15.80	21.20	19.45	23.32	25.13
	中部	14.61	19.36	21.02	27.02	31.29
	西部	20.57	21.27	22.13	26.29	31.04
专项转移支付	全国	15.58	15.68	15.52	16.92	16.89
	东部	11.84	12.04	12.14	12.03	12.61
	中部	12.61	13.73	14.11	15.88	15.92
	西部	20.53	19.47	18.69	20.71	20.26
增加工资转移支付	全国	12.78	14.88	13.79	12.42	9.78
	东部	5.98	7.38	6.53	6.21	5.06
	中部	14.09	16.01	14.16	13.06	10.00
	西部	15.35	17.85	17.38	15.31	12.24

---

　　① 2001～2003年为税收返还、净原体制净补助（原体制补助—原体制上解）、一般性转移支付和民族地区转移支付；2004年增加了取消农业特产税降低农业税率转移支付；2005年又进一步增加了限缓解县乡财政困难转移支付。

		2001 年	2002 年	2003 年	2004 年	2005 年
增发国债转移支付	全国	2.18	2.09	2.43	1.90	1.90
	东部	1.31	1.52	1.60	1.29	1.38
	中部	1.33	1.01	1.26	1.07	0.88
	西部	3.47	3.40	4.00	3.06	3.21
农村税费改革转移支付	全国	1.40	5.19	5.83	4.90	4.01
	东部	0.68	3.16	5.02	4.64	3.95
	中部	1.77	6.05	6.03	4.95	3.98
	西部	1.46	5.47	6.08	5.00	4.07

注：当年地方财政总收入，不包括上年结余；由于存在少量负值，可支配转移支付中的增量部分一栏为增量部分的绝对值与可支配转移支付的比。

资料来源：《全国地市县财政统计资料》2001～2005 年。

四、经验结果

表 3 列出了模型（14）的估计结果。可以看到，在所有的回归中检验统计量 θ 都十分显著。可支配转移支付的"增量部分"和"既有部分"对各类支出的影响确实存在系统差别，县级政府对于"增量部分"这种机动财力的运用明显地不同于"既有部分"。这表明，为了保持既有支出规模及满足刚性需求，县级政府的支出偏好的确受到约束，其内在的支出愿意通过"边际财力"显示出来。注意到 θ 为"增量部分"的系数与"既有部分"的系数的差，正的 θ 表示县级政府把"边际财力"更多地布局在此类支出中。如表 3 所示，生产性支出（农业生产支出、基本建设支出）的 θ 为较大的正值（0.19），而福利性支出的 θ 为负（−0.12）。考虑在县级层面上生产性支出的平均份额为 13.4%，而教育和社会保障的平均份额为 27.9%，可以认为正常情况下县级政府的 1 元财力中 0.13 元用于生产性支出、0.28 元用于教育和社会保障支出。估计结果表明，其他条件相同的情况下，县级财政在预算确定后得到的 1 元可供自由支配的增量资金，他们会多支出 0.19 元用于生产性支出，高出正常情况 142%；而在教育和社会保障方面则要少支出 0.12 元，低

于正常情况43%。这是一个相当明显的变化。可支配转移支付的"增量部分"与"既有部分"的这种差异凸显了县级政府的支出偏向,他们内在地不太愿意在教育、医疗和社会保障等福利性项目上支出。县级财政存在明显的生产性支出偏向。

表3   **基于固定效应模型的支出偏向的检验**

		生产性	(农业)	(基建)	福利性	(教育)	(社保)	(医疗)
检验统计量 θ	数值	0.19 ***	0.14 ***	0.09 ***	-0.12 ***	-0.10 ***	-0.02 ***	-0.05 ***
	t 值	11.09	13.80	5.95	-14.21	-14.62	-4.11	-11.55
本级财力	系数	0.22 ***	0.08 ***	0.15 ***	0.10 ***	0.07 ***	0.03 ***	0.02 ***
	t 值	49.83	28.83	37.35	45.31	38.11	22.41	20.59
专项转移	系数	0.68 ***	0.58 ***	0.08 ***	0.10 ***	0.05 ***	0.05 ***	0.00
	t 值	70.78	100.53	9.05	20.86	13.31	18.73	-1.61
工资转移	系数	0.10 ***	0.10 ***	0.02	0.06 ***	0.05 ***	0.02 **	0.06 ***
	t 值	3.37	6.10	0.64	4.49	4.13	2.20	4.64
国债转移	系数	0.99 ***	0.00	1.00 ***	0.01	0.00	0.01 *	-0.01 *
	t 值	86.96	-0.04	95.11	0.93	-0.40	1.97	-1.92
税费转移	系数	-0.24 ***	0.00	-0.25 ***	0.62 ***	0.56 ***	0.06 ***	0.25 ***
	t 值	-4.44	0.06	-4.89	22.33	23.75	3.70	6.61
样本数(个)		9137	9331	9155	9298	9408	9298	5767
截面数(个)		2032	2037	2033	2039	2041	2039	2015

注:用固定效应方法估计。*、**、*** 分别代表在10%、5%、1%水平上显著。其他控制变量包括人均GDP、第一产业比重、第二产业比重、人口密度、农业人口比重、财政供养人口比重、小学生比重、中学生比重、万人病床数。

上述结果得到了动态面板数据模型的进一步支持。如表4所示,"增量部分"对各项支出的影响在统计和经济上都相当显著。对于生产性支出而言,"增量部分"的系数明显大于"既有部分";对于福利性支出而言情况刚好相反。这进一步有力地支持县级财政存在生产性支出偏向的结论。

表 4	各类支出的动态面板数据模型					
	生产性	（农业）	（基建）	福利性	（教育）	（社保）
增量部分	0.28 ***	0.09 ***	0.18 ***	0.12 ***	0.12 ***	0.00
既有部分	0.19 ***	0.00	0.11 ***	0.20 ***	0.18 ***	− 0.01
专项转移支付	0.78 ***	0.58 ***	0.19 ***	0.08 ***	0.05 ***	0.05 ***
增加工资转移支付	− 0.15 **	0.09 **	− 0.20 ***	0.38 ***	0.25 ***	0.04
增发国债转移支付	0.92 ***	− 0.07 ***	0.93 ***	0.02 ***	0.01	0.02 ***
税费改革转移支付	0.24 ***	0.14 **	0.03	0.43 ***	0.47 ***	− 0.03
本级收入	0.25 ***	0.08 ***	0.18 ***	0.08 ***	0.07 ***	0.01 **
因变量滞后项	− 0.40 ***	− 0.13 ***	− 0.62 ***	0.20 ***	0.17 ***	0.79 ***
样本数	5275	5474	5291	5433	5563	5433
截面数	1855	1919	1862	1910	1954	1910

注：*、**、*** 分别代表10%、5%、1%水平下显著。其他控制变量包括：人均 GDP、第一产业比重、第二产业比重、人口密度、农业人口比重、财政供养人口比重、小学生比重、中学生比重、万人病床数。

在表 3 和表 4 中，用途受到约束的转移支付项目对县级财政支出的影响与预期一致。增发国债转移支付的目的在于弥补基本建设资金缺口，其主要影响是基本建设支出（系数在 0.90 以上）。而税费改革转移支付和增加工资转移支付对教育支出的影响（系数分别达 0.47 和 0.25）更为明显，这主要是因为，其目标是缓解因提高机关及事业单位人员工资、减免农村税费而带来的地方财政负担，其中，教师工资占比最大。值得注意的是，专项转移支付的影响主要体现在地方财政的生产性支出，尤其是农业生产支出，系数达到 0.58；而其对教育和社保支出的影响都只有 0.05。可见，上级政府规定用途的专项转移支付，也大部分用于生产性支出。

值得注意的是，如果前面提到的"保运转"、"保吃饭"的支出约束使得财政困难地区本级收入的支出结构本身就不合理，增量收入更多地投向生产性支出是财政支出结构优化的自然选择。在这种情况下，增量收入向生产性支出倾斜并不一定出于财政支出偏向。好在实践中这些支出刚性更多地体现在所谓"保运转"的行政支出、公检法支出，以及财政供养的机构与人员的工资、办公经费等方面。基本建设、农业等生产性支出和教育、社保和卫生等福利性支出在支出刚性意义上并不存在明显的优先次序差别。前面的分析也为这一论断提供了证据。例如，在生产性支出和福利性支出回归中本级收入的系数都较小，在固定效应模型中分别为 0.22 和 0.10，在动态面板数据模型中分别为 0.25 和 0.08。也就是说，财政困难地区"本级收入"需要优先满足机构和人员的运转支出、以其他支出为名目的刚性支出，而可支配转移支付的"既有部分"和"增量部分"更多的是在"生产性支出"和"福利性支出"中权衡。正是在这种权衡中县级政府的支出偏向被显示出来。

为了验证结论的稳健性，我们还进一步讨论不存在上述支出刚性约束的情形。在这种情形下，县级政府的本级收入充足，有机会将支出结构调整到最优水平。如果此时增量收入的支出结构仍然显著地不同于既有收入，就能为支出偏向提供更有力的证据。具体来说，本文对本级收入最高的 50% 样本地区进行分析①。我们认为从收入规模上看这些样本地区应该有机会调整到最优支出结构。表 5 列示了固定效应模型的结果。可以看到，θ 仍然都十分显著，且生产类支出的 θ 为较大的正数，而福利类支出的系数为负。这种支出结构的显著差异进一步显示了生产支出偏向的存在性。本文还计算了动态面板数据模型，并讨论了本级财力更强的 40% 和 30% 样本，均得到一致结论。

表 5　　基于固定效应模型的支出偏向的检验（本级财力最强的 50% 样本）

		生产性	（农业）	（基建）	福利性	（教育）	（社保）	（医疗）
检验统计量 θ	数值	0.22***	0.13***	0.10***	−0.12***	−0.10***	−0.02**	−0.06***
	t 值	8.28	9.22	4.14	−9.95	−10.10	−2.60	−9.17
本级财力	系数	0.22***	0.07***	0.15***	0.11***	0.08***	0.03***	0.02***
	t 值	34.27	20.55	25.10	36.50	32.66	16.45	16.27
专项转移	系数	0.72***	0.64***	0.07***	.08***	0.03***	0.05***	−0.01***
	t 值	48.17	78.46	5.16	11.44	4.69	13.35	−3.90
工资转移	系数	0.10*	0.14***	−0.02	0.075**	0.05*	0.03*	0.09***
	t 值	2.02	4.88	−0.38	3.24	2.55	2.06	4.60

---

① 按 2001~2005 年本级财政收入五年的平均值排序。

		生产性	（农业）	（基建）	福利性	（教育）	（社保）	（医疗）
国债转移	系数	1.00 ***	-0.03 *	1.02 ***	0.019 *	0.003	0.02 **	-0.01 **
	t 值	48.42	-2.32	52.83	1.97	0.36	2.87	-2.71
税费转移	系数	-0.36 ***	-0.06	-0.30 ***	0.70 ***	0.65 ***	0.05 *	-0.008
	t 值	-3.81	-1.09	-3.35	16.37	18.17	2.23	-0.13
样本数（个）		4573	4621	4582	4619	4641	4619	2836

注：用固定效应方法估计。＊、＊＊、＊＊＊分别代表在10％、5％、1％水平上显著。其他控制变量包括人均GDP、第一产业比重、第二产业比重、人口密度、农业人口比重、财政供养人口比重、小学生比重、中学生比重、万人病床数。

五、结论与政策含义

本文的经验研究有力地验证了县级财政生产性支出偏向的存在。财政支出的生产性偏向背离了代表性居民效用最大化的目标，福利损失是显而易见的。早在1998年，中国政府就正式提出了公共财政改革思路，开始意识到财政支出的基本任务应该是提供公共品和公共服务。进入21世纪后，中国政府更加重视公共服务和民生问题。然而，县级财政的生产性支出偏向严重地背离了向公共财政转型的财政体制改革方向和"公共服务型政府"建设的目标。它是造成地方财政"越位"与"缺位"问题的根源。

本文的理论分析表明，导致财政支出生产性偏向的根本原因是对上负责的垂直管理体制下县级政府以经济增长率最大化为目标。以GDP为考核官员政绩的单一标准，能够在一定程度上调动地方政府提高本地经济水平的积极性，但也带来负面影响。在给定税率的约束下，公共支出结构是政府影响地方经济的重要财政政策。县级政府官员提高经济增长率的激励，会表现为对不同类型财政支出的偏好，即持续追加能够直接提高本地增长率的公共投入。长此以往，会扭曲地区财政支出结构，忽视基本公共产品的提供。

如何从根本上消除县级财政的生产性支出偏向？是否可以在现有的垂直管理框架下，通过某种形式的激励来引导地方政府调整支出结构？Shah提出过类似的思路，他认为上级政府通过提供配套性的专项转移支付，可以引导地方政府把一部分资金转向民生领域，从而促使地方政府改变"重建设、轻民生"的格局，实现地方公共财政的转型①。虽然这一思路在理论上具有吸引力，实践中却很难见效。在中国，上级政府对经济增长率的追求并不逊于县级政府。这从前面的经验分析也可以看出，例如，上级指定用途的专项转移支付反而更多地用在生产性支出方面。因此，在垂直管理框架下，通过上级政府命令或激励引导县级政府调整支出结构，不是解决县级财政支出偏向问题的有效做法。

从根本上解决县级财政生产性支出偏向问题，需要逐步调整对上负责的垂直管理体制，逐渐增强县级政府对本地居民公共服务需求的敏感性和反应性②。在这方面，中国农村的村民委员会选举制度改革提供了证据。张晓波等（Xiaobo Zhang, Shenggen Fan, Linxiu Zhang and Jikun Huang, 2004）的研究发现，乡村直选提高了当地公共品的供给水平。同样，增强本地居民对县级政府行为的约束，逐步强化县级政府对下（所服务的居民）负责的机制，能够使县级政府的目标逐渐回归到最大化代表性居民的福利，从根源上消除财政支出的生产性偏向，为"公共服务型政府"建设和公共财政改革扫清障碍，真正发挥经济分权的效率。

参考文献

[1] 尹恒、朱虹：《中国县级地区财力缺口与转移支付的均等性》，载于《管理世界》2009 年第 4 期。

[2] 乔宝云、范剑勇、冯兴元：《中国的财政分权与小学义务教育》，载于《中国社会科学》2005 年第 6 期。

[3] 平新乔、白洁：《中国财政分权与地方公共物品的供给》，载于《财贸经济》2006 年第 2 期。

---

① 参见夏（A. Shah, 2006）以及博德维和夏（R. Boadway and A. Shah, 2007）

② 巴德汗和莫克基（Bardhan and Mookherje）认为，财政分权的效率取决于地方政府所面临的本地监督的效果。

［4］傅勇、张晏：《中国式分权与财政支出结构偏向：为增长而竞争的代价》，载于《管理世界》2007 年第 3 期。

［5］袁飞、陶然、徐志刚、刘明兴：《财政集权过程中的转移支付和财政供养人口规模膨胀》，载于《经济研究》2008 年第 5 期。

［6］周黎安：《中国地方官员的晋升锦标赛模式研究》，载于《经济研究》2007 年第 7 期。

［7］A. Alesina, and D. Rodrik, "Distributive Politics and Economic Growth", *The Quarterly Journal of Economics*, 1994, 109 (2), 465 –490.

［8］Arellano and O. Bover, "Another Look at the Instrument Variable Estimation of Error-components Models", *Journal of Econometrics*, 1995, 68 (1), 29 –51.

［9］Arellano and S. Bond, "Some Tests of Specification for Panel Data: Monte Carlo Evidence and an Application to Employment Equations", *The Review of Economic Studies*, 1991, 58 (2), 277 –297.

［10］A. Shah, "A Practitioner's Guide to Intergovernmental Fiscal Transfer", Policy Research Working Paper Series of The World Bank, 2006, No. 4039.

［11］B. Knight, "Endogenous Federal Grants and Crowd-out of State Government Spending: Theory and Evidence form the Federal Highway Aid Program", *The American Economic Review*, 2002, 92 (March), 71 –92.

［12］C. A. Shelton, "The Size and Composition of Government Expenditure", *Journal of Public Economics*, 2007, 91 (11 –12), 2230 –2260.

［13］Dahlberg, Matz, Eva Mörk, Jørn Rattsø and Hanna Ågren, "Using a Discontinuous Grant Rule to Identify the Effect of Grants on Local Taxes and Spending", *Journal of Public Economics*, 2008, 92 (December), 2320 –2335.

［14］Devarajan, Shantayanan, Danyang Xie and Heng-fu Zou, "Should Public Capital be Subsidized or Provided", *Journal of Monetary Economics*, 1998, 41 (2), 319 –331.

［15］Hongbin Li and Li-An Zhou, "Political Turnover and Economic Performance: The Incentive Role of Personnel Control in China", *Journal of Public Economics*, 2005, 89 (9 –10), 1743 –1762.

［16］H. Pack and J. P. Park, "Foreign Aid and the Question of Fungibility", *The Review of Economics and Statistics*, 1993, 75 (2), 258 –265.

［17］H. Yin, "Fiscal Disparities and the Equalization Effects of Fiscal Transfers at the County Level in China", *Annals of Economics and Finance*, 2008, 9 (1), 115 –149.

［18］J. Hamilton, "The Flypaper Effect and the Deadweight Loss from Taxation", *Journal of Urban Economics*, 1986, 19 (3), 148 –155.

［19］J. Hines and R. Thaler, "Anomalies the Flypaper Effect", *The Journal of*

Economic Perspectives, 1995, 9 (4), 217 - 226.

[20] J. M. Henderson, "Local Government Expenditures: A Social Welfare Analysis", *The Review of Economics and Statistics*, 1968, 50 (2), 156 - 163.

[21] J. M. Wooldridge, Introductory Econometrics: A Modern Approach, Cincinnati, OH: South-Western College Publishing, 2000.

J. Roemer and J. Silvestre, "The 'Flypaper Effect' is not an Anomaly", *Journal of Public Economic Theory*, 2002, 4 (1), 1 - 17.

[22] K. J. Arrow and M. Kurz, *Public Investment, the Rate of Return and Optimal Fiscal Policy*, Baltimore, MD: Johns Hopkins University Press, 1970.

[23] P. Bardhan, and D. Mookherjee, "Capture and Governance at Local and National Levels", *The American Economic Review*, 2000, 90 (2), 135 - 139.

[24] R. Boadway and A. Shah, *Intergovernmental Fiscal Transfer: Principles and Practice*, Washington D. C. : The World Bank, 2007.

[25] P. Mauro, "Corruption and the Composition of Government Expenditure", *Journal of Public Economics*, 1998, 69 (2), 263 - 279.

[26] P. M. Romer, "Increasing Returns and Long-Run Growth", *The Journal of Political Economy*, 1986, 94 (5), 1002 - 1037.

[27] R. J. Barro, "Government Spending in a Simple Model of Endogeneous Growth", *The Journal of Political Economy*, 1990, 98 (5), 103 - 125.

[28] R. P. Inman, "The Flypaper Effect", NBER Working Paper, No. 4, 2008.

[29] J. Hines and R. Thaler, "Anomalies the Flypaper Effect", *The Journal of Economic Perspectives*, 1995, 9 (4), 217 - 226.

[30] S. Devarajan, V. Swaroop and Hengfu. Zou, "The Composition of Public Expenditure and Economic Growth", *Journal of Monetary Economics*, 1996, 37 (2 - 3), 313 - 344.

[31] Xiaobo Zhang, Shenggen Fan, Linxiu Zhang and Jikun Huang, "Local Governance and Public Goods Provision in Rural China", *Journal of Public Economics*, 2004, 88 (12), 2857 - 2871.

[32] Yingyi Qian and Gérard Roland, "Federalism and the Soft Budget Constraint", *The American Economic Review*, 1998, 88 (5), 1143 - 1162.

地方财政对本地居民偏好的回应性研究[*]

一、引　言

　　财政回应性是指，政府公共支出决策回应居民公共物品偏好和需求的程度。随着中国在 20 世纪末逐渐将财政体制改革的目标模式确立为公共财政体制，并逐渐形成建设服务型政府的共识，中央政府对民生问题的关注与日俱增。建立公共财政体制和服务型政府的核心，在于增强财政的回应性，这对于直接面对居民公共物品需求的地方财政尤为重要。它不仅有助于提升政府的公信力，更关系到辖区和谐与稳定。

　　西方财政分权文献对财政回应性问题并没有投入较多关注。究其原因，由于财政联邦制下地方政府更加了解本地居民的信息，学者们认为，充分回应性理所当然，甚至在界定模型环境时也不需要作为假设明确列出。蒂布特（Charles M. Tiebout，1956）指出，"用脚投票"机制能够保证地方政府按照居民的意愿供给公共品，实现公共物品配置的帕累托最优。此后，从信息优势角度研究地方政府提供公共物品效率的文献大量涌现（George J. Stigler，1957；Richard A. Musgrave，1959）。奥茨（Wallace E. Oates，1972）将其概括

　　* 本文原载于《中国社会科学》2014 年第 5 期。作者尹恒，杨龙见。感谢国家自然科学基金（71173019，71373026）、中央高校基本科研业务费专项资金（2012WZD13）、教育部"新世纪优秀人才支持计划"（NECT – 11 – 0041）和哲学社会科学研究重大课题（11JZD015）的资助。感谢许敏波、李世刚和柳荻的有益建议。

为"分权定理",地方政府能够向各自的居民提供最有效的公共物品量,而中央政府却无法实现这一点。这些文献的共同逻辑是,地方政府更接近当地民众,拥有更多的信息优势,可以更有效地提供公共服务,以满足本地居民的需求。在这些经典财政分权理论中,财政的充分回应性是一个隐含的基本前提。钱颖一和温加斯特(Yingyi Qian and Barry R. Weingast,1997)提出的促进经济增长的"市场保护型"机制,也隐含地设定了财政充分的回应性。

中国财政回应性却是一个需要深入讨论的问题。中国式财政分权脱胎于传统计划经济体制,新中国成立初期,国家尽可能调动资源用于积累和扩大再生产。依靠这种"生产建设财政",中国在"一穷二白"基础上迅速建立了现代工业体系。随着工业基础逐步确立,其对居民偏好回应性不足的缺陷也越来越明显。中央政府充分认识到这一点,提出了建设公共财政体制和服务型政府的目标,不过地方财政的转型明显滞后。乔宝云等(2005)发现,地方政府更愿意花钱进行生产投资,义务教育财政支出不足。平新乔和白洁(2006)发现,预算内支出结构和预算外支出结构存在差异,地方政府把更具选择空间的预算外支出主要花在基础设施建设方面。傅勇和张晏(2007)发现,省级政府支出结构存在"重建设、轻人力资本投资和公共服务"的倾向。尹恒和朱虹(2011)证实,在对上负责、以 GDP 为中心的政绩考核制度下,地方政府确实存在生产性支出偏好。这与中央政府对民生问题的关注形成了鲜明的对照,表明中央财政和地方财政的回应性确实存在明显差异。

地方财政的"越位"与"缺位"问题一直困扰着中国财政分权体制(王永钦等,2007)。其根源也正在于地方财政缺乏回应性,对本地居民公共品需求的敏感性不强。在地方财政民生支出"缺位"的情况下,中央政府求助于转移支付,尤其是将用途界定在教育、卫生和社会保障等项目的专项转移支付。中央财政的转移支付确实弥补了地方政府基本公共物品供给的不足。不过,这种财政重新集中化的倾向不利于改善财政分权体制的效率,根本出路还在于提升地方财政的回应性。然而不论从理论还是经验角度看,与完善中国式财政分权体制相比,财政回应性文献的发展显得不足。

本文尝试立足于中国式财政体制的基本特征，分析影响地方财政回应性的因素，希望为协调中央—地方财政回应性方面的政策努力提供一些思路。本文基于中国财政问题的研究成果和中国特定的社会经济环境，尝试从地区经济结构中探寻能够解释地方财政回应性差异的因素，包括，民营经济发展状况、税收结构和市场集中度等维度。为了测量财政回应性，本文提出契合中国地方政府决策环境的理论模型，得到地方财政回应性与财政支出结构间的单调关系，从而后者是前者的有效代理变量。本文随后综合中国县级财政和规模以上工业企业等多个数据库检验地区经济结构与财政回应性间可能的相关关系，发现十分稳健的结果：本地民营经济份额越大、个人所得税占地方财政收入的比重越高、市场集中度越低，地方财政回应性就越强。这表明地区经济结构确实是影响地方财政回应性的因素。中共十八届三中全会所提出的"使市场在资源配置中起决定性作用和更好发挥政府作用"的政策设计，能够解决地方财政回应性缺乏问题。

二、中国式财政分权体制下的财政回应性影响因素假说

如何解释中国地区间财政回应性的差异？经典财政分权理论并没有提供现成的答案。我们借鉴中国财政问题的研究成果和中国特定的社会经济环境，尝试从地区经济结构差异中探寻有助于理解地方财政回应性差异的因素，包括，所有制结构、市场结构和财政收入结构①。一般地，地区民营经济发展越充分，地方政府通过直接介入生产性投资活动来提高经济增长率的激励就越弱；市场垄断和利益集团的力量越强，其政策影响就越大，公共支出就会更加向其偏好的投资领域倾斜；地方政府越依赖直接税这种纳税人意识很强的收入形式，其支出决策也越可能更加回应居民的关注。经济结构中这三个相

---

① 显然地，影响地方财政回应性的因素是难以穷尽的。由于数据的限制，本文尝试先从经济结构的这些特征着手。随着数据资源日益丰富，相信越来越多的影响因素会被识别出来。

互联系、相互影响的关键维度构成了财政支出决策激励—约束机制的主体。据此，本文尝试提出如下相关性假说①。

假说一：地方民营经济份额与财政回应性正相关。

新中国成立以来很长一段时期，中国的财政收入是"取国有部门自家之财"，财政支出是"办国有部门自家之事"，政府对国有和非国有部门进行区别对待（高培勇，2008）。政府支出的目标是迅速建立现代工业体系、发展壮大国有经济、快速提升国家实力。在这种"生产建设财政"体制下，财政支出尽量投向生产建设。改善民生的公共服务因具有明显的非生产性，只能居于从属地位，尽量被削减。财政尽可能避免用来"吃饭"，"勒紧腰带也要搞建设"。改革开放之后，财政收入逐渐多元化，税收收入成为财政收入的绝对主体②，而来自非国有经济的财政收入也远远超过国有部门的贡献，财政收入已经是"取众人之财"③。伴随着这种经济结构的变化，如前所述，中央财政逐步摒弃"生产建设财政"观念，建设公共财政体制和服务型政府成为基本政策目标。然而，时至今日，仍有一些地方政府官员抱怨本地的财政是"吃饭财政"。社会经济发展毕竟是一个连续的过程，这样的话地方财政回应性的滞后应该与民营经济发展滞后相关。民营经济份额高的地区，本地居民和官员对"服务型政府"的理解应该更深入，直接依靠财政生产性支出改善经济增长绩效的必要性也更小④。因此，在中国特色的财政分权体制下民营经济发

---

① 严格地说，需要建立财政回应性影响机制的正式模型，以厘清这些相关性背后的机制。地区经济结构是多维度的，单一模型不能揭示地区经济结构与财政回应性的整体面貌，这至少应包括，民营经济比重、市场结构和财政收入结构影响本地区财政回应性的多个政治经济模型。由于篇幅的限制，我们这里先试图描绘经济结构与财政回应性的整体面貌。对理论完整性的追求，留待以后做进一步的研究。

② 据财政部《2012 年全国公共财政收入决算表》，2012 年全国公共财政收入为 11.7 万亿元，税收收入占比约 86%。

③ 到 2007 年，国有经济单位对于税收收入的贡献，从 1978 年的 86.8% 下降到 2007 年的 19.2%，加上集体经济的贡献也只有 20.8%；多种所有制企业以及其他来源的份额占 79.2%。

④ 地区所有制结构与财政回应性间的影响机制很可能不是单一的。例如，民营经济发达的地区，政府可能面临更大的商业环境建设和基础设施投资压力，以提升本地企业的相对竞争优势，从而对民生回应减弱。多种机制综合作用的结果如何，是一个经验和实证问题。

展程度上的多样性，能够为理解地方财政回应性差异提供线索①。

假说二：直接税占地方财政收入的份额与财政回应性正相关。

个人所得税这种直接税的规模很可能与地方民营经济的发展水平正相关。更重要的是，与增值税、消费税和营业税等间接税相比，直接税下广大居民真真切切地感受到税负的存在，他们的纳税人意识更强烈，从而更有激励关注和影响地方公共资金的配置（王绍光、马骏，2008）。中外财政史上的早期制度都倾向于寓税于价，从交易和商品流转环节取得收入，避免直接向个人所得征税，这其中的一个重要原因就是担心招致不满。直接税比重越高，地方官员在进行支出决策时受到的约束越强。因此，税收结构特征也可以是理解中国特色财政分权体制下地区间财政回应性差异的方向。

假说三：地区市场集中度与财政回应性负相关。

市场结构是地方经济结构的另一个重要维度。如果地区的市场集中度较高，地区经济较大地依赖于少数企业，地方政府与这些企业间可能形成密切的纽带。"龙头企业"经常能够得到地方政府各方面的照顾。如果行政性或资源性垄断能够同时为地方政府和"龙头企业"提供丰厚的收入，地方财政就带有某种"租金型财政"的性质②，这样，地方政府的回应性就会打上折扣。如奥尔森（Mancur Olso，2009）所说，较高的市场集中度在某种程度上更利于地区利益集团的形成，因为小规模的集团通过向成员提供具有排他性的利益，能够有效地解决"搭便车"问题。这种利益集团会使得地方政府的行为具有某种内部性（Internality），即地方政府可能形成某些异于公众偏好的内在目标，进一步削弱地方财政对本地居民需求的敏感性③。相反地，根据多边议

第一篇 地方财政

地方财政对本地居民偏好的回应性研究

----

① 应该指出的是，假说一只是描述了地方民营经济份额与财政回应性间可能的相关关系，并不涉及地方所有制结构及其调整问题。有关所有制结构调整和公有制改革与地方财政回应性的关系问题需要另外做深入研究。

② "自产国家"的财政收入主要来源于在国家所有制下的国有企业；"租金国家"依赖国家垄断的自然资源而获得租金收入；"税收国家"的财政收入主要来源于私人部门。参见丹尼尔·塔奇斯（Daniel Tarschys，1988）。

③ 奥尔森也提到，"二战"大大削弱了德国和日本的特殊利益集团，这是后来"经济奇迹"的基础，参见曼库尔·奥尔森（1993）。

价模型，参与者人数足够大时，竞争将取代垄断，这有助于强化地方政府的公共服务职能（杨小凯等，1999）。因此，市场结构也有助于解释地区间财政回应性的差异。

三、地方财政回应性的测量

如何测量财政回应性？这是检验财政回应性影响因素假说的前提，也是制约财政回应性研究发展的关键环节。下面结合中国式财政分权体制的特征，根据中国地方政府的决策环境严格定义财政回应性，并寻找其可观测的有效代理变量。

考虑某地区政府与本地居民决策的斯塔克伯格（Stackelberg）框架。设本地区代表性居民 i 的即期效用函数为 $u(c_i, g_2)$。c_i 为私人物品消费；g_2 为福利性公共支出，即直接增进本地居民福利的公共物品，如教育、医疗等。另一部分公共支出 g_1 具有生产性，能够改善本地区的生产效率。代表性居民视给定政策变量 τ（税率）、g_1、g_2，选择私人消费路径和资本积累路径，最大化其终身效用 $U_i = \int_{t=0}^{\infty} [u(c_i, g_2)] e^{-\rho t} \mathrm{d}t$，$\rho$ 为主观贴现率。给定代表性居民的选择，地方政府选择政策变量最大化其目标函数 $U_g = (1 - p)G + pU_i$，其中，G 为地方政府关注的其他不同于本地居民偏好 U_i 的目标，如经济规模、经济增长率等。$0 \leqslant p \leqslant 1$ 为地方政府目标函数中居民偏好的权重。若 $p = 1$，地方政府的目标与代表性居民的偏好一致，地方政府充分回应本地居民偏好；若 $p = 0$，地方政府完全不顾及本地居民的偏好。p 越大，地方政府越重视本地居民的偏好。p 正是本文定义的财政回应性。

然而 p 是不可观测的。如果我们能够找到一个可观测的变量，与 p 严格单调，它就是财政回应性的有效代理变量。下面运用具体的生产函数和效用函数形式，证明地区生产性（或福利性）公共支出比重正是这样的变量。

借鉴阿罗和库尔茨（Kenneth J. Arrow and M. Kurz, 1970）、巴罗（Robert

J. Barro，1990）以及德瓦拉扬等（Shantayanan Devarajan，Vinaya Swaroop and Heng-fu Zou，1996）的相关分析，设本地区总量生产函数为：

$$y = f(k, l, g_1) = Ak^\alpha g_1^{1-\alpha} l^{1-\alpha}$$

$0 < \alpha < 1$。其中，k 为资本存量，l 为总人口（不变）。设每人供给 1 单位劳动量。设地方政府征收资本税，其税率 τ 由中央政府确定[①]。地方政府可以决定的是自有收入中用于生产性支出的比重 β（相应地，福利性支出比重为 $1-\beta$）。这样 $g_1 = \beta\tau k, g_2 = (1-\beta)\tau k$。

市场完全竞争，由资本和劳动边际的生产率，得到资本和劳动的收益：

$$r = f_k - \tau = A\alpha(\beta\tau l)^{1-\alpha} - \tau \tag{1}$$

$$w = f_l = A(1-\alpha)(\beta\tau)^{1-\alpha} l^{-\alpha} k \tag{2}$$

代表性居民的即期收入为：

$$y_i = w + rk_i \tag{3}$$

k_i 为代表性居民的资本供给。设居民的相对风险厌恶系数是常数，且效用函数是可加可分的。为简化运算，进一步设定（模型中的变量都是时间 t 的函数，为简便，下文都省略了时间角标 t）：

$$u(c_i, g_2) = \ln c_i + \theta \ln g_2$$

$0 < \theta < 1$ 表示代表性居民对福利性公共支出的偏好强度。对于代表性居民的决策而言，政策变量 τ、g_1、g_2 是给定的，他们选择私人消费路径和资本积累路径，最大化其终身的福利水平：

$$\max_{c_i, k_i} U_i = \int_0^\infty \left[\ln c_i + \theta \ln g_2 \right] e^{-\rho t} \mathrm{d}t \tag{4}$$

$$\text{s. t} \quad \dot{k}_i = w + rk_i - c_i \tag{5}$$

初始资本存量给定。可以得到代表性居民平衡增长路径上的消费、资本的增长率为：

第一篇 地方财政

地方财政对本地居民偏好的回应性研究

---

① 中央财政的政策工具还包括转移支付。为简化分析，本文抽象掉了中央政府的优化问题，从而暂不讨论中央政府通过均等化转移支付以平衡地区间财力差异及其对地方政府支出结构的影响问题。

$$\frac{\dot{c}_i}{c_i} = \frac{\dot{k}_i}{k_i} = r - \rho \equiv \gamma(\tau, \beta) \tag{6}$$

这也即是地区经济增长率。t 时刻代表性居民的资本积累和消费路径为：

$$k_i(t) = \frac{k(0)}{l} e^{(A\alpha(\beta\tau l)^{1-\alpha} - \tau - \rho)t} \tag{7}$$

$$c_i(t) = \left[A(1-\alpha)(\beta\tau)^{1-\alpha} l^{-\alpha} + \frac{\rho}{l} \right] k(0) e^{(A\alpha(\beta\tau l)^{1-\alpha} - \tau - \rho)t} \tag{8}$$

考虑地方政府的行为。具体地，设：

$$\max_{\beta} U_g = (1-p)Y + pU_i \tag{9}$$

其中，$Y = \int_0^\infty \ln\left(\frac{\gamma(0)}{l} e^{\gamma t}\right) e^{-\rho t} dt = \frac{1}{\rho} \ln\frac{\gamma(0)}{l} + \frac{A\alpha(\beta\tau l)^{1-\alpha} - \tau - \rho}{\rho^2}$，$y(0)$ 为

初始 GDP 水平。模型中在平衡增长路径上，贴现人均产出 Y（代表经济规模）

和增长率是一一对应的。式（9）的一阶条件：

$$\left(\frac{1+p\theta}{\rho}\right) A\alpha(1-\alpha)(\tau l)^{1-\alpha} + \frac{pA(1-\alpha)^2 \tau^{1-\alpha} l^{1-\alpha}}{A(1-\alpha)\beta^{1-\alpha}\tau^{1-\alpha} l^{2-\alpha} + \rho} - \frac{p\theta\beta^\alpha}{1-\beta} = 0 \tag{10}$$

可以证明，存在唯一的 $\beta^* \in [0, 1)$ 满足式（10）[①]。这表明，地方政府存在唯一的最优生产性公共支出比重。这是很直观的。生产性支出越高，经济增长率就越快，式（9）右边第一项越大，但右边第二项越小。一方面，生产函数相对于生产性公共支出而言规模收益递减，从而政府得自于 Y 的边际效用递减；另一方面，据式（4），当福利性支出很低时，居民的边际效用就会很大。若 $p > 0$，即政府对本地居民的偏好存在一定的回应性，最优福利性公共支出不会为 0，即不是生产支出越多越好[②]。

据式（10），最优公共支出结构取决于其财政回应度 p，即 $\beta^*(p)$。为了得到均衡时生产性支出比重与其财政回应性之间的关系，我们进行比较静态

---

① 篇幅所限，此处省略证明过程。具体见附录1。

② 尹恒和朱虹（2011）的模型是本模型 $p = 0$ 时的特例，即地方政府只追求经济增长率或经济规模，完全不考虑本地居民偏好 U_i。在这种情况下，生产性支出比重 β 越高，经济增长率越快，政府偏好于尽量多的生产性公共支出。参见尹恒、朱虹（2011）。

分析。对式（10）确定的隐函数求导，可以证明，$\dfrac{\mathrm{d}\beta^*}{\mathrm{d}p}<0$①。财政回应度越高，均衡时生产性支出的比重就越低。这是因为，虽然式（9）中政府的另外目标（经济规模或经济增长率）并不一定与本地居民的福利冲突，它与本地居民的长远利益甚至是相关的，但充分预见的本地居民在规划私人消费路径和资本积累路径时已经对此做出了权衡。如果政府充分回应本地居民的偏好，式（10）在 $p=1$ 时得到的生产性支出比重 β^{**} 是最优的。政府对经济规模或经济增长率哪怕是细微的额外追求，也会导致公共支出结构偏离 β^{**}（生产性支出比重偏高），这会降低本地居民的贴现效用。

因此，可观测的公共结构是不可观测的财政回应性的严格单调函数。财政回应性越强，地方财政生产性支出的比重就越低，福利性支出的比重就越高。因此，地方财政福利性支出的比例正好构成财政回应性的测度。

四、检验思路及数据描述

综上，可供检验的命题是：民营经济份额越高、直接税占比越大、地区市场集中度越低，回应性就越强，福利性支出比重也就越高。

本文采用如下基本模型：

$$W_{it}=\theta\cdot RES_{it}+X_{it}\cdot\gamma+v_t+\xi_{it} \tag{11}$$

W 为福利性支出比重，RES 是检验县级政府回应程度的核心变量，包括民营经济份额、个人所得税比重、市场集中度等。X 为其他控制变量。v_t 为时间效应，用于控制宏观政策变化（例如，政府换届）等因素的影响。

为了处理遗漏不可观测异质性导致的内生性问题，本文估计如下固定效应模型：

①　具体见附录 1。

$$W_{it} = \theta \cdot RES_{it} + X_{it} \cdot \gamma + \mu_i + v_t + \varepsilon_{it} \tag{12}$$

其中，μ_i 为不随时间变化的不可观测异质性。

地方财政预算中经常使用"基数 + 增长"的编制方法，这使得本期的支出结构受上期政府支出结构的影响。为了控制由此产生的内生性问题，本文还估计如下动态面板数据模型：

$$W_{it} = \alpha W_{it-1} + \theta \cdot RES_{it} + X_{it} \cdot \gamma + \mu_i + v_t + \zeta_{it} \tag{13}$$

本文采用系统 *GMM* 对其进行估计（Richard Blundell and Stephen Bond，1998）。值得注意的是，与大多数对财政支出进行经验研究的文献不同，本文因变量不是财政支出绝对额，而是比重，所有解释变量也都是表征社会经济结构的相对量。根据作者的经验，财政收支分析领域的绝对量回归更容易出现显著的结果，但可能需要对内生性问题投入更多的关注。由于使用相对量回归，内生性问题会相对缓和一些。

本文所用数据来自多个数据库。财政数据来源于各年《全国地市县财政统计资料》，社会经济数据来源于各年《中国县（市）社会经济统计年鉴》，人口数据来源于各年的《中华人民共和国全国分县市人口统计资料》，民营经济比重和市场集中度指标根据国家统计局各年"全部国有及规模以上非国有工业企业数据库"计算①。市辖区政府与农村县政府虽然行政级别相同，但在职能上差别很大，市辖区政府是以城市管理和服务为主，而农村县政府是以管理农村以及向农村居民提供公共服务为首要责任。因此，本文的讨论限制在农村县（包括县级市），不包括地级市以上的辖区。我们逐一查找县级行政区划历史变动情况，将它们分为 3 种情况进行处理②。此外，出于行政体制差异和极端值的考虑，我们删除了直辖市、西藏自治区以及海南省共 6 个省市自治区的样本，删除了全国范围内的副地级县市。最终得到 2001 ~ 2006 年

① 具体数据匹配过程，见附录 2。

② 第一种情况：名称变更或者行政隶属关系变化，但县级单位行政辖区无实质变化，我们把这样的县级单位视为同一地区。第二种情况：名称无变化，但县级单位行政辖区发生实质改变，我们将这种情形视为不同地区，原编码中止，设立新码。第三种情况：名称变化，县级单位行政辖区也发生实质改变，我们也将原编码中止，设立新的编码。

9493 个有效样本①。

被解释变量 W 定义为福利性支出与总财政支出的比值，福利性支出包括教育支出、社会保障支出和医疗卫生支出②。在县域政府经济中，工业企业是主体，提供的财政收入、吸纳的就业量处于主导地位。本文用区域内规模以上工业企业中民营资本的比重，表示该地区的民营经济份额③；直接税为个人所得税，其比重为地区个人所得税除以本级财政收入④；市场集中度用总收入、总产出以及总就业数量的赫芬达指数来衡量。

控制变量 X 为政府支出结构分析中常用的其他社会经济结构特征⑤，包括经济发展水平和产业结构变量、社会变量、财政结构变量三类。经济发展水平和产业结构变量选取人均 GDP、第一产业比重、第二产业比重。社会变量选取中、小学生占总人口比例、每万人医院床位数。财政结构变量包括转移支付占总财政收入的比重和财政供养人口比例。表 1 给出了本文所用变量的统计描述。

---

① 为了消除地区间价格水平差异造成的生活成本差异，本文借鉴布兰卡尔顿和霍尔茨（Loren Brandt and Carsten A. Holz, 2006）的方法，构建地区间平减指数对样本期内名义变量进行平减。

② 其中，县级政府财政预算中，医疗卫生支出只有 2003～2006 年的数据，因此，2001 年和 2002 年的福利性支出项目中只包括教育支出与社会保障支出。

③ 如果企业的资本构成中，来源于法人资本、个体资本、港澳台资本和外商资本的总和占总资本的 50% 以上，视其为民营企业。所有民营企业的资本与该地区总资本的比率，即为本文衡量的地区民营资本份额。

④ 2002 年 1 月 1 日起实施所得税分享体制改革。除大型央企归中央收入外，2002 年个人所得税收入由中央、地方各分享 50%，从 2003 年起这一比例变为 60% 和 40%。而在地方享有的范围内，各地区省与县的分成比例又有所差异，鉴于此，本文以县级政府享有的个人所得税占本级预算内收入的比重，衡量地区个人所得税比重。

⑤ 参考希尔顿（Cameron A. Shelton, 2007）和尹恒、朱虹（2011）；并参见数据的可获得性，这些控制变量包括人均 GDP、转移支付比重、第一产业比重、第二产业比重、财政供养人口比重、小学生比重、中学生比重，以及万人病床数等。

表1 主要变量统计描述

变量名	观测个数	均值	标准差
福利性支出比重	9493	0.311	0.07
民营经济比重	9493	0.644	0.278
直接税比重	9493	0.045	0.032
收入集中度	9493	0.17	0.168
产出集中度	9493	0.196	0.177
就业集中度	9493	0.128	0.131
转移支付比重	9493	0.66	0.163
人均 GDP	9493	7264	11665
第一产业比重	9493	0.292	0.14
第二产业比重	9493	0.388	0.154
小学生人口比重	9493	0.092	0.033
中学生人口比重	9493	0.065	0.024
万人床位数	9493	19.397	23.639
财政供养人口比重	9493	0.032	0.022

福利性支出是财政回应性的代理变量，也是本文分析的核心。为观察其分布和变化趋势，我们给出了其核密度图（见图1）。如图1所示，2001～2006年，各年波峰对应的水平大概在0.3。在样本考察期内，核密度曲线先向左、后向右偏移，且移动的幅度较大，表明县级政府间的福利性支出存在明

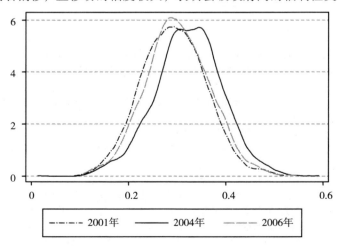

图1 县级财政福利性支出比重的核密度

显的差异。

　　为了更清楚地描述福利性支出比重在年度和区域间的变化，我们进一步给出了福利性支出比重的时间趋势图。如图 2 所示，2001～2005 年，呈现出明显的东部、中部、西部三个阶梯，东部的福利性支出比重大于中、西部地区。但三者之间的差距有逐渐缩小的态势，西部地区的福利性支出比重在 2005 年超过了中部，并在 2006 年超过了东部。这与中央政府主导的公共服务均等化密切相关①。中央财政在此期间以各类专项资金的形式，加大了对中、西部地区教育、养老和医疗的支持力度，转移支付是中、西部地区民生改善的一个重要原因。从图形上还可以观察到福利性支出在年度之间的变化比较明显，如在 2003 年政府换届时达到最高值。我们应在经验分析中加入年度虚拟变量，用于控制政策等不可观测因素的影响。

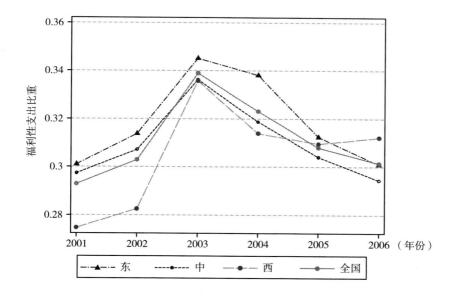

图 2　县级财政福利性支出比重的时间趋势

---

　　①　例如，党的十六届五中全会首次提出："按照公共服务均等化原则，加大对欠发达地区的支持力度，加快革命老区、民族地区、边疆地区和贫困地区经济社会发展。"会议审议并通过了《中共中央关于制定国民经济和社会发展第十一个五年规划的建议》，提出构建惠及全民的基本公共服务体系。

五、检验结果

表 2 给出了固定效应方法的估计结果①。因变量为财政回应性即福利性支出比重。在所有的回归方程中，本文所关注的影响财政回应性的核心变量，在统计和经济上都是显著的，与预期完全一致。回归（1）表明地方经济中民营份额越大，财政回应性越强；回归（2）表明直接税比重越大，财政回应性越强；回归（3）~（5）列分别代表用收入、产出和就业测量的市场集中度，对政府福利性支出的影响，一致地显示地区市场集中度越高，财政回应性越差。控制变量的符号基本与预期和相关文献的结果相同。来自上级的转移支付多数以专项形式下拨，体现了上级政府关注民生支出的意愿，改善了基层的福利性公共物品（范子英、张军，2010）。财政供养人口比例越大，意味着行政成本和财政负担越重，对福利性支出的挤出程度越高。中、小学生比重越高，地方教育支出责任越大，从而对福利性支出比重产生正的影响。而且这一比重还可能代表本地居民的受教育水平（Bruce W. Hamilton，1983），受教育者的参与意识越强，教育水平高的居民越能识别出官员的不作为（Kevin Milligan，Enrico Moretti，and Philip Oreopoulos，2004）。第二产业比重越大，福利性支出比重越低。这比较直观，制造业是地方政府招商引资和财政竞争的主要领域，它与财政生产支出成本明显的正相关。与之相对应，第一产业比重与福利性支出比重正相关。这可能是由于第一产业比重高的地区农村人口比重大、人口更分散，提供教育、医疗等基本公共服务的责任和成本更高。经济发展水平（以人均 GDP 代表）没有呈现出显著的影响。

---

① OLS 的回归结果同样支持我们的结论，为节省空间，这里只报告了固定效应模型的回归结果。

表 2	基于固定效应模型的检验				
	（1）	（2）	（3）	（4）	（5）
民营经济份额	0.005 ** （0.002）				
直接税比重		0.087 *** （0.024）			
收入集中度			− 0.034 *** （0.004）		
产出集中度				− 0.025 *** （0.004）	
就业集中度					− 0.031 *** （0.005）
转移支付比重	0.036 *** （0.006）	0.033 *** （0.006）	0.038 *** （0.006）	0.037 *** （0.006）	0.039 *** （0.006）
人均 GDP	− 6.89e − 08 （5.30e − 08）	− 7.58e − 08 （5.29e − 08）	− 8.03e − 08 （5.27e − 08）	− 7.16e − 08 （5.28e − 08）	− 7.84e − 08 （5.28e − 08）
第一产业比重	0.016 *** （0.006）	0.017 *** （0.006）	0.016 *** （0.006）	0.015 *** （0.006）	0.017 *** （0.006）
第二产业比重	− 0.03 *** （0.005）	− 0.03 *** （0.005）	− 0.028 *** （0.005）	− 0.028 *** （0.005）	− 0.030 *** （0.005）
小学生比重	0.059 ** （0.024）	0.057 ** （0.024）	0.07 *** （0.024）	0.062 *** （0.024）	0.064 *** （0.024）
中学生比重	0.165 *** （0.028）	0.163 *** （0.028）	0.155 *** （0.028）	0.160 *** （0.028）	0.160 *** （0.028）
病床位数	− 9.29e − 05 *** （2.23e − 05）	− 9.36e − 05 *** （2.23e − 05）	− 9.27e − 05 *** （2.23e − 05）	− 9.33e − 05 *** （2.23e − 05）	− 9.22e − 05 *** （2.23e − 05）
财政供养 人口比重	− 0.277 *** （0.028）	− 0.277 *** （0.028）	− 0.272 *** （0.028）	− 0.275 *** （0.028）	− 0.273 *** （0.028）
常数项	0.297 *** （0.007）	0.292 *** （0.007）	0.300 *** （0.007）	0.301 *** （0.007）	0.299 *** （0.007）
是否控制时间	是	是	是	是	是
观测值	9493	9493	9493	9493	9493

注：*、**、*** 分别表示在 10%、5%、1% 的显著性水平，括号内为对应回归系数的标准误差，表 3 同。

作为敏感性分析，我们把民营经济份额、直接税比重和收入集中度三个变量，逐步纳入同一方程中。如表3所示，本文所关注的影响财政回应性的核心变量，在统计和经济上依然显著。

表3   **调整核心变量组合（固定效应模型）**

	（1）	（2）	（3）	（4）
民营经济份额	0.004 * （0.002）		0.005 ** （0.002）	0.004 * （0.002）
直接税比重		0.077 *** （0.024）	0.086 *** （0.024）	0.077 *** （0.024）
收入集中度	− 0.034 *** （0.004）	− 0.033 *** （0.004）		− 0.033 *** （0.004）
是否控制时间	是	是	是	是
观测值	9493	9493	9493	9493

注：为了节省空间，略去了其他控制变量，这些控制变量与表2相同。

上述经验模型仍然可能存在因"基数 + 增长"的预算实践，而产生的内生性问题。作为敏感性分析，表4运用系统 *GMM* 方法估计动态面板模型式（13），自相关和过度识别约束的检验获得通过。上述结果得到了动态面板模型的进一步支持。据表4，福利性支出比重的滞后项显著为正，且系数比较稳定，表明地方政府在支出结构具有较强的持续性。本文所关注的核心变量，在统计上和经济上仍然都很显著，且符号与预期一致。

表4   **基于动态面板数据模型的检验**

	（1）	（2）	（3）	（4）	（5）
因变量（福利性支出比重）的滞后项	0.553 *** （0.036）	0.477 *** （0.032）	0.535 *** （0.029）	0.488 *** （0.035）	0.485 *** （0.036）
民营经济份额	0.097 * （0.055）				
直接税比重		0.132 * （0.072）			
收入集中度			− 0.085 *** （0.026）		

	（1）	（2）	（3）	（4）	（5）
产出集中度				− 0. 118 ** (0. 049)	
就业集中度					− 0. 134 * (0. 071)
是否控制时间	是	是	是	是	是
AR（1）	0. 000	0. 000	0. 000	0. 000	0. 000
AR（2）	0. 772	0. 800	0. 139	0. 243	0. 300
Hansen Test	0. 147	0. 439	0. 145	0. 274	0. 130
观测值	7482	7482	7482	7482	7482

注： * 、 ** 、 *** 分别表示在 10% 、5% 、1% 的显著性水平，括号内为对应回归系数的标准误差。

逐步回归分析可以观察核心变量影响的稳定性。基于此，我们运用极值边界分析，考察核心变量估计值的变动范围，进一步验证结论的稳健性（Ross Levine and David Renelt，1992）。具体地，在基准回归模型中，我们选择与福利性支出比重直接相关的变量：人均 GDP、转移支付比重、财政供养人口比例、时间虚拟变量，潜在的重要解释变量包括第一、第二产业比重；中、小学人数比例；万人病床位数。我们从 5 个变量中每次选择 3 个变量，加入基准方程中，观察核心变量的估计值是否稳定。如表 5 所示，通过对比核心变量估计值的最大值、最小值和基准值，说明结果是稳健的。这进一步有力地支持关于经济结构影响地方政府回应性的假说。

表 5   **极值边界分析（固定效应模型）**

		$\hat{\beta}$	t 值	$\bar{R}^2$	控制变量		
民营经济份额	高	0. 006	2. 31	0. 514	第一产业比重	第二产业比重	万人病床位数
	基准	0. 004	1. 97	0. 509			
	低	0. 004	1. 99	0. 514	第一产业比重	万人病床位数	小学人口比例
直接税比重	高	0. 095	3. 99	0. 514	第一产业比重	第二产业比重	万人病床位数
	基准	0. 082	3. 45	0. 51			
	低	0. 074	3. 12	0. 515	万人病床位数	小学人口比例	中学人口比例

		$\hat{\beta}$	t 值	$\bar{R}^2$	控制变量		
收入集中度	高	−0.033	−8.73	0.521	第二产业比重	万人病床位数	中学人口比例
	基准	−0.035	−9.2	0.514			
	低	−0.036	−9.3	0.518	第一产业比重	万人病床位数	小学人口比例
产出集中度	高	−0.025	−7.08	0.519	第二产业比重	万人病床位数	中学人口比例
	基准	−0.027	−7.66	0.512			
	低	−0.027	−7.56	0.517	万人病床位数	小学人口比例	中学人口比例
就业集中度	高	−0.029	−5.81	0.516	万人病床位数	小学人口比例	中学人口比例
	基准	−0.03	−5.86	0.511			
	低	−0.032	−6.3	0.517	第一产业比重	第二产业比重	小学人口比例

六、总结性评论

与西方财政联邦制不同，在中国式财政分权体制下，中央财政和地方财政的回应性存在明显差异。对本地居民偏好的回应性不足导致地方财政的"越位"与"缺位"，中央财政试图通过转移支付、特别是专项转移支付加以弥补，然而，这在某种意义上却走向了财政分权的反面。正如经典财政分权理论所指出的，由于存在基本的信息问题，财政集中制度缺乏效率。改善地方财政的回应性，纠正地方财政的"越位"与"缺位"问题，成为完善中国财政分权体制的关键。

由于经典财政文献提供的线索有限，本文立足于中国特色的财政分权体制，试图在地方财政回应性的测量和影响因素方面做出初步探讨。本文从民营经济发展状况、税收结构和市场集中度等地区经济结构特征着手，寻找财政回应性影响因素的经验证据。地方政府决策模型表明，虽然从本地居民角度看福利性公共支出的比重并非越高越好，存在唯一的最优公共支出结构，但通过比较静态分析发现这一最优支出结构正好能够揭示出地方财政的回应度，从而构成其理想的代理变量。综合中国县级财政和规模以上工业企业等多个数据库的经验分析，得到十分稳健的结果：本地民营经济份额越大、个人所得税占地方财政收入的比重越高、市场集中度越低，地方财政回应性就越强。这表明市场化有助于提升地方财政的回应性。从这个角度看，中共十八届三中全会所提出的"使市场在资源配置中起决定性作用和更好发挥政府作用"的政策设计，确实抓住了解决地方财政回应性不足问题的关键。处理好政府和市场的关系，强化本地居民对地方财政的约束，使地方政府回归"取众人之财，为众人办事"的公共服务职能，能够充分发挥中国式财政分权体制的效率。

需要指出的是，本文虽然根据大样本数据挖掘了地区经济结构与财政回应性相关性的经验事实，然而其影响机制仍然有待深入研究。本文将注意力放在揭示地区经济结构与财政回应性关系的整体面貌，对其影响机理只是进行了简单描述。本文也没有考察其他可能的影响因素和机制。财政回应性机制研究可能是一个较新的研究领域，具有较强的中国特色。随着地方财政回应性理论的完善，经验分析中纠缠在一起的各种影响渠道将会逐步厘清。

附录1

初始资本存量给定，可以得到代表性居民平衡增长路径上的消费、资本的增长率为：

$$\frac{\dot{c}_i}{c_i} = \frac{\dot{k}_i}{k_i} = r - \rho \equiv \gamma(\tau, \beta)$$

此时 t 时刻代表性居民的资本积累路径为：

$$k_i(t) = \frac{k(0)}{l} e^{(A\alpha(\beta\tau l)^{1-\alpha} - \tau - \rho)t}$$

综合约束条件和最优性条件得：

$$c_i = w + rk_i - \gamma k_i = w + \rho k_i = A(1-\alpha)(\beta\tau)^{1-\alpha} l^{-\alpha} k + \rho k_i$$

$$= [A(1-\alpha)(\beta\tau)^{1-\alpha} l^{1-\alpha} + \rho] k_i$$

代入资本积累路径，t 时刻代表性居民的消费为：

$$c_i(t) = \left[A(1-\alpha)(\beta\tau)^{1-\alpha} l^{-\alpha} + \frac{\rho}{l} \right] k(0) e^{(A\alpha(\beta\tau l)^{1-\alpha} - \tau - \rho)t}$$

地方政府的行为：

$$\max_{\beta} U_g = (1-p)Y + pU_i$$

其中，$Y = \int_0^\infty \ln\left(\frac{y(0)}{l}e^{\gamma t}\right)e^{-\rho t}dt = \frac{1}{\rho}\ln\frac{y(0)}{l} + \frac{A\alpha(\beta\tau l)^{1-\alpha} - \tau - \rho}{\rho^2}$，$y(0)$

为初始 GDP 水平。

$$U_i = \int_0^\infty (\ln c_i + \theta\ln g_2)e^{-\rho t}dt$$

$$= \int_0^\infty \left[\ln\left(A(1-\alpha)(\beta\tau)^{1-\alpha}l^{-\alpha} + \frac{\rho}{l}\right)k(0)e^{(A\alpha(\beta\tau l)^{1-\alpha}-\tau-\rho)t} + \right.$$

$$\left. \theta\left(\ln(1-\beta)\tau k(0)e^{(A\alpha(\beta\tau l)^{1-\alpha}-\tau-\rho)t}\right)\right]e^{-\rho t}dt$$

$$= \frac{\ln\left(A(1-\alpha)(\beta\tau)^{1-\alpha}l^{-\alpha} + \frac{\rho}{l}\right) + \ln k(0)}{\rho} + \frac{(1+\theta)(A\alpha(\beta\tau l)^{1-\alpha} - \tau - \rho)}{\rho^2} + $$

$$\frac{\theta\ln(1-\beta)\tau k(0)}{\rho}$$

代入 Y 和 U_i 得：

$$U_g = (1-p)\left[\frac{1}{\rho}\ln\frac{y(0)}{l} + \frac{A\alpha(\beta\tau l)^{1-\alpha} - \tau - \rho}{\rho^2}\right]$$

$$\left[\frac{\ln\left(A(1-\alpha)(\beta\tau)^{1-\alpha}l^{-\alpha} + \frac{\rho}{l}\right) + \ln k(0)}{\rho} + \right.$$

$$\left. \frac{(1+\theta)(A\alpha(\beta\tau l)^{1-\alpha} - \tau - \rho)}{\rho^2} + \frac{\theta\ln(1-\beta)\tau k(0)}{\rho}\right]$$

从而地方政府的最优 β 满足：

$$(1-p)\frac{A\alpha(1-\alpha)\beta^{-\alpha}(\tau l)^{1-\alpha}}{\rho^2} + p\left\{\frac{1}{\rho}\frac{A(1-\alpha)^2(\beta l)^{-\alpha}\tau^{1-\alpha}}{A(1-\alpha)\beta^{1-\alpha}(\tau l)^{1-\alpha} + \frac{\rho}{l}} + \right.$$

$$\left. \frac{(1+\theta)A\alpha(1-\alpha)\beta^{-\alpha}(\tau l)^{1-\alpha}}{\rho^2} - \frac{\theta}{\rho}\frac{1}{1-\beta}\right\} = 0$$

$$\Rightarrow \left(\frac{1+p\theta}{\rho}\right)A\alpha(1-\alpha)(\tau l)^{1-\alpha} + \frac{pA(1-\alpha)^2\tau^{1-\alpha}l^{1-\alpha}}{A(1-\alpha)\beta^{1-\alpha}\tau^{1-\alpha}l^{2-\alpha} + \rho} - \frac{p\theta\beta^{\alpha}}{1-\beta} = 0$$

令：

$$F(\beta,p) = \frac{p\theta\beta^{\alpha}}{1-\beta} - \frac{pA(1-\alpha)^2\tau^{1-\alpha}l^{1-\alpha}}{A(1-\alpha)\beta^{1-\alpha}\tau^{1-\alpha}l^{2-\alpha}+\rho} - \left(\frac{1+p\theta}{\rho}\right)A\alpha(1-\alpha)(\tau l)^{1-\alpha}$$

因为，$0 \leq \beta \leq 1$，$\dfrac{\partial F(\beta,p)}{\partial \beta} = \dfrac{p\theta\alpha\beta^{\alpha-1}+p(1-\alpha)\theta\beta^{\alpha}}{(1-\beta)^2}$ +

$\dfrac{pA^2(1-\alpha)^4\tau^{2(1-\alpha)}\beta^{-\alpha}l^{3-2\alpha}}{[A(1-\alpha)\beta^{1-\alpha}\tau^{1-\alpha}l^{2-\alpha}+\rho]^2} > 0$，即 $F(\beta,p)$ 在 $\beta\in[0,1]$ 上连续，且是关于 β 的增函数。又因为 $\lim\limits_{\beta\to1}F(\beta,p) = +\infty$，$F(0,p)<0$，由介值定理可以推知，在 $\beta\in[0,1]$ 上必然存在一点 β^* 使得 $F(\beta,p)=0$。即式（10）存在均衡解 β^*。

对 $F(\beta^*,p)$ 进行全微分得：

$$\left[\frac{\theta}{\rho}A\alpha(1-\alpha)(\tau l)^{1-\alpha}+\frac{A(1-\alpha)^2\tau^{1-\alpha}l^{1-\alpha}}{A(1-\alpha)(\beta^*)^{1-\alpha}(\tau)^{1-\alpha}(l)^{2-\alpha}+\rho}-\frac{\theta(\beta^*)^{\alpha}}{1-\beta^*}\right]\mathrm{d}p$$

$$=\left[\frac{pA^2(1-\alpha)^4\tau^{2(1-\alpha)}l^{3-2\alpha}(\beta^*)^{-\alpha}}{(A(1-\alpha)(\beta^*)^{1-\alpha}\tau^{1-\alpha}l^{2-\alpha}+\rho)^2}+\frac{p\theta\alpha(\beta^*)^{\alpha-1}+(1-\alpha)p\theta(\beta^*)^{\alpha}}{(1-\beta^*)^2}\right]\mathrm{d}\beta^*$$

$$\Rightarrow\frac{\mathrm{d}\beta^*}{\mathrm{d}p}=\frac{\dfrac{\theta}{\rho}A\alpha(1-\alpha)(\tau l)^{1-\alpha}+\dfrac{A(1-\alpha)^2(\tau)^{1-\alpha}(l)^{2-\alpha}}{A(1-\alpha)(\beta^*)^{1-\alpha}(\tau)^{1-\alpha}(l)^{2-\alpha}+\rho}-\dfrac{\theta(\beta^*)^{\alpha}}{1-\beta^*}}{\dfrac{pA^2(1-\alpha)^4\tau^{2(1-\alpha)}l^{3-2\alpha}(\beta^*)^{-\alpha}}{(A(1-\alpha)(\beta^*)^{1-\alpha}\tau^{1-\alpha}l^{2-\alpha}+\rho)^2}+\dfrac{p\theta\alpha(\beta^*)^{\alpha-1}+(1-\alpha)p\theta(\beta^*)^{\alpha}}{(1-\beta^*)^2}}\equiv\frac{H}{B}$$

由于：

$$H=\frac{\theta}{\rho}A\alpha(1-\alpha)(\tau l)^{1-\alpha}-\left(\frac{1}{p\rho}+\frac{\theta}{\rho}\right)A\alpha(1-\alpha)(\tau l)^{1-\alpha}$$

$$=-\frac{1}{p\rho}A\alpha(1-\alpha)(\tau l)^{1-\alpha}<0$$

所以，$\dfrac{\mathrm{d}\beta^*}{\mathrm{d}p}<0$。

附录 2

本文的核心数据主要是"全部国有及规模以上非国有工业企业数据库"（企业数据）以及《全国地市县财政统计资料》（财政数据）两大数据库的合并。

首先对企业数据进行跨年匹配，形成面板数据。我们扩展了博瑞特等

（Loren Brandt，Johannes V. Biesebroeck，and Yifan Zhang，2012）的处理方法，分三步对企业数据进行处理，以提高匹配效率。

第一步，利用企业代码在任意两个年份间进行最大限度的精确匹配。在每年删除很少的企业代码重复样本后，企业共用代码的可能性很小了。但为了进一步控制可能的共用代码错误，尽量保证代码相同的企业不论是纵向（时间）还是横向（截面）确实是同一企业，我们还要求代码相同的企业在企业名称、法人代表姓名、地址、电话号码、邮政编码、行业代码、开业年份等 7 项信息中至少一项完全相同。

第二步，对剩余的样本利用企业代码之外的信息在任意两个年份间匹配。根据企业代码之外其他信息跨年识别企业，并据此在这两个年份的企业法人代码间建立对应。关键是识别信息的选取。我们可以利用的企业代码之外的基本识别信息，包括企业名称、法人代表姓名、企业所在省市县 6 位代码、企业地址、邮编、固定电话号码、行业代码、主要产品名称、开业年份等。然而在样本期间内这些基本信息都可能发生变化。例如，企业可能改变名称，法人代表可能更换，固定电话号码可能改变等。而且，企业在填报这些基本信息时，表现出一定的随意性，例如，企业名称有时填"××公司"、有时填"××有限责任公司"；企业有些年份填写从省市开始的详细地址，而有时只填写"××镇（街）××号"。单独使用某项基本信息，识别效果很差。为此，我们对基本信息进行合并、重组，运用检测程序，找到识别结果比较好的信息组合。我们最终用于匹配的识别信息组合有 25 个：企业名称 + 省市县 6 位代码的前 4 位（即同一省、地（市））；企业名称 + 开业年份的后两位数字（企业一般填写 4 位，如 1980，也有只填后两位的，如 80）；企业名称 + 邮编；企业名称 + 行业代码；企业名称 + 法人姓名；企业名称的后 9 个字符 + 开业年份 + 企业地址；企业名称的后 9 个字符 + 法人姓名 + 省市县 6 位代码的前 4 位；企业名称的后 9 个字符 + 省市县 6 位代码的前 4 位 + 固定电话号码；企业名称的倒数第 14 ~ 9 个字符 + 开业年份；企业名称的倒数第 12 ~ 5 个字符 + 法人姓名 + 省市县 6 位代码的前 4 位；企业名称的倒数第 12 ~ 5 个字符

+固定电话号码；企业名称的倒数第 13 ~ 9 个字符 + 行业代码 + 邮编；企业名称的倒数第 12 ~ 5 个字符 + 行业代码 + 邮政编码；企业名称前 8 个字符 + 开业年份 + 邮编；企业名称前 8 个字符 + 法人姓名；企业名称前 8 个字符 + 固定电话号码；企业名称前 13 个字符 + 行业代码 + 邮编；法人姓名 + 固定电话号码；法人姓名 + 行业代码 + 开业年份 + 省市县 6 位代码；法人姓名 + 邮编 + 开业年份；法人姓名 + 邮编 + 行业代码 + 省市县 6 位代码；固定电话号码 + 行业代码 + 省市县 6 位代码 + 开业年份；固定电话号码 + 行业代码 + 邮编 + 开业年份；企业地址 + 行业代码 + 开业年份 + 省市县 6 位代码；企业代码的前 6 位 + 法人姓名 + 行业代码。经过以上信息组合识别后，我们对两个年份间未匹配上的样本，进行了程序检测和手工检测，发现根据已有信息，基本上不能进行有效匹配。

第三步，构建面板，同时检验、修正利用企业代码之外的信息时，可能发生的错配。利用上述方法构建的两年间直接匹配信息，可以构建任意时段内的不平衡面板数据。构建面板可以进一步增加匹配效果，这是因为它在两两直接匹配的基础上，进一步提供了间接匹配的信息。而且，构建面板过程还具有另外一个重要的作用，即纠正错配。这种错配源于在第二阶段两两直接匹配过程中，运用非企业代码匹配。虽然在第二阶段，我们将错配的可能性降低到了最小，然而由于样本量巨大、企业个体情形复杂，错配还是有可能发生的。这样，我们就把所有直接和间接匹配的信息都整合到了整个研究区间内的非平衡面板中，而且尽最大可能减少了错配。

识别出跨年的同一企业后，给企业赋予所属县的 6 位数行政区划代码，并以此与国家统计局行政区划代码进行匹配。对于企业库中没有匹配上的样本，以企业名称中的区县关键词为依据，再次赋予企业的 6 位数区划代码。例如，若企业名称中有"夹江"两个字，视为该企业属于夹江县，区划代码作相应调整。然后，以县为单位，在企业层面计算出诸如民营经济比重、各市场集中度指标等，再以县为单元对企业数据进行加总，最后根据统计局行政区划代码与财政数据进行合并。其他数据库的合并直接以 6 位数的国家统计局行政区划代码进行。

参考文献

［1］乔宝云、范剑勇、冯兴元：《中国的财政分权与小学义务教育》，载于《中国社会科学》2005 年第 6 期。

［2］平新乔、白洁：《中国财政分权与地方公共物品的供给》，载于《财贸经济》2006 年第 2 期。

［3］傅勇、张晏：《中国式分权与财政支出结构偏向：为增长而竞争的代价》，载于《管理世界》2007 年第 3 期。

［4］尹恒、朱虹：《县级财政生产性支出偏向研究》，载于《中国社会科学》2011 年第 1 期。

［5］王永钦、张晏、章元、陈钊、陆铭：《中国的大国发展道路——论分权式改革的得失》，载于《经济研究》2007 年第 1 期。

［6］高培勇：《公共财政：概念界说与演变脉络——兼论中国财政改革 30 年的基本轨迹》，载于《经济研究》2008 年第 12 期。

［7］王绍光、马骏：《走向"预算国家"：财政转型与国家建设》，载于《公共行政评论》2008 年第 1 期。

［8］曼库尔·奥尔森著，吕应中译：《国家兴衰探源——经济增长、滞胀与社会僵化》，商务印书馆 1993 年版。

［9］杨小凯、黄有光、张玉纲：《专业化与经济组织》，经济科学出版社 1999 年版。

［10］范子英、张军：《粘纸效应：对地方政府规模膨胀的一种解释》，载于《中国工业经济》2010 年第 12 期。

［11］Bruce W. Hamilton, "The Flypaper Effect and Other Anomalies", *Journal of Public Economics*, 1983, 22（3）：347 – 361.

［12］Cameron A. Shelton, "The Size and Composition of Government Expenditure", *Journal of Public Economics*, 2007, 91（11）：2230 – 2260.

［13］Charles M. Tiebout, "A Pure Theory of Local Expenditures", *The Journal of Political Economy*, 1956, 64（5）：416 – 424.

［14］Daniel Tarschys, "Tributes, Tariffs, Taxes and Trade：The Changing Sources of Government Revenue", *British Journal of Political Science*, 1988, 18（1）：1 – 20.

［15］George J. Stigler, "Perfect Competition, Historically Contemplated", *The Journal of Political Economy*, 1957, 65（1）：1 – 17.

［16］Richard A. Musgrave, *The Theory of Public Finance：A Study in Public Economy*, New York：McGraw-Hill, 1959.

［17］ Kenneth J. Arrow and M. Kurz, *Public Investment, the Rate of Return and Optimal Fiscal Policy*, Baltimore, MD: Johns Hopkins University Press, 1970.

［18］ Kevin Milligan, Enrico Moretti, and Philip Oreopoulos, "Does Education Improve Citizenship? Evidence from the United States and the United Kingdom", *Journal of Public Economics*, 2004, 88 (9): 1667 - 1695.

［19］ Loren Brandt and Carsten A. Holz, "Spatial Price Differences in China: Estimates and Implications", *Economic Development and Cultural Change*, 2006, 55 (1): 43 - 86.

［20］ Loren Brandt, Johannes V. Biesebroeck, and Yifan Zhang, "Creative Accounting or Creative Destruction? Firm-level Productivity Growth in Chinese Manufacturing", *Journal of Development Economic*, 2012, 97 (2): 339 - 351.

［21］ Mancur Olson, *The Logic of Collective Action: Public Goods and the Theory of Groups*, Cambridge, MA: Harvard University Press, 2009.

［22］ Richard Blundell and Stephen Bond, "Initial Conditions and Moments Restrictions in Dynamic Panel Data Models", *Journal of Econometrics*, 1998, 87 (1): 115 - 143.

［23］ Robert J. Barro, "Government Spending in A Simple Model of Endogenous Growth", *The Journal of Political Economy*, 1990, 98 (5): 103 - 125.

［24］ Ross Levine and David Renelt, "A Sensitivity Analysis of Cross-country Growth Regressions", *The American Economic Review*, 1992, 82 (4): 942 - 963.

［25］ Shantayanan Devarajan, Vinaya Swaroop and Heng-fu Zou, "The Composition of Public Expenditure and Economic Growth", Journal of Monetary Economics, 1996, 37 (2 - 3): 313 - 344.

［26］ Yingyi Qian and Barry R. Weingast, "Federalism as a Commitment to Perserving Market Incentives", *The Journal of Economic Perspectives*, 1997, 11 (4): 83 - 92.

［27］ Wallace E. Oates, *Fiscal federalism*, New York: Harcourt Brace Jovanovich, 1972.

第一篇 地方财政

地方财政对本地居民偏好的回应性研究

地市级地区间基本建设公共支出的相互影响 *

一、引　言

　　地区间公共支出可能相互影响。外部性和财政竞争是这种相互影响的主要渠道（Wilson，1999）。正外部性和溢出效应使得某地区公共支出的效果波及周边地区（Gordon，1983）。某地区公共支出可能惠及邻近地区，这些地区的该项支出会相应减少。地方政府间财政竞争包括吸引流动性生产要素的经济竞争（Keen and Marchand，1997），或者政府官员寻求晋升或连任的政治竞争（如标尺竞争；参见 Besley and Case，1995）。为了提高本地区的经济绩效，地方政府间公共支出政策会相互模仿或参照。

　　克斯等（Case et al.，1993）提供了这方面的开创性经验研究。他们使用美国州的预算数据估计了一个支出决定方程，发现美国各州的人均公共支出存在显著正相关关系。此后，国外检验地方政府间财政政策互动的经验文献迅速发展起来。例如，费利奥等（Figlio et al.，1999）讨论了地方财政的福利支出；沙维拉（Saavedra，2000）讨论了地方财政对家庭的补助支出；雷瓦利（Revelli，2003）估计了地方财政的环境和文化支出；贝克尔（Baicker，2005）、博克等（Borck et al.，2006）分析了地方财政总支出；朗德伯格

　　* 本文原载于《经济研究》2011 年第 7 期，作者：尹恒、徐琰超。感谢国家自然科学基金（项目号：70773010）和国家社会科学基金重大项目（项目号：06&ZD014）的资助。

（Lundberg，2006）分析了地方财政的文化娱乐支出。最近，国内学者也开始讨论地方政府间公共支出的经验关系。李永友和沈坤荣（2008）用 1995 年和 2005 年的省级数据，发现基本建设支出在 1995 年没有显著的相互影响，而在 2005 年则有显著且稳健的策略互补。王守坤和任保平（2008）发现，中国省级政府在财政行为方面存在着显著的策略性行为和正向相关性。李涛和周业安（2009）用 1999～2005 年中国省级数据讨论了省级政府间的支出竞争。本文就中国地市级地区间基本建设公共支出的相互影响展开经验和理论分析，试图深入考察不同的影响机制及其特征。本文提出一个契合中国地方政府决策环境的政治经济模型，讨论基本建设公共支出的溢出效应和地方政府标尺竞争效应，以及地区间该项公共支出相互影响的性质。首次使用中国地市级地区 2002～2005 年的数据，运用克勒金和普鲁切（Kelejian and Prucha，1998，1999）提出的、对中型和大型样本更加稳健的广义空间两阶段最小二乘法（GS2SLS）方法，定义了两种不同类型的相邻矩阵以分析两种影响渠道①。经验分析发现了显著的溢出效应和竞争效应，存在标尺竞争的同省地区间基本建设公共支出正相关，地理相邻地区间基本建设支出则负相关。

二、基本建设支出相互影响的简单模型

下面尝试在一个综合了政治经济和内生增长模型的框架中，讨论地方基本建设公共支出相互影响的渠道及性质。设经济中包括两个规模相当且同质的地区 i 和 $-i$。在任一地区，政府和居民的决策按照领先者和追赶者（leader-follower）结构：地方政府先确定现期财政政策；本地居民在给定政策下进行生产、消费和储蓄决策，以最大化其预期终生福利；地方政府选择财政政策

---

① 由于空间计量方法能够正式处理地区间的相互影响，它成为这一领域的主要经验研究工具。前面提到的经验文献都使用了这类方法。最近运用空间计量方法讨论地方财政问题的例子还有：任克（Rincke，2008）、雷瓦利（Revelli，2009）、吴（Wu，2009）等。

时纳入了本地居民的决策①。

首先考虑代表性地区 i 的政策选择。根据中国的垂直管理体制，设地区 i 政策由地方官员（本文指地方主要负责人）确定，他们主要对上级负责②。经济增长绩效是上级考核下级官员政绩的核心内容，上级将地方官员的政治升迁与当地经济增长绩效挂钩，经济增长绩效相对突出的官员获得提拔（Li and Zhou，2005）。也就是说，同一上级管辖的地方官员间存在着针对经济增长率的标尺竞争，周黎安（2007）称之为"晋升锦标赛"。借鉴伯斯利和克斯（Besley and Case，1995），将地方官员的目标设定为最大化其升迁概率，后者不仅取决于本地的经济增长表现，还取决于竞争对手地区的增长率。具体地，地区 i 的官员的优化问题为：

$$\max_{\eta_i} \Pr[\, \Omega(\eta_i, \eta_{-i}) > \varepsilon_i \,] \tag{1}$$

式中，η_i 表示地区 i 的经济增长水平，η_{-i} 表示竞争对手地区的增长率。ε_i 服从于期望为 0，方差为 θ^2 的正态分布。为简便，设 $\Omega(\eta_i, \eta_{-i}) = \beta_0 + \beta_1 \eta_i + \beta_2 \eta_{-i}$ 为线性函数③，从而：

$$\Pr[\, \Omega(\eta_i, \eta_{-i}) > \varepsilon_i \,] = \Phi\left(\frac{\beta_0 + \beta_1 \eta_i + \beta_2 \eta_{-i}}{\theta^2} \right) \tag{2}$$

$\Phi(\cdot)$ 为正态分布的分布函数。设 $\beta_1 > 0$，从而 $\frac{\partial \Phi}{\partial \eta_i} = \Phi' \frac{\beta_1}{\theta^2} > 0$，即给定竞争对手的增长率，地区 i 增长率越高，该地区官员升迁的概率就越大。又设 $\beta_2 < 0$，从而 $\frac{\partial \Phi}{\partial \eta_{-i}} = \Phi' \frac{\beta_2}{\theta^2} < 0$，即竞争对手的增长率越高，地区 i 官员升迁概率越小。

---

① 由于问题的复杂性，论文对模型的时间结构进行了简化。这可以称为一个拟动态框架：基于地方政府官员的短期行为特征，论文讨论当期在任官员的财政政策选择，本质上是一个静态的框架；由于涉及经济增长率，论文运用一个简化的增长框架分析居民预期终生福利最大化及相应的经济增长率，因而也纳入了动态分析的因素。

② "政治集中"与"经济分权"的中国式分权受到学界广泛关注。大量的文献从这一角度来解释中国经济增长。例如钱颖一和雷纳德（Qian and Roland，1998）。

③ 相当于假定升迁概率为 probit 形式。

地区 i 的经济增长率取决于本地居民的生产、消费和储蓄行为。本地居民在给定现期政策前提下，以最大化预期终身福利为目标，作出消费和资本积累决策。借鉴阿罗和库尔茨（Arrow and Kurz, 1970）、巴罗（Barro, 1990），设地方公共支出包括两方面职能，一方面为生产性支出（以基本建设支出为代表），用于改善本地区的生产效率，进入生产函数；另一方面为福利性支出，直接提高居民的福利水平，进入效用函数。具体地，代表性地区 i 的生产函数为：

$$F_i(K_i, L_i, P_i, P_{-i}) = [\gamma P_i^{\xi} + (1 - \gamma(s)) P_{-i}^{\xi}]^{\frac{1}{\xi}} K_i^{\beta} L_i^{1-\alpha-\beta} \tag{3}$$

式中，K_i 表示地区 i 的资本；L_i 表示地区 i 的劳动力；设人口总量不变，从而为 L_i 常数；P_i 表示本地区的政府基本建设支出；P_{-i} 表示对手地区的政府基本建设支出。其中，$0 < \xi < 1$，$0 < \alpha < 1$，$0 < \beta < 1$，$1/2 < \gamma < 1$，$0 < \gamma(s) < 1$。这样的设定表明地方政府的基本建设支出具有正的外部性。s 表示 i 和对手地区 $-i$ 之间的距离，$\partial\gamma(s)/\partial s > 0$，且 $\lim_{s \to 0}\gamma(s) = \gamma$，$\lim_{s \to +\infty}\gamma(s) = 1$。这表明 s 越大（距离越远），则政府支出的外部性越弱。

生产函数满足规模报酬不变，从而人均形式的生产函数为 $f_i(k, p_i, p_{-i}) = [\gamma p_i^{\xi} + (1 - \gamma(s)) p_{-i}^{\xi}]^{\frac{1}{\xi}} k_i^{\beta}$，小写字母表示人均量。设资本市场是充分竞争的，地区 i 的利率（资本收益率）等于资本的边际生产率：

$$r_i = \beta[\gamma p_i^{\xi} + (1 - \gamma(s)) p_{-i}^{\xi}]^{\frac{1}{\xi}} k_i^{\beta-1} \tag{4}$$

设剩余的产出（包括公共投入对生产的贡献）作为工资率 w_i 分配给居民。

地区 i 的代表性居民既从私人消费获得效用，也享受来自于政府支出的福利。即期效用函数为 $u(c, g)$，c 为代表性居民的私人消费，g 为福利性政府支出。具体地，设即期效用函数为如下可加加分的形式：

$$u(c_i, g_i) = \frac{c_i^{1-\sigma} - 1}{1 - \sigma} + \psi(g_i) \tag{5}$$

$\psi' > 0$，即福利性政府支出越多，代表性居民的效用水平越高。

地区 i 的代表性居民当期收入扣除消费支出和政府的一次性总赋税 T_i[①]，

---

① 假定地方政府选定现期的一次总付税。政府和居民都预期政府收支规模会以与消费相同的增长率增长。本文主要关注公共支出，对税收进行了简化处理。

剩下的资源用于积累资本 k_i。设资本折旧率为 0：

$$\frac{\mathrm{d}k_i}{\mathrm{d}t} = w_i + r_i k_i - c_i - T_i$$

政府维持平衡预算，即 $L_i T_i = g_i + p_i$。这是经济中的共同信息。代表性居民在给定现期政策、由竞争市场决定的工资和利率前提下，规划消费和储蓄的现期水平及路径，最大化预期的终身福利：

$$\max_{|c_i, k_i|} \int_{t=0}^{\infty} \left[\frac{c_i^{1-\sigma} - 1}{1 - \sigma} + \psi(g_i) \right] e^{-\rho t} \mathrm{d}t \tag{6}$$

$$受约束于：\frac{\mathrm{d}k_i}{\mathrm{d}t} = w_i + r_i k_i - c_i - \frac{1}{L_i}(g_i + p_i)$$

$\rho > 0$ 为贴现因子。根据动态优化问题（6），以及在预期的均衡路径上居民的消费增长率、资本增长率都相同，得到地区 i 的预期经济增长率：

$$\eta_i = \frac{\dot{c}_i}{c_i} = \frac{r_i - \rho}{\sigma} = \frac{\beta \left[\gamma p_i^{\xi} + (1 - \gamma(s)) p_{-i}^{\xi} \right]^{+} k_i^{\beta - 1} - \rho}{\sigma} \tag{7}$$

可见地区 i 的预期经济增长率受本地及对手地区政府的基本建设支出 p_i 和 p_{-i} 的影响[1]。根据公式（7），地区基本建设公共支出间因经济增长率而存在相互影响，设这种相互影响由反应函数 $p_{-i} = p_{-i}(p_i)$ 刻画。反应函数的性质正是论文需要分析的。

回归到地区 i 官员的决策问题。给定反应函数 $p_{-i} = p_{-i}(p_i)$，地区 i 官员在平衡预算约束下选择政策变量 p_i 最大化其升迁概率。根据式（2）和式（7），得到地方官员 i 的最优支出的一阶条件[2]：

$$\beta_1 \left[\gamma p_i^{\xi - 1} + \frac{\mathrm{d}p_{-i}}{\mathrm{d}p_i} (1 - \gamma(s)) \left[p_{-i}(p_i) \right]^{\xi - 1} \right]$$

---

① 式（7）中，政府的福利性公共支出和税收政策不影响经济增长率，这一结果来自于模型选取了可加分即期效用函数和非扭曲的一次总付税。当然，福利性公共支出和税收政策会影响人均产出、消费和福利水平。

② 注意到式（7）中包括资本存量 k_i。这与内生增长理论中常见的设定存在差异，后者一般假定可积累生产要素的边际生产率不会递减。本文的模型本质上是一个静态框架，主要讨论现任官员的财政政策选择。在短期公共支出可以很快调整，而资本存量比较稳定。因此，可以认为在政府选择现期政策时资本存量给定，不考虑 p_i 对 k_i 的影响，以避免出现复杂的微分博弈。

$$+\beta_2\left[\gamma[p_{-i}(p_i)]^{\xi-1}\frac{dp_{-i}}{dp_i}+(1-\gamma(s))p_i^{\xi-1}\right]=0 \tag{8}$$

根据式（8），在对称均衡时反应函数的斜率为：

$$\frac{dp_{-i}}{dp_i}=\frac{-\beta_1\gamma-\beta_2(1-\gamma(s))}{\beta_1(1-\gamma(s))+\beta_2\gamma} \tag{9}$$

由此可以得到关于地区间基本建设公共支出相互影响的如下性质。

命题 1 当距离 s 和相关参数满足条件 $-\frac{\beta_1}{\beta_2}>\frac{\gamma}{(1-\gamma(s))}$ 时，必有 $\frac{dp_{-i}}{dp_i}<0$（证明见附录，下同）。

这一命题给出了地区间基本建设公共支出相互排挤的条件。当 β_2 的绝对值相对较小，即竞争对手地区的增长表现对本地区官员晋升概率的影响较小；或者距离 s 比较小，即相邻地区的基础设施投入对本地生产性影响较大，此时，相邻地区的基本建设公共支出越大，则本地的支出就会越小。直观地，在这些情况下基础设施投入的外部效应超出地区官员间的竞争效应。

命题 2 当距离 s 和相关参数满足条件 $\frac{\gamma}{(1-\gamma(s))}>-\frac{\beta_1}{\beta_2}>\frac{(1-\gamma(s))}{\gamma}$ 时，必有 $\frac{dp_{-i}}{dp_i}>0$。

这一命题给出了地区间基本建设公共支出相互推进的条件。当 β_2 的绝对值相对较大、距离 s 也比较大时，相邻地区的基本建设公共支出越大，本地的支出也会越大。此时，地区官员间的竞争效应超出。

特别地：

命题 3 纯粹的溢出效应会导致相邻地区公共支出负相关。即当 $\beta_2=0$，有 $\frac{dp_i}{dp_{-i}}<0$。

$\beta_2=0$，表明不存在地方官员竞争效应。此时，若两个地区在空间上比较接近，由于基本建设公共支出存在外溢效应，每个地区都存在"搭"相邻地区公共支出"便车"的激励，从而导致相邻地区间公共支出的反应函数斜率为负。

命题 4 纯粹的竞争效应会导致相邻地区公共支出正相关。即当 $s \to \infty$，有 $\dfrac{\mathrm{d}p_i}{\mathrm{d}p_{-i}} > 0$。

$s \to \infty$，表明两地区相距很远，公共支出的溢出效应趋于 0。此时，若两个地区属于同一上级管辖，由于公共支出具有生产性，能够促进经济增长，地方官员间就经济增长率展开的升迁竞争，使得他们竞相增加生产性公共支出，从而导致相邻地区间公共支出的反应函数斜率为正。

三、经验模型与估计方法

讨论地区间财政政策相互影响的经验文献大都使用空间计量模型（Revelli，2005）。空间计量模型起源于解决横截面数据间的空间依赖性，正好为研究地区间公共支出的相互影响提供了有力的工具。本文的经验模型综合了空间自相关模型（Spatial Autoregressive Model，SAR）和空间误差模型（Spatial Error Model，SEM），具体地：

$$Y = \rho WY + X\beta + u \tag{10}$$

$$u = \lambda Wu + \varepsilon \tag{11}$$

Y 为地方基本建设公共支出，X 为控制向量，W 为 $n \times n$ 阶方阵。ε 为独立同分布的随机扰动，$E(\varepsilon) = 0$，$\mathrm{var}(\varepsilon) = \sigma^2$。地区间可能共同面临社会、经济等因素的冲击，这些无法测度的因素对被解释变量的影响会使得扰动项 u 表现出类似序列相关的特征。忽视这种相关性将导致系数的估计发生偏误。解决这一问题的思路是允许扰动项 u 以式（11）的形式相关。

权重矩阵 W 是模型的关键，地区间的相互关系通过它体现。式（10）中 WY 定义作为解释变量的虚拟地区支出，是对本地区支出有影响的相关地区支出的加权平均，通过它将相互影响正式纳入模型中。这样，ρ 成为识别地区间公共支出相互影响的关键参数，其显著性和符号是检验公共支出相互影响的试金石。

权重矩阵的选择也是本文分离溢出效应和竞争效应的关键设计。根据上节得到的溢出效应和竞争效应的性质，直观的选择是地理相邻矩阵和行政相邻矩阵。地理相邻矩阵侧重于概括地区的空间相邻性，若两个地区地理接壤设定为1，不接壤设定为0①。这样得到333×333的方阵，其元素为②：

$$
\begin{cases}
w_{ij} = 1, \text{如果 } i \text{ 和 } j \text{ 地理接壤} \\
w_{ij} = 0, \text{其他}
\end{cases}
\tag{12}
$$

根据命题1和命题3，溢出效应在地理上相邻的地区间最强。用地理相邻矩阵形成的式（10）中虚拟地区 WY，是某地区的所有地理接壤地区基本建设支出的加权平均。如果溢出效应存在，则这些地理接壤地区的支出都会挤出本地区的相应支出，即 ρ 显著为负。

行政相邻矩阵的目标在于识别地方决策官员间的竞争效应，其元素定义如下：

$$
\begin{cases}
w_{ij} = 1, \text{如果 } i \text{ 和 } j \text{ 属于同一省} \\
w_{ij} = 0, \text{其他}
\end{cases}
\tag{13}
$$

如前所述，在"政治集中"与"经济分权"的中国式分权体制下同一个上级管辖的地方官员构成政治竞争对手。他们经常参加上层政府组织的活动，彼此之间相互了解。这样同省的地市级区间基本建设支出存在竞争。用行政相邻矩阵形成的虚拟地区 WY 正是某地区的所在省内其他地区基本建设支出的加权平均。根据命题2和命题4，竞争效应在这些同省辖区内最强，而且会互相模仿和攀比，即 ρ 显著为正。

然而，上述地理相邻和行政相邻的划分存在重叠。地理相邻矩阵（12）等于1的元素有1984个，其中，属于同一个省的有1100个，占55.4%；行政相邻矩阵（13）有4272个元素为1，其中，1110个地理接壤，占26.0%。这就是说，地理相邻矩阵重叠了部分因属于同一省而导致的竞争效应；同样，

---

① 地理相邻矩阵的测定是依照中国行政区划地区确定。

② 在矩阵（14）基础上进行行标准化，使矩阵行之和为1，从而元素具有权重的含义，下同。

行政相邻矩阵也重叠了部分因地理相邻带来的溢出效应。为了消除这种重叠性，我们进一步定义纯粹地理相邻矩阵和行政相邻矩阵，其元素分别如下：

$$\begin{cases} w_{ij} = 1, \text{如果 } i \text{ 和 } j \text{ 地理接壤且不属于同一省} \\ w_{ij} = 0, \text{其他} \end{cases} \quad (14)$$

$$\begin{cases} w_{ij} = 1, \text{如果 } i \text{ 和 } j \text{ 属于同一省且地理不接壤} \\ w_{ij} = 0, \text{其他} \end{cases} \quad (15)$$

式（14）和式（15）就是以下经验分析中用到的矩阵。

空间模型的估计比时间序列要复杂得多，尤其是本文使用的综合了空间自相关和空间误差的模型。由于自变量的内生性，用 OLS 估计空间模型是有偏的和不一致的。常规的估计方法是极大似然估计（Anselin，1988）。然而，最近的研究发现极大似然估计方法存在较大的问题（Arraiz et al.，2008）。第一，需假定残差服从正态分布或其他特定分布，并且同方差；第二，不能出其他的内生性问题（除因滞后因变量造成的内生性外）；第三，需要计算权重矩阵的特征值，如果样本容量比较大，就会出现问题，例如，若研究的是45000 个社区的问题，要从 45000 方阵中计算几万个特征值；第四，极大似然估计方法缺乏大样本渐近理论的支持，没有大样本理论，在样本容量比较大的情况下，不知道估计的参数的统计性质，从而参数的检验都存在问题。阿拉兹（Arraiz et al.，2008）的模拟实验提供了在异方差的情况下，如果用极大似然估计法会产生非一致性的经验证据。最近几年，克勒金和普鲁切（Kelejian and Prucha，1999、2001，2004，2007）等提出的广义空间两阶段最小二乘法（Generalized spatial Two-stage least squares，GS2SLS），这可以很好地解决上述的问题。该方法针对中型样本和大样本而言，计算更加方便，结果更加稳健。这一方法不需要对模型的误差项进行正态或其他分布的假定，就能够得到有效和一致的估计量（Kelejian and Prucha，1998）。

本文采用 GS2SLS 进行估计，包括三个步骤。

第一步，找到 Y 的工具变量集合 H，H 包含 X 和 WX。对（10）进行无截距项的两阶段最小二乘回归，得到残差。

第二步，利用第一步的残差进行 *GMM* 的估计，得到 λ 的估计值 $\hat{\lambda}$。按照克勒金和普鲁切（Kelejian and Prucha，1999）的建议，本文采用非线性联立方程组估计方法。

第三步，对原方程做 Cochrane-Orcutt 变换，$Y^* = Y - \hat{\lambda}WY$ 和 $X^* = X - \hat{\lambda}WX$，再对模型（10）进行两阶段最小二乘估计。

四、数据与分析结果

下面运用基本模型（10）和模型（11）检验中国地区间财政政策相互影响是否具有理论预期的性质。其数据来源于《中国城市统计年鉴》、各省统计年鉴和财政部国库司与预算司合编的《全国地市县财政统计资料》①。地市级财政基本建设分项支出数据在各年均出现了不同的缺失现象，2004 年的数据最为全面，本文主要使用该年 333 个地市级地区数据②。作为敏感性分析，本文利用 2002 年、2003 年和 2005 年的数据进行进一步的验证。出于可比性的考虑，本文剔除了四个直辖市（北京、上海、天津、重庆），两个行政特区（香港地区、澳门地区）及台湾地区。

被解释变量是地市级财政人均基本建设支出③。借鉴地方公共支出经验文献（如 Revelli，2005；Baicker，2005；Borck，2006），基本模型中选取了以下控制变量。人均 GDP，地区经济发展水平不同，财政收入和支出结构可能不同，从

---

① 与财政相关的数据如财政供养人口、财政基本建设支出、省级财政总支出和地市级财政总支出等取自于《全国地市县财政统计资料》；社会经济数据如各省人口总数、各地市级地区人口总数、各地区 GDP、第二产业占比和农业人口总数等来自于《中国城市统计年鉴》和各省统计年鉴。

② 地市级样本河北 11 个、山西 11 个、内蒙古 12 个、辽宁 14 个、吉林 10 个、哈尔滨 13 个、江苏 13 个、浙江 11 个、安徽 17 个、福建 9 个、江西 11 个、山东 17 个、河南 17 个、湖北 13 个、湖南 14 个、广东 20 个、广西 14 个、海南 2 个、四川 21 个、贵州 9 个、云南 16 个、西藏 7 个、陕西 10 个、甘肃 14 个、青海 8 个、宁夏 5 个、新疆 14 个，共计 333 个。

③ 《全国地市县财政统计资料》中地方财政支出分类包括基本建设支出、林业支出、水利和气象支出、科学支出、教育事业费、社会保障支出、医疗卫生支出、行政管理费和公检法支出和其他支出。

而人均基本建设支出会有系统差异；第二产业占 GDP 比重，控制地区产业结构引起的财政支出差异；人口密度，由于公共物品提供的边际成本不变或者递减，人口密度较大的地区人均基本建设支出一般较小；农业人口比重，由于农村和城市对公共物品的偏好不同，人口结构的差异可能造成公共支出的差异；财政供养人口比重，定义为财政供养人口①除以地区总人口，这一比重越高，财政支出面临的约束就会越大，可能会对人均基本建设支出造成一定的负面影响；计划单列市和省会城市虚拟变量，由于这些地区的政治地位、在区域经济中的重要性和官员的行政级别往往比其他地市级地区高，可能造成支出结构的差异。

我们还控制了表征财政分权体制下地区财政自由度和相对财力特征的一组变量，包括本级收入比重、省内相对财力和国内相对财力。本级收入比重定义为，地方本级财政收入除以地方总收入（总支出），由于财政分权体制下存在收入权力和支出责任划分不对等，出现纵向财政不均衡，地方大量财政收入来自于上级财政的转移支付，这可能影响支出结构。省内相对财力定义为，地区人均总财政支出除以省级人均总财政支出，以控制因财政分权度不同造成的财政支出结构差异。由于省内相对财力仅度量在同一个省级政府管理下不同地区之间的财力差别，而缺乏对全国总体财力差距的控制，为此，我们还引入国内相对财力，该变量定义为地方人均财政支出的对数值除以全国地市级地区平均人均财政支出对数值。

作为敏感性分析，我们还控制了地区特征虚拟变量，主要区分东部、中部和西部地区。这有助于缓解横截面数据分析中的异质性问题。省委书记换届选举的虚拟变量。省级负责官员的换届可能带来省内政策方面的系统变化，从而导致地市级政府的支出行为的变化。政府规模变量，即地区财政总支出占地区 GDP 的比重。各地区财政规模不同，支出结构可能不同。表1描述了2004 年主要变量的统计特征。

---

① 财政供养人口主要是行政人员、事业单位人员、国家职工、集体职工、离退人员、财政预算拨款及财政补助开支的年末长休人数和其他财政供养人员的总和。

表1   主要变量的基本描述统计

变量名	样本量	平均值	标准差
人均基本建设财政支出（元）	333	122. 21	377. 17
西部地区（元）	130	122. 73	203. 41
东部地区（元）	98	166. 72	650. 12
中部地区（元）	105	80. 02	70. 13
人均 GDP（元）	333	12818. 6	11960. 5
第二产业比重（%）	333	45. 15	12. 74
人口密度	333	342. 58	290. 77
农业人口比重（%）	333	0. 68	0. 18
财政供养人口比重（%）	333	0. 03	0. 01
本级收入比重	333	0. 45	0. 21
省内相对财力	333	1. 14	0. 88
国内相对财力	333	7. 84E – 08	0. 58
政府规模	333	0. 13	0. 11

如前所述，我们使用纯粹地理相邻矩阵（14）和纯粹行政相邻矩阵（15）检验地方政府基本建设支出的溢出效应和竞争效应①。表2和表3分别列示广义空间两阶段最小二乘法（GS2SLS）估计结果。在回归之前先进行了 moran I 检验②，结果表明两个模型中人均基本建设支出都存在空间相关关系。λ 也是显著的，这表明选择空间误差结构是必要的。我们特别关心虚拟地区支出的影响，即参数 ρ。据表2，ρ 显著为负。其他条件不变，由地理相邻构成的虚拟地区的人均基本建设支出增加1单位，本地区该项支出减少约0.29单位。

---

① 我们还用权重矩阵（12）和矩阵（13）进行了估计，包括下面的各种敏感性分析，所得到的结论与用纯粹地理相邻和行政相邻矩阵（14）和矩阵（15）的结果完全相同，这其实不难理解。虽然矩阵（12）和矩阵（13）中溢出效应和竞争效应出现了重叠，但这两个矩阵的差异和侧重是明显的。在地理相邻矩阵元素为1的情形中只有55.4%属于同一个省，这可以理解为用地理相邻构成的虚拟对手地区，代表100%溢出效应，叠加了55.4%的竞争效应，溢出效应居于主导。同样，在行政相邻矩阵元素为1的情形中只有26%同时又是地理接壤的，用行政相邻矩阵构成的虚拟对手地区，代表100%的竞争效应，只叠加了26%的溢出效应，竞争效应居于主导。因此，虽然矩阵（12）和矩阵（13）的结果不代表纯粹的溢出效应和竞争效应，但通过比较这两组结果同样能够提供关于溢出效应和竞争效应存在性和性质的确切信息。

② Moran I 检验主要是检验数据是否存在空间相关。

据表 3，ρ 显著为正。其他条件不变，行政相邻构成的虚拟地区人均基本建设支出增加 1 单位，本地区该项支出约增加 0.34 单位。可见，使用纯粹地理相邻和行政相邻定义的邻近地区人均基本建设支出对本地区该类支出的影响在统计上和经济上都十分显著，方向刚好相反。估计结果为理论部分的预期提供了有力的证据：地市级地区间基本建设公共支出存在溢出效应，它引起地区间该项支出负相关；地市级政府间也存在基本建设公共支出的竞争，竞争效应使得相邻地区该项支出正相关。

表 2   溢出效应的 GS2SLS 估计：纯粹地理相邻矩阵

变量名	第一步		第二步		第三步	
	参数	t 值	参数	t 值	参数	t 值
ρ	− 0.08	− 0.87			− 0.28 **	− 2.79
人均 GDP	0	1.25			0	1.73
第二产业比重	− 0.55	− 0.39			− 2.69	− 1.85
人口密度	0.03	0.75			0.05	0.97
农业人口比重	− 124.01	− 1.63			− 152.28	− 1.84
财政供养人口比重	− 5885.75 ***	− 3.96			− 5529.69 ***	− 3.69
本级收入比重	− 350.18 ***	− 3.37			− 342.35 ***	− 3.43
省内相对财力	382.1 ***	19.11			393.49 ***	19.9
国内相对财力	124.05	1.12			95.39	0.81
计划单列市和省会	− 27.16	− 0.52			− 40.32	− 0.77
常数项					75.56	1.78
λ			0.4 ***	38.79		
Moran I-statistic	6.57					

注： * 表示 5% 的显著水平， ** 表示 1% 的显著水平， *** 表示 0.1% 的显著水平。空间计量方法要求数据齐全，所以每一次回归的样本量都是固定的 333 个。表 3 和表 4 与此相同。

表 3   竞争效应的 GS2SLS 估计：纯粹行政相邻矩阵

变量名	第一步		第二步		第三步	
	参数	t 值	参数	t 值	参数	t 值
ρ	0.65 ***	4.36			0.34 **	2.75
人均 GDP	0	0.45			0	1.31
第二产业比重	− 0.59	− 0.44			0.02	0.02

变量名	第一步		第二步		第三步	
	参数	t 值	参数	t 值	参数	t 值
人口密度	0	−0.05			0.01	0.29
农业人口比例	14.66	0.18			−207.99 **	−2.77
财政供养人口比例	−5478.724 ***	−3.77			−3592.96 **	−2.72
本级收入比重	−184.35	−1.74			−223.29 *	−2.40
省内相对财力	423.54 ***	19.51			353.57 ***	18.13
国内相对财力	−161.19	−1.29			−9.48	−0.05
计划单列和省会	−30.01	−0.59			−37.48	−0.72
常数项					32.63	0.12
λ			−0.69 ***	−9.26		
Moran I-statistic	7.26					

注：* 表示 5% 的显著水平，** 表示 1% 的显著水平，*** 表示 0.1% 的显著水平。空间计量方法要求数据齐全，所以每一次回归的样本量都是固定的 333 个。

如表 2 和表 3 所示，财政供养人口比重对地区基本建设公共支出发挥显著的负面影响，财政供养人口比重较高的地区，基本建设公共支出较低。本级收入比重越高的地区，基本建设支出也会较低；省内相对财力较高，基本建设支出会较高。另外，农业人口比重的影响也比较显著，比重越高的地方基本建设支出越低。我们没有发现人均 GDP 水平及其结构、是否为计划单列市和省会城市等因素对基本建设公共支出存在显著影响。

以上结论对控制变量的引入是否敏感？下面在基本回归方程中加入不同的控制变量，考察 ρ 在统计和经济意义上的显著性是否发生变化。这些控制变量主要包括：反映地区特征的虚拟变量，如东部和西部地区虚拟变量；反映政策变化的虚拟变量，以省委书记换届为代表①；以及政府规模的变量②。表 4 的第 2 ~ 4 列是使用纯粹地理相邻矩阵进行回归的结果，第 5 ~ 7 列显示了利用纯粹行政相邻矩阵回归的结果。结果报告中省略了第一阶段的结果，但

① 省委书记换届的虚拟变量：若当年某地区所属的省份出现省委书记换届，则该变量设定为 1，否则设定为 0。

② 用财政总支出水平与地区 GDP 的比重来衡量。

报告了每次回归的 Moran I 检验情况。从检验结果来看，所有的回归方程中被解释变量间都存在一定程度的空间相关关系。λ 也都是显著的，表明控制扰动项的空间相关是恰当的。检验参数 ρ 的显著性和符号也是稳健的：地理相邻地区间的人均基本建设支出显著负相关，而行政相邻地区间的人均基本建设支出显著正相关。

表4　　　　　　　　　　　　敏感性分析：控制其他变量

变量名	纯粹地理相邻矩阵			纯粹行政相邻矩阵		
ρ	− 0. 30 **	− 0. 29 **	− 0. 26 *	0. 48 ***	0. 48 ***	0. 60 ***
	− 3. 03	− 2. 90	− 2. 21	3. 75	3. 83	4. 55
人均 GDP	0	0	0	0	0	0
	1. 02	1. 02	0. 13	0. 66	0. 72	− 1. 14
第二产业比重	− 2. 24	− 2. 23	− 4. 27 *	0. 06	0. 12	− 2. 65 *
	− 1. 53	− 1. 53	− 2. 98	0. 05	0. 1	− 2. 12
人口密度	0. 02	0. 01	0. 03	− 0. 05	− 0. 06	− 0. 05
	0. 30	0. 30	0. 51	− 1. 05	− 1. 18	− 1. 07
农业人口比重	− 127. 88	− 130. 2	− 69. 52	− 115. 84	− 119. 58	101. 16
	− 1. 51	− 1. 54	− 0. 83	− 1. 38	− 1. 43	1. 1
财政供养人口比例	− 5692. 5 **	− 5741 ***	− 540	− 3834. 6 **	− 3968. 0 **	− 365. 5
	− 3. 84	− 3. 85	− 0. 36	− 2. 8	− 2. 88	− 0. 25
本级收入比重	− 384. 32 ***	− 388. 2 ***	− 498. 0 ***	− 238. 51 *	− 239. 4 *	− 409. 01 ***
	− 3. 85	− 3. 88	− 5. 24	− 2. 45	− 2. 46	− 4. 09
省内相对财力	408. 24 ***	408. 57 ***	417. 48 ***	393. 44 ***	393. 75 ***	473. 61 ***
	20. 30	20. 28	21. 12	18. 84	18. 89	22. 14
国内相对财力	38. 89	41. 12	178. 05	− 272. 67	− 286. 50	− 113. 38
	0. 33	0. 35	1. 58	− 1. 14	− 1. 22	− 0. 35
计划单列和省会	− 31. 85	− 32. 21	− 50. 12	− 13. 42	− 14. 57	− 25. 61
	− 0. 62	− 0. 62	− 1. 02	− 0. 26	− 0. 28	− 0. 54
东部地区	105. 62 **	107. 80 **	114. 94 ***	51. 8	53. 23 *	82. 02 *
	3. 13	3. 13	3. 74	1. 90	1. 98	2. 52
西部地区	27. 37	29. 3	55. 96	− 19. 57	− 15. 84	15. 43
	0. 80	0. 85	1. 73	− 0. 79	− 0. 64	0. 54
省委书记换届		16. 69	− 7. 18		19. 97	7. 83
		0. 63	− 0. 31		0. 98	0. 32

变量名	纯粹地理相邻矩阵			纯粹行政相邻矩阵		
政府规模			-956.5^{***}			-1360.8^{***}
			-5.56			-7.41
常数项	86.37^*	83.4^*	-1.03	288.24	309.98	69.91
	2.04	1.98	-0.07	0.97	1.05	0.21
λ	0.41^{***}	0.41^{***}	0.81^{***}	-0.45^{***}	-0.47^{***}	-0.1^*
	40.36	39.74	5.57	-6.37	-6.74	-1.96
Moran I-statistic	7.42	7.51	8.51	6.29	6.3	6.52

注：每个变量第二行为 t 统计，下同；* 表示 5% 的显著水平，** 表示 1% 的显著水平，*** 表示 0.1% 的显著水平。

我们还分别使用了 2002 年、2003 年和 2005 年三年数据，利用同样的方法进行了敏感性分析，表 5 报告了第三阶段的回归结果。Moran I 检验显示的确存在空间相关。λ 也表明扰动项存在显著的空间相关。使用 2002 年、2003 年和 2005 年地市级数据回归得到的结果与 2004 年横截面数据回归结果一致，检验参数 ρ 的结果仍然是稳健的。地理相邻地区的人均基本建设支出之间显著负相关；行政相邻地区的人均基本建设支出之间显著正相关。

表 5　　　　　　　**敏感性分析：2002 年、2003 年和 2005 年数据**

变量名	2002		2003		2005	
ρ	-0.15^{**}	0.39^{***}	-0.19^*	0.41^{***}	-0.16^*	0.37^{**}
	-2.72	4.40	-2.11	4.06	-2.1	2.90
人均 GDP	0.02^{***}	0.01^{***}	0.02^{***}	0.02^{***}	0	0
	7.75	6.42	12.96	11.95	-0.62	-0.95
第二产业比重	-3.98^{***}	-2.03^{**}	-4.47^{***}	-3.36^{***}	-3.5^{***}	-1.6^*
	-4.98	-2.76	-4.71	-4.01	-3.64	-1.91
人口密度	-354.82	-954.71	-82.11	-1200^{**}	-0.03	-0.03
	-0.63	-1.91	-0.19	-3.01	-0.65	-0.78
农业人口比重	132.41	-32.02	297.65^{***}	135.37	-132.56^*	81.45
	1.48	-0.35	4.79	1.92	-1.98	0.6
财政供养人口比重	2186.08	3160.8^{**}	2875.0^{**}	2089.9^*	-6044.8^{***}	-6506.6^{***}
	1.48	2.38	2.64	1.98	-8.90	-10.82
本级收入比重	-495^*	-7696^{***}	-246^{***}	964^{**}	-244	460^{**}
	-2.53	-5.26	-3.84	2.64	-1.41	2.92

变量名	2002		2003		2005	
省内相对财力	296.3 *** 10.79	413.0 *** 14.71	184.5 *** 8.07	302.9 ** 12.49	398.0 *** 30.81	453.0 *** 34.88
国内相对财力	−302 *** −2.16	5859 *** 3.99	−327 *** −3.60	−2873 *** −6.54	134 1.09	−1232 *** −5.4
计划单列和 省会	−113.0 * −2.52	−109.0 * −2.56	−85.8 * −2.43	−42.5 −1.31	−106.0 ** −2.82	−67.62 * −2.06
东部地区	36.3 1.05	129.5 *** 3.39	−5.4 −0.21	55.0 1.53	80.1 ** 2.97	132.26 ** 2.82
西部地区	19.95 0.59	−42.0 −1.43	18.55 0.75	−11.08 −0.39	70.98 * 2.60	−2.76 −0.07
常数项	348 ** 3.12	1708 *** 6.17	132 *** 3.42	1059 *** 6.16	215 * 2.09	214 *** 2.01
λ	0.51 *** 17.53	−0.07 *** −3.96	0.26 *** 26.47	0.2 *** 7.40	0.35 *** 25.54	0.44 *** 40.31
使用矩阵类型	纯粹地理 相邻	纯粹行政 相邻	纯粹地理 相邻	纯粹行政 相邻	纯粹地理 相邻	纯粹行政 相邻
Moran I-statistic	6.82	6.83	7.73	7.42	7.34	7.68

注：（1）2002年财政基本建设支出数据缺失的地区为：朔州、忻州、淄博、烟台、泰安、德州、滨州、菏泽、鄂州、三亚、铜川、安康、海东地区和玉树州。表中利用样本平均值代替缺失数据。下同。（2）2003年财政基本建设支出数据缺失的地区为：长治、朔州、黄石、十堰、宜昌、襄樊、荆门、孝感、黄冈、咸宁、恩施、黔东南地区和日喀则地区。（3）2005年财政基本建设支出数据缺失的地区为：长治、鸡西、鹤岗、忻州、伊春、黑河、泰安、黄石、十堰、宜昌、襄樊、荆门、孝感、黄冈、咸宁、随州、恩施、日喀则和那曲地区。

五、总结性评论

本文运用中国地市级地区2002～2005年数据和最新的检验方法，识别出地区间基本建设公共支出相互影响的渠道及其特征。经验分析得到相当稳健的结果。地市级地区间基本建设支出的溢出效应和竞争效应相当显著，影响方向刚好相反。文章提出的契合中国地方政府决策环境的政治经济模型，能够比较满意地理解地区间基本建设支出相互影响的性质。一方面，地方财政基本建设支出具有正外部性，地区间公共支出存在"搭便车"的倾向，造成相邻地区基本建设支出间呈现负相关。另一方面，由于地方官员的政治升迁与当地经济增长绩效挂钩，地方官员出于晋升激励或上级经济增长绩效考核的要求，其基本建设公共支出会相互攀比，从而导致同一辖区内地方政府基本建设支出的正相关。当然，并不能据此做出竞争效应能够有效纠正基本建设投入正外部性的简单判断①。从根本上解决公共支出外部性问题，需要合理配置不同层次政府的支出责任。

识别地区间公共支出相互影响基本事实的意义也正在于此。中国 1994 年分税制改革对不同层次政府间的收入关系作了较大调整，然而在支出责任的纵向划分方面并没有做出相应的努力。在随后十几年里，这一状况没有系统的、实质性的改变。经济发展和经济结构演变，使得不同层次政府间事权和支出责任界定不清的问题变得越来越突出。明确、清晰地界定政府间纵向支出责任，已经成为中国完善财政分权体制的迫切要求。而理清地区间公共支出相互影响的性质，是合理配置公共支出的纵向责任的一项重要基础性工作。本文只是就地市级基本建设支出做出初步尝试。全面系统地把握各项政府支出的相互影响，有待进一步的研究。

附录

根据对称均衡时反应函数的斜率表达式为：

$$\frac{\mathrm{d}p_{-i}}{\mathrm{d}p_i} = \frac{-\beta_1\gamma - \beta_2(1-\gamma(s))}{\beta_1(1-\gamma(s)) + \beta_2\gamma}$$

命题 1 当满足条件：$\frac{\gamma}{(1-\gamma(s))} > -\frac{\beta_1}{\beta_2} > \frac{(1-\gamma(s))}{\gamma}$ 时，必有 $\frac{\mathrm{d}p_{-i}}{\mathrm{d}p_i} > 0$

成立。

---

① 尹恒和朱虹（2011）指出，地方官员经济增长绩效的竞争会导致地方财政生产性支出偏向。而且，这种支出竞争还可能导致重复建设。

证明：

当满足下面两个条件之一时，$\dfrac{\mathrm{d}p_{-i}}{\mathrm{d}p_i} > 0$。

条件一：

$$\begin{cases} -\beta_1\gamma - \beta_2(1-\gamma(s)) > 0 \\ \beta_1(1-\gamma(s)) + \beta_2\gamma > 0 \end{cases}$$

上式可以化为：

$$\begin{cases} -\dfrac{\beta_1}{\beta_2} < \dfrac{(1-\gamma(s))}{\gamma} \\ -\dfrac{\beta_1}{\beta_2} > \dfrac{\gamma}{(1-\gamma(s))} \end{cases}$$

由于 $\gamma > 1-\gamma(s)$，从而 $\dfrac{(1-\gamma(s))}{\gamma} < 1$，$\dfrac{\gamma}{(1-\gamma(s))} > 1$，上述两个条件无法同时满足。

条件二：

$$\begin{cases} -\beta_1\gamma - \beta_2(1-\gamma(s)) < 0 \\ \beta_1(1-\gamma(s)) + \beta_2\gamma < 0 \end{cases}$$

上式可以化简为：

$$\begin{cases} -\dfrac{\beta_1}{\beta_2} > \dfrac{(1-\gamma(s))}{\gamma} \\ -\dfrac{\beta_1}{\beta_2} < \dfrac{\gamma}{(1-\gamma(s))} \end{cases} \Rightarrow \dfrac{\gamma}{(1-\gamma(s))} > -\dfrac{\beta_1}{\beta_2} > \dfrac{(1-\gamma(s))}{\gamma}$$

命题 2 当满足 $-\dfrac{\beta_1}{\beta_2} > \dfrac{\gamma}{(1-\gamma(s))}$ 成立时，必有 $\dfrac{\mathrm{d}p_{-i}}{\mathrm{d}p_i} < 0$ 成立。

证明：

当满足下面两个条件之一时，$\dfrac{\mathrm{d}p_{-i}}{\mathrm{d}p_i} < 0$。

条件一：

$$\begin{cases} -\beta_1\gamma - \beta_2(1-\gamma(s)) < 0 \\ \beta_1(1-\gamma(s)) + \beta_2\gamma > 0 \end{cases}$$

可化简为：

$$\begin{cases} -\dfrac{\beta_1}{\beta_2} > \dfrac{(1-\gamma(s))}{\gamma} \\[4mm] -\dfrac{\beta_1}{\beta_2} > \dfrac{\gamma}{(1-\gamma(s))} \end{cases} \Rightarrow -\dfrac{\beta_1}{\beta_2} > \dfrac{\gamma}{(1-\gamma(s))}$$

条件二：

$$\begin{cases} -\beta_1\gamma - \beta_2(1-\gamma(s)) > 0 \\[2mm] \beta_1(1-\gamma(s)) + \beta_2\gamma < 0 \end{cases}$$

可化简为：

$$\begin{cases} -\dfrac{\beta_1}{\beta_2} < \dfrac{(1-\gamma(s))}{\gamma} \\[4mm] -\dfrac{\beta_1}{\beta_2} > \dfrac{\gamma}{(1-\gamma(s))} \end{cases}$$

上述两个条件无法同时满足。从而可以得到命题2。

命题3 纯粹的溢出效应会导致相邻地区公共支出负相关。即当 $\beta_2 = 0$，$s \to 0$，有 $\dfrac{\mathrm{d}p_i}{\mathrm{d}p_{-i}} < 0$。

证明：

$$\frac{\mathrm{d}p_{-i}}{\mathrm{d}p_i} = \frac{-\gamma}{(1-\gamma(s))} < 0$$

命题4 纯粹的竞争效应会导致相邻地区公共支出正相关。即 $s \to \infty$，$\beta_1 > 0$，$\beta_2 < 0$，有 $\dfrac{\mathrm{d}p_i}{\mathrm{d}p_{-i}} > 0$。

证明：

因为 $s \to \infty$，所以 $\gamma(s) \to 1$，从而可以得到

$$\frac{\mathrm{d}p_{-i}}{\mathrm{d}p_i} = \frac{-\beta_1}{\beta_2} > 0$$

证毕。

参考文献

［1］沈坤荣、付文林：《税收竞争、地区博弈及其增长绩效》，载于《经济研究》2006 年第 6 期。

［2］李涛、周业安：《中国地方政府间支出竞争研究——基于中国省级面板数据的经验证据》，载于《管理世界》2009 年第 2 期。

［3］李永友、沈坤荣：《辖区间竞争、策略性财政政策与 FDI 增长绩效的区域特征》，载于《经济研究》2008 年第 5 期。

［4］王守坤、任保平：《中国省级政府间财政竞争效应的识别与解析：1978～2006 年》，载于《管理世界》2008 年第 11 期。

［5］尹恒、朱虹：《县级财政的生产性支出偏向研究》，载于《中国社会科学》2011 年第 1 期。

［6］周黎安：《晋升博弈中政府官员的激励与合作——兼论我国地方保护主义和城府建设问题长期存在的原因》，载于《经济研究》2004 年第 6 期。

［7］周黎安：《中国地方官员的晋升竞标赛模式研究》，载于《经济研究》2007 年第 7 期。

［8］Anselin, L., *Spatial Econometrics: Methods and Models*, Dordrecht: Kluwer Academic, 1988.

［9］Arrow, K. J. and Kurz M., *Public Investment, the Rate of Return, and Optimal Fiscal Policy*, The John Hopkins Press, Baltimore, 1970.

［10］Baicker, K., "The spillover Effects of State Spending", *Journal of Public Economics*, 2005, 89: 529 – 544.

［11］Barro, R., "Government Spending in a Simple Model of Economic Growth", *Journal of Political Economy*, 1990, XCVⅢ: 103 – 125.

［12］Besley, T. and Case, A., "Incumbent Behavior: Vote-Seeking, Tax-Setting, and Yardstick Competition", *American Economic Review*, 1995, 85: 25 – 45.

［13］Borck, R., Caliendo, M. and Steiner, V., Fiscal Competition and the Composition of Public Spending: Theory and Evidence, IZA Working Paper, 2006, No. 2428.

［14］Case, A., Hines, J. and Rosen, H., "Budget Spillovers and Fiscal Policy Interdenpendence: Evidence from the States", *Journal of Public Economics*, 1993, 52: 285 – 307.

［15］Figlio, D., Kolpin, V. and Reid W., "Do States Play Welfare Games?" *Journal of Urban Economics*, 1999, 46: 437 – 454.

［16］Geys, B. and Revelli F., *Decentralization, Competition and the Local Tax Mix: Evidence from Flanders*, Department of Economics, University of Torino, 2009.

［17］ Gordon, R. H. , " An Optimal Taxation Approach to Fiscal Federalism", *Quarterly Journal of Economics*, 1983, 98: 567 – 586.

［18］ Li H. and Zou H. , "Income Inequality Is not Harmful for Growth: Theory and Evidence", *Review of Development Economics*, 1998, 2 (3): 318 – 34.

［19］ Keen M. and Marchand, M. , "Fiscal Competition and the Pattern of Public Spending", *Journal of Public Economics*, 1997, 66: 33 – 53.

［20］ Kelejian, H. and Prucha, R. , " A Generalized Spatial Two-stage Least Squares Procedure for Estimating a Spatial Autoregressive Model with Autoregressive Disturbances", *Journal of Real Estate Finance and Economics*, 1998, 17: 99 – 121.

［21］ Kelejian, H. and Prucha, R. , " A Generalized Moments Estimator for the Autoregressive Parameter in a Spatial Model", *International Economic Review*, 1999, 40: 509 – 533.

［22］ Kelejian, H. and Prucha, R. , "On the Asymptotic Distribution of the Moran I Test Statistic with Applications", *Journal of Econometrics*, 2001, 104: 219 – 257.

［23］ Kelejian, H. and Prucha, R. , "Estimation of Systems of Spatially Interrelated Cross Sectional Equations", *Journal of Econometrics*, 2004, 118: 27 – 50.

［24］ Kelejian, H. and Prucha, R. , "The Relative Efficiencies of Various Predictors in Spatial Econometric Models Containing Spatial Lags", *Regional Science and Urban Economics*, 2007, 27: 363 – 374.

［25］ Lundberg, J. , "Spatial Interaction Model of Spillovers from Locally Provided Public Services", *Regional Studies*, 2006, 40: 631 – 644.

［26］ Revelli, F. , "Reaction or Interaction? Spatial Process Identification in Multitiered Government Structures", *Journal of Urban Economics*, 2003, 53: 29 – 53.

［27］ Revelli, J. , " On Spatial Public Finance Empirics", *International Tax and Public Finance*, 2005, 12: 475 – 492.

［28］ Rinche, J. , Fiscal Competition over Taxes and Public Inputs: Theory and Evidence, CESifo Working Paper, No. 2499, 2008.

［29］ Saavedra, L. , " A Model of Welfare Competition with Evidence from AFDC", *Journal of Urban Economics*, 2000, 47: 248 – 279.

［30］ Wilson, J. D. , " Theories of Tax Competition ", *National Tax Journal*, 1999, 52: 269 – 304.

［31］ Wu, Y. and Hendrick, R. , "Horizontal and Vertical Tax Competition in Florida Local Governments", *Public Finance Review*, 2009, 37: 289 – 311.

县级基础教育财政支出的外部性分析

——兼论"以县为主"体制的有效性*

一、引 言

2001 年，中国基础教育开始实行"在国务院领导下，由地方政府负责、分级管理、以县为主的体制"①，县级政府成为基础教育财政支出的主体②。如表 1 所示，从 2002 年开始，乡镇一级承担的教育事业费比重持续减少，从 2002 年的 21.17% 减少到 2006 年的 10.32%，5 年下降了几乎 10 个百分点。同期，地市级和省级政府承担的教育事业费比重基本保持不变，而中央政府的支出份额甚至略微下降。与之相对应，县级政府承担的教育事业费比重持续上升，从 2002 年的 38.66% 上升到 2006 年的 50.67%。从这个角度来讲，2001 开始的"以县为主"体制改革确实实现了其最初的改革目标。

但是，"以县为主"的体制并没有从根本上解决基础教育公共开支偏少的问题。对此，很多学者进行了深入的研究。李成贵、高如峰认为，县级政府财力比较困难，因此，由它们来承担基础教育支出必然会导致支出的不足，

* 本文原载于《中国社会科学》2012 年第 11 期。作者：李世刚、尹恒。感谢国家自然科学基金（项目号：71173019）和教育部"新世纪优秀人才支持计划"的资助。同时感谢王善迈、袁连生、孙志军、刘泽云和匿名审稿人的有益建议。当然，文责自负。

① 《国务院关于基础教育改革与发展的决定》（2001 年 5 月 29 日）。

② 2002 年 5 月，国务院办公厅发布了《国务院办公厅关于完善农村义务教育管理体制的通知》，进一步明确细化了县级政府在中小学教育投资中的责任。

表1　　　　　　　　　各级政府教育事业费支出占比　　　　　　单位：%

年份	乡镇级	县级	地市级	省级	中央	地方
1998	—	—	—	—	9.21	90.79
1999	—	—	—	—	8.35	91.65
2000	—	—	—	—	7.96	92.04
2001	—	—	—	—	7.81	92.19
2002	21.17	38.66	17.49	14.73	7.95	92.05
2003	17.45	42.24	17.45	14.69	8.18	91.82
2004	14.96	45.80	17.76	14.96	6.53	93.47
2005	12.20	47.86	17.83	15.95	6.16	93.84
2006	10.32	50.67	17.83	15.01	6.18	93.82

注：2002年之前及2006年之后的《中国财政年鉴》中没有统计细分省级、地市级、县级、乡镇级的教育事业费支出，"—"表示没有相应的数据；2006年之后，财政支出科目调整，公开的统计数据只有教育支出，缺乏教育事业费，与之前年份不可比。

资料来源：1999~2007年各年《中国财政年鉴》。

建议提高中央和省级财政对基础教育的投入水平（李成贵，2003；乔宝云、范剑勇、冯兴元，2005）。乔宝云等则从财政分权的角度出发，认为在中国特有的行政集权和财政分权体制下，地方官员更热衷于基础设施投资等经济方面的支出而压缩短期内对GDP增长贡献不大的基础教育支出，建议将基础教育财政支出的责任转移到较高层级的政府（乔宝云、范剑勇、冯兴元，2005）。

鉴于"以县为主"体制的这些问题，2005年年初，财政部和教育部组织实施了针对贫困地区学生的"两免一补"工作①。同年，国务院开始研究并在年底提出深化农村义务教育经费保障机制的改革②。这次改革主要目的是解决中西部落后地区农村义务教育投入不足的问题，主要手段是在明确中央、

① 从2005年春季学期起，对全国592个扶贫开发工作重点县农村义务教育阶段所有贫困家庭学生全部免书本费和免杂费，并逐步补助寄宿生生活费。

② 2005年12月20日，国务院印发了《国务院关于深化农村义务教育经费保障机制改革的通知》，要求按照"明确各级责任、中央地方共担、加大财政投入、提高保障水平、分步组织实施"的基本原则，将农村义务教育全面纳入财政保障范围，建立中央和地方分项目、按比例分担的农村义务教育经费保障机制。西部地区于2006年、中东部地区于2007年全面实施。

地方各自承担份额的前提下，增加对义务教育的补助投入①。而对于东部发达地区而言，义务教育的经费依然主要由县级政府承担。这些改革的政策意图在于"完善'以县为主'管理体制"②。

时至今日，基础教育公共支出依然不足。在"以县为主"体制下，县级政府是基础教育公共支出的主要承担者。深入分析县级政府的基础教育支出行为，有助于更好地理解"以县为主"体制，探讨更有效的政府间基础教育公共支出责任配置方式。

如何有效划分各级政府的支出责任，一直是财政分权体制下政府间关系的核心问题。对诸如国防这一类全国性公共物品而言，答案是明确的，支出责任应该配置给中央政府（Paul A. Samulson，1954）。但对于基础教育而言却远非如此③。公共物品政府间配置问题的系统讨论较早见于奥兹1968年的文章，他认为，提供地方性公共物品的责任应该归地方政府。其逻辑侧重于居民偏好的差异性：地方政府更加接近居民，可以对地方居民的多样化需求做出更灵敏的反应（Wallace E. Oates，1968）。在1972年的经典著作中，奥兹又提出了地方性公共物品应该由在空间上受益和付费相匹配的最低一级政府来提供（Wallace E. Oates，1972）④，并且他强调地区间财政支出的外溢效应（spill-over effect）。贝斯利对这一领域理论研究的总结是：政府间公共品提供责任配置的有效性取决于居民偏好的异质性和公共支出的外溢效应之间的权衡（Timothy Besley and Stephen Coate，2003）。

在这一框架内，本文从基础教育的外部性角度讨论其公共物品属性，探

---

① 如2006年要求西部地区农村义务教育阶段中小学生全部免除学杂费，中央和地方分担比例为8∶2；2007年，中部地区和东部地区农村义务教育阶段中小学生全部免除学杂费，中央和地方分担比例中部地区为6∶4，东部地区除了直辖市外依各省财力分别确定分担比例。

② 见《国务院关于深化农村义务教育经费保障机制改革的通知》，国务院2005年12月20日分布。

③ 理论上，基础教育的公共物品属性（全国性还是地方性）并不明确；实践上，也极少将支出责任全部配置给中央政府，特别是对于人口较多、幅员辽阔的国家。本文正是试图丰富对基础教育公共品属性的理解。

④ 这类似于财政等效（Fiscal Equivalence）原则，见奥尔森（Mancur Olson，1969）。

讨将其配置给县级政府的效率。我们抽象掉县级地区间居民对于基础教育需求的异质性。这样，基础教育公共支出配置的效率主要取决于外部性水平。与之前的研究不同，我们同时考察了外溢效应和竞争效应这两种不同的外部性机制，并将前者进一步区分为基础教育支出本身的外溢效应和政府生产性支出的外溢效应。竞争效应可以源自财政竞争（Michael Keen and Maurice Marchand，1997）或政治竞争（Timothy Besley and Anne Case，1995），在中国特定的政治经济环境下它们具有十分相似的性质，都可能导致地方政府之间在基础教育公共支出上的相互模仿和竞次，本文将其统称为竞争效应。从理论上把握基础教育公共支出外部性的性质、在经验上识别出各种机制的现实相关性，是讨论其支出责任纵向配置有效性的前提。

本文建立了一个契合县级政府决策环境的分析框架，讨论基础教育财政支出外部性的各种机制以及其相互影响性质。理论分析表明，竞争效应和基础教育财政支出本身的外溢效应会导致基础教育财政支出的不足，而财政生产性支出的外溢效应有助于提高政府的基础教育支出水平。这些机制所引起的地区间基础教育财政支出的反应函数也是不同：竞争效应会导致地方政府间在教育支出上的竞次（同向），溢出效应却会导致地方政府间在教育支出上的相互替代（反向）。这样，可以通过观察地区间基础教育公共支出相互影响的性质来识别产生支出外部性的不同机制，为支出责任纵向配置有效性的讨论提供基础。

从凯斯等的开创性研究开始（Anne C. Case and Harvey S. Rosen，1993），检验地方政府财政支出间相互关系的文献迅速发展起来（David N. Figlio，Van W. Kolpin and William E. Reid，1999；Federico Revelli，2003；Federico Revelli，2005；Katherine Baicker，2005；Johan Lundberg，2006；Jan K. Brueckner，2009）。国内一些学者也开始利用省级截面或面板数据来分析省级政府间的财政策略互动（沈坤荣、付文林，2006；王守坤、任保平，2008；李涛、周业安，2009；李婧等，2010；王美今等，2010）。在市、县级层面上的研究则比

较少①。利用2002~2005年的县级财政面板数据，本文得到十分稳健的结果：相邻县级地区基础教育财政支出间存在很强的相互替代关系，这表明外溢效应是最主要的外部性机制。当然，很难区分基础教育支出本身的外溢效应和生产性公共支出的外溢效应。但是，在当前中国地方政府更偏向于 GDP 而不注重福利支出的背景下②，我们可以认为，基础教育支出本身的外溢效应占主导。这样，如果不考虑县级间居民对基础教育的偏好差异（可以忽略），让较高层次的政府来承担更多的基础教育支出责任应该更为有效。

本文的安排如下：第二部分是理论模型；第三部分讨论支出相互影响的经验识别方法；第四部分介绍数据和经验结果；第五部分为总结。

二、理论模型

公共物品提供责任配置给哪一层级的政府更有效，取决于外部性的范围与居民偏好异质性间的权衡。我们认为，距离相近（或同一市）的县级地区居民间对基础教育的偏好不会存在很大的差异，需要讨论的主要是外部性问题。

我们判断，对于中国县级财政基础教育支出而言外部性的最有可能的机制是外溢效应和竞争效应。外溢包括基础教育财政支出本身的外溢效应和政府生产性支出的外溢效应。前者主要是由于居民和学生的流动性，相邻地区间在一定程度上能够分享基础教育公共支出的成果③；后者源自于本地的生产性支出可能惠及周边地区。竞争效应可能源自多个方面：地区间政府的相互模仿、地方官员谋求连任或晋升而展开的"标尺竞争（yardstick competition）"，

---

① 在地市级层面上的研究如尹恒、徐琰超（2011）；在县级层面上的研究如吴玉鸣（2007）。

② 这是比较符合中国现实的设定，参见（尹恒、朱虹，2011）。

③ 我们认为重要的渠道是生源流动。虽然小学和初中阶段实行教育区制管理，但在实际操作中并非泾渭分明，尤其对于学生居住比较分散的农村县。在农村，我们经常观察到家长会选择让孩子在距离更近、教学质量更好的学校就读。至于高中阶段这种现象就更加普遍。

或者吸引流动性生产要素的税收竞争、支出竞争。不过这些竞争效应对于基础教育财政支出的影响在本质上是一样的，这里以吸引资本的财政支出竞争为代表进行分析。

考虑两个地区：本地区 i 和相邻地区 $-i$。代表性地方（县级）政府 i 的财政收入为外生给定的 T_i。这主要是考虑到中国的县级政府没有税率设定权，且其大部分收入来自于上级政府的转移支付。外生财政收入可以简化问题，但不会影响本文的基本结论。政府支出用于两个方面：生产性支出 P_i 和基础教育公共支出 E_i。借鉴巴罗（Robert J. Barro，1990），设定生产性公共支出进入生产函数：$Y_i = K_i^\alpha L_i^{1-\alpha} P_i^{1-\alpha}$。其中，$Y_i$ 为产出，L_i 为人口，K_i 为资本，$0 < \alpha < 1$ 为资本的产出弹性。不考虑人口增长，将两地区人口标准化为 1，这样生产函数变为：$Y_i = K_i^\alpha P_i^{1-\alpha}$。为了使分析简化，不考虑资本的积累，设两个地区的资本总量为 K。基础教育公共支出 E_i 可以看成是地方政府为本地居民提供的福利。这样，地区 i 代表性居民的福利取决于私人消费，也取决于基础教育财政支出。地区 i 政府的目标为 $U_i = \beta\ln(K_i^\alpha P_i^{1-\alpha}) + (1-\beta)\ln E_i$，其中，$0 < \beta < 1$ 代表地方生产总值（GDP）在政府目标中的权重①。

如果地区政府的基础教育支出具有外溢效应，那么本（相邻）地区政府的基础教育支出不仅使本地居民受益，还惠及周边地区。具体地，地区 i 居民得到的基础教育福利为 $\ln(E_i + \phi E_{-i})$，ϕ 为代表外溢效应强度的参数，$0 \leqslant \phi < 1$。ϕ 越大，外溢效应越大，$\phi = 0$ 时外溢效应为零。

我们还考虑政府生产性支出的外溢效应。相邻地区政府之间可以分享到彼此的生产性公共支出，生产函数设为：$Y_i = \beta\ln[K_i^\alpha(P_i + \varphi P_{-i})^{1-\alpha}]$。其中，$\varphi$ 表示生产性支出的外溢强度参数，$0 \leqslant \varphi < 1$。

我们以地方政府通过增加生产性公共品支出吸引资本的竞争代表竞争效

① 由于不考虑资本的积累，代表性居民的消费就等于 GDP，因此，可设代表性居民的总效用为 $U_i = \beta'\ln(K_i^\alpha P_i^{1-\alpha}) + (1-\beta')\ln E_i$。我们的设定可以涵盖多种政府行为模式。如当 $\beta' = \beta$，地方政府完全以本地居民的福利为目标；当 $\beta = 1$，地方政府只关心本地 GDP。

应。为了使问题简化，设两个地区的资本总量固定为 K，$K = K_i + K_{-i}$。资本可以自由流动，因此，均衡时两个地区资本回报相同：

$$\frac{\partial Y_i}{\partial K_i} = \alpha K_i^{\alpha-1}(P_i + \varphi P_{-i})^{1-\alpha} = \frac{\partial Y_{-i}}{\partial K_{-i}} = \alpha K_{-i}^{\alpha-1}(P_{-i} + \varphi P_i)^{1-\alpha}$$

由此可以解出均衡的资本量：

$$K_i = \frac{P_i + \varphi P_{-i}}{(P_i + P_{-i})(1 + \varphi)}K \tag{1}$$

式（1）表明，在资本总量 K 给定的情况下，本地区的资本量 K_i 占总资本 K 的比重与本地区的生产性公共支出 P_i 正相关，与相邻地区政府的生产性公共支出 P_{-i} 负相关。也就是说，本地区政府可以通过增加生产性支出来吸引更多的资本，进而创造更多的产出（即收入）。

考虑地区政府 i 的决策问题：

$$\max_{P_i, E_i}: U_i = \beta\ln[K_i^{\alpha}(P_i + \varphi P_{-i})^{1-\alpha}] + (1-\beta)\ln(E_i + \varphi E_{-i})$$

$$\text{s. t.} \begin{cases} P_i + E_i = T_i \\ K_i = (1-\theta)\dfrac{K}{2} + \theta\dfrac{P_i + \varphi P_{-i}}{(P_i + P_{-i})(1 + \varphi)}K \\ P_{-i} + E_{-i} = T_{-i} \end{cases}$$

在这里，θ 为表示有无竞争效应的 0/1 变量。θ 等于 0，表示无竞争效应，本地资本为固定的 $\dfrac{K}{2}$；θ 等于 1，表示有竞争效应，本地资本受本地政府生产性支出和相邻地区政府生产性支出共同影响。

上述问题的一阶条件如下：

$$\frac{\alpha\beta\theta(1-\varphi)(T_{-i} - E_{-i})}{\dfrac{1-\theta}{2}(1+\varphi)(T_i - E_i + T_{-i} - E_{-i}) + \theta[T_i - E_i + \varphi(T_{-i} - E_{-i})]} +$$

$$\frac{(1-\alpha)\beta(T_i - E_i + T_{-i} - E_{-i})}{T_i - E_i + \varphi(T_{-i} - E_{-i})} = \frac{(1-\beta)(T_i - E_i + T_{-i} - E_{-i})}{E_i + \phi E_{-i}} \tag{2}$$

考虑对称均衡的情形。均衡的教育支出为：

$$E^* = \frac{2(1+\varphi)(1-\beta)T}{[\alpha\theta(1-\varphi) + 2(1-\alpha)]\beta(1+\phi) + 2(1+\varphi)(1-\beta)} \tag{3}$$

由式（3），可以得到如下基本结论：

结论1：$E^*_{\theta=1} < E^*_{\theta=0}$。存在竞争效应时，基础教育财政支出比不存在竞争效应时的基础教育财政支出少，容易证明，此时，福利水平（代表性居民的效用）更低。

结论2：$\dfrac{\partial E^*}{\partial \phi} = \dfrac{-2(1+\varphi)(1-\beta)[\alpha\theta(1-\varphi)+2(1-\alpha)]\beta T}{\{[\alpha\theta(1-\varphi)+2(1-\alpha)]\beta(1+\phi)+2(1+\varphi)(1-\beta)\}^2} < 0$。基础教育财政支出的外溢效应会使得基础教育财政支出偏少。且外溢效应越大，支出越少，福利水平也越低。

结论3：$\dfrac{\partial E^*}{\partial \varphi} = \dfrac{4(1-\beta)(\alpha\theta+1-\alpha)(1+\phi)\beta T}{\{[\alpha\theta(1-\varphi)+2(1-\alpha)]\beta(1+\phi)+2(1+\varphi)(1-\beta)\}^2} > 0$。政府生产性支出的外溢效应会使得基础教育财政支出增加。

可以这样来理解结论3：当政府生产性支出存在外溢效应时，政府会在生产性公共支出上相互"搭便车"，进而减少生产性公共支出，在总收入固定的情况下，必然的结果便是教育支出的增加。这表明，生产性支出的外溢效应有助于缓解基础教育支出外溢效应带来的基础教育支出偏少问题。但是，在现实中这一机制的作用可能非常有限，因为：第一，政府对 GDP 的看重程度可能远超对居民福利的看重程度；第二，政府支出在生产性支出和教育支出上并不是严格的非此即彼的关系。

结论4：$\dfrac{\partial E^*}{\partial \beta} = \dfrac{-2(1+\varphi)[\alpha\theta(1-\varphi)+2(1-\alpha)](1+\phi)T}{\{[\alpha\theta(1-\varphi)+2(1-\alpha)]\beta(1+\phi)+2(1+\varphi)(1-\beta)\}^2} < 0$。政府效用函数中对教育赋予的权重越低，基础教育财政支出越少。

以上模型向我们展示了各种可能的外部性对于基础教育财政支出的影响机制。为了分析各种机制的现实相关性，下面尝试从理论模型中导出一些可供检验的经验命题。将一阶条件式（2）两边取全微分，整理得在均衡处有：

$$\frac{\mathrm{d}E_i}{\mathrm{d}E_{-i}} = A\left\{\frac{\alpha\theta^2(1-\varphi)^2-4(1-\alpha)\varphi}{\alpha\theta(1-\varphi)+2(1-\alpha)} - \frac{\phi\beta[\alpha\theta(1-\varphi)+2(1-\alpha)]}{1-\beta}\right\} \quad (4)$$

其中，A 为正常数。分别考虑如下几种情形：

情形1：$\theta=0$、$\phi=0$、$\varphi=0$，即不存在竞争效应，也不存在溢出效应。

$$\frac{\mathrm{d}E_i}{\mathrm{d}E_{-i}} = 0 \tag{5}$$

此时，相邻地区基础教育财政支出间没有反应关系。

情形2：$\theta = 0$、$0 < \phi < 1$、$\varphi = 0$，即：不存在竞争效应，但基础教育支出存在外溢效应，政府生产性支出不存在外溢效应。

$$\frac{\mathrm{d}E_i}{\mathrm{d}E_{-i}} = -2A \frac{\phi\beta(1-\alpha)}{1-\beta} < 0 \tag{6}$$

式（6）表明，当基础教育财政支出存在外溢效应时，由于相邻政府间在基础教育财政支出上相互"搭便车"，基础教育财政支出之间将存在替代关系。

情形3：$\theta = 0$、$\phi = 0$、$0 < \varphi < 1$，即：不存在竞争效应，基础教育财政支出不存在外溢效应，但政府生产性支出存在外溢效应。

$$\frac{\mathrm{d}E_i}{\mathrm{d}E_{-i}} = -2A\varphi < 0 \tag{7}$$

式（7）表明，当政府生产性支出存在外溢效应时，相邻政府的基础教育财政支出间存在替代关系。这是容易理解的。当相邻地区政府增加教育财政支出时，在总财政收入一定的情况下，其生产性公共支出必将减少，那么，本地区在生产性支出上占到的便宜就变少了，即 $P_i + \varphi P_{-i}$ 减少，效用最大化的本地区政府就会相应的减少其教育财政支出，将更多的钱转投到生产性公共支出上。

情形4：$\theta = 1$、$\phi = 0$、$\varphi = 0$，即：存在竞争效应，但不存在外溢效应。

$$\frac{\mathrm{d}E_i}{\mathrm{d}E_{-i}} = A \frac{\alpha}{2-\alpha} > 0 \tag{8}$$

式（8）表明竞争效应会使得相邻地区政府教育支出间反应关系为正。这一结果也不难理解。若相邻地区政府 $-i$ 减少教育支出 E_{-i}，将更多的收入配置到生产性支出 P_{-i} 上，这将使得资本从地区 i 流向相邻地区 $-i$。对此，本地政府 i 的反应就是增加生产性投资 P_i 来阻止资本外流，必然的结果就是减少教育支出 E_i。这也就是说，地区政府之间在基础教育财政支出上存在竞次。

当 $\theta = 1$、$0 < \phi < 1$、$0 < \varphi < 1$ 时，即竞争效应、教育支出的外溢效应和生产性支出的外溢效应均存在时，$\dfrac{\mathrm{d}E_i}{\mathrm{d}E_{-i}}$ 的符号不确定。此时，反应函数的性质取决于现实中各种外部性机制的相对强度，是一个经验问题。

三、经验分析战略

本部分讨论的是如何通过经验方法来识别相邻地区县级政府在基础教育财政支出上的反应函数关系。对此，空间计量是合适的方法。我们所选择的空间计量模型如下：

$$E_i = \alpha + \lambda \sum_j w_{ij} E_j + X_i \gamma + \varepsilon_i \tag{9}$$

$$\varepsilon_i = \rho \sum_j w_{ij} \varepsilon_j + \upsilon_i \tag{10}$$

其中，E 为县级人均教育财政支出[①]，X 为控制变量。$\sum_j w_{ij} E_j$ 代表了相邻地区加权的人均支出。λ 的符号和显著性是判断支出相互影响关系的核心工具。我们关心的是地区政府对相邻地区教育财政支出的策略反应，必须排除因地区共同的外生扰动带来的支出相关。为此，在模型中引入了残差项的空间相关。

要估计模型（9）和模型（10），关键是解决 $\sum_j w_{ij} E_j$ 的内生性问题。最常用的方法是安瑟兰提出的极大似然（ML）估计（Luc Anselin，1988）。将式（9）和式（10）写成矩阵形式，假定扰动项服从正态分布：

$$E = \lambda W E + X \gamma + \varepsilon, \varepsilon = \rho W \varepsilon + \upsilon, \upsilon \sim N(0, \sigma^2 I)$$

得到 $\upsilon = (I - \rho W)(I - \lambda W)E - (I - \rho W)X\gamma$，进而可以利用极大似然方法估计出参数 λ、ρ、γ。

另一种方法是广义空间两阶段最小二乘估计（GS2SLS）（Harry Kelejian and Ingmar R. Prucha，1998；Harry Kelejian and Ingmar R. Prucha，1999）。这一

---

① 考虑到学生地区间流动的可能性，这比利用生均教育公共支出作为因变量更合适。我们控制中小学生占总人口比重，以及农村人口比重、人口密度等代表人口结构特征的变量。

方法不需要对模型的误差项进行正态或其他分布的假定，也能够得到有效和一致的估计量。最近，使用这一方法的文献逐渐增多（Sebastian Hauptmeier、Ferdinand Mittermaier、and Johanner Rincke，2009；李涛、周业安，2009；尹恒、徐琰超，2011）。它包括三个步骤：第一步，找到 WE 的工具变量集合 H，H 包含 X、WX、W^2X①，对式（9）进行无截距项的两阶段最小二乘回归，得到残差；第二步，利用第一步的残差进行 GMM 估计，得到 λ 的估计值 $\hat{\lambda}$；第三步，对原方程做 Cochrane-Orcutt 变换，$E^{**} = E - \hat{\lambda}WE$，$X^{**} = X - \hat{\lambda}WX$，再对式（9）进行两阶段最小二乘估计②。为了保证结果的稳健性，本文将同时采用极大似然（ML）和广义空间两阶段最小二乘法（GS2SLS）进行估计。

上面的空间计量模型是针对横截面数据的。利用横截面数据估计可能会遗漏各县不随时间而变化的异质性因素，进而造成估计的偏误，如各县的历史文化传统。文化氛围浓厚的县教育财政支出可能相对较高，而这种文化氛围在区域上可能出现聚集。也就是说，地理位置相邻或同属一个行政区划（市）的几个县可能因文化氛围相近，使得他们之间的教育公共支出存在正相关的趋向。如果忽略了这种可能性，参数 λ 就可能发生偏误。另一个可能影响估计结果的因素是地理环境，如多山地区因交通原因人均教育成本较高，而相邻地区的地理环境更有可能相近，如果忽略了这种地理因素的影响，参数 λ 的估计也会是有偏的。解决地区不随时间变化的异质性问题最好的办法是利用面板数据（panel data）模型。加入地区不随时间变化的异质性因素后，估计模型变为：

$$E_{it} = \alpha + \lambda \sum_j w_{ij}E_{jt} + X_{it}\gamma + \omega_i + \varepsilon_{it} \tag{11}$$

$$\varepsilon_{it} = \rho \sum_j w_{ij}\varepsilon_{jt} + \upsilon_{it} \tag{12}$$

---

① 实质上这里是利用相邻地区外生变量的加权值做本地区基础教育公共支出的工具变量。

② 详细过程可参见德鲁克、普鲁切和雷西博尔斯基（David M. Drukker，Ingmar R. Prucha and Rafal Raciborski，2011）。

ω_i 为不随时间变化的地区异质性因素。有两种方法来处理这种面板数据模型：将式（11）两边同时减去样本在时间维度上的均值（demean）；或者将式（11）差分。两种方法都可以将 ω_i 消去。由于我们采用的是 2002～2005 年县级层面的数据，总样本量超过 7000 个，空间计量所要求的矩阵运算超过了 Stata 的运算能力，故本文选择使用第二种方法。利用差分方法还有一个额外的好处：地方政府的财政支出具有基数效应，即当年的支出是比照上一年或前几年的支出规模来制定的（尹恒、朱虹，2011），因此，支出基数上的相关可能并不是源于政府间策略互动的结果，而仅是源于历史和支出惯性。差分代表的是财政支出的增量，可以更好地体现政府间教育财政支出的策略互动。

空间相邻矩阵 W 的选取是另一个重要的问题。一般有两种方法刻画空间相邻：样本之间是否在地理上接壤；或者选择一定长度的距离半径，看样本之间的距离是否处在所选取的距离半径以内。事实上，由于县的面积一般并不大，教育的外部性并不局限于地理上接壤的县之间。因此，选择距离半径的方法更符合本文的检验目标。我们构造的基本空间相邻矩阵 W^{50km} 如下，其元素为：

$$W_{ij}^{50km} = \begin{cases} 1/d_{ij} & i \neq j \text{ 且 } d_{ij} \leq 50\text{km} \\ 0 & i \neq j \text{ 且 } > 50\text{km} \\ 0 & i = j \end{cases}$$

具体而言，我们先找到各县城的经纬度坐标①，然后根据经纬度坐标计算任意两个县县城之间的距离②，如果距离小于或等于 50km③，则将两者定义为

---

① 县城经纬度坐标资料来源于国家基础地理信息系统网站：http://nfgis. nsdi. gov. cn/default. asp. 与我们的县级财政数据库相比，如果国家基础地理信息系统网站上提供的县经纬度数据有缺失，我们利用谷歌地图逐一查找，将坐标补全。

② 根据经纬度来生成距离，我们利用的是 Stata 提供的 spmat idistance 命令，这个命令可以直接由两地之间的经纬度坐标，计算出两地间的直线距离，单位为 km。

③ 中国的幅员辽阔，各省的地形、人口分布差异也很大，东部人口密集省份相邻县之间的距离在 20km 左右，但西部人口稀少的省份的相邻县之间距离可能达到 80km，甚至 100km。因此，我们选了一个差不多平均的距离 50km。我们也考虑过对不同的省份使用不同的距离，但是这种分地区的距离选择也带有主观性，而且在县一级层面上来构造空间矩阵这种处理过于复杂，因此，我们没有采用。为了使我们的结论更加可靠，我们还选取了 100km 来构造空间相邻矩阵。

相邻，在空间矩阵中将权重设为两者距离的倒数；如果两者距离大于 50km，则定义为不相邻，在空间矩阵中将权重设为 0。根据空间计量通行的方法，我们将权重矩阵的对角线赋值为 0，且在回归时将矩阵进行标准化，使得每行的元素之和等于 1。作为敏感性分析，我们还考虑了距离半径为 100km 时的空间矩阵 W^{100km}。

考虑到学生在同一地级市内流动可能更加容易，因此，我们还构造了同市相邻矩阵 W^{city}，其元素如下：

$$W_{ij}^{city} = \begin{cases} 1 & i \neq j \text{ 且 } i、j \text{ 同市} \\ 0 & i \neq j \text{ 且 } i、j \text{ 不同市} \\ 0 & i = j \end{cases}$$

作为敏感性分析，我们还根据空间距离和行政区这两个维度构造了四个空间相邻矩阵：$W^{50km-city}$、$W^{city-50km}$、$W^{100km-city}$、$W^{city-100km}$。他们的元素分别为：

$$W_{ij}^{xkm-city} = \begin{cases} 1 & i \neq j \text{ 且 } i、j \text{ 距离小于等于 } x\text{km，但不同市} \\ 0 & i \neq j \text{ 且 } i、j \text{ 距离大于 } x\text{km} \\ 0 & i = j \end{cases}$$

$$W_{ij}^{city-xkm} = \begin{cases} 1 & i \neq j \text{ 且 } i、j \text{ 同市，但距离大于 } x\text{km} \\ 0 & i \neq j \text{ 不同市} \\ 0 & i = j \end{cases}$$

四、数据和检验结果

我们使用 2002 ~ 2005 年农村县和县级市的财政和社会经济数据进行检验[①]。为了使得样本之间具有可比性，我们剔除了北京、天津、上海、重庆四

---

① 本文所使用的财政数据来源于各年《全国地市县财政统计资料》，社会经济资料来源于国家统计局编撰的各年《中国县市年鉴》。

个直辖市以及西藏、海南的样本。由于空间计量回归对数据的要求较高，而我们所拥有的数据每年都有不同程度的缺失和极端值，去掉这些样本之后每年的样本量有些差异，不过每年的样本量依然在 1800 个左右（见表 2）。

控制变量 X 包括三类。

（1）人口结构变量：①中小学生占总人口比重，预期该比重越高，人均教育财政支出越大；②乡村人口比重，该比重越高的地区，一般而言经济发展水平会越差，从而人均教育公共支出水平应该越低，但在控制了经济发展水平的情况之下，乡村人口比重越高的地区因为人口居住相对分散，人均教育投入成本可能会更高，所以其系数符号不确定；③人口密度，人口密度越大，因规模效应可以节约人均教育支出，因此，预期该变量对人均教育支出具有负向影响。

（2）县级财政变量：①人均财政收入，财政收入越多的地区用于投入教育的财政资金将更加充裕，因此，我们预期该变量对人均教育财政支出有正向的影响；②财政供养人口，非教师的财政供养人口会挤占教育财政支出（李祥云、陈建伟，2010），但财政供养人口中还包括了教师，因此，财政供养人口又会与教育财政支出正相关，且其系数符号不确定；③转移支付占总财政收入的比重，这一变量代表了县级政府对上级政府的财政依赖水平，同时，它也可以作为收入分权程度的代理变量，根据分权对教育支出影响的研究文献（乔宝云、范剑勇、冯兴元，2005；林江、孙辉、黄亮雄，2011；林江、孙辉、黄亮雄，2011）的结论，预期该变量系数为正。

（3）县域经济发展变量：人均地区生产总值、第二产业比重、第三产业比重，这三个变量都反映经济发展水平。经济发展水平越高的地区其教育投入的数量也应该越大，因此，我们预期它们的系数为正。

表 2 是主要变量的基本统计描述。从时间维度来看，2002～2005 年，县级政府人均教育财政支出的绝对额逐年提高，与此同时，人均地区生产总值、人均财政收入的绝对额也逐年增多。同时，对于县级政府而言，转移支付占总财政收入的比重也在逐年提高，从 2002 年的 67% 增加到 2005 年的 70.9%。

值得注意的是，中小学生占总人口的比重是逐年下降的，2002 年该比重为 16.3% ，到了 2005 年，这一比重下降到 14.8% 。

表 2　　　　　　　　　　　　所用变量的描述性统计

	2002 年		2003 年		2004 年		2005 年	
	均值	标准差	均值	标准差	均值	标准差	均值	标准差
人均教育财政支出	4.967	0.433	5.030	0.400	5.174	0.417	5.316	0.417
中小学生比重	0.163	0.037	0.162	0.037	0.157	0.038	0.148	0.039
农村人口比重	0.824	0.152	0.825	0.144	0.827	0.134	0.822	0.145
人口密度	0.029	0.031	0.029	0.027	0.029	0.027	0.029	0.027
人均财政收入	5.130	0.707	5.257	0.702	5.345	0.795	5.473	0.902
转移支付比重	0.670	0.158	0.671	0.151	0.696	0.157	0.709	0.170
财政供养人口	9.193	0.705	9.282	0.595	9.285	0.597	9.319	0.613
人均 GDP	8.438	0.703	8.576	0.691	8.733	0.735	8.910	0.766
第二产业比重	0.342	0.146	0.368	0.147	0.388	0.151	0.385	0.160
第三产业比重	0.331	0.089	0.327	0.081	0.0317	0.086	0.327	0.090
样本量	1824		1769		1791		1823	

注：（1）人均教育财政支出、人均财政收入、人均 GDP 和财政供养人口均为取自然对数后的值；（2）将各年的绝对数据按分省的 GDP 平减指数平减到 2002 年，使得数据年度可比。没有考虑在 2002 年时各省的价格水平差异，因为我们依赖的是对数差分的估计结果，而对数差分相当于增长率，这只需要我们保证各省各年的数据可比即可。

样本中没有包括城区，这主要是基于以下两点考虑：第一，城区的经济结构与农村县（及县级市）差距太大，政府在教育支出上的决策不具有可比性；第二，城区的教育支出中不仅包含了基础教育，还包括大学及其他职业教育的支出，与农村县的教育支出不可比。剔除了城区的数据会对估计结果产生什么影响？我们认为，农村县政府更有可能"搭"中心城区政府的"便车"，即当中心城区的基础教育支出增加时，农村县的政府将减少基础教育支出。因此，如果不考虑城区的教育财政支出，会使估计的替代性程度偏小。不过，我们关心的是教育财政支出是否有显著的外溢效应，如果在"偏小"的情况下依然能检测到显著的替代关系，那么遗漏城区的教育财政支出就不会影响基本结论。

先看截面数据回归的结果。在截面数据回归中我们尝试加入省、市的虚拟变量，但是加入省、市虚拟变量之后，GS2SLS 方法所构造的工具变量矩阵不再满秩，因此，无法进行估计，而 ML 方法由于变量太多，估计极为耗时，因此，只是在回归方程中加入了代表东部地区和西部地区的虚拟变量①。如表 3 所示，两种方法的估计结果基本一致，λ 的值在 0.02 左右，且均在 1% 水平下显著异于零。但是，λ 的绝对值很小。根据之前的分析，我们有理由怀疑 λ 的绝对值被低估了。当然，这只有与面板数据回归结果相比较才能得到确切的答案。另外，值得注意的是扰动项的空间自回归系数 ρ 的值为正，且在 1% 水平下显著异于零，这说明对其控制是有必要的。

表 3 　　　　　　　　　　　　截面数据回归

	2002 年		2003 年		2004 年		2005 年	
	GS2SLS	ML	GS2SLS	ML	GS2SLS	ML	GS2SLS	ML
	(1)	(2)	(3)	(4)	(5)	(6)	(7)	(8)
λ	- 0.0279 ***	- 0.0278 ***	- 0.0221 ***	- 0.0225 ***	- 0.0196 ***	- 0.0199 ***	- 0.0243 ***	- 0.0245 ***
	(- 7.19)	(- 7.19)	(- 5.95)	(- 6.05)	(- 5.19)	(- 5.29)	(- 6.41)	(- 6.47)
ρ	0.380 ***	0.378 ***	0.376 ***	0.380 ***	0.384 ***	0.392 ***	0.432 ***	0.440 ***
	(14.17)	(15.09)	(13.87)	(14.58)	(15.64)	(15.96)	(18.42)	(19.09)
σ^2		0.0584 ***		0.0504 ***		0.0563 ***		0.0559 ***
		(29.53)		(29.01)		(29.21)		(29.3)
样本量	1824	1824	1769	1769	1791	1791	1823	1823

注：(1) *、**、*** 分别代表在 10%、5% 和 1% 的水平上显著。(2) 为了节省空间，这里只报告使用 W^{50km} 矩阵的回归结果，也略去了其他控制变量，这些控制变量和表 4 相同；(3) GS2SLS 为广义空间两阶段最小二乘方法，ML 为极大似然方法。

表 4 报告了面板数据回归的结果。模型（1）、模型（2）使用的是以 50km 为半径的矩阵；模型（3）、模型（4）将距离扩大到 100km，模型（5）、模型（6）使用同市相邻矩阵 W^{city}。十分明确的信息是，不管距离远还是近，不管是地理相邻还是行政同市，也不管使用哪一种估计方法，λ 都在

①　东部地区包括：河北、辽宁、江苏、浙江、山东、福建、广东；中部地区包括：吉林、黑龙江、安徽、江西、河南、湖北、湖南、山西、内蒙古、广西；西部地区包括：陕西、甘肃、青海、宁夏、四川、贵州、云南、新疆。

1% 水平下显著异于零，而且所有情况下 λ 的值都为负。尤其值得注意的是，λ 的绝对值比截面数据回归的结果平均扩大了 10 倍：这与我们之前的分析是一致的，遗漏不随时间变化的异质性因素（如文化氛围、地理环境等）会使得估计结果的绝对值偏小。相比之下，同市矩阵（5）和矩阵（6）中 λ 的绝对值明显增加，在同一地市级行政区内基础教育财政支出的外溢效应更强，这可能是因为学生在同市内流动性更强。值得注意的是，λ 的绝对值在距离半径为 50km 时比 100km 时要小，这可能是因为在距离更近时竞争效应增加更快些。但是，λ 的值依然显著为负表明外溢效应依然强于竞争效应。

表 4　　　　　　　　　　　面板数据结果

矩阵	W^{50km}		W^{100km}		W^{city}	
	GS2SLS (1)	ML (2)	GS2SLS (3)	ML (4)	GS2SLS (5)	ML (6)
λ	−0.118*** (4.41)	−0.0746*** (3.80)	−0.182*** (6.45)	−0.268*** (10.03)	−0.261*** (6.54)	−0.209*** (7.09)
中小学生比重	0.415*** (4.31)	0.409*** (4.25)	0.379*** (4.00)	0.345*** (3.67)	0.338*** (3.60)	0.343*** (3.63)
农村人口比重	−0.00678 (−0.24)	−0.00604 (−0.21)	−0.00662 (−0.24)	−0.0107 (−0.40)	−0.00663 (−0.25)	−0.00591 (−0.22)
人口密度	−0.676*** (−6.47)	−0.700*** (−6.61)	−0.637*** (−6.37)	−0.604*** (−6.14)	−0.585*** (−6.24)	−0.603*** (−6.32)
人均财政收入	0.613*** (64.00)	0.615*** (64.81)	0.623*** (63.74)	0.620*** (64.16)	0.643*** (64.14)	0.647*** (67.00)
转移支付占总财政收入比重	1.921*** (39.46)	1.936*** (39.95)	1.868*** (37.3)	1.852*** (36.72)	1.907*** (38.37)	1.928*** (38.93)
财政供养人口	−0.0209* (−1.72)	−0.0223* (−1.83)	−0.0246** (−2.08)	−0.0231** (−1.98)	−0.00908 (−0.76)	−0.0102 (−0.85)
人均地区生产总值	0.0468*** (10.05)	0.0480*** (10.25)	0.0482*** (10.13)	0.0469*** (9.91)	0.0407*** (8.27)	0.0419*** (8.45)
第二产业比重	−0.0428 (−1.25)	−0.0386 (−1.12)	−0.0523 (−1.53)	−0.0495 (−1.46)	−0.0891** (−2.56)	−0.0847** (−2.43)

矩阵	W^{50km}		W^{100km}		W^{city}	
	GS2SLS （1）	ML （2）	GS2SLS （3）	ML （4）	GS2SLS （5）	ML （6）
第三产业比重	0.0985 ** （2.29）	0.104 ** （2.4）	0.0865 ** （2.01）	0.0879 ** （2.06）	0.0723 * （1.68）	0.0760 * （1.76）
常数项	0.0374 *** （9.28）	0.0316 *** （9.05）	0.0450 *** （8.14）	0.0506 *** （9.82）	0.0547 *** （8.16）	0.0460 *** （8.58）
ρ	0.295 *** （11.17）	0.269 *** （12.72）	0.510 *** （21.62）	0.557 *** （24.29）	0.501 *** （23.19）	0.477 *** （25.32）
σ^2		0.0203 *** （49.83）		0.0188 *** （48.67）		0.0182 *** （47.4）
样本量	5267	5267	5267	5267	5267	5267

注：（1）＊、＊＊、＊＊＊分别代表在 10%、5% 和 1% 的水平上显著。（2）为了节省空间，这里只报告使用 W^{50km} 矩阵的回归结果，也略去了其他控制变量，这些控制变量和表 3 相同；（3）GS2SLS 为广义空间两阶段最小二乘方法，ML 为极大似然方法。

大部分控制变量符号与预期一致。唯一例外是第二产业比重，系数为负。我们发现第二产业与第三产业比重间相关系数达 −0.603，表明平均而言第二产业比重高的县第三产业比重更低。如果说第三产业比重越高的地区经济越发达，那么这些地区的第二产业比重其实更低。这样第二产业比重系数为负就可以理解了。

为利用影响范围的差异进一步分析不同的外部性机制，表 5 列示了不同权重矩阵的估计结果。矩阵 $W^{50km-city}$ 和 $W^{100km-city}$ 测量距离在 50km 或 100km 以内、但却不属于同一市的相互影响；矩阵 $W^{city-50km}$ 和 $W^{city-100km}$ 测量处于同一市但距离超过 50km 或 100km 的相互影响。结果表明，不管是属于同市还是距离相近（小于等于 50km 或 100km），λ 在统计上都很显著（除了模型（2）），且符号为负。同时，我们还看到利用矩阵 $W^{city-50km}$ 和 $W^{city-100km}$ 的回归 λ 系数绝对值要大于利用矩阵 $W^{50km-city}$ 和 $W^{100km-city}$ 回归的结果，这也说明同一市内的外溢效应可能更强。

表5　　　　　　　　　　面板数据结果：多种权重矩阵

矩阵	$W^{50km-city}$		$W^{city-50km}$		$W^{100km-city}$		$W^{city-100km}$	
	GS2SLS (1)	ML (2)	GS2SLS (3)	ML (4)	GS2SLS (5)	ML (6)	GS2SLS (7)	ML (8)
λ	-0.0633 ** (-2.22)	-0.0144 (-0.74)	-0.187 *** (-6.17)	-0.163 *** (-6.50)	-0.0465 * (-1.83)	-0.134 *** (-5.38)	-0.0903 *** (-6.35)	-0.131 *** (-7.77)
ρ	0.159 *** (5.23)	0.122 *** (5.52)	0.439 *** (20.85)	0.431 *** (21.44)	0.266 *** (10.64)	0.344 *** (12.34)	0.286 *** (15.57)	0.346 *** (15.83)
σ^2		0.0214 *** (51.09)		0.0188 *** (48.23)		0.0205 *** (49.99)		0.0200 *** (49.53)

注：为了节省空间，略去了其他控制变量，这些控制变量与表4相同；其他注解同表3。

总之，经验分析得到了十分稳健的结果：相邻（地理相邻或同市）县级基础教育财政支出间存在显著的相互替代关系：相邻县政府的教育财政支出增多，本县的相应支出减少。

五、结论性评论

利用2002～2005年的县级财政数据，经验分析的结果十分稳健：无论是地理上相邻或属于同一地级市的县级教育财政支出之间都存在很强的替代性，反应函数为负。根据前面的理论分析，这表明现实中县级教育财政支出的外溢效应占据主导地位。当然，从理论上没法进一步区分生产性公共支出的外溢效应和基础教育财政支出本身的外溢效应。不过，依然可以从中国政治经济环境下可能的参数空间中获得一些信息。在只存在生产性公共支出外溢时，反应函数 $\dfrac{\mathrm{d}E_i}{\mathrm{d}E_{-i}} = -2A\varphi < 0$；在只有基础教育公共支出外溢时，反应函数 $\dfrac{\mathrm{d}E_i}{\mathrm{d}E_{-i}} = -2A\dfrac{\phi\beta(1-\alpha)}{1-\beta} < 0$。比较两者可以发现，若政府更关心 GDP（$\beta$ 越大）（尹恒、朱虹，2011），那么，后者的绝对值将更大，也就是说，基础教育财政支出的外溢效应将占主导。另外，表5的回归结果也可以支持这一推理。根据

表5，同一市内的外溢效应更强。如果生产性公共支出的外溢效应只与地理距离有关，而与行政区划无关①，那么，同一市内的外溢效应更强就只能由基础教育财政支出本身的外溢效应来解释，因为学生在同一市内流动更加容易②。这样，基础教育财政支出的外溢效应就更可能是"以县为主"体制下基础教育财政支出低于有效率水平的主要原因。

严格来说，分析财政支出责任纵向配置的有效性，需要在居民偏好的异质性与公共支出的外部性间权衡。如果公共支出的受益范围超出了提供支出边界，上级政府承担更多的支出责任更有效；然而随着支出责任的上移，偏好的地区异质性会增加，不仅地区内统一的支出共识难以形成（Alberto Alesina、Reza Baqir and William Easterly，1999），政府对居民的需求可能会更不敏感。讨论中国基础教育财政支出"以县为主"体制的有效性，也需要具体把握其支出外部性和偏好异质性的性质。就支出外部性而言，本文的经验结果表明，基础教育财政支出本身的外溢效应可能是最主要的机制。就偏好的异质性而言，根据基础教育的性质，可以认为中国居民对于基础教育的看法和需求并不存在很大的差异，尤其是在地市或省层面上。这样，本文的分析可以得到如下结论：为了纠正基础教育财政支出偏低的状况，改善公共支出效率，上级政府应该承担更多的基础教育支出责任③。

实现这一点的途径，可以通过提高上级政府对基础教育的匹配性转移支付。在现行体制下进一步加大上级财政，尤其是省级财政乃至中央财政对于基础教育转移支付的力度，有助于缓解基础教育公共支出不足的状况。从长

---

① 这是合理的，例如，邻县修建的水泥公路，不管与其是否同属同一地级市，本县都可以享受到其带来的便利。

② 笔者在多次实地调研中都感受到，生源的地区间流动、特别是同一地（市）内流动呈现扩大的趋势。当然并不能据此引申出对基本教育阶段生源地区间流动的总体判断。笔者认为，这是一个很有意义的经验研究方向。

③ 值得注意的是，除了学生在同级地区间的横向流动加大外，最近在基础教育领域也呈现出生源"向上流动"现象，越来越多的学生流向地级市甚至省城市。笔者在多地的调研中都对此有强烈感受。这从另一侧面也为上级政府应该承担更多基础教育支出责任的政策建议提供了支持。

期来看，合适的选择是进行更具结构性的体制调整，将基础教育公共支出事权上收到更高层级的政府。对于后者，可能需要更为细致的考虑。上收到哪一级政府更为合适？是整体上收还是部分上收？基础教育支出的不同部分可能具有不同的外部性特征，例如，是应该提高公用经费财政拨款的层级，还是事业费？是教师工资由更高层级政府统筹，还是教育基本建设经费？这是进一步深入研究的方向。

参考文献

［1］李成贵：《农村义务教育投入：主体确认与增长机制研究》，载于《中国农村经济》2003 年第 11 期。

［2］高如峰：《中国农村义务教育财政体制的市政分析》，载于《教育研究》2004 年第 5 期。

［3］乔宝云、范剑勇、冯兴元：《中国的财政分权与小学义务教育》，载于《中国社会科学》2005 年第 6 期。

［4］沈坤荣、付文林：《税收竞争、地区博弈及其增长绩效》，载于《经济研究》2006 年第 6 期。

［5］王守坤、任保平：《中国省级政府间财政竞争效应的识别与解析：1978～2006 年》，载于《管理世界》2008 年第 11 期。

［6］李涛、周业安：《中国地方政府间支出竞争研究——基于中国省级面板数据的经验证据》，载于《管理世界》2009 年第 2 期。

［7］李婧、谭清美、白俊红：《中国区域创新生产的空间计量分析——基于静态与动态空间面板模型的实证研究》，载于《管理世界》2010 年第 7 期。

［8］王美今、林建浩、余壮雄：《中国地方政府财政竞争行为特征识别：兄弟竞争与父子争议是否并存?》，载于《管理世界》2010 年第 3 期。

［9］吴玉鸣：《县域经济增长积聚与差异：空间计量经济实证分析》，载于《世界经济文汇》2007 年第 2 期。

［10］尹恒、朱虹：《县级财政的生产性支出偏向研究》，载于《中国社会科学》2011 年第 1 期。

［11］尹恒、徐琰超：《地市级地区间基本建设财政支出的相互影响》，载于《经济研究》2011 年第 7 期。

［12］李祥云、陈建伟：《财政分权视角下中国县级义务教育财政支出不足的原因分析》，载于《教育与经济》2010 年第 2 期。

［13］林江、孙辉、黄亮雄：《财政分权、晋升激励和地方政府义务教育供给》，

载于《财贸经济》2011 年第 1 期。

［14］ 成刚、萧今：《省以下财政分权、转移支付与基础教育供给——基于 1994～2001 年江西省县级数据的分析》，载于《教育与经济》2011 年第 1 期。

［15］ Alberto Alesina, Reza Baqir and William Easterly, "Public Goods and Ethnic Divisions", *The Quarterly Journal of Economics*, 1999, 114 (4): 1243 – 1284.

［16］ Anne C. Case and Harvey S. Rosen, "Budget Spillovers and Fiscal Policy Interdependence: Evidence from the States", *Journal of Public Economics*, 1993, 52 (3): 285 – 307.

［17］ David N. Figlio, Van W. Kolpin and William E. Reid, "Do States Play Welfare Games?", *Journal of Urban Economics*, 1999, 46 (3): 437 – 454.

［18］ David M. Drukker, Ingmar R. Prucha and Rafal Raciborski, Maximum-likelihood and Generalized Spatial Two-stage Least-squares Estimators for A Spatial-autoregressive Model with Spatial-autoregressive Disturbances, Stata Technical Report, 2011.

［19］ Federico Revelli, "Reaction or interaction? Spatial Process Identification in Multi-tiered Government Structures", *Journal of Urban Economics*, 2003, 53 (1): 29 – 53.

［20］ Federico Revelli, "On Spatial Public Finance Empirics", *International Tax and Public Finance*, 2005, 12 (4): 475 – 492.

［21］ Harry Kelejian and Ingmar R. Prucha, "A Generalized Spatial Two-stage Least Squares Procedure for Estimating A Spatial Autoregressive Model with Autoregressive Disturbances", *Journal of Real Estate Finance and Economics*, 1998, 17 (1): 99 – 121.

［22］ Harry Kelejian and Ingmar R. Prucha, "A Generalized Moments Estimator for the Autoregressive Parameter in A Spatial Model", *International Economic Review*, 1999, 40 (2): 509 – 533.

［23］ Jan K. Brueckner, "Partial Fiscal Decentralization", *Regional Science and Urban Economics*, 2009, 93 (1): 23 – 32.

［24］ Johan Lundberg, "Spatial Interaction Model of Spillovers from Locally Provided Public Services", *Regional Studies*, 2006, 40 (6): 631 – 644.

［25］ Katherine Baicker, "The Spillover Effects of State Spending", *Journal of Public Economics*, 2005, 89 (3): 529 – 544.

［26］ Luc Anselin, *Spatial Econometrics: Methods and Models*, Dordrecht: Kluwer Academic Publishers, 1988.

［27］ Mancur Olson, "The Principle of 'Fiscal Equivalence': The Division of Responsibilities among Different Levels of Government", *The American Economic Review*, 1969, 59 (2): 479 – 487.

［28］ Michael Keen and Maurice Marchand, "Fiscal Competition and the Pattern of Public Spending", *Journal of Public Economics*, 1997, 66 (1): 33 – 53.

[29] Paul A. Samulson, "The Pure Theory of Public Expenditure", *The Review of Economics and Statistics*, 1954, 36 (4): 387 – 389.

[30] Robert J. Barro, "Government Spending in A Simple Model of Endogeneous Growth", *Journal of Political Economy*, 1990, 98 (5): 103 – 125.

[31] Sebastian Hauptmeier, Ferdinand Mittermaier, and Johanner Rincke, Fiscal Competition over Taxes and Public Inputs: Theory and Evidence, European Central Bank Working Paper, No. 1033, March 2009.

[32] Timothy Besley and Anne Case, "Incumbent Behavior: Vote-Seeking, Tax-Seeking, and Yardstick Competition", *The American Economic Review*, 1995, 85 (1): 25 – 45.

[33] Timothy Besley, Stephen Coate, "Centralized Versus Decentralized Provision of Local Public Goods: A Political Economy Approach", *Journal of Public Economics*, 2003, 87 (12): 2611 – 2637.

[34] Wallace E. Oates, "The Theory of Public Finance in A Federal System", *Canadian Journal of Political Economy*, 1968, 1 (1): 37 – 54.

[35] Wallace E. Oates, *Fiscal Federalism*, New York: Harcourt Brace, 1972.

政府间转移支付的财力均等化效应

——基于中国县级数据的研究 *

一、引　言

经济发展水平和自然条件等方面的差异，会造成地区间财政收入的不均等，导致各地区在行政能力和公共服务水平上的巨大差距，财力较差的地区在基础设施、教育、卫生和社会保障等方面的公共服务严重不足。这种状况不但影响整个经济的运行效率，还可能引发一系列社会问题。政府间转移支付的一个重要目标就是调整地区间财力差异，促进基本公共服务的均等化。中国政府间转移支付（主要是上级政府向下级政府转移）的财力均等化效应如何？曾军平（2000）比较了 1994~1997 年转移支付前后省际间人均财政收入和支出的基尼系数和变异系数，发现转移支付后的不均等指标上升了，因此推断转移支付缺乏均等化效应。刘溶沧和焦国华（2002）运用 1988~1999 年的省级数据，比较了各省人均财政收入和支出的变异系数，指出"各地区在接受中央财政补助以后，地区间财政能力差异没有明显变化"。刘亮

　　* 本文原载于《管理世界》2007 年第 1 期。作者：尹恒、康琳琳、王丽娟。本文的研究得到了中国国家自然科学基金、中国发展研究基金会和由加拿大的国际发展研究中心（IDRC）与沃特卢管理创新国际研究中心（CIGI）组织的中国青年学者贫困研究网络的资助。感谢李实教授和戴维斯（James Davies）教授的讨论和宝贵意见，感谢冯振宇和朱虹在数据整理方面所做的细致工作。

（2006）运用变异系数分析了 1997~2003 年了省级财力不平等，发现转移支付前后人均财政收入的变异系数之差呈现越来越大的态势，并据此认为"中央转移支付一定程度上弥补了地区间人均财政收入的差距，且调节作用在增加"。曹俊文和罗良清（2006）比较了 1996~2003 年省际财政收入财政支出的变异系数，也认为"转移支付在均等省际之间财力差距起到了一定的均衡作用"。这些研究的基本思路都是比较转移支付前后的财力不平等指标的变化，这种方法存在内在的缺陷。

这些研究都是从省级政府角度，使用的是省级财政数据。然而在中国，主要由县（市、区）政府向广大民众提供基础教育、卫生和社会保障等基本公共物品，其财政状况直接影响民众享受的公共服务水平和经济福利。据笔者所知，唯一使用县级数据分析财力差异的研究是徐（Tsui，2005）[①]，他考察了县级财力不均等的变化趋势及各收入项目对财力不均等的贡献，发现转移支付并没有财力均等化效应。他的数据止于 2000 年，在此之后，中央财政的转移支付大幅上升，项目也不断增加。而且他考虑的不平等指标主要是通熵指数，在分析转移支付的财力均等化效应时也只考虑了夏洛克斯（Shorrocks，1982）分解，也没有对各项转移支付的均等化效应进行系统分析。

本文第一部分运用 1993~2003 年县级数据[②]，借鉴收入分配文献中发展出来的收入来源不平等分解法，系统考察转移支付的财力均等化效应，发现比较转移支付前后的财力不平等指标变化的传统思路是不适当的，我们得到了十分稳健的结论：上级财政转移支付不仅没有起到均等县级财力的作用，反而拉大了财力差异，特别是在分税制改革后，转移支付造成了近一半的县级财力差异；专项补助和税收返还是造成转移支付非均等性的最重要因素，

---

① 姚（Yao，2005）用 2002 年的县级数据发现转移支付对城乡差距存在显著的反均等化效应。

② 本文讨论的县级地区指县、县级市、省会城市的区和地级市的区，也包括直辖市、计划单列市的区。

而明确定位在缩小财力差异的因素法转移支付并没有达到预定的效果。第二部分介绍数据和分析方法。第三部分运用基尼系数分解考察转移支付的财力均等效应。第四部分运用不同的分解方法考察结论的稳健性。第五部分总结全文。

二、分析方法与数据

比较某项收入前后不平等指数的变化以评估其均等性的思路常见于20世纪70年代以前的收入分配文献。如果仅关心分配格局所呈现的不平等指数，把一项收入是否具有均等化效应简单地等同为它是否使总收入的不平等指数下降，这种传统方法无可厚非。然而，在讨论某项收入的均等化效应时，应更关注它是否向弱势群体倾斜，对转移支付均等性的讨论尤其如此，转移支付本身就以扶植弱势地区为基本政策目标。如果在均等性中赋予公正的内涵，把均等性大小理解为向弱势群体倾斜的程度，传统方法就可能出现误导性的结果。举个简单的例子，假定三个地区，转移支付前的本级收入分布为（100，60，1），其变异系数、基尼系数和泰尔指数（I_1）分别为0.984、0.437和0.427，考虑一项转移支付方案（10，2，1），这项分配方案使强者得到更多、弱者所获较少，显然违背尽量减少地区间财力差异的目标，然而转移支付后的变异系数、基尼系数和泰尔指数（I_1）分别为0.933、0.414和0.390，分别下降了5.2、5.3和8.7个百分点。一般地，引入某项收入来源后的不平等指标，不仅受该项收入和其他收入各自的分布的影响，也依赖于两个收入分布间的关系。收入来源的规模也存在重要影响，例如，同样一笔转移支付，转移前的均值越大，转移前后总收入的不平等指标的变化一般会越小。由于每个地区的财政收入结构不同，分析一项收入来源对财力不平等的影响并不如看起来那样简单，运用传统思路来判断转移支付的均等化效应是片面的。从20世纪70年代开始，在收入分配领域中一些学者发展了依据收入来源的不平等分解方法，它为我们对转移支付均等化效应的评估提供了更为有效的工具。

费等（Fei et al.，1978）发现基尼系数可以按收入来源作如下分解：

$$G = \sum_{k=1}^{K} \chi_k \bar{G}_k$$

式中，χ_k 为收入来源 k 在总收入中所占的比重，$\bar{G}_k$ 被称为拟基尼系数，与基尼系数不同，$\bar{G}_k$ 所使用的权重是人们在总收入中的排序，而不是收入来源 k 的排序。莱曼和易茨哈克（Lerman and Yitzhaki，1985）将 $\bar{G}_k$ 进一步分解，得到一个很直观的分解公式：

$$G = \sum_{k=1}^{K} \chi_k R_k G_k$$

G_k 为收入来源 k 的基尼系数：

$$R_k = \frac{\mathrm{cov}(Y_k, F)}{\mathrm{cov}(Y_k, F_k)}$$

这里 F 为总收入的累积分布函数；F_k 为收入来源 k 的累积分布函数，莱曼和易茨哈克称 R_k 为收入来源 k 与总收入间的"基尼相关系数"，它等于来源 k 与人们在总收入中的排序的协方差除以来源 k 与人们在来源 k 中的排序的协方差。R_k 取值在 -1 和 1 之间，若来源 k 为总收入的单调增函数（人们在来源 k 中的排序与其在总收入中的排序完全一样），则 $R_k=1$；若来源 k 为总收入的单调减函数，则 $R_k = -1$；若来源 k 为常数（所有人来自于 k 的收入都相等），则 $R_k=0$。R_k 的符号取决于人们在总收中的排序与在来源 k 中排序的差距，若排序基本一致，$R_k > 0$，此时该收入来源对总体不平等的贡献为正，反之亦然。基尼系数分解清晰地区分了影响某个收入来源对总体不平等的贡献的三个因素：该项收入来源的规模（χ_k）、与总收入分布的关系（R_k）和自身的不平等（G_k）。其中，基尼相关系数 R_k 提供了反映总财力分布与转移支付分布的关系的丰富信息，是决定转移支付是否具有均等化效应、程度如何的关键因素，我们用它来度量转移支付分配方式的均等性。如果 R_k 为正，说明财力富裕的地区得到的转移支付更多，其分配方式是非均等的；R_k 越大，转移支付的分配就越向财力富裕地区倾斜，分配方式的均等性就越差。

参数为 2 的通熵指数 I_2 在样本存在 0 值甚至负值时也有很容易理解的含义①，这对于我们考虑转移支付的均等化效应尤其具有吸引力②。I_2 也有一个十分直观的分解：

$$I_2 = \sum_{k=1}^{K} \left(\rho_k \chi_k \sqrt{I_2 I_{2k}} \right)$$

χ_k 的定义如上，I_{2k} 为来源 k 的 I_2 指数，ρ_k 为来源 k 与总收入间的相关系数，如果表示成百分比贡献，I_2 分解正好是夏洛克斯（Shorrocks，1982）提出的广为应用的收入来源不平等分解方法③，我们在附录中给出了证明。与夏洛克斯（1982）分解相比，I_2 分解能把某个收入来源对总体不平等的贡献进一步分为收入来源的规模、与总收入分布的关系和自身的不平等（以 $\sqrt{I_2 I_{2k}}$ 代表）三个部分，因此，也便于对影响各项转移支付均等性的因素作出进一步评估。

可见，看似简单的问题"某一收入来源是否具有均等化效应"，实际上是

---

① 参数为 α 的通熵指数 $GE(\alpha) = \dfrac{1}{\alpha^2 - \alpha} \left[\dfrac{1}{n} \sum_{i=1}^{n} \left(\dfrac{y_i}{\mu} \right)^{\alpha} - 1 \right]$，$I_2 = GE(2) = \dfrac{1}{2} \left(\dfrac{\sigma}{\mu} \right)^2 = \dfrac{1}{2} CV^2$，$\sigma$ 为标准差，μ 为均值，CV 就是变异系数。

② 在本文的样本中有些转移支付项目具有大量 0 值和负值。金克斯（Jenkins，1995）用 I_2 讨论了不平等变化的分解。

③ 夏洛克斯（Shorrocks，1982）分解公式是：$s_k = \dfrac{\text{cov}(Y_k, Y)}{\sigma^2(Y)} = \rho_k \dfrac{\sigma(Y_k)}{\sigma(Y)}$，$s_k$ 为来源 k 对总体不平等的相对贡献（百分比贡献），$\sigma(Y_k)$、$\sigma(Y)$ 分别为来源 k 与总收入标准差，$\text{cov}(Y_k, Y)$、ρ_k 分别为来源 k 与总收入间的协方差和相关系数。夏洛克斯证明，满足通常认为分解必备的性质（这些性质包括：不平等指数是连续的、对称的；收入来源对不平等的贡献是连续的、对称的；某来源对不平等的贡献独立于扣除该项来源后的总收入的结构，即某来源对不平等的贡献不受其余收入的分类的影响；各来源对不平等的贡献份额之和等于 1）的分解方法并不是唯一的，实际上有无穷多种。他加入了另外两个对分解方法的限定条件：每个人所得都相等的收入来源对总收入不平等的贡献为 0；如果总收入由两个互为排列的来源组成，则分解方法应对两个收入来源赋予相同的不平等贡献值。他证明同时满足这些性质的分解方法只有一个，它是就是 $s_k = \rho_k \dfrac{\sigma(Y_k)}{\sigma(Y)}$。如果我们愿意接受上述严格的限定条件，夏洛克斯分解方法的优势在于它不受不平等指标的选择的影响，可以避免因指标选择的不同而作出关于收入来源对不平等影响的不同结论。然而我们并不能因为基于具体不平等指标的不平等收入来源分解法的非唯一性就简单对其加以否定。如勒曼（Lerman，1999，第 345 页）指出，除非解释变量完全不相关，每个解释变量的系数也不是它对被解释变量影响的唯一度量。况且一些分解方法还具有十分直观的含义。

相当复杂的。二十多年来，收入分配理论从不同角度提出回答这一问题的思路。究竟哪一种方法是最合适的，经济学家并没有取得完全的一致，不同的方法有不同的侧重点（Lerman，1999）。本文以基尼系数分解为主要分析工具，也尝试了其他分解方法，以考察结论在不同方法下是否稳健①。

　　本文把县级财力定义为本级财政收入与上级政府的净转移支付之和②，所有财政变量都采用人均形式。实践中一般用财政供养人口作分母，他体现了地方财政必须面对的刚性责任。然而，我们认为地方政府不仅应该承担起这种基本的支出任务，更应该为包括农村居民在内的所有居民提供公共服务。因此，本文选用了辖区内的总人口作为计算平均财力和转移支付的分母。本文的县级财政数据来源于财政部预算司编写的1993～2003年各年《全国地市县财政统计资料》③。为了整理出可比的数据序列，我们逐一查找、分析了1993～

---

　　①　我们还尝试夏普里值（Sharpley Value）分解。夏洛克斯（Shorrocks，1999）基于合作博弈中的夏普里值理论，提出了不平等分解的夏普里值方法，其分解思路与前面完全不同。最近一些的研究开始尝试这种分解方法，如万广华（Wan，2004），（万广华，陆铭，陈钊，2005）。夏普里值分解的重要弱点是它没有对称性，某项收入来源的贡献受其他收入来源的分类的影响。而且，基本思想还是比较某项收入来源前后的不平等指数变化，虽然与传统思路相比它要精致得多，但它在某种程度上仍沿袭了传统思路的不足。因此，它在基于回归的分解分析中用得比较多，但对于本文的研究不太合适。确实，我们发现夏普里值分解对于财政收入项目的划分十分敏感，会得出截然不同的结果。

　　②　净转移支付的定义，1993年为原体制补助＋专项补助－原体制上解－专项上解；1994～1999年为税收返还补助＋原体制补助＋专项补助－原体制上解－专项上解；2000年为税收返还补助＋原体制补助＋专项补助＋一般性转移支付补助＋增发国债补助＋增加工资补助＋各项结算补助＋调整收入任务增加或减少补助＋其他补助＋省补助单列市－原体制上解－专项上解－单列市上解省；2001年为税收返还补助＋原体制补助＋专项补助＋一般性转移支付补助＋民族地区转移支付＋中小学教师转移支付＋增发国债补助＋增加工资补助＋艰苦边远地区津贴补助＋各项结算补助＋调整收入任务增加或减少补助＋其他补助＋省补助单列市－原体制上解－专项上解－单列市上解省；2002年为消费税和增值税税收返还补助＋所得税基数返还补助＋原体制补助＋专项补助＋一般性转移支付补助＋民族地区转移支付＋农村税费改革转移支付补助＋增发国债补助＋增加工资补助＋各项结算补助＋调整收入任务增加或减少补助＋其他补助＋省补助单列市－原体制上解－专项上解－单列市上解省；2003年为消费税和增值税税收返还补助＋所得税基数返还补助＋原体制补助＋专项补助＋一般性转移支付补助＋民族地区转移支付＋农村税费改革转移支付补助＋增发国债补助＋增加工资补助＋各项结算补助＋农业税减免及企事业单位预算划转＋其他补助＋省补助单列市－原体制上解－专项上解－单列市上解省。

　　③　2001年以后为财政部国库司和预算司合编。

2003 年的行政区划变更，将它们分为三种情况进行处理①。并清理了该数据库中的一些明显错误②。我们还利用各年的 GDP 平减指数把名义财力调整为实际财力③。同时，为了将误差和不可比因素控制在最低限度内，本文删除了每年人均财力最高和最低的县级地区各 1% 样本，两端各除掉约 20 个观测值④。这样得到本文分析的基本数据集，其描述性统计如表 1 所示。表 1 表示中国县级财力差异巨大。例如，2003 年，财力最强地区的人均财力达到最弱地区的 37.4 倍。以不同地区政府的公共品供给能力应该基本相同这一普遍接受的标准衡量，中国地区间的财力差异确实十分惊人。

表 1   **县级财力的描述性统计**

年份	样本数	均值（元）	标准差	最小值（元）	最大值（元）	最大值/最小值
1993	2392	177.70	113.92	51.69	849.50	16.43
1994	2430	181.53	117.83	51.79	850.77	16.43
1995	2444	196.14	134.89	58.21	1190.97	20.46
1996	2453	216.46	154.87	66.07	1438.06	21.76
1997	2457	220.63	160.44	66.94	1363.68	20.37
1998	2463	228.92	173.39	67.97	1517.75	22.33
1999	2736	240.82	196.92	67.77	1865.75	27.53

---

① 第一种情况：名称变更或者行政隶属关系变化，但县级单位行政辖区无实质变化。如 1994 年保定地区和保定市合并，组建新的地级保定市，新设立的保定市辖原保定地区的阜平县、唐县、涞源县、易县、顺平县、徐水县、高阳县、望都县、曲阳县、博野县、涞水县、定兴县、容城县、安新县、蠡县、雄县和保定市的满城县、清苑县及南市区、北市区、新市区，原保定地区的涿州市、定州市、安国市、高碑店市由河北省直辖。我们把这样的县级单位视为同一地区，设定的编码不变。在 1993～2003 年这样的情形共有 391 起。第二种情况：名称无变化，但县级单位行政辖区发生实质改变。如 1997 年撤销沧州市郊区，将原郊区的南陈屯乡（不含王希鲁村）、小王庄乡（不含三里庄、北赵家坟村）划归运河区管辖；将原郊区的小赵庄乡、南陈屯乡的王希鲁村、小王庄乡的三里庄和北赵家坟村划归新华区管辖。我们将这种情形视为不同地区，原编码中止、设立新编码。在 1993～2003 年共有 74 起。第三种情况：名称变化，县级单位行政辖区也发生实质改变。如 1996 年湖南长沙市撤销郊区、东区、西区、南区、北区，行政辖区重新调整，新设雨花区、芙蓉区、天心区、岳麓区和开福区。我们也将原编码中止、设立新的编码。在 1993～2003 年这样的情形共有 323 起。

② 如 1994 年北京市大兴县人口数据为 501 万人，而 1993 年和 1995 年分别为 50 万人和 51 万人。这种情况在 1993～2003 年有 234 起。

③ 以 1993 年价格为 1，价格指数来源于各年《中国统计年鉴》。

④ 当然，这样处理会使财力不均等测度下降，例如，基尼系数平均下降了 17.6%。

年份	样本数	均值（元）	标准差	最小值（元）	最大值（元）	最大值/最小值
2000	2782	253.12	215.05	60.66	1933.07	31.87
2001	2795	299.20	264.28	72.50	2377.39	32.79
2002	2803	332.55	299.18	81.69	2722.19	33.32
2003	2766	355.60	338.58	89.76	3358.46	37.42

三、转移支付财力均等化效应分析：基尼系数分解分析

表 2 比较了转移支付前后人均财力的变化。可以看出，1993～2003 年，转移支付后人均财力的变异系数、基尼系数和泰尔指数（I_1）确实大大下降。然而如前面所指出，传统思路存在严重的局限，我们还不能轻率地作出关于转移支付的财力均等效应的结论。

表 2 转移支付前后的人均财力比较

年份	变异系数			基尼系数			泰尔指数（I_1）		
	后	前	变化（%）	后	前	变化（%）	后	前	变化（%）
1993	0.641	0.882	−37.598	0.312	0.412	−32.051	0.166	0.294	−77.108
1994	0.649	0.865	−33.282	0.313	0.391	−24.920	0.168	0.271	−61.310
1995	0.688	0.864	−25.581	0.320	0.386	−20.625	0.180	0.266	−47.778
1996	0.715	0.856	−19.720	0.324	0.376	−16.049	0.189	0.256	−35.450
1997	0.727	0.879	−20.908	0.323	0.380	−17.647	0.191	0.265	−38.743
1998	0.757	0.910	−20.211	0.331	0.387	−16.918	0.203	0.277	−36.453
1999	0.818	1.030	−25.917	0.342	0.419	−22.515	0.223	0.333	−49.327
2000	0.850	1.119	−31.647	0.356	0.446	−25.281	0.241	0.381	−58.091
2001	0.883	1.271	−43.941	0.368	0.488	−32.609	0.257	0.463	−80.156
2002	0.900	1.385	−53.889	0.366	0.504	−37.705	0.260	0.512	−96.923
2003	0.952	1.458	−53.151	0.377	0.523	−38.727	0.281	0.553	−96.797

注：（1）"前"表示转移支付之前的人均财力，即人均本级财政收入，"后"表示转移支付之后的人均财力，即本级财政收入加上上级净转移支付的人均值，变化＝（后－前）/后，它表示若不存在转移支付时的人均财力不均等指标会比实际水平下降多少。（2）发表于《管理世界》的表 2 第 1 部分变异系数的变化数据栏发生粘贴错误，笔者借此机会向《管理世界》及读者深表歉意。幸亏这失误没有影响文章的理解和结论。

表3列示了基尼系数分解结果，我们不仅考虑了总转移支付对总体财力差异的贡献，还分析了各转移支付项目的均等化效应。如表3所示，1993～2003年转移支付对财力不平等的贡献都为正，这说明它不但没有起到均等县级财力的作用，反而对县级财力不均等推波助澜，拉大了财力差异，特别是在分税制改革后，转移支付引起了近一半的县级财力差异，这与上面传统思路的结论形成鲜明的对照。从各个具体的转移支付项目看，专项补助造成的财力不均等最大，虽然1993～2003年它解释的财力不均等份额存在不断下降的趋势，但在2003年它仍然带来了17.7%的财力差异。一些学者也注意到，专项补助的分配缺乏科学的依据和标准，存在"讨价还价"、"人情款"和"撒胡椒面"等人为的、随意性问题，在"跑部钱进"的上下级财政博弈过程中，欠发达地区往往缺乏发言权和竞争力，以至于大多数拨款都流向了富裕地区，因而产生了非均等化效应（江孝感、魏峰、蒋尚华，1999）。这些推测在表3中得到了证实。税收返还也是造成县级财力差异的一个重要因素，1994～2001年其影响范围减少，在2002年引入所得税分享和基数返还政策后，税收返还带来的财力差异明显上升，在2003年它解释了县级财力差异的15.9%。由于税收返还的主要政策意图在于保证地方财政的既得利益，中央对地方上划的税收按1993年基数如数返还，并逐年递增，税收多的地区得到的返还也多，其财力充裕；而税收少的地区得到的返还少，财力依旧不足，这当然会拉大地区间的财力差距。结算补助主要是对下级财政在过去年度内因体制变动、企事业单位隶属关系变化及中央新出台的政策措施而遭受的损失进行的补偿，其出发点也在于保证下级财政的既得利益，从表3可以看出，它也是非财力均等的，在2003年它解释了财力差异的6.2%。原体制补助和上解是从1988～1993年的财政包干体制沿袭下来的分配方法，在1994年分税制后，仍按原来的约定额继续执行。原体制补助和上解的本意是通过富裕地区上缴部分收入、贫困地区获得补助来实现财力均等化，但实际上各地区的上缴额和补助额是在老体制下按基数法确定的，而且分配方式多年保持不变，

政府间转移支付的财力均等化效应

随着时间的流逝它已经变得很不合理①，因此，表3中呈现出的非均等效应就不难理解了。1994年，它导致了9.2%的财力差异，不过其影响在1997年以后迅速下降。唯一起到了均等化县级财力差异的是专项上解，它对财力不平等的贡献一直为负，并且2003年达到 −4.9%。

表3　　　　　　　　　转移支付的不均等贡献：基尼系数分解　　　　　　单位：%

年份	总转移	税收返还	净体制补助	专项补助	专项上解	因素法转移	各项结算补助	其他
1993	25.63	—	2.71	23.77	− 4.43	—	—	3.58
1994	56.65	22.80	9.17	23.44	− 2.93	—	—	4.17
1995	49.72	19.96	8.62	19.94	− 3.26	—	—	4.46
1996	60.52	16.12	12.96	20.51	− 3.07	—	—	14.00
1997	53.03	14.39	13.76	22.42	− 2.71	—	—	5.17
1998	48.51	13.23	10.28	21.74	− 2.84	—	—	6.10
1999	46.56	12.72	7.28	22.68	− 4.16	—	—	8.04
2000	45.38	11.72	4.26	18.96	− 2.63	5.65	6.51	0.91
2001	48.92	9.56	3.00	18.50	− 3.15	13.32	6.24	1.45
2002	52.81	15.64	1.84	18.31	− 4.35	12.71	5.93	2.73
2003	49.41	15.92	0.54	17.67	− 4.93	11.70	6.22	2.29

注：（1）根据各项转移支付的分配方法，我们对其进行了归类：税收返还，在1994～2001年为消费税和增值税税收返还；2002～2003年还包括所得税返还；净体制补助专项补助；在2000～2003年还包括增发国债补助。因素法转移支付包括一般性转移支付、民族地区转移支付、增加工资性转移支付、农村税费改革转移支付。下同。（2）根据基尼系数分解的独立性（independence）公理，第2列应等于第3～9列之和。

令人吃惊的是，2000～2003年力度不断加大的因素法转移支付实际上不仅没有达到预定的效果，反而在拉大县级财力差异，在2003年由它带来的财力不均等达11.7%。这些转移支付资金的分配基本上按照因素法，而不是传统的基数法，即在一定程度上以根据客观因素计算的各地区标准财政收支的差额作为财政转移支付的分配依据，一般认为应该有较强的财力均等化效应。

① 例如，目前自有财力排名靠后的河南、重庆、湖南和安徽却要向中央政府上解部分收入；而自有财力排名靠前福建、海南和山东反而获得补助。

为了进一步理解这一结果，表 4 按照总人口平均财力和财政供养人口平均财力两个口径，分析了各项因素法转移支付的均等化效应。虽然从总人口角度看一般性转移支付和增加工资转移支付的非均等效应很强，但从财政供养人口角度看，2000~2003 年因素法转移支付对财力不均等的贡献均为负①。这些结果不难理解，目前，因素法转移支付分配方案主要考虑财政供养人口因素，忽视了总人口，一些农业人口较多的贫穷县区在因素法转移支付的分配上反而处于不利地位，这当然会加大按总人口平均的财力差异。一些地方在确定因素法转移支付方案时还存在简单化的倾向，例如，湖南在 2003 年省、市级财政对县级财政的增加工资转移支付中采用"工资增量×60%"的分配办法，长沙市较贫困的宁乡县和较富裕的五个市区享受同样的补助标准，实际上两地的财力远不在一个层次上②。从总人口看，旨在缩小地方财力差距的因素法转移支付并没有达到预期的效果，这就不奇怪了。

表4　　　　　各项因素法转移支付的不均等贡献：基尼系数分解　　　单位：%

年份	因素法转移支付合计	一般性转移支付	增加工资转移支付	民族地区转移支付	艰苦边远地区津贴	农村税费改革转移支付
对总人口平均财力不均等的贡献						
2000	5.65	3.76	1.90	—	—	—
2001	13.32	4.69	4.80	0.55	3.32	-0.04
2002	12.71	5.21	7.12	0.31	—	0.06
2003	11.70	4.23	6.55	0.43	—	0.48
对财政供养人口平均财力不均等的贡献						
2000	-1.65	-0.08	-1.58	—	—	—
2001	-0.46	0.90	-1.99	0.21	1.11	-0.68
2002	-1.59	0.73	-1.15	0.10	—	-1.27
2003	-2.88	-0.70	-0.99	0.13	—	-1.33

注：2001 年的农村税费改革转移支付数据为中小学教师转移支付，下同。

---

① 从财政供养人口平均财力不均等角度看，虽然转移支付的非均等化效应在程度上变小（2003 年所有转移支付解释了 32% 的县级财力差异），但上述结论基本不变，税收返还、专项补助的不平等贡献仍然为很大的正值（在 2003 年分别为 25.17% 和 10.41%）。

② 2003 年芙蓉区（一个城区）的人均财力是宁乡县的 3.06 倍。

从各项目看，一般性转移支付始于 1995 年财政部出台的《过渡期转移支付办法》①，在 2000 年规模不断扩大，其目标在于扭转地区间财力差距扩大的趋势，逐步实现地方政府基本公共服务能力的均等化。在分配方式上一般性转移支付首次使用了因素法，根据各地区自然条件、人口、面积、人均国民生产总值等因素的客观差异，确定出不同的参数，依照法定公式计算各地区的标准财政收入和标准财政支出差额，确定转移支付额度。然而在表 4 中我们看到，一般性转移支付的政策意图并没有实现，在 2003 年它反而带来了 4.23% 的总人口的平均财力差异。即使从财政供养人口角度看，其均等化效应仍然不明显。增加工资转移支付是中央财政对地方调整工资的给予补助。从 1999 年 7 月 1 日起，中央财政增加了机关事业单位在职职工工资和离退休人员离退休费，此后又多次调增。中央财政规定，调整工资及离退休费增加的支出，沿海经济发达地区自行解决；财政困难的老工业基地和中西部地区，由中央财政根据职工人数等客观因素和各地的财政困难程度，通过公式化的办法给予适当补助。另外，在表 4 中我们看到，从财政供养人口角度看增加工资转移支付确实存在一定的均等化效应，然而从总人口平均财力角度看它是非均等的。另一项力度比较大的因素法转移支付是农村税费改革转移支付。为保证农村税费改革的顺利进行，从 2001 年开始中央财政考虑到各地区取消乡镇统筹、降低农业特产税税率、取消屠宰税等减收因素，对除北京、天津、上海、江苏、浙江、广东等省市外的地区通过转移支付给予适当补助。如表 4 所示，农村税费改革的非均等性是最弱性，从财政供养人口角度看，它还一致地呈现出一定的财力均等化效应。

基尼系数的分解还可以分析转移支付对财力不均等的影响途径，表 5 和表 6 将各项转移支付对地方总财力不均等的影响进一步分解为三个因素：转移支付的规模 (χ_k)、转移支付与总财力分布的关系 (R_k)，以及转移支付自身的

---

① 国务院决定 2002 年实施所得税收入分享改革后，明确中央因改革增加的收入全部进入一般性转移支付，实行统一分配，与此同时，过渡期转移支付概念不再使用。

表5

转移支付对财力不均等影响的结构：基尼系数分解

年份	总转移支付				其中：税收返还				其中：专项补助			
	贡献值	χ_k	R_k	G_k	贡献值	χ_k	R_k	G_k	贡献值	χ_k	R_k	G_k
1993	0.080	0.199	0.277	1.453	—	—	—	—	0.074	0.221	0.735	0.456
1994	0.178	0.526	0.712	0.475	0.072	0.280	0.494	0.518	0.074	0.209	0.747	0.472
1995	0.159	0.486	0.631	0.518	0.064	0.262	0.440	0.555	0.064	0.186	0.695	0.492
1996	0.196	0.516	0.672	0.566	0.052	0.212	0.467	0.529	0.067	0.201	0.663	0.499
1997	0.172	0.476	0.659	0.547	0.047	0.192	0.457	0.530	0.073	0.209	0.675	0.515
1998	0.161	0.451	0.667	0.533	0.044	0.174	0.469	0.535	0.072	0.206	0.708	0.494
1999	0.160	0.452	0.646	0.546	0.044	0.155	0.520	0.541	0.078	0.248	0.628	0.498
2000	0.162	0.445	0.638	0.568	0.042	0.143	0.523	0.556	0.068	0.184	0.675	0.543
2001	0.180	0.486	0.683	0.542	0.035	0.116	0.539	0.562	0.068	0.176	0.712	0.543
2002	0.194	0.560	0.714	0.484	0.057	0.174	0.559	0.590	0.067	0.181	0.688	0.540
2003	0.186	0.551	0.703	0.481	0.060	0.169	0.584	0.611	0.067	0.177	0.745	0.506

注：（1）贡献值＝$\chi_k \cdot R_k \cdot G_k$。（2）1993年"总转移支付"中有599个0值和负值，因此生成不正常的基尼系数（1.45），下同。

基尼系数（G_k）。从表5可以看出分税制改革后转移支付的非均等性大幅增加，它对财力基尼系数值的贡献从1993年的0.08增加到1994年的0.18，使得财力差异上升了32.3%，其原因是转移支付的份额和分配非均等性都大幅上升，χ_k 和 R_k 分别增加了164.7%和156.7%。在分税制改革后，尽管表3中总转移支付对财力不均等影响的比重并未明显变化，转移支付对财力不均等的绝对贡献呈增加趋势：在2003年县级财力的基尼系数（0.377）中因转移支付造成的值为0.19。造成这种增加的原因，一是转移支付规模的扩大（它占总财力的比重从1995年的48.6%上升到2003年的55.1%）；二是转移支付的分配上富者更多、穷者更少的趋势越来越明显（R_k 从1995年的0.631上升到0.703）。考虑对财力不均等影响最大的两项转移支付，从1993年到2003年，虽然专项补助占总财力的比重在下降，但分配方式的不均等和自身的不均等呈上升趋势，这使得它对财力不均等的贡献一直是最大的；1998年后，税收返还的不平等贡献有增加的趋势，其分配方式的不均等从1998年的0.47逐年增加到2003年的0.58，自身的不均等从0.54逐年增加到0.61。

如表6所示，在2000年后因素法转移支付占总财力的比重及其自身的不均等与专项补助、税收返还持平，由于其分配方式的不均等也维持比较大的正值，其对总财力不均等的贡献也处于较高的水平（2003年它解释的基尼系数为0.044）。其中，对财力不均等贡献较大的主要是增加工资转移支付和一般性转移支付（2003年解释的基尼系数分别为0.025和0.016），增加工资转移支付的分配方式的不均等还在逐年上升。而其他的几项因素法转移支付，或是由于占总财力的比重很低（如民族地区转移支付），或是由于分配方式的不均等较低（如农村税费改革转移支付），他们对非均等性很小。比较各项转移支付，专项补助和税收返还的分配方式不均等程度最高（2003年基尼相关系数分别为0.76和0.58），其次是民族地区转移支付（0.57）、增加工资转移支付（0.47）、一般性转移支付（0.44），农村税费改革转移支付的分配方式不均等程度最低，它在2001年还为负数（−0.03），存在些许均等财力差异的效应。

表 6　　各项因素法转移支付对财力不均等影响的结构：基尼系数分解

年份	因素法转移支付总计				一般性转移支付				增加工资转移支付			
	贡献值	χ_k	R_k	G_k	贡献值	χ_k	R_k	G_k	贡献值	χ_k	R_k	G_k
2000	0.020	0.080	0.417	0.599	0.013	0.038	0.452	0.778	0.007	0.043	0.289	0.551
2001	0.049	0.165	0.533	0.557	0.017	0.042	0.526	0.774	0.018	0.092	0.393	0.491
2002	0.047	0.197	0.481	0.492	0.019	0.050	0.520	0.729	0.026	0.112	0.463	0.504
2003	0.044	0.195	0.469	0.482	0.016	0.053	0.443	0.684	0.025	0.103	0.471	0.509

年份	民族地区转移支付				农村税费改革转移支付				艰苦边远地区津贴			
	贡献值	χ_k	R_k	G_k	贡献值	χ_k	R_k	G_k	贡献值	χ_k	R_k	G_k
2001	0.002	0.004	0.514	0.935	0.000	0.008	-0.030	0.661	0.012	0.020	0.704	0.890
2002	0.001	0.003	0.485	0.940	0.000	0.032	0.013	0.543	——			
2003	0.002	0.003	0.567	0.953	0.002	0.037	0.121	0.407	——			

四、稳健性分析：其他的分解方法

以上结果是否对分解方法敏感？我们还尝试了 I_2 分解。表 7 列出了分解，其结果与基尼系数的分解完全一致，转移支付反而大大加剧了县级财力的不均等，而且分税制改革后转移支付的这种非均等效应大幅提高，造成了近一半的县级财力差异。关于各项转移支付的结论也维持不变，专项补助和税收返还是财力非均等性最大的两项转移支付，专项上解依然发挥了一定的均等化效应。我们还运用 I_2 分解进一步分析了不同人均财力定义下的各项因素法转移支付对总体财力不均等的贡献（这里未报告结果），发现因素法转移支付对总人口平均财力的影响仍然是非均等性的，而对财政供养人口平均财力则发挥了均等化效应。

表 7　　　　　　转移支付的不均等贡献：I_2 分解　　　　　　　单位：%

年份	总转移	税收返还	净体制补助	专项补助	专项上解	因素法转移	各项结算补助	其他
1993	29.65		5.93	24.35	-4.29			3.66
1994	56.88	20.91	10.74	23.39	-2.88			4.72
1995	47.44	18.65	8.60	20.11	-3.10			3.18

年份	总转移	税收返还	净体制补助	专项补助	专项上解	因素法转移	各项结算补助	其他
1996	64.95	14.53	14.79	19.71	-2.64			18.56
1997	51.88	13.84	13.20	22.07	-2.47			5.24
1998	43.59	12.81	8.31	19.82	-2.65			5.31
1999	40.23	13.27	5.30	20.76	-5.00			5.91
2000	37.96	12.96	0.83	14.10	-2.93	4.44	7.84	0.71
2001	44.54	11.65	0.35	15.76	-2.23	10.37	7.53	1.11
2002	45.69	18.46	-1.04	13.95	-3.89	8.94	7.14	2.12
2003	43.75	18.05	-1.17	13.82	-4.26	7.53	8.11	1.69

注：本表与夏洛克斯（Shorrocks, 1982）分解是等价的。

表8和表9将 I_2 进一步分解为转移支付的规模、与总财力分布的关系和自身的不平等三个因素，这里用相关系数衡量各项转移支付分配方式的均等性。由于 I_2 分解对负收入也很稳健，我们还考虑了专项上解。可以看到，分税制使得财力差异大幅上升，1994年后转移支付对财力不均等的绝对贡献也不断增加，造成这种增加的主要原因仍然是转移支付分配方式的不均等（相关系数从1993年的0.33上升到0.70）。考虑各项转移支付对财力不均等影响，在2003年，分配方式非均等性位居前列的转移支付项目仍然是税收返还（相关系数为0.71）和专项补助（0.58），一般性转移支付（0.33）、增加工资转移支付（0.32）、民族地区转移支付（0.24）都在一定程度上表现出分配方式的非均等性，农村税费改革转移支付的分配方式不均等程度较低，而专项上解与总财力的相关系数呈现出一致的负值，因而发挥了一定程度的均等化效应。总之，我们的结果在不同的分解方法下是十分稳健的。

表8　转移支付对财力均等影响的结构：I_2分解

年份	总转移			其中：税收返还			其中：专项补助			其中：专项上解		
	贡献	ρ_k	$\sqrt{I_2 I_{2k}}$	贡献	ρ_k	$\sqrt{I_2 I_{2k}}$	贡献	ρ_k	$\sqrt{I_2 I_{2k}}$	贡献	ρ_k	$1/2 \cdot CV \cdot CV_k$
1993	0.061	0.333	0.934	—	—	—	0.050	0.723	0.320	-0.009	-0.211	-0.936
1994	0.120	0.747	0.318	0.044	0.455	0.368	0.049	0.703	0.342	-0.006	-0.282	-0.750
1995	0.112	0.712	0.351	0.044	0.491	0.392	0.048	0.697	0.382	-0.007	-0.315	-0.607
1996	0.166	0.681	0.508	0.037	0.468	0.408	0.050	0.654	0.399	-0.007	-0.272	-0.669
1997	0.137	0.725	0.424	0.037	0.487	0.425	0.058	0.642	0.453	-0.007	-0.274	-0.703
1998	0.125	0.686	0.426	0.037	0.511	0.445	0.057	0.655	0.432	-0.008	-0.316	-0.709
1999	0.134	0.661	0.477	0.044	0.553	0.545	0.069	0.640	0.465	-0.017	-0.434	-0.880
2000	0.137	0.624	0.522	0.047	0.556	0.620	0.051	0.531	0.541	-0.011	-0.292	-0.911
2001	0.174	0.656	0.551	0.045	0.563	0.717	0.061	0.573	0.617	-0.009	-0.222	-0.986
2002	0.185	0.708	0.482	0.075	0.688	0.692	0.056	0.568	0.570	-0.016	-0.266	-1.269
2003	0.198	0.704	0.521	0.082	0.712	0.768	0.063	0.580	0.617	-0.019	-0.262	-1.538

注：贡献值 $I_2 = \sum_{k=1}^{K} (\rho_k x_k \sqrt{I_2 I_{2k}})$，$x_i$这里未报告；对于负的收入来源（如专项上解）公式按照 $I_2 = \sum_{k=1}^{K} \rho_k x_k \cdot \frac{1}{2} \cdot CV \cdot CV_k$分解，代表自身的不平等的项为 $\frac{1}{2} \cdot CV \cdot CV_k$。下同。

表9　　　　各项因素法转移支付对财力不均等影响的结构：I_2 分解

年份	因素法转移支付			其中：一般性转移			其中：增加工资转移		
	贡献值	ρ_k	$\sqrt{I_2 I_{2k}}$	贡献值	ρ_k	$\sqrt{I_2 I_{2k}}$	贡献值	ρ_k	$\sqrt{I_2 I_{2k}}$
2000	0.016	0.340	0.584	0.012	0.347	0.876	0.004	0.217	0.480
2001	0.040	0.427	0.569	0.016	0.382	0.965	0.012	0.285	0.452
2002	0.036	0.368	0.499	0.017	0.384	0.903	0.018	0.314	0.515
2003	0.034	0.340	0.510	0.014	0.334	0.805	0.018	0.315	0.548

年份	其中：民族地区转移			其中：农村税费改革转移			其中：艰苦边远地区津贴		
	贡献值	ρ_k	$\sqrt{I_2 I_{2k}}$	贡献值	ρ_k	$\sqrt{I_2 I_{2k}}$	贡献值	ρ_k	$\sqrt{I_2 I_{2k}}$
2001	0.002	0.224	1.953	0.000	-0.040	0.623	0.011	0.413	1.413
2002	0.001	0.182	2.026	0.000	-0.009	0.492	—	—	—
2003	0.002	0.240	2.503	0.000	0.012	0.390	—	—	—

注：贡献值 $I_2 = \sum_{k=1}^{K}(\rho_k \chi_k \sqrt{I_2 I_{2k}})$，$\chi_i$ 这里未报告；对于负的收入来源（如专项上解）公式按照 $I_2 = \sum_{k=1}^{K}\rho_k \chi_k \cdot \frac{1}{2} \cdot CV \cdot CV_k$ 分解，代表自身的不平等的项为 $\frac{1}{2} \cdot CV \cdot CV_k$。下同。

五、主要结论

本文根据1993～2003年县级数据，运用收入分配不平等文献中发展出来的、更为严格的分析方法，系统考察了转移支付的均等化效应，得到了十分稳健的结论：第一，传统根据转移支付前后财力不均等指标的变化分析转移支付是否具有均等化效应，会产生误导性的结果，例如，我们采用这一方法发现转移支付后财力不均等的变异系数、基尼系数和泰尔指数确实大幅下降，然而如分析所指出，传统文献中的这一结论是很片面的。第二，上级财政转移支付不仅没有起到均等县级财力的作用，反而对县级财力不均等推波助澜，拉大了财力差异。在分税制改革后转移支付的非均等性大幅上升，它造成了近50%的县级财力差异。第三，专项补助和税收返还是造成转移支付非均等化的最重要因素，虽然1998年以后他们的影响存在下降的趋势，然而在2003年转移支付的大部分非均等化效应仍然是由它们引起的。唯一起到了均等化县级财力差异的转移支付项目是专项上解。第四，2000～2003年力度不断加大、明确定位在缩小财力差异的因素法转移支付实际上不仅没有达到预定的效果，反而在拉大县级财力差异。这主要是因为因素法转移支付分配方案基本上只关注财政供养人口，忽视了总人口因素，一些农业人口较多的贫穷县区在因素法转移支付的分配上反而处于不利地位。确实，从财政供养人口平均财力的不均等角度看，2000～2003年因素法转移支付具有一定的财力均等化效应。第五，转移支付加剧县级财力差异的根本原因在于转移支付分配方式的不均等，财力强的地区反而得到更多的转移支付，财力弱的地区转移相对较少。总转移支付的基尼相关系数一直处于相当高的水平，并呈现一定的上升趋势。转移支付规模的扩大也放大了这一效应。我们发现分配方式的不均等对某项转移支付是否具有均等化效应、大小如何确实起着关键的作用，专项补助的分配方式的不均等程度是最高的，排在其后的是税收返还、民族地区转移支付、增加工资转移支付、一般性转移支付、农村税费改革转移支付，专项上解的分配方式呈现一定的均等性，因而发挥了一定程度的财力均等效应。

本文的研究表明，有必要重新反思政府间转移支付的目标，将其均等地区间财力差异的功能放到更重要的位置。为此，有必要对目前项目庞杂、随意性较大的政府间转移支付制度进行系统地改革、规范，增强地方财政收入的稳定性、可预期性，以形成稳定的、可持续的分级财政体制。政府间转移支付资金分配方式的设计应该更多地考虑地方辖区内所有人口，而不仅仅是财政供养人口，使得全国所有公民享受到基本相同的公共服务。

附录

通熵指数 I_2 分解及其百分比贡献与夏洛克斯（Shorrocks，1982）分解等价性的证明：

$$E(Y-\mu)^2 = E[(Y-\mu)(Y-\mu)]$$

$$\Rightarrow E(Y-\mu)^2 = E[(Y-\mu)(Y_1-\mu_1+\cdots+Y_K-\mu_K)]$$

$$\Rightarrow E(Y-\mu)^2 = E[(Y-\mu)(Y_1-\mu_1)]+\cdots+E[(Y-\mu)(Y_K-\mu_K)]$$

$$\Rightarrow \sigma^2 = \mathrm{cov}(Y, Y_1) + \cdots + \mathrm{cov}(Y, Y_K)$$

$$\Rightarrow \sigma = \rho_1 \sigma_1 + \cdots + \rho_K \sigma_K$$

$$\Rightarrow CV = \rho_1 \frac{\mu_1}{\mu} CV_1 + \cdots + \rho_k \frac{\mu_K}{\mu} CV_K$$

$$\Rightarrow \frac{1}{2} CV^2 = \rho_1 \chi_1 \sqrt{\frac{1}{2} CV^2 \frac{1}{2} CV_1^2} + \cdots + \rho_K \chi_K \sqrt{\frac{1}{2} CV^2 \frac{1}{2} CV_K^2} \; (if CV > 0; CV_1,$$

$$\cdots, CV_K > 0)$$

$$\Rightarrow I_2 = \rho_1 \chi_1 \sqrt{I_2 I_{21}} + \cdots + \rho_K \chi_K \sqrt{I_2 I_{2K}}$$

又由于：

$$I_2 = \frac{1}{2} CV^2 = \frac{1}{2} \rho_1 \frac{\mu_1}{\mu} CV \cdot CV_1 + \cdots + \frac{1}{2} \rho_K \frac{\mu_K}{\mu} CV \cdot CV_K$$

$$\Leftrightarrow 1 = \rho_1 \frac{\mu_1}{\mu} \frac{CV_1}{CV} + \cdots + \rho_K \frac{\mu_K}{\mu} \frac{CV_K}{CV}$$

$$\Leftrightarrow 1 = \rho_1 \frac{\sigma_1}{\sigma} + \cdots + \rho_K \frac{\sigma_K}{\sigma} = \sum_{k=1}^{K} s_k$$

参考文献

［1］曹俊文、罗良清：《转移支付的财政均等化效果实证分析》，载于《统计研究》2006 年第 1 期。

［2］财政部国库司、预算司：《全国地市县财政统计资料》，中国财政经济出版社 1993～2003 各年版。

［3］刘亮：《中国地区间财力差异的度量及分解》，载于《经济体制改革》2006年第 2 期。

［4］刘溶沧、焦国华：《地区间财政能力差异与转移支付制度创新》，载于《财贸经济》2002 年第 6 期。

［5］江孝感、魏峰、蒋尚华：《我国财政转移支付的适度规模控制》，载于《管理世界》1999 年第 3 期。

［6］万广华、陆铭、陈钊：《全球化与地区间收入差距：来自中国的证据》，载于《中国社会科学》2005 年第 3 期。

［7］曾军平：《政府间转移支付制度的财政平衡效应研究》，载于《经济研究》2000 年第 6 期。

［8］Fei, J. C. H., Ranis, G., Kuo, S., "Growth and the Family Distribution of

Income by Factor Components", *Quarterly Journal of Economics*, 1978, 92: 17 – 53.

[9] Lerman, R., Yitzhaki, S., "Income Inequality Effects by Income Source: A New Approach and Applications to the United States", *Review of Economics and Statistics*, 1985, 67: 151 – 156.

[10] Lerman, R. I., "How Do Income Sources Affect Income Inequality", In: Silber, J., ed., Handbook of Inequality Measurement, Kluwer Academic Publishers, Dordrecht, 1999.

[11] Paul, S., "Income Sources Effects on Inequality", *Journal of Development Economics*, 2004, 73: 435 – 451.

[12] Shorrocks, A. F., "Inequality Decomposition by Factor Components", *Econometrica*, 1982, 50: 193 – 211.

[13] Shorrocks, A. F., Decomposition Procedures for Distributional Analysis: A Unified Framework Based on the Shapley Value, Department of Economics, University of Essex, 1999.

[14] Tsui, K., "Local Tax System, Intergovernmental Transfers and China's Local Fiscal Disparities", *Journal of Comparative Economics*, 2005, 33: 173 – 196.

[15] Wan, G., "Accounting for Income Inequality in Rural China: A Regression Based Approach", *Journal of Comparative Economics*, 2004, 32 (2): 348 – 363.

[16] Yao, Yi, Equalizing or Not? Assessing the Intergovernmental Grants and Their Incentive Effects in China's Fiscal Reform, Working Paper accepted by Far Eastern Meeting of the Econometric Society, July 9th-12th, 2006, Tsinghua University, Beijing, China.

第一篇　地方财政　政府间转移支付的财力均等化效应

中国县级地区财力缺口与转移支付的均等性*

一、引　言

　　财政分权理论认为，地方政府拥有信息优势及更低的行政成本，能够迎合当地居民的偏好和需求。因此，提供与个人福利密切相关的公共物品的责任应该授予地方政府（Tiebout，1956；Musgrave，1959；Oates，1972）。我国社会公众所享受的基础教育、卫生和社会保障等基本公共服务也主要是由县级地区①政府提供的。然而，由于地区间自然条件、生产要素、公共服务成本等方面的差异，财政分权必然导致地区间财政能力和公共服务水平的差距。一方面，地区间的财政差距会损害经济效率。由于各地税率和公共服务水平不同，人口和生产要素向着税率较低、公共服务水平较高的地区流动，使经济蒙受不必要的移民成本，从而产生效率损失（Buchanan，1950，1952；Flatters et al.，1974）；另一方面，地区间的财政差距还会损害社会公平。财政公平要求"其他特征都相同的个人，不论居住在哪一个地区，都应该受到同等对待"（Boadway，2004a）。然而地区间财政差距使得政府活动之前福利水平相同的个人，因其居住地的不同在政府活动之后福利水平出现差异。因此，

　　* 本文原载于《管理世界》2009年第4期。作者：尹恒、朱虹。本文的研究感谢国家自然科学基金（项目号：70773010）和教育部科学技术研究重大项目（项目号：309007）的资助。感谢冯振宇、康琳琳、王丽娟、黄勋、鲁飂铮和郑瑛在数据整理方面所做的细致工作。
　　① 本文讨论的县级地区指县、县级市，不包括地级市、计划单列市和直辖市的城区。

通过上级政府的均等化转移支付平衡地区间财政能力，消除不必要的人口和生产要素流动带来的财政外部性，实现公共服务的均等化，成为财政分权的必要补充（Boadway，2004a）。

均等化地方财政差距是实行财政分权国家中央政府向地方政府的转移支付的基本目标，加拿大、德国、瑞士、英国、澳大利亚、日本等国家都建立起了专门的均等化转移支付体系。例如，加拿大的均等化转移支付体系的宗旨在于让财政能力低于平均水平的地方政府，在发挥全国平均水平的税收努力时，能够提供全国平均水平的公共服务（Smart，2005）。在澳大利亚，均等化转移支付体系的目标是实现"如果各州发挥了同样的税收努力从自有资源取得收入，而且效率水平也相似，那么转移支付后各州就应该有相同的能力按同样的标准提供公共服务"（Searle，2004）。关于转移支付均等性的评估，马斯格雷夫（Musgrave，1959）提出，均等化应该使具有相同收入的人们享有相同的财政剩余。马斯格雷夫（Musgrave，1961）、列格蓝（Le Grand，1975）和麦克米伦（McMillan，1981）也认为在评估转移支付的均等性时，应该综合考虑地方的收入能力和支出需求。安瓦尔（Anwar，1996）更指出，一旦忽略了地区的支出需求，转移支付政策就违背了公平与效率的最基本要求。鲍德威（Boadway，2004b）对加拿大均等化转移支付体系缩小地区财政差异的效果进行了评估。他首先提出了财政均等化的理想状态，即各地居民在可比的税率下得到基本相同的公共服务，然而比较现实的转移支付体系对理想状态的偏离，并分析这种偏离造成的结果。其结论是加拿大现行的转移支付体系的均等化程度仍然是不充分的。

公共服务均等也已经成为中国建立公共财政体制的基本目标之一，党的第十六届六中全会明确提出了"完善公共财政制度，逐步实现基本公共服务均等化"的政策目标，政府要为社会公众提供基本的、在不同阶段具有不同标准的、最终大致均等的公共服务。然而，由于过去几十年中国经济发展的非均衡性，地区间经济发展水平的差异悬殊，导致地区间财政能力存在巨大差距（Yin，2008）。上级政府，尤其是中央政府的转移支付就成为均等化地区间公共服务水平的最重要手段。一些学者对上级政府转移支付的财力均等性进行了分析。曾军平（2000）比较了 1994～1997 年转移支付前后省际人均财政收入和支出的基尼系数和变异系数，发现转移支付后的不均等指标上升了，据此认为转移支付缺乏均等化效应。刘溶沧等（2002）运用 1988～1999 年的省级数据，比较了各省人均财政收入和支出的变异系数，发现在接受中央财政补助以后，地区间财政能力差异没有明显变化。曹俊文等（2006）比较了 1996～2003 年省际财政收入和财政支出的变异系数，认为转移支付起到了一定的均等省际财力差距的作用。这些研究的基本思路都是比较转移支付前后财力不平等指标的变化，使用的都是省级水平的财政数据。尹恒等（2007）利用 1993～2003 年中国县级财政数据，运用基尼系数按照收入来源的分解方法，发现上级财政转移支付扩大了县级财力差异。

以上对中国转移支付均等性的研究侧重于财政收入能力的分析，讨论的是转移支付在均等化可支配财力方面的效应。然而，由于自然条件、人口结构等方面的差异，各地公共服务的提供成本是不同的。即使可支配财力相同，公共服务成本的差异也会造成公共服务水平的差距。因此，有必要综合财政收入能力和公共服务提供成本两方面的因素，分析转移支付均等化公共服务的效应。本文利用 2000～2005 年中国县级财政和社会经济数据，同时考虑政府的财政收入能力和公共服务提供成本，估计县级地区的理论财政收入与支出，得到县级政府在相似税收努力水平下提供大体一致的公共服务水平所面临的财力缺口，进而评估转移支付的均等性效应。文章第二部分描述数据并估计县级财力缺口；第三部分分析各项转移支付与财力缺口的关系、讨论其均等性；第四部分总结全文。

二、数据描述与财力缺口的估计

本文讨论全国县及县级市（不包括地级及以上城市的城区）。财政经济数据来源于财政部预算司编写的 2000～2005 年各年《全国地市县财政统计资料》①。我们逐一查找、分析了这一期间的行政区划的变更，将它们分为三种情况进行处理②，得到行政区划稳定的 1964 个可比样本县③。县级人口数据来源于国家统计局编撰的 2000～2005 年《中国县市年鉴》。为了加强财力数据的可比性，还需要调整不同时间和不同地区的物价水平差异。一般文献通常利用各年的 GDP 平减指数把名义财力调整为实际财力④。然而用 GDP 平减仅消除了不同时期价格波动的影响，并不能消除地区间价格水平和生活费用的差别。由于运输成本、贸易障碍的差别，不同地区的消费者对同一种商品支付的价格可能不同，一些地区的价格水平可能系统地高于其他地区。中国幅员辽阔，存在一定的市场分割，户籍制度也限制了劳动市场一体化。这些因素制约了地区间非贸易品（只能在本地生产和消费的商品，如住房和劳务）价格的趋同，地区间价格水平差异明显。勃兰特和霍尔兹（Brandt and Holz，2005）构建了 1984～2004 年各省的物价水平调整指数⑤。我们根据 Brandt-Holz 指数对各地区的相关名义变量进行平减⑥。

财力缺口定义为，地区理论财政支出与同等税收努力程度下理论财政收

---

① 2001 年以后为财政部国库司和预算司合编。

② 第一种情况：名称变更或者行政隶属关系变化，但县级单位行政辖区无实质变化。我们把这样的县级单位视为同一地区。第二种情况：名称无变化，但县级单位行政辖区发生实质改变。我们将这种情形视为不同地区，原编码中止、设立新编码。第三种情况：名称变化，县级单位行政辖区也发生实质改变。我们也将原编码中止、设立新的编码。

③ 由于个别数据缺失，各年的样本量稍有不同。我们对平衡面板数据进行了分析，结果是相同的。

④ 如崔（Tsui，2005）。

⑤ 20 世纪 90 年代初期，国家统计局公布了各省一些常用商品的价格数据，在随后各年也公布了各省的消费物价指数（CPI）。据此，勃兰特和霍尔兹（Brandt and Holz，2005）分三步构建了各省基本商品篮子的价格序列：第一步，定义基本商品篮子及其在基年（1990）的购买量；第二步，对每个省计算 1990 年基本商品篮子的价格，得到每个省基年的价格水平；第三步，根据各省消费者价格指数推出以后年份基本商品篮子的价格序列。他们计算了各年各省农村价格序列和城镇价格序列，并按照农村—城镇人口加权平均的方式构造了各省农村—城镇综合商品篮子，由此得到各省的综合价格序列。

⑥ 勃兰特和霍尔兹（Brandt and Holz，2005）没有报告 2005 年的平减指数。我们按照其方法，根据 2005 年的各地区 CPI 外推得到 2005 年的平减指数。

入之间的差距，即理论财政支出减去理论财政收入[1]。财力缺口为正，说明该地区在发挥了平均的征税努力、调整了地方公共服务成本之后，自身财力仍然不足以提供平均的公共服务水平，这就需要发挥转移支付的均等性予以弥补。为了估计财力缺口，我们必须先估计各地区的理论财政收入和支出[2]。

估计理论财政收入的传统方法是代表性税收收入系统（RTS），它分别运用标准税率和税基估计地方的各项税收收入，然后加总得到地方的理论财政收入（Martinez-Vazquez，Boex，2001）。这也是一些国家财政均等化转移支付实践中运用的方法（如加拿大）。然而这会面临因此道德风险造成的内生性问题。地方政府可以通过自己的行为影响税基和税率，从而影响自己所得到的转移支付。如地方政府可以通过提高税率、降低税基从而得到更多的上级转移支付（Diego，2005）。为了避免内生性问题，巴罗（Barro，2002）提出了以人均 GDP 及其结构这两个客观因素为基础估计理论财政收入。出于内生性的考虑，也由于县级数据的限制，本文主要采用这种方法[3]。具体的，我们考虑经济和区位因素，建立如下理论财政收入预测模型：

$$R = \alpha + X\beta + \varepsilon \tag{1}$$

式（1）中 R 为县级地区实际人均本级财政收入；向量 X 包括人均 GDP，第一、第二产业占 GDP 的比重[4]以及省虚拟变量[5]。人均 GDP 代表经济发展水平，它是地区本级财政收入的基础。考虑到中国区域产业分布差异较大，

---

[1] 欧当（Audun，1999）也按照这一定义分析了财力缺口。

[2] 为了消除人口因素的影响，理论财政收入和支出都采用人均的形式。我们用各地总人口，而不是财政供养人口进行平均，理由在于它更能够反映出地方政府为包括农村居民在内的所有居民提供公共服务的能力。总人口采用户籍人口而不是常住人口的定义，参见尹恒（Yin，2008）。

[3] 一些学者还提出了其他估计理论财政收入的方法。马升金和雷伟林（Mushkin and Rivlin，1962）应用收入流和可征税基估算理论财力；达尔北和威尔逊（Dahlby and Wilson，1994）用经过税基对税率变化的敏感度调整后的税基来衡量理论财力；巴尔（Bahl，1971）运用预期财政收入估算理论财力；中国学者乔宝云、范剑勇和彭骥鸣（2006）及张伦伦（2006）在估算各省理论财力时，采用了巴尔的方法。本文采用的方法与巴尔的方法基本思路是一致的。

[4] 由于 2000 年没有第一、第二和第三产业增加值的数据，我们以农业总产值占工农业生产总值的比重代表产业结构。

[5] 将新疆维吾尔自治区作为基准组，其他 30 个省和直辖市各设一个虚拟变量。

我们引入第一、第二产业比重，以反映产业结构对财政收入的影响。各省之间不可观测的因素也对政府的潜在收入能力产生影响，因此，我们引入了省虚拟变量，它反映地理区位，也代表了政策、制度等不可观测因素的差异。

理论财政支出的估计更为复杂，一般有回归法和需求定额法两种思路。回归法用各种因素对财政支出进行回归，用回归方程估计理论财政支出。需求定额法先确定一组标准的公共服务产品，根据各地区公共服务的单位成本估计各项公共服务支出需求，汇总得到总的财政支出需求。需求定额法在概念上很直接，但在实际估计过程中相当复杂，需要大量信息和数据。回归法对数据的要求相对较少、容易操作，但可能产生内生性问题：实际财政支出水平受到地方偏好的影响，它可能受到某些财政收入项目（如以前年度的转移支付收入）的直接影响，如果不能将这些因素的影响分离开，理论财政支出的估计会是有偏的（Eichhorst，2007）。我们综合这两种思路，由于缺乏各地区各项公共服务单位成本的适当信息，我们无法根据定额法估计支出需求，因此，我们主要采用回归方法。但是我们区分了不同类型的财政支出方程，并用一些地方政府不能直接控制的因素作为解释变量，以避免内生性问题。

我们根据对政府财政责任的不同理解，估计了两个口径的理论财政支出。第一种口径用人口规模和结构、人口密度、地理条件等最一般的因素估计支出需求①。这一方法的基本假定是，每个居民具有标准的公共产品偏好束，在财政均等的状态下，各地区的居民享受到同等的标准公共服务水平。由于地区之间提供公共服务水平的成本不同，还需要用地理条件等一般因素调整公共服务提供成本的差距。具体的，我们估计如下模型：

$$E = \varphi + W\gamma + \mu \tag{2}$$

---

① 英国、瑞士、日本等国计算均等化转移支付时也是根据这些因素来估计财政支出需求（Petchey，2004）。

式（2）中 E 为地方本级人均实际财政支出，向量 W 包括人口密度、农业人口比例、万人医院床位数、小学生在校人数比例、中学生在校人数比例、省会城市虚拟变量和偏远地区虚拟变量。省会城市虚拟变量为 1 代表该地区隶属于省会城市、直辖市；偏远地区虚拟变量为 1 表示该县区远离大、中城市（地级市与直辖市）核心圈，即不与大、中城市直接相邻。我们认为，人口密度和区位虚拟变量能够反映公共服务提供成本的信息，而农业人口比例、万人医院床位数、小学生在校人数比例、中学生在校人数比例等指标则能够反映地区间公共服务偏好的差别。式（2）的拟合值 $\hat{E}$ 即为地区理论财政支出。

第二种口径将所有财政支出项目分为经济支出①、社会支出②、行政支出③和其他支出四大类，运用回归模型估计各项财政支出，加总得到各地区的理论财政支出。具体的，我们估计如下模型：

$$E_k = \varphi_k + W_k \gamma_k + \mu_k, k = 1,2,3,4 \qquad (3)$$

E_1、E_2、E_3、E_4 分别表示人均实际经济支出、社会支出、行政支出和其他支出。经济支出的估计中考虑的影响因素 W_1 包括人口密度、农业人口比例、人均 GDP、第一产业增加值比重、第二产业增加值比重、省会城市虚拟变量、偏远地区虚拟变量和 30 个省虚拟变量。社会支出的影响因素 W_2 包括人口密度、财政供养人口比例④、农业人口比例、万人医院床位数、小学生在校人数比例、中学生在校人数比例。行政支出的影响因素 W_3 包括财政供养人口比例、农业人口比例、省会城市虚拟变量、偏远地区虚拟变量和东、西部

① 2000 年、2001 年、2002 年包括基本建设支出、支援农村建设支出、农林水气事业费；2003 年、2004 年、2005 年包括基本建设支出、农业支出、林业支出、水利和气象支出及科学支出。

② 2000 年、2001 年、2002 年包括教育事业费和社会保障支出；2003 年、2004 年、2005 年包括教育事业费、社会保障支出和医疗卫生支出。

③ 包括行政管理费和公检法支出。

④ 即财政供养人口占总人口的比例。财政供养人口是指由财政负担的机关、企事业单位在职及离退休人员。

地区虚拟变①。其他支出的影响因素 W_4 包括人口密度、财政供养人口比例、农业人口比例、万人医院床位数、小学生在校人数比例、中学生在校人数比例、省会城市虚拟变量、偏远地区虚拟变量和东、西部地区虚拟变量。理论财政支出为拟合得到的各项财政支出之和：$\hat{E} = \hat{E}_1 + \hat{E}_2 + \hat{E}_3 + \hat{E}_4$。

以上两个口径估计的理论财政支出的关键区别在于对既有财政支出差距的处理。第一种口径依据公平性这一公共财政的基本原则，基本思路是在控制了公共服务的提供成本和偏好差别之后，各地居民应该享受基本相同的公共服务水平。在估计第一种口径理论财政支出时，没有考虑地区财政供养人口比例的差别，表明财政应该对辖区内所有人口一视同仁。第一种口径也没有使用人均 GDP 以及与财政收入密切相关的经济指标，因此，如果地方政府支出完全取决于其收入能力，富裕地区公共支出水平将大大高于贫困地区，导致地区间公共服务水平的巨大差距，这与公共服务均等化的原则背道而驰。这也有利于控制估计模型中的内生性问题。第一种口径也没有引入省虚拟变量和东、中、西部地区虚拟变量②，表明在控制了经济区位和地理位置等影响公共服务成本的因素后，省际和东、中、西部地区之间理论公共支出水平不应存在差别。而第二种口径的理论财政支出估计则恰恰相反，既考虑了财政供养人口比例的不同，又纳入了经济发展水平和经济结构对经济支出的影响，还接受了地区间经济支出的既有差别。实质上，这两个口径的理论财政支出体现了对财政职能与支出责任定位的不同。第一个口径纯粹从公共财政理论角度定义财政职能，认为财政的基本职能是提供公共产品，私人物品的配置应该交给市场，这样，地区的经济发展水平、地理差异等与该地方政府的基本支出责任应该没有直接的联系。而第二个口径则主要从传统的财政职能定

———————————

①② 中部地区作为基准组。东部地区包括北京、天津、河北、辽宁、上海、江苏、浙江、福建、山东、广东、海南 11 个省市；中部地区包括黑龙江、吉林、山西、安徽、江西、河南、湖北、湖南 8 个省；西部地区包括四川、重庆、贵州、云南、西藏、陕西、甘肃、青海、宁夏、新疆、广西、内蒙古 12 个省、市、自治区，根据国家西部大开发政策，把湖南的湘西地区、湖北的鄂西地区和吉林的延边地区也划为西部地区。

位出发，强调地方政府的现实财政责任。由于基于历史数据分别对经济支出、社会支出、行政支出和其他支出进行回归，政府现实的支出偏好便得到认可。例如，视经济建设为财政的一项基本职能，经济发达地区的政府为了维持简单再生产和扩大再生产，经济建设支出的责任就相对较高，以此为标准确定的理论财政支出也相应更大。又如财政供养人口越大，财政的现实责任也越大。这样，我们可以把根据第一种口径估计的理论财政支出得到的财力缺口，称为公共财政下的财力缺口，它体现了在公共财政目标模式下上级转移支付应承担的财力均等化责任；把根据第二种口径理论财政支出的财力缺口称为现行制度下的财力缺口，它在一定程度上考虑的是各地区在现行制度下应该承担的财政责任。

由于关注的重点不是检验理论假说，而是估计理论财政收入和支出，我们主要用 OLS 估计方法。表 1 是财力缺口的统计描述。可以看到绝大多数样本县都存在正的财力缺口。2000～2005 年两种口径下的财力缺口都在迅速扩大，但地区间财力缺口的差距存在不断缩小的趋势①。除 2005 年外，其余各年的现行制度下财力缺口的不均等程度都比公共财政下的财力缺口高。

表 1 财力缺口的一般描述

年份	均值	公共财政下的财力缺口				现行制度下的财力缺口			
		标准差	基尼系数	I_2	缺口率	标准差	基尼系数	I_2	缺口率
2000	15.129	13.369	0.463	0.390	0.922	14.821	0.494	0.477	0.918
2001	21.227	16.368	0.400	0.297	0.841	19.190	0.457	0.406	0.835
2002	27.922	22.650	0.396	0.329	0.905	24.006	0.406	0.364	0.912
2003	32.023	26.942	0.396	0.354	0.953	27.685	0.408	0.371	0.962
2004	40.349	29.660	0.363	0.270	0.934	30.027	0.370	0.278	0.935
2005	48.952	42.246	0.445	0.372	0.900	32.800	0.329	0.226	0.940

注：（1）人均财力单位为 Brandt-Holz 定义的单位商品（基本商品篮子），下同。（2）I_2 为参数为 2 的通熵指数，它是变异系数的平方的 1/2。由于存在一些负值，我们没有泰尔指数（I_0 和 I_1），下同。（3）缺口率为缺口为正的样本所占的比重。（4）根据估计方法，两种口径的估计财力缺口均值是相同的。

---

① 2005 年公共财政下的财力缺口是一个例外。

东部、中部和西部地区的划分在中国具有特别重要的政策含义，例如，西部大开发就是对西部地区的政策倾斜。如表2所示，各类地区两种口径的财力缺口都呈上升趋势。从均值看，东部地区财力缺口的均值最低，西部地区最高。东、中、西部地区现行制度下的财力缺口均值之比维持在1:1.2～1.4:2.2～2.6，公共财政下的财力缺口这一比例为1:1.7～1.9:2.2～2.5。可见中部地区在公共财政下的财力缺口相对较大。就财力缺口的分布而言，如果它与东、中、西部无关，即它在空间上是均匀分布的，则各类地区处于高缺口层的可能性都应该为40%。然而，两种口径下东部地区处于高缺口层的比重都在30%以下，并远远低于西部地区。从现行制度下的财力缺口的比较来看，2005年东部地区低于西部地区达48.1个百分点，财政能力差的地区主要集中在西部。在这期间，东部地区低于高缺口层的概率不断下降，而西部地区进一步呈上升趋势。值得注意的是，现行制度下的财力缺口的估计结果显示，西部区县处于高缺口层的概率比中部高近30多个百分点，而根据公共财政下的财力缺口，这一差别下降了近20个百分点。这说明从公共财政角度看中部地区的财政困难问题也值得关注。

表2　　　　　　　　东、中、西部地区财力缺口的比较

年份	公共财政下的财力缺口						现行制度下的财力缺口					
	缺口均值			高缺口比重			缺口均值			高缺口比重		
	东部	中部	西部	东部	中部	西部	东部	中部	西部	东部	中部	西部
2000	8.581	14.560	19.279	0.285	0.364	0.498	9.727	11.883	21.397	0.299	0.262	0.590
2001	12.464	20.184	27.795	0.204	0.373	0.553	11.981	17.177	31.614	0.221	0.271	0.650
2002	15.564	27.097	35.943	0.203	0.364	0.552	17.893	23.145	39.301	0.237	0.269	0.632
2003	17.499	31.790	40.425	0.243	0.355	0.533	20.525	27.137	43.689	0.278	0.276	0.591
2004	25.499	40.234	49.013	0.212	0.366	0.541	25.234	33.791	55.389	0.196	0.278	0.637
2005	25.157	48.456	63.169	0.192	0.361	0.559	29.769	41.816	66.705	0.180	0.266	0.661

注：高缺口比重为该类县区中处于全国财力缺口高的第60～100分位的比重。

三、财力缺口与转移支付

上级转移支付①是否考虑了地方财力缺口？换言之，转移支付是否具有均等性，是否财力缺口越大的地方得到的转移支付也越多？先看看转移支付与财力缺口的简单相关关系。如表 3 所示，总体来看，现行制度下的财力缺口与转移支付的相关系数高于公共财政下财力缺口与转移支付的相关系数，表明上级转移支付可能更多地关注地方政府的现实财政困难。比较不同的转移支付项目，两种口径的财力缺口与转移支付的相关系数都显示，因素法转移支付和专项转移支付的系数为正且相对较大，而税收返还与财力缺口负相关，表明一般而言财力缺口越大的地区得到的税收返还越少。从变化趋势看，2004 年和 2005 年有比较明显的变化，现行制度下的财力缺口与转移支付的相关系数明显下降，而从公共财政角度考察，转移支付与财力缺口的相关性在这期间明显上升。

下面利用集中指数来分析转移支付的均等性。集中指数建立在集中曲线基础上。设 $L_{TX}(p)$，$0 \leqslant p \leqslant 1$ 为 T 对 X 的集中曲线，横轴以 X 排序，纵轴按 T 排序，它表示在 X 分布底部的样本所占 T 的份额。例如，若 X 为人均财力、T 为人均转移支付，则 $L_{TX}(p)$ 为财政能力低于（包括等于）$100p\%$ 的地区所得到的转移支付占全部转移支付的比重。类似于基尼系数，X 的集中指数定义为 $C_{TX} \equiv 1 - 2\int_0^1 L_{TX}(p)\,\mathrm{d}p$，即完全平等线与 T 对 X 的集中曲线所围成的区域的面积的两倍。如果 $T > 0$，集中指数在 -1 到 1 之间。一般地，集中指数越大，表示 X 越高的地区 T 越大。因此，转移支付对财力缺口的集中指数为正，表示财力缺口越大的地区得到的转移支付越多，转移支付具有均等性；集中指数越大，均等性越强，反之亦然。

---

① 各年转移支付的定义及分类见附录。

表3

转移支付对财力缺口的相关系数

转移支付项目	公共财政下的财力缺口						现行制度下的财力缺口					
	00	01	02	03	04	05	00	01	02	03	04	05
总转移支付	0.50	0.49	0.47	0.44	0.28	0.48	0.75	0.77	0.76	0.72	0.77	0.55
税收返还	-0.12	-0.12	-0.19	-0.34	-0.23	0.13	-0.06	-0.10	-0.09	-0.23	-0.09	0.07
消费和增值	-0.12	-0.12	-0.15	-0.28	-0.14	0.09	-0.06	-0.10	-0.07	-0.19	-0.05	0.04
所得税返还			-0.21	-0.37	-0.22	0.15			-0.12	-0.26	-0.02	0.10
出口退税					-0.34						-0.29	
专项转移支付	0.45	0.37	0.43	0.37	0.20	0.45	0.61	0.55	0.64	0.59	0.68	0.54
专项补助	0.49	0.45	0.48	0.44	0.27	0.47	0.64	0.62	0.67	0.64	0.69	0.54
国债补助	0.12	0.11	0.14	0.19	0.03	0.27	0.22	0.23	0.30	0.36	0.49	0.36
净体制补助	0.37	0.36	0.36	0.47	0.29	0.14	0.62	0.65	0.56	0.62	0.55	0.20
各项结算补助	0.32	0.35	0.29	0.23	0.20	0.21	0.35	0.35	0.31	0.29	0.32	0.21
因素法转移	0.48	0.49	0.47	0.49	0.36	0.45	0.73	0.80	0.78	0.78	0.79	0.52
一般性转移支付	0.39	0.24	0.29	0.37	0.34	0.38	0.60	0.51	0.55	0.61	0.61	0.40
增加工资	0.46	0.54	0.52	0.50	0.36	0.50	0.70	0.81	0.78	0.77	0.80	0.55
民族地区		0.23	0.19	0.10	0.01	0.27		0.37	0.34	0.28	0.29	0.39
税费改革			0.15	0.30	0.17	0.18			0.33	0.49	0.50	0.30
取消农业税补助					0.05	0.00					0.17	0.08
边远地区		0.42						0.64				
缓解困难						0.07						0.19

注：根据各项转移支付的分配方案，我们对其进行了归类。所有转移支付包括税收返还、专项转移支付、净体制补助（原体制补助—原体制上解）、各项结算补助和因素法转移支付。税收返还又分为消费和增值（消费税和增值税收返还）、所得税返还（所得税返还，从2002年开始）和出口退税（出口退税基数返还，2004年）三项。专项转移支付又分为专项补助和国债补助（增发国债补助）两项。因素法转移支付包括一般性转移（一般性转移支付）、增加工资（增加工资性转移支付）、民族地区（民族地区转移支付，从2001年开始）、税费改革（农村税费改革转移支付，从2002年开始）、取消农业税（取消农业特产税降低农业税率补助，从2004年开始）、边远地区（艰苦边远地区津贴补助，2001年）和缓解困难（缓解县乡财政困难补助，缓解县乡财政困难，从2005年开始）。下同。

表 4 分别计算了转移支付对两种口径下财力缺口的集中指数。的确，转移支付对现行制度下财力缺口的集中指数明显高于从公共财政角度计算的数值，进一步表明上级转移支付可能更多地关注地方政府的现实财政困难。两种口径下的集中指数也都显示，专项转移支付、因素法转移支付和各项结算补助具有一定程度的均等性，而各年转移支付对税收返还的集中指数为负，财力缺口越大的地区得到税收返还反而越少。各年集中指数的趋势显示，现行制度下的集中指数呈现明显的逐年下降趋势；而从公共财政角度来看，转移支付的均等性先是下降，但在 2003 年后其均等性开始有所改善。

下面利用多元回归的方法讨论转移支付的均等性，即控制了一些影响政府间转移支付的因素后，地方政府的财力缺口对其得到的转移支付是否存在显著影响、影响程度如何。具体的，我们考虑如下模型：

$$T = \rho + \theta G + X\omega + \varepsilon \tag{4}$$

T 表示各类转移支付，G 为财政缺口，控制向量 X 包括县区人均 GDP、农业人口比例、万人医院床位数、小学生在校人数比例、中学生在校人数比例、省会城市虚拟变量、偏远地区虚拟变量、贫困地区虚拟变量①、民族地区虚拟变量②和 30 个省虚拟变量。人均 GDP 反映经济发展水平，它影响着一些转移支付（如税收返还）的规模。农业人口比例、万人医院床位数、小学生在校人数比例和中学生在校人数比例反映了城市化程度及人口结构对转移支付的影响，它们是上级政府在分配专项转移支付、一般性转移支付、增加工资转移支付等项目时考虑的重要因素。王绍光（2002）研究发现，维持国家统一和稳定等政治因素对政府间转移支付有着重要影响，我们在模型中引入地区虚拟变量以控制不可观测的政治因素对转移支付的影响。我们分年对每种类型的转移支付进行上述模型的估计，表 5 和表 6 报告了每个回归模型中财力缺

---

① 国家级贫困县为 1，否则为 0。2001 年之前为国务院扶贫办发布的"87 期间国定贫困县名单"，2002 年起为"新时期 592 个国家扶贫开发工作重点县名单"。

② 民族自治区、州的县及民族自治县为 1，否则为 0。根据全国 133 个少数民族自治县名单。

表4

转移支付对财力缺口的集中指数

转移支付项目	公共财政下的财力缺口						现行制度下的财力缺口					
	00	01	02	03	04	05	00	01	02	03	04	05
总转移支付	0.30	0.28	0.27	0.25	0.19	0.24	0.38	0.39	0.34	0.33	0.32	0.28
税收返还	-0.07	-0.11	-0.11	-0.17	-0.18	0.11	-0.05	-0.06	-0.10	-0.13	-0.11	-0.03
消费和增值	-0.07	-0.11	-0.09	-0.16	-0.14	0.02	-0.05	-0.06	-0.09	-0.10	-0.06	-0.01
所得税返还			-0.16	-0.20	-0.19	-0.01			-0.13	-0.18	-0.11	-0.09
出口退税					-0.63						-0.63	
专项转移支付	0.31	0.27	0.29	0.28	0.22	0.30	0.37	0.38	0.37	0.37	0.40	0.35
专项补助	0.31	0.27	0.30	0.26	0.21	0.27	0.37	0.36	0.35	0.32	0.36	0.31
国债补助	0.27	0.27	0.24	0.39	0.29	0.46	0.40	0.46	0.48	0.58	0.64	0.62
净体制补助												
各项结算补助	0.41	0.48	0.44	0.36	0.25	0.23	0.42	0.50	0.44	0.37	0.31	0.26
因素法转移	0.32	0.28	0.26	0.26	0.20	0.21	0.39	0.39	0.33	0.35	0.32	0.25
一般性转移支付	0.39	0.22	0.30	0.30	0.24	0.26	0.48	0.38	0.41	0.41	0.36	0.29
增加工资	0.26	0.25	0.30	0.30	0.25	0.28	0.31	0.33	0.36	0.37	0.37	0.31
民族地区		0.43	0.44	0.27	0.14	0.50		0.60	0.60	0.57	0.55	0.64
税费改革			0.05	0.11	0.06	0.07			0.12	0.17	0.15	0.10
取消农业税助					0.01	-0.01					0.10	0.02
边远地区		0.56						0.71				
缓解困难						0.05						0.14

注：净体制补助存在大量负值，我们没有计算集中指数。

表 5　　　　　　现行制度下的财力缺口对转移支付的影响：β 系数

	2000 年	2001 年	2002 年	2003 年	2004 年	2005 年
总转移	0.965 ***	0.942 ***	0.877 ***	0.013 ***	0.837 ***	0.461 ***
税收返还	0.018	− 0.033	0.050	0.036	− 0.142	− 0.022
消费税和增值税返还	0.018	− 0.033	0.031	0.010	− 0.125	− 0.076
所得税基数返还			0.075 *	0.079 **	− 0.003	0.119
出口退税基数返还					− 0.351	
专项转移支付	0.717 ***	0.626 ***	0.606 ***	0.782 ***	0.706 ***	0.446 **
专项补助	0.735 ***	0.632 ***	0.651 ***	0.758 ***	0.596 ***	0.455 **
增发国债补助	0.313 *	0.336 **	0.284 **	0.570 ***	0.690 ***	0.287 **
净体制补助	0.878 ***	0.838 ***	0.660 ***	0.722 ***	0.643 ***	0.269 **
各项结算补助	0.368 ***	0.384 ***	0.284 ***	0.384 ***	0.329 ***	0.125 *
因素法转移支付	0.923 ***	1.016 ***	0.969 ***	1.061 ***	0.863 ***	0.433 ***
一般性转移支付	0.745 ***	0.802 ***	0.758 ***	0.880 ***	0.727 ***	0.382 ***
增加工资转移支付	0.919 ***	0.878 ***	0.918 ***	1.022 ***	0.825 ***	0.330 ***
民族地区转移支付		0.342 ***	0.338 ***	0.400 ***	0.272 ***	0.342 ***
农村税费改革转移支付			0.424 ***	0.610 ***	0.515 ***	0.267 **
取消特产税降低农业税率补助					0.221 ***	0.203 ***
艰苦边远地区津贴补助		0.855 ***				
缓解县乡财政困难补助						0.171 *

注：用 White 异方差稳健性标准误计算 t – 统计量。* 、** 、*** 分别代表在 10% 、5% 、1% 的水平上显著，没有标注为不显著。

口对转移支付影响的标准化系数（β 系数）。β 系数表示在控制了其他变量的条件下，财力缺口提高 1 倍的标准差，转移支付变化多少倍标准差。通过比较 β 系数，可分析财力缺口对各类转移支付的影响程度，进而讨论各项转移支付的均等性及变化趋势。

回归分析与前面相关系数和集中指数的结论基本上是一致的。从表 5、表 6 可见，两种口径的财力缺口在总转移支付及大部分转移支付方程中的系数都十分显著，转移支付体现了一定程度的均等性。其中，总转移支付、专项转移支付、净体制补助、各项结算补助和因素法转移支付的回归方程中，现行制度下的财力缺口的 β 系数明显大于公共财政口径下的财力缺口的系数。例如，前者在总转移支付方程中一般接近于 1，即现行制度下的财力缺口提高 1

倍的标准差，所得到的总转移支付也增加近 1 个标准差。而公共财政口径下总转移支付的 β 系数基本都在 0.4 以下。可见，中国在这一时期的上级转移支付更多地关注地方政府在现行制度下应该承担的财政责任，在财政支出责任的角度来看，转移支付具有一定的均等性。然而，如果以普遍接受的公共财政和财政公平观念为标准，转移支付的均等性就要大打折扣。

表 6　　　　　　公共财政下的财力缺口对转移支付的影响：β 系数

	2000 年	2001 年	2002 年	2003 年	2004 年	2005 年
总转移	0.328 ***	0.289 ***	0.202 ***	0.211 **	0.408 ***	0.519 ***
税收返还	− 0.32 ***	− 0.145 **	− 0.154	0.025	0.173	1.108
消费税和增值税返还	− 0.32 ***	− 0.145 **	− 0.096	0.012	− 0.003	0.026
所得税基数返还			− 0.233	0.042	0.392	0.255
出口退税基数返还					0.158 **	
专项转移支付	0.485 ***	0.200 ***	0.238 ***	0.243 ***	0.401 ***	0.563 ***
专项补助	0.516 ***	0.198 ***	0.219 ***	0.068	0.380 ***	0.534 ***
增发国债补助	0.152 *	0.110	0.182 **	0.363 **	0.328 ***	0.424 ***
净体制补助	− 0.063	0.095	− 0.016	− 0.006	0.081	0.089
各项结算补助	0.725 ***	0.527 ***	0.680 ***	0.578 ***	0.453 ***	0.294 ***
因素法转移支付	0.313 ***	0.223 ***	0.228 ***	0.118 **	0.290 ***	0.417 ***
一般性转移支付	0.298 ***	0.119 ***	0.113	0.069	0.273 ***	0.368 ***
增加工资转移支付	0.244 ***	0.017	0.192 **	0.078	0.234 ***	0.343 ***
民族地区转移支付		0.370 ***	0.258 ***	0.108	0.074	0.337 ***
农村税费改革转移支付			0.302 ***	0.263 **	0.090	0.202 **
取消特产税降低农业税率补助					0.211 **	0.241 ***
艰苦边远地区津贴补助		0.489 ***				
缓解县乡财政困难补助						0.043

注：用 White 异方差稳健性标准误计算 t − 统计量。* 、** 、*** 分别代表在 10%、5%、1% 的水平上显著，没有标注为不显著。

从均等现实财政责任的角度，因素法转移支付有较强的均等性。这些转移支付资金的分配基本上按照因素法，而不是传统的基数法，即在一定程度上以根据客观因素计算的各地区标准财政收支的差额作为财政转移支付的分配依据。因此，其与现行制度下的财力缺口的较高相关性就不难理解了。在各项因素法转移支付中，增加工资转移支付的均等性最强。这项转移支付是中央财政对地方调整工资给予的补助。按规定调整工资及离退休费增加的支出，沿海经济发达地区自行解决，财政困难的老工业基地和中西部地区，由中央财政根据职工人数等客观因素和各地的财政困难程度，通过公式化的办法给予适当补助。一般性转移支付也有较强的均等性。其目标明确定位于扭转地区间财力差距持续扩大的趋势，逐步实现地方政府基本公共服务能力的均等化。一般性转移支付在分配方式上使用因素法，根据各地区自然条件、人口、面积、人均国民生产总值等因素的客观差异，确定出不同的参数，依照法定公式计算各地区的标准财政收入和标准财政支出差额，确定转移支付额度。然而从公共财政角度，因素法转移支付的 β 系数维仍处于较低的水平，甚至低于专项转移支付。一般性转移支付和增加工资转移支付在 2001 年、2002 年和 2003 年的回归中不显著，几乎不存在均等化效应。这表明这类转移支付的均等化目标还远未实现。另外，值得注意的是，农村税费改革转移支付和取消特产税、降低农业税率补助的政策意图也明确定位在向财力弱的地区倾斜，然而从结果上看，其均等性程度比增加工资转移支付和一般性转移支付都要小。缓解县乡财政困难补助的政策目标虽然在于补助财力缺口大的地区，却基本上没有表现出均等化效果。

在均等化现实财政责任的角度，专项转移支付具有一定均等性。一些学者认为，专项转移支付项目分散、分配缺乏规范的标准，在上下级财政博弈中，欠发达地区往往缺乏发言权和竞争力，以至于大多数拨款都流向了富裕地区（江孝感等，1999）。我们对中部某农业县得到的专项转移支付作了详细调查，发现专项转移支付确实项目分散，内容涉及各个政府部门，几乎覆盖了所有的预算支出科目。并且，专项转移支付的分配中随意性较大，缺乏规范的法规依据和合理的分配标准。该县 2005 年专项转移支付项目达 275 个，但平均每个项目的规模只有 31.02 万元，其中，缺乏明确的分配标准的项目有 205 个，占项目数的 75.6%。但是分析结果表明，总体来看专项转移支付与财力缺口正相关，确实向财力缺口大的地区倾斜。这可能是由于财力缺口大的地区，政府各部门对专项转移支付的依赖更大，这反而提高了他们向上级争取补助的动力和压力，表现出更大的韧劲、实施更强力的公关。这表明贫困地区争取上级补助的能力可能并不低，专项转移支付的主要问题并不在于非均等，而在于分配的不规范。

结算补助主要是对下级财政在过去年度内因体制变动、企事业单位隶属关系变化及新出台的政策措施而遭受的损失进行的补偿，其出发点并不在于财力均等化。上面分析表明各项结算补助在一定程度上也呈现出与现实财力缺口的正相关。由于结算补助的分配也存在弹性，它呈现出来的均等性也可能是由于财力缺口大的地区公关力度更强的结果。体制补助和上解是从财政包干体制沿袭下来的分配方法，其本意是通过富裕地区上缴部分收入、贫困地区获得补助来实现财力均等化，但实际上各地区的上缴额和补助额多年保持不变，随着时间的流逝其合理性逐渐下降。表5和表6表明体制补助和上解虽然对现行制度下的财力缺口存在一定的均等化作用，但公共财政下的财力缺口在回归中完全不显著。税收返还类转移支付与两种口径的财力缺口都呈现负相关，β系数负值或者不显著，表明它完全缺乏均等性。税收返还的主要政策意图在于保证地方财政的既得利益，税收多的地区得到的返还也多，并没有考虑地方的财政能力与支出责任。

与相关系数和集中指数分析结果比较，回归分析也表现出相同的时间趋势。从现行制度的财力缺口看，总转移支付、专项转移支付以及各项因素法转移支付回归中的β系数在2000～2003年比较稳定，到2004～2005年则出现明显下降。例如，2004年、2005年总转移支付回归中的β系数分别比上年下降了17%和45%。而公共财政角度的结果则相反，在2000～2003年，总转移支付及专项转移支付、因素法转移支付回归中的β系数呈现逐步下降的趋势，在这三年里，β系数同上年相比分别下降了36%、50%和62%。但2004年、2005年β系数则开始稳步上升，总转移支付回归中分别比上年增加93%和27%，因素法转移支付回归中分别增加146%和44%，专项转移支付回归中分别增加65%和40%。这说明从财政均等性角度看，2003年可能是一个分水岭，转移支付开始更多地体现公共财政的理念，而不仅仅是地方政府的现实财政困难。在这期间政府提出了建立和谐社会的目标，公共支出开始更多地关注民生问题，转移支付均等性的变化趋势体现了这种政策思路的转变。

四、结　论

本文利用 2000～2005 年中国县级财政和社会经济数据，综合各地区财政收入能力和公共服务提供成本，估计了现行制度和公共财政两个口径的财力缺口，进而依据转移支付与财力缺口的关系，评估转移支付的均等性。我们发现，两种口径的县级财力缺口都在迅速扩大。财力缺口大的地区主要集中在西部，在公共财政视角下中部地区的财政困难问题也很突出。我们还发现，转移支付具有一定的均等现行制度下财力缺口的效应。从均等现实财政责任的角度，因素法转移支付、专项转移支付、结算补助等项目都在一定程度上向缺口较大的地区倾斜。但以普遍接受的公共财政和财政公平观念为标准，转移支付的均等性就要大打折扣。特别是农村税费改革转移支付、取消特产税降低农业税率补助、缓解县乡财政困难补助等因素法转移支付项目，虽然其政策意图明确定位于向财力弱的地区倾斜，依据取决于客观因素的公式进行分配，但从公共财政角度看其均等性甚至低于专项转移支付。这表明上级转移支付较多地关注地方政府在现行制度下应该承担的财政责任，而忽视了地区间基本公共服务的均等化。因素法转移支付尤其应该贯彻基本公共服务均等化的宗旨，在分配公式中应该更多地纳入如总人口而非财政供养人口或城镇人口等类型的客观因素（尹恒等，2007）。不过，一个令人欣慰的变化是，2003 年以后，从公共财政角度看转移支付的均等性有所改善，转移支付开始呈现公共服务均等化的倾向。这种转变与政府建立和谐社会的努力是一致的。

从表面上看，本文的结论与一些学者的结果大相径庭。例如，尹恒等（2007）分析 1993～2003 年县级财政数据，发现转移支付解释了近 50% 的县级财力差距，其中专项转移支付解释的基尼系数比重最大。本级财政收入高的地区得到了更多的转移支付，据此认为转移支付是非均等的。结论存在差别的主要原因在于分析角度的不同。以往的研究侧重于地区实际财政收入的分析，讨论的是转移支付均等化地区间可用财力的效应。这些研究要么直接比较转移支出前后地区间实际财政收入均等性指标的变化（曾军平，2000）；要么将转移支付作为地方的一个收入来源，分解财政总收入的不均等指标，得到转移支付对不均等的贡献份额（尹恒等，2007）。本文同时从地方的财政收入能力和支出需求两方面出发，考虑了地方从本地获取财政收入的努力程度，也考虑了因自然条件、人口结构等方面的差异而造成的公共服务提供成本的差别。也就是说，本文分析的是上级转移支付是否有助于缩小地区间在相同收入努力程度下提供大体一致的公共服务水平时所面临的财力缺口的差距。本质上，两种分析并不矛盾。例如，虽然本级财政收入高的地方得到了更多的转移支付，从传统的角度看其缺乏均等性，但如果财政收入高的地区财政支出需求更大，从而面临较大的财力缺口，从本文的角度看，这部分地区获得更多的转移支付刚好能够说明转移支付具有一定的均等性。两种分析中关于专项转移支付和结算补助等缺乏明确的分配规则、随意性较大的项目在均等性方面的结论的差异也是可以理解的。可能是由于财力缺口大的地区"跑部钱进"、争取专项补助的动力和压力更强，得到了更多的专项转移支付，从而在一定程度上体现出均等性。这表明非均等可能不是完善专项转移支付制度所要关心的首要问题，专项转移支付的改革首先要解决分配方式的随意性和不规范，尽量减少分配过程中的交易成本。

附录：转移支付的定义及分类

2000 年总转移支付定义为：税收返还（消费税和增值税税收返还）＋专项转移支付（专项补助＋增发国债补助）＋净原体制净补助（原体制补助 － 原体制上解）＋各项结算补助＋因素法转移支付（过渡期转移支付补助＋增加工资补助）＋调整收入任务增加或减少补助＋其他补助＋省补助单列市 － 专项上解 － 单列市上解省。

2001 年总转移支付定义为：税收返还（消费税和增值税税收返还）＋专项转移支付（专项补助＋增发国债补助）＋净原体制净补助（原体制补助－原体制上解）＋各项结算补助＋因素法转移支付（过渡期转移支付补助＋增加工资补助＋民族地区转移支付＋农村税费改革转移支付＋艰苦边远地区津贴补助）＋调整收入任务增加或减少补助＋其他补助＋省补助单列市－专项上解－单列市上解省。2001 年农村税费改革转移支付为中小学教师转移支付。

2002 年总转移支付定义为：税收返还（消费税和增值税税收返还＋所得税基数返还补助）＋专项转移支付（专项补助＋增发国债补助）＋净原体制净补助（原体制补助－原体制上解）＋各项结算补助＋因素法转移支付（一般性转移支付补助＋增加工资补助＋民族地区转移支付＋农村税费改革转移支付）＋调整收入任务增加或减少补助＋其他补助＋省补助单列市－专项上解－单列市上解省。从 2002 年起过渡期转移支付补助更名为一般性转移支付补助。

2003 年总转移支付定义为：税收返还（消费税和增值税税收返还＋所得税基数返还补助）＋专项转移支付（专项补助＋增发国债补助）＋净原体制净补助（原体制补助－原体制上解）＋各项结算补助＋因素法转移支付（一般性转移支付补助＋增加工资补助＋民族地区转移支付＋农村税费改革转移支付）＋调整收入任务增加或减少补助＋其他补助＋省补助单列市－专项上解－单列市上解省。

2004 年总转移支付定义为：税收返还（消费税和增值税税收返还＋所得税基数返还补助＋出口退税基数返还）＋专项转移支付（专项补助＋增发国债补助）＋净原体制净补助（原体制补助－原体制上解）＋各项结算补助＋因素法转移支付（一般性转移支付补助＋增加工资补助＋民族地区转移支付＋农村税费改革转移支付＋取消农业特产税降低农业税率转移支付补助）＋调整收入任务增加或减少补助＋其他补助＋省补助单列市－专项上解－单列市上解省。

2005 年总转移支付定义为：税收返还（消费税和增值税税收返还＋所得税基数返还补助）＋专项转移支付（专项补助＋增发国债补助）＋净原体制净补助（原体制补助－原体制上解）＋各项结算补助＋因素法转移支付（一般性转移支

付补助 + 增加工资补助 + 民族地区转移支付 + 农村税费改革转移支付 + 取消农业特产税降低农业税率转移支付补助 + 缓解县乡财政困难转移支付补助）+ 调整收入任务增加或减少补助 + 其他补助 + 省补助单列市 – 专项上解 – 出口退税专项上解 – 单列市上解省。

参考文献

［1］财政部国库司、预算司：《全国地市县财政统计资料》，中国财政经济出版社 2000～2005 年版。

［2］曹俊文、罗良清：《转移支付的财政均等化效果实证分析》，载于《统计研究》2006 年第 1 期。

［3］江孝感、魏峰、蒋尚华：《我国财政转移支付的适度规模控制》，载于《管理世界》1999 年第 3 期。

［4］刘溶沧、焦国华：《地区间财政能力差异与转移支付制度创新》，载于《财贸经济》2002 年第 6 期。

［5］乔宝云、范剑勇、彭骥鸣：《政府间转移支付与地方财政努力》，载于《管理世界》2006 年第 3 期。

［6］王绍光：《中国财政转移支付的政治逻辑》，载于《战略与管理》2002 年第 3 期。

［7］尹恒、康琳琳、王丽娟：《政府间转移支付的财力均等化效应》，载于《管理世界》2007 年第 1 期。

［8］曾军平：《政府间转移支付制度的财政平衡效应研究》，载于《经济研究》2000 年第 6 期。

［9］张伦伦：《我国地区间财政努力度差异研究》，载于《财经问题研究》2006 年第 5 期。

［10］Anwar Shah, "A Fiscal Need Approach to Equalization", *Canadian Public Policy*, 1996, 22（2）：99 – 115.

［11］Audun, L., Aaberge, R., A Structural Approach to Measuring Fiscal Disparities, Discussion Papers, No. 254, Statistics Norway, Research Department, 1999.

［12］Bahl Roy, A Regression Approach to Tax Effort and Tax Ratio Analysis, International Monetary Fund Staff Papers, 18, 1971.

［13］Barro, S. M., Macroeconomic Versus RTS Measures of Fiscal Capacity：Theoretical Foundations and Implication for Canada, Working Paper, Institute of Intergovernmental Relations, Queen's University, Kingston, 2002.

［14］Boadway Robin, "The Theory and Practice of Equalization", *CESifo Economic*

Studies, 2004, 50: 211 – 254.

[15] Boadway Robin, How Well Is the Equalization System Reducing Fiscal Dispari-
ties?, Working Paper, Queen's University, Kingston, Ontario, 2004.

[16] Brandt L. , Carsten A. H. , Spatial Price Differences in China: Estimates and
Implications, Department of Economics, University of Toronto, Unpublished Paper, No-
vember, 2005.

[17] Buchanan, J. , "Federalism and Fiscal Equity", *American Economic Review*,
1950, 40: 583 – 599.

[18] Buchanan, J. , "Central Grants and Resource Allocation", *Journal of Political
Economy*, 1952, 60: 208 – 217.

[19] Dahlby B. , Wilson L. S. , "Fiscal Capacity, Tax Effort, and Optimal Equali-
zation Grants", *The Canadian Journal of Economics*, 1994, 27 (3): 657 – 672.

[20] Diego, M. , "On the States' Behaviour with Equalization Grants", Serie Eco-
nomia E2005/03, 2005, Dedumento de Trabajo.

[21] Eichhorst, A. , "Evaluating the Need Assessment in Fiscal Equalization
Schemes at the Local Government Level", *The Journal of Socio-Economics*, 2007, 36:
745 – 770.

[22] Flatters, F. , V. Henderson, P. Mieszkowski, "Public Goods, Efficiency,
and Regional Fiscal Equalisation", *Journal of Public Economics*, 1974, 3: 99 – 112.

[23] Le Grand, J. , "Fiscal Equity and Cental Government Grants to Local Authori-
ties", *Economic Journal*, 1975, 87: 531 – 547.

[24] Martinez-Vazquez, J. , Boex, J. , The Design of Equalization Grants: Theory
and Applications, Part One, Georgia State University, World Bank Institute,
Atlanta, 2001.

[25] McMillan, Melville, Rethinking Fiscal Equalization for Local Governments,
The Australian National University, Centre for Research on Federal Financial Relations,
Australia, 1981.

[26] Musgrave, R. A. The Theory of Public Finance, McGraw-Hill, New
York, 1959.

[27] Oates, W. E. Fiscal Federalism, Harcourt Brace Jovanovich, New
York, 1972,

[28] Petchey, J. , Fiscal Capacity Equalization and Economic Efficiency, Working
Paper, Andrew Young School of Policy Studies, Georgia State University, 2004.

[29] Searle, B. , Revenue Sharing, Natural Resources and Fiscal Equalization,
Working Paper, Andrew Young School of Policy Studies, Georgia State University. , 2004.

[30] Selma Mushkin, Alice Rivlin, Measures of State and Local Fiscal Capacity and

Tax Effort, U. S. Advisory Commission on Intergovernmental Relations, America. 1962.

［31］ Smart, M. , Some notes on Equalization reform, Working Paper, Department of Economics, University of Toronto. 2005.

［32］ Tiebout, C. M. , "A Pure Theory of Local Expenditures", *Journal of Political Economy*, 1956, 64: 416 – 424.

［33］ Tsui, K. , "Local Tax System, Intergovernmental Transfers and China's Local Fiscal Disparities", *Journal of Comparative Economics*, 2005, 33: 173 – 196.

［34］ Yin Heng, "Fiscal Disparities and the Equalization Effects of Fiscal Transfers at the County Level in China", *Annals of Economics and Finance*, 2008, 9 (1): 87 – 121.

第一篇 地方财政

中国县级地区财力缺口与转移支付的均等性

中国县级政府间财力差距：1993～2003年[*]

地区间的财力差距是中国经济发展不平衡的一个重要表现，也是导致不同地区在行政能力和公共服务水平方面巨大差异的原因之一。财力较差的地区政府提供的基础设施、教育、卫生和社会保障等基本公共服务严重不足，加剧了中国地区间居民经济福利的不平等。有关中国地区间的财力差异的研究不少（曾军平，2000；刘溶沧和焦国华，2002；刘亮，2006等），但大都是从省级政府角度，使用省级财政数据进行的。然而在中国主要由县级（市、区）政府[①]向广大民众提供基础教育、卫生和社会保障等基本公共服务。因此，研究县级政府财力差异，十分必要。近年来，在建立和谐社会的大背景下，中国政府开始认识到把公共财政扩展到农村、让农村居民同城镇居民平等地享受公共财政服务的重要性。让公共财政的阳光照耀农村的关键也是县级政府，它们直接面对广大农村居民，它们的财力状况直接决定了提供给当地居民的公共服务水平。因此，本文利用1993～2003年中国县级地区财政数据，对中国县级政府间财力差距进行系统分析，希望能够为进一步的研究抛砖引玉。

---

　* 本文原载于《统计研究》2007年第1期。作者：尹恒、王丽娟、康琳琳。本文获北京市优秀人才培养项目"财政分权与收入不平等：经验关系及作用机制研究"（20061D0503100309）；全国统计科研重点项目"县级财力差异及相关问题研究"（LX：2006A37）；加拿大IDRC/CIGI中国青年学者贫困研究网络项目"The Inequality of Fiscal Capacity at County level in China"资助。作者感谢李实教授和James Davies教授的讨论和宝贵意见，感谢冯振宇和朱虹在数据整理方面所做的细致工作。

　① 本文讨论的县级地区指县、县级市、省会城市的区和地级市的区，也包括直辖市、计划单列市的区。

一、数据描述

本文讨论县级政府的实际财力，即本级财政收入与上级政府的净转移支付之和①，采用人均形式。实践中一般用财政供养人口作分母，它体现了地方财政必须面对的刚性责任。然而，我们认为地方政府不仅应该承担起这种基本的支出任务，更应该为包括农村居民在内的所有居民提供公共服务，因此，本文选用了辖区内的总人口作为计算人均财力的分母②。县级财政数据来源于财政部预算司编写的 1993~2003 各年《全国地市县财政统计资料》③。我们逐一查找、分析了 1993~2003 年的行政区划变更，将它们分为三种情况进行处理④，清理了该数据库中总人口的一些明显错误。同时，为了将误差和不可比因素控制在最低限度内，删除了每年人均财力最高和最低的县级地区各 1% 样本，两端各除掉约 20 个观测值⑤。

为了加强财力数据的可比性，还需要调整不同时间和不同地区的物价水

---

① 各地得到的净转移支付＝税收返还补助＋原体制补助＋专项补助＋过渡期转移支付＋民族地区转移支付＋中小学教师转移支付＋增发国债补助＋增加工资补助＋艰苦边远地区津贴补助＋各项结算补助＋调整财力任务增加或减少补助＋其他补助＋省补助单列市－原体制上解－专项上解－单列市上解省。

② 我们选择各地区的户籍人口而不是常住人口作为计算人均财力的分母。由于人口的流动，户籍人口与常住人口存在差异。原则上，我们可以利用 1995 年全国 1% 人口抽样调查、2000 年人口普查和各年度人口抽样调查关于流动人口的数据将户籍人口调整为常住人口。然而由于国内流动人口的概念界定模糊，流动人口在时间和空间上的统计口径各部门不统一且不断变化，我国关于流动人口的统计相当混乱，各部门和各年度数据缺乏可比性，准确度较低。更为重要的是，我们认为在分析地区人均财政能力时户籍人口比常住人口更恰当，流动人口并不是地方政府在提供地方公共品时需要认真考虑的主要对象。由于流入地的收入不稳定、也不足以支持其全家在流入地定居，大多数流动者仍打算回到原居住地，他们在心理上仍然更依赖于户籍所在地提供教育、卫生和社会保障等基本的公共服务。

③ 2001 年以后为财政部国库司和预算司合编。

④ 第一种情况：名称变更或者行政隶属关系变化，但县级单位行政辖区无实质变化，我们视其为同一地区，在 1993~2003 年这样的情形共有 391 起；第二种情况：名称无变化，但县级单位行政辖区发生实质改变，我们将这种情形视为不同地区，在 1993~2003 年共有 74 起；第三种情况：名称变化，县级单位行政辖区也发生实质改变，我们也视为不同地区，在 1993~2003 年这样的情形共有 323 起。

⑤ 当然，这样处理会使财力不均等测度下降，例如基尼系数平均下降了 17.6%。

平差异。我们首先利用各年的 GDP 平减指数把名义财力调整为实际财力①。然而简单地用 GDP 平减忽视了地区间价格水平和生活成本差别。由于运输成本、贸易障碍，不同地区的消费者对同一种商品支付的价格也可能不同，一些地区的价格可能系统地高于其他地区。中国幅员辽阔，存在一定的市场分割，户口制度也限制了劳动市场一体化，这些因素进一步制约了地区间非贸易品（只能在本地生产和消费的商品，如住房和劳务）价格的收敛，地区间价格水平的差异尤其明显。比较收入（即便进行了 GDP 物价平滑）有可能夸大地区间实际财力的差异。博兰和卡尔顿（Brandt and Carsten，2006）构建了1984~2003 年各省农村、城市及农村—城市合并的地区间物价水平调整指数，为中国地区间物价平减奠定了基础②。我们根据 Brandt-Carsten 指数对人均财力进行平减。具体地，运用 Brandt-Carsten 指数的城乡合并指数对所有县级地区样本平减；运用城市指数对城区样本平减；运用农村指数对县样本平减③。本文的分析主要针对这三套数据展开。

表 1 是所用数据集的描述性统计，可以看出不同的物价平减方法确实存在系统的差别，考虑了地区间价格和生活成本差别后，财力差异确实有所下降。表 1 给我们的直观印象是中国县级财力差异巨大，例如，2003 年，财力最强地区的人均财力达到最弱地区的 37.4 倍，即使考虑了地区间物价水平的差异，这一差距也还有 34.62。以不同地区政府的公共品供给能力应该基本相

① 以 1993 年价格为 1，价格指数来源于各年《中国统计年鉴》。

② 20 世纪 90 年代初期，国家统计局公布了各省一些常用商品的价格数据，在随后各年也公布了各省的消费物价指数（CPI）。据此，它们分三步构建了各省基本商品篮子的价格序列：第一步，定义基本商品篮子及其在基年（1990 年）的购买量；第二步，对每个省计算1990 年基本商品篮子的价格，得到每个省基年的价格水平；第三步，根据各省消费者价格指数推出以后年份基本商品篮子的价格序列。它们计算了各年各省农村价格序列和城镇价格序列，并按照农村—城镇人口加权平均的方式构造了各省农村—城镇综合商品篮子，由此得到各省的综合价格序列。

③ Brandt-Carsten 指数没有报告 2003 年农村平减指数。为了得到 2003 年农村平减指数，我们用 2002 年以调整后的农村 CPI 计算而得的平减指数除以 2002 年以官方农村 CPI 计算而得的平减指数，得出一个调整系数，再用该系数乘以 2003 年以官方农村 CPI 计算而得的平减指数，估算出 2003 年的农村平减指数。

同这一普遍接受的标准衡量，中国地区间的财力差异是十分惊人的。表 1 的另一个印象是在 1993～2003 年财力差异呈现扩大趋势，最大财力与最小财力的差距增加了 126.2%。这种变化来自于富裕地区的财力增速更快，如在 1993～2003 年财力最大值增加了 2.95 倍，而最小值只提高了 55.6%。

表 1　　　　　　　　　　　　县级财力的描述性统计

年份	样本数	GDP 物价平减（单位：元）				分省物价平减（单位：标准商品）			
		均值	最大/最小	极差系数	标准差	均值	最大/最小	极差系数	标准差
1993	2392	177.76	16.43	4.49	113.92	18.44	14.97	4.35	11.40
1994	2430	181.47	16.43	4.40	117.81	17.14	16.60	4.71	10.73
1995	2443	196.05	20.46	5.78	134.85	17.26	16.33	5.01	11.10
1996	2435	213.24	21.76	6.43	149.91	19.02	18.52	5.86	12.41
1997	2440	217.70	20.37	5.96	155.91	20.47	19.21	5.67	13.77
1998	2461	228.85	22.33	6.34	173.38	23.28	20.50	6.08	16.11
1999	2737	240.65	27.53	7.47	196.88	26.46	29.08	8.15	20.05
2000	2782	252.91	31.87	7.40	214.97	29.94	29.57	7.58	23.21
2001	2799	298.68	32.79	7.72	263.71	36.79	23.32	5.96	26.95
2002	2801	332.36	33.32	7.94	299.07	45.77	32.59	8.36	38.05
2003	2768	355.40	37.42	9.20	338.39	52.72	34.62	8.86	46.09

注：分省物价平减使用的是 Brandt-Carsten 的城乡合并指数。

我们考虑了不同特征县区[①]的财力差异，表 2 列示了方差分析结果。总方差的 18.58% 是时间差异，12.05% 的方差来自于省份差异。城乡、产业和东、中、西部地区差异分别占总方差的 0.25%、0.18% 和 0.29%。从 F 检验值看，这些差异在统计上都是显著的。

_____

① 包括：农村和城区，标准是辖区内农村人口超过 50% 为农村地区；农业为主体的地区和非农产业为主体的地区，标准是该地区农业增加值占 GDP 比重超过 50% 为以农业为主体的地区；东部、中部和西部地区，东部地区包括北京、天津、河北、辽宁、上海、江苏、浙江、福建、山东、广东、海南 11 个省市；中部地区包括黑龙江、吉林、山西、安徽、江西、河南、湖北、湖南 8 个省；西部地区包括四川、重庆、贵州、云南、西藏、陕西、甘肃、青海、宁夏、新疆、广西、内蒙古 12 个省、市、自治区，根据国家西部大开发政策，把湖南的湘西地区、湖北的鄂西地区和吉林的延边地区也划为西部地区。

表 2				人均财力的方差分析				
方差来源	自由度	平方和（万）	F - 值	方差来源	自由度	平方和（万）	F - 值	占总方差（%）
模型	43	747. 90	368. 4	地区	2	60. 47	64. 0	0. 29
误差	28444	1342. 87		省份	29	251. 84	183. 9	12. 05
合计	28487	2090. 77		城乡	1	5. 21	110. 3	0. 25
				产业	1	3. 74	79. 3	0. 18
				时间	10	388. 46	822. 8	18. 58

二、分析方法

为了获得比描述性统计更丰富的信息，我们借鉴居民收入分配不平等领域发展起来的不平等指标及其分解方法（Fields and Ok，1999；Cowell，1995，2000），考察县级财力的不均等。

1. 地区子集分解

地区子集分解方法将总体的不平等分解为各地区内部的不平等和地区间的不平等，假定全国分为 J 组地区：

$$I = \sum_{j=1}^{J} \omega_j I^{(j)} + I(\Pi) \tag{1}$$

I 为总体的不平等指数，$I^{(j)}$ 为第 j 部分的不平等指数，$\sum_{j=1}^{J} \omega_j I^{(j)}$ 表示地区内的不平等，$I(\Pi)$ 代表地区间的不平等，即假定每个组内各元素的收入都相等，且等于该组均值时的不平等。应用广泛的一类不平等指标是通熵系数类（the generalized entropy class）：

$$GE(\alpha) = \frac{1}{\alpha^2 - \alpha}\Big[\frac{1}{n} \sum_{i=1}^{n} \Big(\frac{y_i}{\mu} \Big)^{\alpha} - 1 \Big] \tag{2}$$

n 为地区数，y_i 为地区 i 的收入，设 μ 为总体的均值，α 为参数。这类不平等指标具有很好的地区子集分解性质（Cowell，1995），分解的权重和组间的不平等为：

$$\omega_j = \varpi \ (p_j, s_j) = p_j^{1-\alpha} s_j^{\alpha}, I(\Pi) = \frac{1}{\alpha^2 - \alpha}\Big[\sum_{j=1}^{J} p_j \Big(\frac{\mu_j}{\mu} \Big)^{\alpha} - 1 \Big] \tag{3}$$

μ_j 分别为第 j 组的均值，p_j 为第 j 组人口占总人口的比重，s_j 为第 j 组收入占总收入的比重。具体地，均值对数偏差（$\alpha = 0$）的分解公式为：

$$I_0 = \sum_{j=1}^{J} p_j I_0^{(j)} + \sum_{j=1}^{J} p_j \ln \frac{\mu}{\mu_j} \qquad (4)$$

泰尔指数（$\alpha = 1$）的分解公式为：

$$I_1 = \sum_{j=1}^{J} s_j I_1^{(j)} + \sum_{j=1}^{J} p_j \frac{\mu_j}{\mu} \ln \frac{\mu_j}{\mu} \qquad (5)$$

半平方变异系数（$\alpha = 2$）的分解公式为：

$$I_2 = \sum_{j=1}^{J} p_j^{-1} s_j^2 I_1^{(j)} + \frac{1}{2}\left[\sum_{j=1}^{J} p_j \left(\frac{\mu_j}{\mu} \right)^2 - 1 \right] \qquad (6)$$

2. 收入来源分解

收入来源分解是另一个应用广泛的不平等分解方法。假定每个地区的收入都来源于 k 个收入项目，费（Fei et al.，1978）发现基尼系数可以按收入来源作如下分解：

$$G = \sum_{k=1}^{K} \chi_k \overline{G}_k \qquad (7)$$

χ_k 为收入来源 k 在总收入中所占的比重，$\overline{G}_k$ 被称为拟基尼系数，与基尼系数不同，$\overline{G}_k$ 所使用的权重是人们在总收入中的排序，而不是收入来源 k 的排序。莱曼和伊茨哈克（Lerman and Yitzhaki，1985）将 $\overline{G}_k$ 进一步分解，得到一个很直观的分解公式：

$$G = \sum_{k=1}^{K} \chi_k R_k G_k \qquad (8)$$

G_k 为收入来源 k 的基尼系数，

$$R_k = \frac{COV(Y_k, F)}{COV(Y_k, F_k)} \qquad (9)$$

这里 F 为总收入的累积分布函数；F_k 为收入来源 k 的累积分布函数，莱曼和伊茨哈克称 R_k 为收入来源 k 与总收入间的"基尼相关系数"，它等于来源 k 与人们在总收入中的排序的协方差除以来源 k 与人们在来源 k 中的排序的协方差。R_k 取值在 -1 和 1 之间，若来源 k 为总收入的单调增函数（人们在

来源 k 中的排序与其在总收入中的排序完全一样），则 $R_k = 1$；若来源 k 为总收入的单调减函数，则 $R_k = -1$；若来源 k 为常数（所有人来自于 k 的收入都相等），则 $R_k = 0$。R_k 的符号取决于人们在总收中的排序与在来源 k 中排序的差距，若排序基本一致，$R_k > 0$，此时该收入来源对总体不平等的贡献为正，反之亦然。基尼系数分解清晰地区分了影响某个收入来源对总体不平等贡献的三个因素：该项收入来源的规模 (χ_k)、与总收入分布的关系 (R_k) 和自身的不平等 (G_k)。

三、实证结果

图 1 列示了各种财力不均等指数，可以看出，这些不均等指数反映出相同的趋势。分税制改革前后（1993 年和 1994 年），各种财力不均等指数基本上保持不变，这说明分税制改革对县级财力的差异基本上没有影响，考虑到分税制改革基本没有调整各地区的既得利益，这一结果是很自然的。在 20 世纪 90 年代中后期，财力不均等缓慢上升，进入 2000 年后，财力不均等上升的速度加快。2003 年，县级财力的基尼系数达到了 0.36，即使在个人收入分配

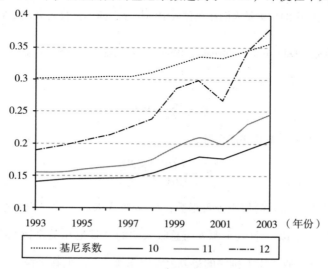

图 1　县级财力不均等指标及其变化趋势

领域这都属于不平等较高的情形。由于决定个人收入的因素可能存在巨大的差异，因而主要按生产要素分配的国民收入初次分配格局可能存在很大的不平等。而以财政为主导方式的国民收入再分配的一个重要任务就是要减轻这种不平等。由此我们有理由相信地区间的财力不均等程度应该比个人收入分配不平等低很多。而且，不同地区的居民应该从政府得到基本相同的公共服务，地区间财力应该实现基本的均等化，也已经成为现代社会普遍接受的公共财政准则。然而遗憾的是我们没有看到这样的情形。

我们考察了不同地区的子集划分标准，包括：农村县与城市区；以农业为主的县区和以非农产业为主的县区；东、中、西部县区；不同省份。表3是各种不同口径人口子集的分解结果。可以看出，三个指标（I_0、I_1 和 I_2）都反映出同样的趋势。对于农村县与城市区、以农业为主的县区和以非农产业为主的县区，组间差异极小，绝大部分财力不均平等是由组内差异解释的，其中，农村县和以农业为主的县区内部的不均等对总体不均等的贡献最大，在2003年分别为69.9%和50.2%（I_0 分解）。不过，1993~2003年城市区和以非农产业为主的县区不均等的贡献呈上升趋势，分别从12.0%上升到26.7%；32.9%上升到48.1%（I_0 分解）。从东、中、西部地区看，组间差距对不均等的贡献也很小，大部分不均等是由组内差距造成的，西部县区的不均等的贡献最大，东部县区次之，中部县区最小；东部县区的不均等的贡献呈持续上升趋势，而西部县区则相反。省份间的差异对总体不均等的影响也较小，大部分不均等是由省内因素引起的。

表3   **不平等指标的分解**   单位：%

年份		1993	1994	1995	1996	1997	1998	1999	2000	2001	2002	2003
I_0	城区	12.00	12.92	14.87	15.27	15.72	17.45	27.99	27.70	27.36	27.93	26.68
	农村	84.82	84.01	80.69	80.85	80.19	76.48	67.59	69.34	71.07	69.61	69.92
	组间	3.17	3.08	4.44	3.89	4.09	6.06	4.43	2.97	1.57	2.46	3.40
	农业	67.05	67.42	66.19	67.84	65.81	59.78	50.12	51.75	53.01	50.82	50.23
	非农业	32.89	32.33	33.11	31.88	33.62	38.42	47.42	46.74	46.33	48.19	48.06
	组间	0.05	0.25	0.70	0.29	0.58	1.79	2.47	1.50	0.66	1.00	1.72

年份		1993	1994	1995	1996	1997	1998	1999	2000	2001	2002	2003
I_0	东部	23.36	27.54	29.31	27.37	27.77	31.66	32.43	34.57	34.71	37.83	37.48
	中部	21.08	19.36	16.32	15.31	15.57	15.78	17.68	16.10	16.59	13.65	15.01
	西部	47.47	46.68	48.33	50.90	50.37	45.70	42.78	39.21	37.85	37.95	37.59
	组间	8.09	6.42	6.04	6.41	6.29	6.86	7.10	10.12	10.85	10.58	9.93
	省内	68.95	66.37	65.61	64.10	64.71	66.16	70.39	69.26	67.63	69.23	67.62
	组间	31.04	33.63	34.39	35.90	35.29	33.84	29.61	30.74	32.39	30.77	32.39
I_1	城区	14.63	15.51	18.41	18.64	19.39	22.34	32.79	30.82	29.40	31.19	31.15
	农村	82.20	81.45	77.22	77.59	76.70	71.81	63.18	66.49	69.15	66.65	65.85
	组间	3.16	3.04	4.37	3.77	3.91	5.85	4.03	2.69	1.45	2.17	2.99
	农业	67.04	66.30	64.72	67.02	64.32	56.09	44.58	48.33	50.86	47.98	46.72
	非农业	32.91	33.47	34.64	32.72	35.17	42.32	53.29	50.37	48.55	51.18	51.85
	组间	0.05	0.23	0.64	0.26	0.51	1.59	2.13	1.30	0.59	0.84	1.44
	东部	22.33	28.64	31.49	29.53	30.44	35.78	35.88	39.79	38.94	42.61	42.50
	中部	17.05	15.44	12.49	11.60	12.00	12.08	14.00	11.36	11.71	9.14	10.66
	西部	53.26	50.22	50.81	53.36	52.29	46.46	44.38	40.70	40.36	39.99	39.16
	组间	7.35	5.70	5.21	5.50	5.26	5.68	5.74	8.15	8.99	8.27	7.68
	省内	70.72	67.84	67.13	65.18	66.08	66.95	71.63	70.26	67.64	70.42	68.63
	组间	29.28	32.16	33.15	34.82	33.92	33.05	28.37	29.74	32.32	29.58	31.37
I_2	城区	17.82	18.28	22.66	22.66	23.72	28.43	38.41	34.34	31.96	35.41	36.99
	农村	79.41	79.10	73.61	74.19	73.12	66.81	58.63	63.68	66.91	63.07	60.95
	组间	2.77	2.63	3.73	3.16	3.16	4.76	2.95	1.98	1.13	1.52	2.06
	农业	67.34	65.55	63.89	66.61	63.18	52.07	37.58	44.27	48.09	44.66	42.96
	非农业	32.62	34.27	35.61	33.18	36.44	46.74	60.94	54.81	51.47	54.78	56.10
	组间	0.04	0.18	0.50	0.20	0.38	1.18	1.47	0.92	0.44	0.56	0.93
	东部	21.09	29.95	33.84	32.14	33.20	40.40	38.28	45.54	43.98	47.96	47.76
	中部	13.68	12.09	8.99	8.24	8.94	9.26	11.82	7.73	8.00	5.63	7.53
	西部	59.35	53.52	53.28	55.55	54.12	46.37	46.15	41.37	41.72	41.25	40.05
	组间	5.88	4.43	3.90	4.07	3.73	3.97	3.75	5.35	6.30	5.16	4.66
	省内	75.08	71.99	71.73	69.28	70.44	70.39	75.86	74.15	70.08	74.92	73.29
	组间	24.92	28.01	29.00	30.72	29.56	29.60	24.14	25.85	29.85	25.09	26.71

图2列示了县级地区可支配财力中各项来源对总体不均等的基尼系数分

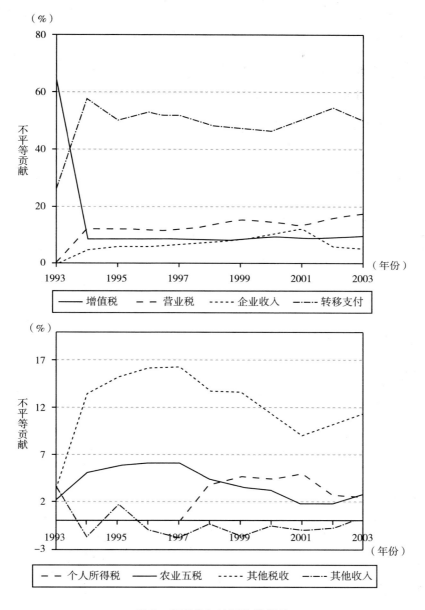

图 2　各项收入的不均等贡献

注：增值税曲线中 1993 年为工商税收。

解结果。可以看到，从 1993 年到 2003 年转移支付对财力不平等的贡献始终为正，而且一直是最大的，在 2003 年 50.2% 的财力不均等来自于转移支付。这说明转移支付不但没有起到均等县级财力的作用，反而对县级财力不均等推波助澜，拉大了财力差异。1994年分税制改革后，各项收入来源的不均等贡献比重基本上是稳定的，营业税的份额呈缓慢上升，而农业税的贡献则呈下降趋势。2003年，地方本级财政收入对总财力不均等的贡献为49.8%，其中，营业税17.5%，增值税9.7%，企业收入（包括企业所得税）5.5%，个人所得税2.6%，农业五税2.8%，其他税收11.4%，其他收入0.3%。

基尼系数分解还可以分析各项收入来源对总财力不均等的影响途径，表4将这种影响进一步分解为三个因素：转移支付的规模（χ_k）、转移支付与总财力分布的关系（R_k）和转移支付自身的基尼系数（G_k）。从表4可以看出，分税制改革后转移支付的非均等性大幅增加，它对财力基尼系数值的贡献从1993年的0.08增加到1994年的0.18，使得财政不均等性上升了32.3%。其原因是转移支付的份额和分配方式不均等性都大幅上升，χ_k和R_k分别增加了164.7%和156.7%。在分税制改革后，尽管图3中总转移支付对财力不均等影响的比重并未明显变化，转移支付对财力不均等的绝对贡献呈增加趋势。比较各项收入来源与总收入的基尼相关系数，最高的是营业税，2003年达到0.77，其次是转移支付（0.74）、个人所得税（0.72）、企业收入（0.72）、增值税（0.70）、其他税收（0.66）、农业税（0.35）和其他收入（0.04）。

表4　　　　　　　　　　　　　　　**基尼系数分解**

年份		1993	1994	1995	1996	1997	1998	1999	2000	2001	2002	2003
增值税	G_k	0.447	0.485	0.488	0.491	0.504	0.517	0.536	0.573	0.587	0.635	0.646
	R_k	0.649	0.567	0.563	0.585	0.596	0.599	0.584	0.647	0.628	0.666	0.704
	χ_k	0.676	0.097	0.092	0.089	0.089	0.086	0.085	0.088	0.081	0.077	0.076
	贡献值	0.196	0.027	0.025	0.026	0.027	0.027	0.027	0.033	0.030	0.032	0.035
营业税	G_k		0.545	0.544	0.534	0.528	0.534	0.556	0.570	0.584	0.624	0.635
	R_k		0.638	0.647	0.621	0.626	0.668	0.684	0.696	0.670	0.724	0.765
	χ_k		0.107	0.111	0.106	0.110	0.118	0.129	0.126	0.113	0.122	0.128
	贡献值		0.037	0.039	0.035	0.036	0.042	0.049	0.050	0.044	0.055	0.062

年份		1993	1994	1995	1996	1997	1998	1999	2000	2001	2002	2003
企业收入	G_k	− 9.367	0.994	0.831	0.792	0.763	0.754	0.721	0.710	0.673	0.787	0.783
	R_k	− 0.042	0.372	0.450	0.458	0.489	0.561	0.627	0.668	0.670	0.694	0.718
	χ_k	− 0.003	0.038	0.049	0.051	0.056	0.057	0.064	0.072	0.092	0.039	0.035
	贡献值	− 0.001	0.014	0.018	0.018	0.021	0.024	0.029	0.034	0.042	0.021	0.020
个人所得税	G_k						0.534	0.553	0.558	0.575	0.620	0.655
	R_k						0.540	0.587	0.575	0.589	0.656	0.722
	χ_k						0.042	0.048	0.047	0.049	0.024	0.019
	贡献值						0.012	0.015	0.015	0.017	0.010	0.009
农业五税	G_k	0.361	0.409	0.442	0.433	0.443	0.413	0.440	0.463	0.473	0.440	0.469
	R_k	0.315	0.376	0.377	0.364	0.371	0.353	0.353	0.343	0.258	0.233	0.353
	χ_k	0.057	0.102	0.106	0.117	0.113	0.093	0.076	0.069	0.050	0.061	0.061
	贡献值	0.006	0.016	0.018	0.018	0.019	0.014	0.012	0.011	0.006	0.006	0.010
其他税收	G_k	0.439	0.441	0.427	0.421	0.419	0.408	0.418	0.421	0.428	0.470	0.483
	R_k	0.486	0.611	0.599	0.590	0.584	0.582	0.597	0.589	0.562	0.627	0.664
	χ_k	0.047	0.150	0.181	0.198	0.203	0.180	0.177	0.157	0.125	0.120	0.126
	贡献值	0.010	0.041	0.046	0.049	0.050	0.043	0.044	0.039	0.030	0.035	0.041
转移支付	G_k	1.388	0.442	0.462	0.485	0.492	0.487	0.505	0.529	0.507	0.451	0.444
	R_k	0.290	0.777	0.734	0.732	0.729	0.724	0.711	0.698	0.688	0.768	0.740
	χ_k	0.197	0.506	0.449	0.452	0.442	0.428	0.428	0.422	0.485	0.547	0.545
	贡献值	0.079	0.174	0.152	0.160	0.159	0.151	0.153	0.156	0.169	0.189	0.179

注：1993 年增值税部分为工商税收小计；贡献值 $= \chi_k \cdot R_k \cdot G_k$。

四、结论性评论

我们根据 1993～2003 年县级数据，运用收入分配不平等文献中发展出来的、更为严格的分析方法，系统考察了县级地区间财力差异和转移支付的均等化效应，得到一些有意义的结果。

第一，中国县区间财力差异巨大。在考虑了地区间物价水平差异后，2003 年财力最强与最弱的县区人均财力差距也还有 34.62 倍，县级财力的基尼系数达到了 0.36。这与不同县区政府的公共品供给能力基本相同的标准相距甚远。20世纪90年代中后期，县区间财力的不均等缓慢上升，进入2000年后，财力的不均等上升明显加快。县区间如此悬殊且不断扩大的财力差异是中国地区间经济发展不平衡的结果之一，也继续制约着地区间的平衡发展。考虑到中国基本公共服务主要由地方财政、特别是县级政府提供，如此悬殊的财力差异表明不同地区居民享受的基础设施、基础教育、卫生和社会保险等方面的公共支出也会存在巨大的差距，地区间居民经济福利的差距可能比从个人收入不平等指数上反映的差异还要大得多。

第二，不同的地区子集不均等分解表明，大部分财力不均等是由组内差异解释的，地区间差距对不均等的贡献相对较小。

第三，收入来源的不均等分解表明，1993～2003年转移支付对财力不平等的贡献始终为正，而且一直是最大的，一半左右的县区政府财力不均等是由上级转移支付引起的。转移支付不但没有起到均等县级财力的作用，反而变成了导致财力差异的首要因素。转移支付对总体财力不均等的贡献值一直在上升。一方面，由于县区政府的大部分财力来自于上级财政，且这一比例呈上升趋势，在2003年达到55%；另一方面，转移支付的分配方式呈现很大的非均等性，财力强的地区反而得到更多的转移支付，财力弱的地区转移相对较少，2003年基尼相关系数达到0.74，仅次于营业税（0.77）。在地方本级财政收入项目中，对总财力不均等的贡献由大到小排序依次是：营业税、其他税收、增值税、企业收入（包括企业所得税）、农业税、个人所得税和其他收入。为了实现基本的财力均等化，财政转移支付制度的改革还任重道远。

参考文献

[1] 财政部国库司、预算司：《1993～2003年全国地市县财政统计资料》，中国财政经济出版社。

[2] 刘溶沧、焦国华：《地区间财政能力差异与转移支付制度创新》，载于《财贸经济》2002年第6期。

[3] 刘亮：《中国地区间财力差异的度量及分解》，载于《经济体制改革》2006年第2期。

［4］曾军平:《政府间转移支付制度的财政平衡效应研究》，载于《经济研究》2000 年第 6 期。

［5］Brandt. L. and A. H. Carsten, "Spatial Price Indices in China: Estimates and Implications", *Economic Development and Calture Change*, 2006, 55 (1): 43 –86.

［6］Cowell, F. A., Measurement of Inequality, In: Atkinson, A. B. and Bourguignon, F., (ed), Handbook of Income Distribution, Elsevier, Amsterdam, 2000.

［7］Cowell, F. A., *Measuring Inequality*, Harvester Wheatsheaf, Hemel Hempstead, 1995.

［8］Fei, J. C. H., Ranis, G., Kuo, S., "Growth and the Family Distribution of Income by Factor Components", *Quarterly Journal of Economics*, 1978, 92: 17 –53.

［9］Fields, G. S. and Ok, E. A, "The Measurement of Income Mobility: An Introduction to the Literature", In: Silber, J., (ed.), Handbook of Inequality Measurement, Kluwer Academic Publishers, Dordrecht, 1999.

［10］Lerman, R., Yitzhaki, S., "Income Inequality Effects by Income Source: A New Approach and Applications to the United States", *The Review of Economics and Statistics*, 1985, 67: 151 –156.

县级政府财力与支出责任：来自财政层级的视角[*]

县级政府财力与支出责任：来自财政层级的视角*

一、引　言

分权定理认为，地方政府对辖区内居民偏好的了解更加充分，因此，局部性公共物品的提供应该由地方政府负责（Musgrave，1959；Oates，1972）。从权责一致的角度看，地方政府的支出责任增加，自然需要相应的财权来匹配。然而，承载着广大居民基本公共物品供给责任的县级政府间的经济发展水平、自然禀赋存在着较大差异，这些因素决定了中央政府对财政资源的调整职责，通过均等化的转移支付平衡区域间的财力缺口（尹恒和朱虹，2009），最终使财力与支出责任匹配。这是地方政府提供有效公共物品的前提，也是中国式财政分权的必要补充。理论界就如何理顺和调整各级政府之间的财政和支出责任等关系展开了很多定性分析（谢旭人，2009；侯一麟，2009），逐渐形成了完善基层政府财政体制的共识①。而实践中，随着社会公众对公共服务诉求的日益强烈，政府间支出责任与财力匹配的难度也逐渐

＊　本文原载于《金融研究》2015 年第 4 期。作者：杨龙见、尹恒。感谢国家自然科学基金项目（71173019；71373026）、教育部新世纪优秀人才支持计划（NECT - 11 - 0041）、博士后科学基金项目（2014M560002）的资助。

①　2013 年 11 月 9 日，《中共中央关于全面深化改革若干重大问题的决定》提出"……形成中央和地方财力与支出责任相匹配的财税体制"。2014 年 1 月 10 日，财政部《关于调整和完善县级基本财力保障机制的意见》中提出"……要努力实现县级政府财力和支出责任相匹配"。

加大。

财力与支出责任相匹配是政府间关系调整中奉行的原则，关于政府间支出责任与财力匹配问题的研究也应当纳入到政府间财政关系的分析框架中。分税制把省及以下政府财政关系的调整留给了地方。显然，每一级政府都势必谋求各自利益最大化，在对上负责的政治格局下，"事权层层下压，财权层层上移"，加重了基层政府的财政困境。例如，市管县体制下，出现了"市卡县"、"市刮县"等现象（杨志勇，2009），财权与事权难以匹配。旨在增加县级政府财力的转移支付经过市级政府进行再分配时，出现截留、挤占、挪用等问题（贾康和于长革，2010；周波，2010）。例如，市级政府截留县级政府的专项转移支付有两种手段，一种是直接不拨足额，另一种隐蔽的手段则是故意留有资金缺口，通过要求县级政府配套资金，把那部分原本应该拨付给县级政府的缺口资金，挪为己用。财力难以与支出责任匹配。"省直管县"财政改革后，随着转移支付直接到县，可能会缓解"市管县"体制带来的资金分配过程中"市卡县"等问题（刘尚希和李成威，2010）。由此可见，财政层级过多可能是阻碍支出责任与财力不匹配的原因之一。

谋划财力与支出责任的匹配，可能需要从改变政府间金字塔型的财政关系调整入手，因此，从财政层级的视角对其进行定量分析，成为本文题中之义。省直管县财政改革触动了政府间的财政关系，这为我们评估财政层级对地方政府财力与支出责任匹配程度的影响提供了一个"准自然实验"。本文考察县级政府支出责任与财力在财政层级改革过程中的演变，估计了公共财政口径下的支出责任和财力，并采用标准的政策评估方法，实证检验了财政层级改革对县级支出责任、财力以及匹配度的影响。本文的特色表现在三个方面：第一，本文所用数据样本量较大，统计结果比较可信。样本覆盖了我国 20 个省 2003～2007 年的县级面板数据，全面考察了财政层级改革对县级政府支出责任、财力以及匹配度的影响。第二，衡量指标比较合理。现有研究主要从实际可支配财力角度讨论县级财政困难问题，我们认为，对县级财力与支出责任匹配度的考察不应仅仅局限于财政收入方面，其与财政支出责任紧密相关。为此，我们构建了更为合理的匹配度指标，同时，纠正了用实际财政收支来评价财政状况时所面临的内生性问题。第三，方法更加科学。本文运用 DID-PSM 方法解决政策评估中的"反事实"和控制组选择问题。

我们的研究发现，省直管县财政改革确实显著地改善了县级财政状况。财政层级减少后，县级支出责任和财力都有所增加，但财力的增加幅度远大于支出责任的增加，从而改善了财力与支出责任的匹配度，主要原因是地市级政府截留县级转移支付收入的可能性减少了，使县级政府获得的转移支付总量显著增加。改革具有一定的时间持续性。从样本细分看，无论是按照财政困境程度，还是按照改革模式划分样本，财政层级减少后，财力与支出责任的匹配度都显著提高。

本文其余部分安排如下：第二部分是数据性描述，构建财力、支出责任以及两者的匹配度等指标；第三部分讨论分析方法；第四部分报告估算结果；第五部分是稳健性检验；第六部分总结全文。

二、数据描述以及变量说明

本文的研究对象是全国范围内的县及县级市，根据改革的特点，不包括地级及以上城市的城区。本文的财政数据来源于各年《全国地市县财政统计资料》，社会经济数据来源于各年《中国县（市）社会经济统计年鉴》，人口数据来源于各年的《中华人民共和国全国分县市人口统计资料》。为剔除行政区域变化带来的影响，我们逐一核对不同期间的行政区划变更，分为 3 种情况进行处理①。同时，考虑到行政体制与民族自治情况，删除 4 个直辖市、

---

① 第一种情况：名称变更或者行政隶属关系变化，但县级单位行政辖区无实质变化，我们把这样的县级单位视为同一地区。第二种情况：名称无变化，但县级单位行政辖区发生实质改变，我们将这种情形视为不同地区，原编码中止，设立新编码。第三种情况：名称变化，县级单位行政辖区也发生实质改变，我们也将原编码中止，设立新的编码。

5 个自治区以及浙江和海南共 11 个省的样本，删除省直辖体制的副地级县市①，删除了非民族自治区中的自治县、自治旗。

根据侯一麟（2009）的界定，2004 年以后是政府职能的真正转变时期，开始承担大量诸如教育、医疗等基本公共服务和住房、就业、社会保障等"公共性"事务。因此，结合"省直管县"财政改革的时间②，以及数据的可得性，我们选取 2003～2007 年的县级面板数据，样本集包括行政区划稳定、具有可比性的 6275 个样本。

首先，我们用基础性数据估算支出责任 $\hat{E}$。通常的做法是采用财政支出来衡量政府支出责任。但该方法存在内生性，地方政府收入增加，支出自然就会增多，因此，该指标很难刻画县级政府支出责任的真实景象。为消除支出伴随收入同步调整而导致的内生性，刻画地方政府支出责任的真实情况，我们根据县级财政责任估计现行制度下的县级政府理论支出责任。参照尹恒和朱虹（2009）的做法，将所有财政支出项目分为四类，包括经济支出、社会支出、行政支出以及其他支出，为避免内生性问题，我们同时采用若干地方政府不能直接控制的因素作为解释变量③。由于可能受到共同不可观测因素的影响，各回归方程的随机扰动项之间一般来说是相关的，所以我们采用似不相关回归模型估计得到各项理论财政支出，加总得到地区支出责任。具体为：

$$E_k = \alpha_k + D_k \beta_k + \varepsilon_k, k = 1, 2, 3, 4$$

E_1、E_2、E_3、E_4 分别表示实际人均经济支出、社会支出、行政支出、其

① 浙江、海南县级财政一直就与省级财政直接对接，而自治区的财政体制、政府财政层级设计较为特殊，故在本文分析中将这些省份样本排除在外。副地级县市比县级单位高半级，属于省直辖体制的副地级县市包括湖北的神农架林区、潜江市、天门市、仙桃市，河南的济源市。

② 较大规模的省直管县财政层级改革试点是从 2004 年开始的。截至 2007 年年底，全国除港澳台地区和 4 个直辖市、浙江、海南、5 个自治区之外的 20 个省中有 9 个省进行了财政省直管县改革。

③ 受地方政府偏好的影响，实际财政支出会受到某些财政收入项目的直接影响，如果不能将这些因素的影响分离开，财政支出责任的估计是有偏的（Eichhorst，2007）。

他支出①。经济支出的估计方程中考虑了人均 GDP、农业人口比例、人口密度、第一、第二产业增加值比重、中西部虚拟变量和省份虚拟变量等因素。社会支出的估计方程中考虑了财政供养人口比例、人口密度、万人医院床位数、农业人口比例、中小学生在校人数比例等因素。行政支出的估计方程中考虑了财政供养人口比例、农业人口比例、中西部地区虚拟变量等因素。其他支出的估计方程考虑了财政供养人口比例、农业人口比例、人口密度、万人医院床位数、中小学生在校人数比例和西部地区虚拟变量。最终得到的支出责任为各项财政支出拟合值之和②：

$$\hat{E} = \hat{E}_1 + \hat{E}_2 + \hat{E}_3 + \hat{E}_4$$

其次，构建财力与支出责任匹配度指标。目前，关于财力与支出责任的匹配度尚无统一的定义，在基层政府的财政窘况下，提高财力与支出责任匹配度，潜在的含义是提高地方政府的财力水平或者减少地方政府的支出责任。基于此，我们把匹配度定义为地方政府财力解困的程度。不同于贾俊雪等（2011）用本级财政收入与财政支出的比值来衡量地方财力解困状况③，本文采用理论支出责任与财力（财政总收入）的比值来衡量财力与支出责任的匹配度④，比值越小，匹配度越高，说明地方政府履行既定支出责任时可以动用的财力越多，财政困难程度越低。

---

① 实际经济支出包括基本建设支出、农业支出、林业支出、水利和气象支出及科学支出；社会支出包括教育事业费、社会保障支出和医疗卫生支出；行政支出包括行政管理费和公检法支出。

② 2007 年的地市县财政年鉴分类科目与之前有了很大调整，但现实操作中"基数 + 增长"的预算方式没有改变，因此，为保证支出责任与之前年份的可比性，我们利用 2004 年、2006 年的拟合值计算出年均支出责任增长率，结合 2006 年数据估算出 2007 年的支出责任。

③ 该指标可能存在两个问题：第一，财政收入中没有包含来自上级政府的转移支付，而后者是县级政府财力的重要来源，忽略这一项会低估基层政府的财力；第二，如前所述，此指标不能解决实际财政支出随收入增多的内生性问题。

④ 财力包括税收收入和预算内非税收入，后者包括专项收入、行政事业性收费、罚没收入和其他收入；预算外收入包括政府基金收入和土地收入（马骏，2011）。其中，政府性基金收入是为支持某项事业发展而征收的具有专项用途的资金，单独编列，其收入与支出一一对应，不计入一般预算收入和一般预算支出，而且土地收入在省份之间差异较大，不具有可比性，因此，这里财力定义为预算内平衡性收入加上本级收入（自有税收）。

通过搜集各省下发的有关文件，我们根据改革实施的时间，构建政府财政层级改革虚拟变量。如果某县某年实行财政省直管县改革，则改革虚拟变量 szgx = 1，否则，szgx = 0。毛捷和赵静（2012）研究发现，"省直管县"财政改革既促进了县级政府的经济增长，又有利于这些地区财力的增长，而且"省直管县"财政体制对经济增长的作用主要是通过县（市）扩权而产生的"政府竞争效应"。按照此逻辑，如果试点县的财力增加是经由提高经济活力而间接产生的，则会高估财政截留的效果。为排除其他影响渠道的干扰，在此删除了实施强县扩权政策的样本。此外，本文删除了数据中所用社会经济变量的异常值或缺失值样本。

需要说明的是，现实中存在的贸易壁垒、商品流通成本和户籍分割等因素，造成同一种商品在不同地区不同时间的价格水平差异很大。而不同时间、地区的物价水平会造成各县的人均收入水平、财政收入以及各项转移支付补助存在差异，富裕地区的价格水平高于贫穷地区，这种区域间的价格差异影响区域间变量的真实差别。以往研究中提到的 GDP 平减指数仅能消除时间序列上价格波动的影响，并不能消除地区间价格水平差异带来的生活成本差别，为此，我们根据博兰和卡尔顿（Brandt and Carsten，2006）构建的一套物价水平调整指数对本章的相关名义变量进行平减，其中，2005～2007 年的平减指数是我们按照 Brandt 的物价水平调整方法根据当年的 CPI 外推得到。表 1 为本文所用变量的统计性描述。

表 1　　　　　　　　　　　　　　**统计性描述**

变量	全部样本		szgx = 1		szgx = 0	
	均值	标准差	均值	标准差	均值	标准差
支出责任（元/人）	838.37	365.73	939.94	426.34	828.55	357.85
财力（元/人）	800.09	609.21	912.74	562.47	789.18	612.49
支出责任与财力比值	1.20	0.38	1.12	0.28	1.21	0.38
人均收入（元）	6534.02	6093.50	5500.24	3250.32	6634.10	6292.18
人均粮食产量（千克）	468.46	315.24	575.06	486.19	458.14	291.45
人均油料产量（千克）	26.31	33.51	37.75	43.19	25.20	32.21

变量	全部样本		szgx = 1		szgx = 0	
	均值	标准差	均值	标准差	均值	标准差
市辖县个数（个）	10.95	4.81	9.06	3.87	11.14	4.85
人均农业机械动力（千瓦）	102.26	2678.36	31.25	31.61	109.14	2804.92
农村人口比例	0.84	0.11	0.81	0.12	0.84	0.11
财政供养人口比例	0.03	0.01	0.03	0.02	0.03	0.01
第一产业比重	0.30	0.13	0.32	0.10	0.30	0.13
第二产业比重	0.37	0.14	0.34	0.10	0.38	0.15
人均肉产量（千克）	72.79	49.64	80.63	74.81	72.03	46.43
人均医疗床位数（床/万人）	19.38	35.94	17.02	8.17	19.61	37.55
人口密度（人/平方公里）	320.09	280.41	271.02	197.17	324.84	286.76
小学生在校人数比例	0.09	0.03	0.08	0.02	0.09	0.03
中学生在校人数比例	0.07	0.02	0.06	0.01	0.07	0.02

最终得到的改革县样本有 544 个，占全部样本的 8.7%。从地区分布上看，改革县样本分布于湖北、吉林和青海等 9 个省份，区域分布较广；从时间上看，改革县样本是逐年进入试点改革的，例如，试点改革县从 2004 年的 104 个增加到 2007 年的 187 个，这种数据分层的特点为研究政策效果的可持续性提供了很好的自然实验。从改革模式上看，这些试点县的改革方案又有所区别，分为补助资金管理型、全面管理型、省市共管型，这为对比不同模式下的改革效果提供了可能。此外，改革县的人均粮食产量、肉类产量、油料产量、第一产业比重都明显高于非改革县；人均收入、财政困难程度低于非改革县。这些统计结果表明，现实操作中确实倾向于将粮食、油料、生猪生产大县全部纳入改革试点，而并非倾向于财力与支出责任匹配度较低的县，但其内生性还需要做进一步检验；由于试点县改革当年及其后续年份中，改革虚拟变量的设置都为 1，因此，改革县支出责任与财力的比值的均值、方差都小于非改革县，改革样本的序列相关性可能会影响估计结果的显著性。

为了进一步考察核心变量的变化趋势，我们给出了全样本核密度图，如图 1～图 4 所示。可以看出，2003～2007 年，县级政府的实际支出、支出责任

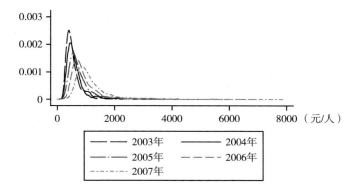

图1　县级政府实际支出的核密度

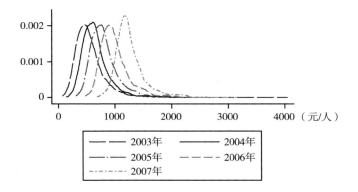

图2　县级政府支出责任的核密度

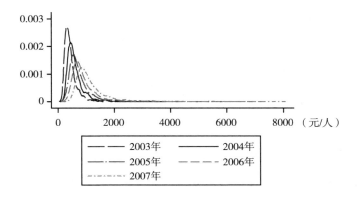

图3　县级政府总收入的核密度

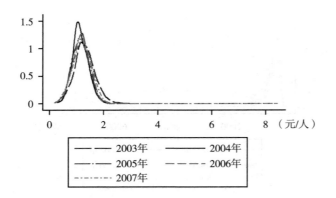

图 4　县级政府财力与支出责任匹配度

以及财力都呈现持续增加的趋势，核密度曲线持续向右偏移。在样本考察期内，匹配度呈现出先好转后恶化的趋向，表现为核密度曲线先向左后向右偏移。从图 1～图 4 上看，实际财政支出与财力的同步性非常明显，这在一定程度上为实际财政支出存在的内生性和估计支出责任的必要性提供了证据。

我国县级支出责任与财力比值的均值为 1.2，表明我国县级政府财力处于较为"尴尬"的阶段，财力与支出责任的匹配度有待进一步提升。县级财政匹配度的标准差平均达到了 0.38，表明我国县级财政状况存在着非常明显的差异。

三、文献综述和计量方法介绍

一些学者尝试对省直管县财政体制改革的政策效果进行定量评估，研究视角主要集中在财政改革的间接影响上，如经济增长、环境质量（才国伟和黄亮雄，2010；才国伟等，2011；李猛，2012）、财政自给能力（贾俊雪等，2011）。这些研究使用了 GMM 估计方法，通过比较试点在改革前后的变化来检验政策的效果。但是比较改革前后的差异只能说明政策与考察指标之间的相关性，很难有信心断定政策的因果关系。可能存在一些无法观测的变量既影响样本成为改革试点又影响目标变量，导致改革与目标变量之间的相关性并非真实的"因果关系"。尤其是现有讨论政府层级改革的研究在缓解县级财政困难问题时，都是直接比较实际财政收入和财政支出（才国伟和黄亮雄，2010；贾俊雪等，2011），这种做法没有考虑内生性问题而导致估计偏误。根据中国的财政行为惯例，地方财政一般不会将大量财政收入结转下年，主动留下年度财政盈余。当年额外的财政收入会转化为同年的财政支出。也就是说，实际财政支出是内生的，通过直接比较实际财政收支来评估财政状况很可能会低估改革的政策效应。计量经济中的双重差分模型（Difference-in-difference Approaches，DID）是政策效应评估方法之一。这种方法一方面构造同一样本在改革前后的差异，另一方面又构造在同一时点上实验组和控制组的差异，通过模拟出"反事实"的差异来识别政策改革所带来的因果效应。当然，双重差分模型也需要控制了其他共时性政策的影响以及试点与非试点的事前差异。近年来，国内学者开始应用这一方法进行政策效应评估。例如，周黎安和陈烨（2005）、左翔等（2011）、徐琰超等（2015）借鉴"自然实验"和"双重差分模型"的方法估计了农村税费改革对农民收入、地方政府公共物品供给所产生的政策影响。白重恩等（2011）借鉴此方法评估了出口退税政策调整对出口的影响。袁渊和左翔（2011）、郑新业等（2011）用此方法评估了省直管县改革对经济增长的影响。在此，我们使用基于倾向得分的双重差分方法来估计（Based on Propensity Score Matching and Difference-in-difference Approaches，DID-PSM）。该方法是一种半参数估计，较之双重差分方法严格的线性假设更具一般性。而且该方法是在样本的"共同支撑"范围内进行估计，提高了估计结果的可靠性，而DID方法仅是依靠先验的样本选择和方程形式去"外推"估计结果，当改革县与非改革县的共同支撑较少时，后者的估计显然会存在很大缺陷（黄玲文和姚洋，2007）。

需要说明的是，如果这种政策实施是随机分配给个体的，我们可以直接比较改革县与非改革县之间结果变量的平均差异来评估处理效应（Khandker et al.，2009）。但一般而言，"准自然实验"中试点的选择不是随机的，那些异质性的特征可能会成为试点选择的标准，导致我们无法识别出结果变量是否确实由改革所引起。现实中，一旦进行了改革我们就无法观测到该县没有进行改革时的情形，如何识别出这种"反事实"情况？倾向得分匹配方法有效地解决了这类问题（Heckman et al.，1998）。即利用"近似"特征的样本来解决"反事实"问题。其核心思想是构建一个或若干个与试点县（实验组）在改革之前的主要特征比较相似同时又没有进行改革的县（控制组），然后将实验组的每个样本与控制组中的样本按照某一规则进行匹配，匹配在一起的两组样本之间的差异只有是否改革的差别，而其他特征比较相似。具体而言是根据政策实施之前的选择特征，估计每一个观测值成为实验组的概率，以保证匹配在一起的实验组与控制组在政策实施前具有相同的趋势，这样有效地处理了政策评估中出现的"选择性偏差"。我们可以直接根据控制变量 X 寻找匹配组（本文以下横截面回归就是使用这种办法），然而当样本异质性较强，需要考虑的特征变量 X 维度较多时，找到与试验样本完全相同 X 的控制组是不实际的（Jalan and Ravallion，2003）。这时基于 $\hat{p}(X)$ 来进行寻找控制组就是必要的。而且，基于一系列变量估计出的倾向得分进行匹配，估计结果会更加精确（Rosenbaum and Rubin，1983）。例如，在现实操作中我们可以根据人均 GDP 来区分富裕县和落后县，利用第一产业占 GDP 的比重以及粮食、油料和肉类产量来区分农业大县等，利用这些异质性县的特征估计出倾向得分 $\hat{p}(X)$，然后据此将样本划为若干区间，为每一个试点样本在各自区间内找到最为相似的控制组样本，从而模拟出"反事实"情形，计算出处理平均效应（Average Effect of Treatment on the Treated，ATT）。

本文所用方法的具体实施主要包括以下三个步骤：首先，通过参与概率模型计算出每个观测值的倾向分值；其次，根据倾向得分为每一个试验组样本寻找一个或多个相近的匹配样本，并通过一定的方式为每个匹配样本赋予权重；最后，再利用双重差分计算每个试验组与控制组的差距，然后把这些差距加权平均即是试验组与控制组之间的总体差距。具体的，倾向得分估计方程如下：

$$p_{it} = X_{it-1}\alpha + \theta_i + \varphi_t + \eta_{it} \qquad (1)$$

X_{it-1} 为滞后一期变量，用来预测当期改革发生概率，θ_i 为县市的个体效应，φ_t 为时间效应，η_{it} 为独立同分布的随机误差项。运用 logit 方法对上述模型进行估计，得到预测结果 $\hat{p}(X)$ 即为样本改革的可能性或者倾向得分。

可以用两类指标描述政策效应：一类评估政策的平均效应，另一类考察政策的动态效应。式（2）定义平均效应：

$$\hat{\beta} = \frac{1}{n_1} \sum_{i \in I_1 \cap S_P} \left[(Y_{1ti} - Y_{0t'i}) - \sum_{j \in I_0 \cap S_P} W(i,j)(Y_{0tj} - Y_{0t'j}) \right] \qquad (2)$$

其中参数下标设置 1 和 0 分别代表试点县和非试点县；t' 与 t 分别代表政策前与政策后；$W(i, j)$ 依赖于 p_i 与 p_j 之间的距离，在此我们采用 Kernel 匹配函数①；I_1 代表试点县的集合、I_0 代表没有进入试点的集合；S_P 代表共同支撑区域的范围，n_1 表示 $I_1 \cap S_P$ 的个数。

$$\hat{s}_p = \{P : \hat{f}(P|D=1) > 0 \,\&\, \hat{f}(P|D=0) > 0\}$$

式（3）定义政策的动态效应：即改革后第 t 年的政策效果。由于要区分出试点发生在不同的时间，匹配方法与标准的匹配方法有些差异：

$$\hat{\beta}_k = \frac{1}{n_k} \sum_{i=1}^{n_k} \left[(Y_{kti} - Y_{t'i}) - \sum_{j=1}^{NP_k} W(i,j)(Y_{ktj} - Y_{t'j}) \right] \qquad (3)$$

其中，n_k 表示改革后第 k 年的试验组个数，NP_k 表示对应的控制组个数；Y_{kti} 表示试验组样本改革后第 k 年的因变量，$Y_{t'i}$ 表示试验组样本中第 i 个县在改革前一年的因变量；同样地，$Y_{t'j}$ 和 Y_{ktj} 分别表示控制组样本中第 j 个县在改革前一年的因变量和间隔 $k+1$ 年的因变量；$W(i,j)$ 表示与试验组中样本 i 相匹配的控制组中样本 j 的加权函数。$k = 0$、1、2、3。

PSM 方法的有效性依赖于两个条件：条件独立假设（CIA），即经过倾向

---

① Kernel 匹配不会利用数据分布的先验知识，对数据分布不附加任何假定，特征最接近的样本赋予最大的权重，充分利用了多个匹配样本的优势。而其他几种匹配方法在应用上受到了限制，例如，Radius 匹配需要主观的限定匹配范围；通过 bootstrap 获得 N-N 匹配因果效应估计的标准差可能会产生无效的估计（Abadie，2005），且一对一匹配遇到"坏"的配对的风险更大，而 Kernel 配对估计方法没有这个问题（Gilligan and Hoddinott，2004），因此，很多研究都使用核密度匹配方法进行估计（Heckman et al.，1997；Heckman et al.，1998；Smith and Todd，2005）。

得分估计后，不可观测的因素不影响试验；共同支撑原则，即改革与非改革样本的倾向得分要有大量重叠区域。

选择偏差是 CIA 条件无法满足的主要原因。如果政策的实施是随机的，不存在政策的选择偏差，政策评估会很简单。然而大多数情况下改革试点的选择并不是随机的，次优的方法是拟随机实验，即是用观察到的、影响政策选择的变量来近似模拟随机试验。这就是 PSM 方法的本质。若影响试验选择的变量都得到了控制，PSM 方法是有效的。如果遗漏了影响试验选择的变量，就可能出现选择偏差。选择偏差会使得估计结果与初始条件有关，即试验组与控制组在试验发生之前的差异会体现在改革效应中。伽兰和雷瓦利（Jalan and Ravallion，2003）发现如果没有很好地控制试验组与控制组初始异质性，则会产生一个有偏的估计结果。

共同支撑原则保证控制组的可行性。虽然在预测倾向得分时选择更多的控制变量可以减少选择偏差的风险，但这可能使得共同支撑原则更难满足。这是因为参与方程中包含过多的控制变量 X 会导致倾向得分估计值 $\hat{p}(X)$ 有较大方差、倾向得分估计值为 1 的样本更多，这使得在共同支撑中剔除样本过多而出现估计偏误。

四、估计结果

我们运用面板数据的 DID-PSM 方法进行分析。首先预测样本的倾向得分。为了尽量减少选择偏差，我们根据各省政府下发的改革意见找出"代表性"、"典型性"的选择"标准"，作为控制变量放入倾向得分方程①。根据倾向得分方程的设定原则，我们还把同时影响因变量和改革变量，以及没有受到实验影响的变量也放入到了方程中（Heckman et al.，1997；Jalan and Ravallion，

---

① 湖北、安徽、吉林、江苏四省因为是全省改革，不涉及试点问题。山西、陕西、甘肃、青海、江西则选择生态保护任务重、农业大县、贫困县进行试点。

2003）。为了控制所得税分享改革和其他随时间变化的宏观经济波动因素的影响，我们还在方程中加入了中西部省份和年份虚拟变量①。

表2 倾向得分的估计结果

变量	系数	z 值
人均粮食产量	− 0.001 ***	− 3.34
人均油料产量	0.008 ***	5.91
人均收入	0.000 **	2.00
人均农业机械总动力	− 0.000	0.87
农村人口比例	1.107 ***	2.31
第一产业比重	− 2.007 ***	− 2.4
第二产业比重	− 3.19 ***	− 4.54
人均肉产量	0.004 ***	3.22
人口密度	− 0.001 ***	− 2.85
小学生人数比例	− 2.765	− 1.24
中学生人数比例	− 10.817 ***	− 2.78
中部省份虚拟变量	19.37 ***	31.43
西部省份虚拟变量	16.035 ***	24.68

注：*** 、** 、* 分别表示在1%、5%、10%以下的水平上显著。所有的控制变量都取滞后一期值。估计中控制了时间虚拟变量。

倾向得分的估计结果见表3。虽然有些变量不显著，但是该模型有很好的预测效果。预测正确率是检测倾向得分估计方程设定效果的重要指标（Heckman et al.，1998），其检验核心思想是为倾向得分设定一个阈值，如果一个样本倾向分值超过该值，则可以预测该样本属于试验组。通常的做法是把这个阈值设定为试验组样本量占样本总量的比例，然后使用这个比例，观察试验组和控制组的预测正确率，足够大则说明我们的倾向分值有较强的预测能力。根据惯用规则，我们得到本文的阈值是0.09，而试验组和控制组的预测正确率分别是94%和90%，这说明我们的倾向得分值有很强的预测能力。

① 所得税分享改革始于2002年，是为减缓地区间财力差距扩大，支持西部大开发。中央明确规定因所得税分享改革增加的收入主要是用于中、西部地区转移支付，因此所得税分享改革倾向于降低中、西部省份的财政匹配度。

平衡性检验（balancing test）用来检验倾向得分方程的设定效果。它通过检验匹配后每一个解释变量是否还存在差异来判断解释变量是否还能够提供有关试验决策的信息。如果匹配后试验组和控制组的变量间仍然存在差异（即控制变量还能够提供有关试验决策的信息），则 CIA（Conditional Independence Assumption）条件不成立，需要重新考虑倾向分值方程的设定。平衡趋势的检验通常有三种方式：（1）引入未来改革变量作为自变量（如果该样本日后成为改革试点的县则取为 1，否则为 0），考察日后成为改革试点的样本在改革之前与其他非改革样本有无明显差异（周黎安和陈烨，2005）。（2）比较匹配前后的假 R^2 来进行平衡检验，该指标说明了 logist 回归模型中的变量参与试验概率的可能性。如果匹配之后的假 R^2 比匹配之前小很多（接近于 0），这说明在根据倾向分值进行匹配后，解释变量不能提供试验决策的信息，因此，平衡性检验可以通过（黄玲文和姚洋，2007）。（3）根据史密斯和托德（Smith and Todd，2005）的研究，通过计算配对后处理组与对照组基于各匹配变量的标准偏差进行匹配平衡性检验，计算每个待估变量的标准偏差。标准偏差越小，说明匹配效果越好。本文基于第（3）种方式的检验结果表明我们的倾向得分方程通过了平衡性检验[①]。

改革县的平均倾向分值为 0.26，标准差为 0.12，而非改革县市的平均倾向分值为 0.07，标准差为 0.11。图 5 是改革县市与非改革县市的倾向得分柱状分布图，可以看出，两类样本的分布有一些不重合的区域，为了满足共同支撑假设，我们在下面的计算中去掉了非重合区域的改革县市。

---

① 在此，我们采用史密斯和托德（Smith and Todd，2005）的平衡性检验方法，匹配后试验组与控制组基于变量 X_k 的标准偏差的计算公式为：$SDIFF(X_k) = 100 \dfrac{\frac{1}{n_1}\sum_{i \in I_1}\left[X_{ki} - \sum_{j \in I_0} w(i,j)X_{kj}\right]}{\sqrt{\dfrac{\mathrm{var}_{i \in I_1}(X_{ki}) + \mathrm{var}_{j \in I_0}(X_{kj})}{2}}}$，该值越小则匹配效果越好，对于其判断标准，罗森鲍曼和鲁宾（Rosenbaum and Rubin，1983）认为当匹配变量标准偏差值的绝对值大于 20 时可认为匹配效果不好，此时匹配效果不可靠。具体过程是同时对实验组和控制组基于各匹配变量的均值进行 t 检验，判断两者是否存在显著差异，并以此检验匹配效果。

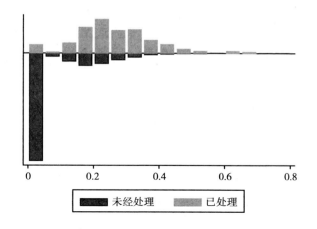

图 5　倾向得分柱状分布

倾向得分的平衡性检验使我们避免了源自可观测的选择性偏差，基于以上估计得到的各样本改革概率的预测值，再利用双重差分方法对式（2）进行估计，可以有效地识别出改革效果。但如果存在随时间变化的不可观测因素，估计值仍然可能会有偏差。在对式（2）估计之前我们还需要验证这种情况是否存在。Sargan-Wu-Hausman 为我们提供一个检验标准：参与方程残差的系数 t 检验值为 0.8，不能拒绝该系数显著为零的原假设，表明随时间变化的选择偏差不会显著影响到估计结果①。

当然，我们不能因此而否定可能存在另外一种形式的内生性：如果在现实操作中成为试点的县偏离了"选择标准"，并且这些县的特征与我们待考察的因变量——财力与支出责任匹配度有系统上的相关性，如省级政府认为财政匹配度较小的县更亟须改革，或者比较有作为的县政府会更主动地争取试点改革，在这种情况下比较试点县与非试点县市的差异并不能反映省直管县财政改革真正的效果。因此，为了验证是否有此种可能性存在，

---

① Sargan-Wu-Hausman 检验：用财政匹配度对倾向得分、控制变量 x、参与方程的残差项进行回归，鉴于相似的县，试点的分配不同，但与改革县所属省份密切相关，我们选择省份虚拟变量为识别工具。如果残差项的系数显著的不为零，则说明选择偏差会导致估计偏误（Jalan and Ravallion，2003）。

我们只选择了先于全省进行改革的试点县样本，来分析因变量匹配度是否成为试点改革的标准。具体操作为：选择 2006 年四个省份数据①，采用二元选择模型考察匹配度是否为试点选择的参考因素，控制变量与倾向得分方程中的变量相同。从回归结果看，匹配度的系数 z 检验值为 -0.24，不能拒绝该系数显著为零的原假设，表明互为因果的选择性偏差不会影响到估计结果。

在核密度估计中，我们剔除了控制组中分布最高和最低的 2% 的样本（Jalan and Ravallion，2003）②。为提高倾向得分估计有效性，还需要尽量使改革对所有样本的"刺激"都是相同的（Ravallion，2008）。基于此，我们在后续的操作过程中，进一步细分了改革的类型。此外，改革前后发生了一些转移支付制度改革，可能会对估计产生一定的影响，例如，"民族地区补助"和"三奖一补"等。我们在核密度估计中控制了这些政策的影响③。需要特别指出的是，有些样本可能多次放在政策实施的前后，例如，2004 年进行改革的县，在 2005～2007 年的改革变量都是 1，序列相关性会产生较低的标准差，从而导致低估政策效果（Mullainathan et al.，2004），为了结果的稳健性，我们在获得参数标准误时均采用了 Bootstrap 的方法，抽样次数为 200。估计结果见表 3。

---

① 山西、陕西、甘肃、青海四省存在先于全省改革的试点，恰好试点改革时间都发生在 2007 年，因此，我们选择改革前一年的数据来检验假设，如果 2007 年进入改革，则该县虚拟变量为 1，否则，为 0。

② 有学者提出剔除共同支撑之外的样本会带来"低估"改革效果的问题，但只要共同支撑范围较大，改革效果的估计还是可信的。此外，剔除的控制组样本也可能导致估计偏差，因为这些被剔除样本整体上不同于保留下来的样本，但该问题可以通过大样本性质来减轻（Khandker et al.，2009）。

③ 2001 年新增加了民族地区转移支付补助，这类补助主要是针对民族地区的，虽然我们在后续的估计中删除了少数民族地区样本，但现实中也陆续有非民族县获得该项补助（毛捷、汪德华和白重恩，2011）。在我们的全样本中，试点县获得该项补助的有 10 个，非试点县获得该项补助的有 1067 个。从 2005 年起，县级财政补助中新增了"缓解县乡财政困难转移支付补助"，这来源于中央建立的"三奖一补"的县乡财政困难激励约束机制。鉴于这两项转移支付补助都不是普及性的，我们在核密度估计中加入 2 个政策虚拟变量。

表3 　　　　固定效应面板模型：基于倾向得分的双重差分估计

被解释变量	平均处理效应	t 值
实际支出	173. 356 ***	6. 24
支出责任	128. 986 ***	6. 043
自有税收	15. 383 *	1. 899
财力	183. 383 ***	8. 134
支出责任与财力比	− 0. 091 ***	− 5. 677
总转移支付	168 ***	7. 563
税收返还	− 11. 915 ***	− 5. 064
净专项转移	63. 866 ***	8. 191
净体制补助	70. 432 ***	14. 131
因素转移	41. 247 ***	2. 457

如表 3 所示，财政层级改革确实显著降低了支出责任与财力比，平均处理效应达到 − 0. 091，即财政省直管县使得改革县财力与支出责任匹配度提高了 10. 2 个百分点。省直管县财政改革较大幅度地增加了财政总收入，支出责任相对而言增幅较小，从而匹配度提高。值得注意的是，支出责任和实际支出的差异。虽然改革后实际支出和支出责任都显著增加，但后者在幅度上较前者小很多。可能的解释是省直管县后，市级政府对县级政府的帮扶减少、将一些支出责任推给县级财政，从而导致县级财政的实际支出被动增加。然而县级财政实际支出的增加也有可能是由于财政总收入增加后（转移支付增加）主动调整支出的结果。支出责任小于实际支出表明主动性调整也是改革后县级财政支出增长的不可忽视原因①。这说明我们使用支出责任而不是实际支出评估的财政层级改革对基层财政匹配度效应的重要性。

―――――――――――――

① 实际支出的增多有两种可能，一是被市级政府压下来的被动性支出，二是主动调整的支出。在中国以收定支的财政制度下，两者都是以财政总收入增加为前提条件，不会影响到结论。理论上，改革后，设区市与省直管县在财政上属于平行关系，由过去共同追求区域利益最大化的"父子"关系转变为追求个体利益最大化的竞争者关系，市、县政府间竞争开始明显化，支出责任在省级政府划定的情况下，县级政府的被动性支出会大大减小，相反，由于财政总收入增加后（转移支付增加）主动调整支出的可能性却大大增加。经验上，实际支出高出支出责任很多也说明了后者是改革后县级财政支出增长的不可忽视原因。

省直管县财政改革对县级财政收入结构变化的效应是明显的。改革最明显的效果是转移支付的大幅增加，尤其专项转移支付与体制性补助增加最为明显。相对其他类型而言，这两项转移支付的分配方式体现出"原则有余，可操作性不足"的特征，分配标准和依据随意性较大。财政省直管县后，这两项转移被中间层级政府截留的可能性减少，到达县级财政的人均专项转移支付、净体制补助显著增加。税收返还显著为负，但绝对值相对较小，一种可能的解释是，市级政府凭借行政优势争夺税源而导致核定到县的税收返还减少。再结合因素法转移支付，改革县级财政得到的总转移支付显著增加。这是改革县财政总收入增加的主要原因。表3结果表明，省直管县财政改革减少了地市级截留县级财政收入的可能性。需要说明的是，我们也不否认存在另外一种可能，为了突出省直管县改革的绩效，短期内省级政府可能会加大对这些地区的转移支付，或者由于试点县的谈判能力的提高，会争取到更多的转移支付。出于数据的限制，虽然我们无法分离出不同因素对财政匹配度的影响，但这不否定改革因截留减少所带来的转移支付增加的事实。可以从两个方面来佐证：其一是改革具有持续性，时间趋势明显（见表4）；其二是如果省级政府会对试点县有"偏爱"或者试点具有更大的谈判能力，那么，全部进行改革的省份改革的政策效果就会不显著。本文中湖北、吉林、安徽和江苏是全面推行改革的地区，如表5中第（4）列所示，基于这些样本的回归结果依然显著为负。以上结果证实减少中间政府的财政截留是县级财政收入增加的主要原因。

表4分别考察省直管县改革当年及之后的每一年对财政匹配度的影响。"改革当年"表示县市仅在当年接受了处理，其他以此类推。除改革后第二年的虚拟变量没有通过显著性检验外，相对于没有进行改革的县，改革试点县的财力与支出责任的匹配度每一年都在提高，表明财政层级改革缓解县级财政困境的效应具有明显的持久性。需要特别说明的是，财政层级改革效应的持久性也进一步验证了使用支出责任的合理性。从构造上看，支出责任是利用县级政府的结构因素估计其相对稳定的支出责任，侧重于度量较长时期平

均的支出；而实际财政支出可能面临更多地波动。如果省直管县改革对县级财政状况的影响只是短期的，那么估计县级政府支出责任的必要性就不明显。

表4　　　　　　　　　　　**时间趋势的估计结果**

被解释变量：支出责任与财力比		
政策变量	动态影响	t 值
改革当年	− 0. 157 ***	− 8. 59
改革第一年	− 0. 075 ***	− 2. 8
改革第二年	− 0. 043	− 1. 47
改革第三年	− 0. 162 ***	− 7. 1

注：为节省篇幅，我们把视角集中财力与支出责任匹配度的讨论，表中的因变量为支出责任与财力比值。下同。

上级转移支付是影响县级政府间财力分配的重要因素，而财政层级改革的效应可能会因县级财政的初始状况差异而不同（马骁和冯俏彬，2010），鉴于此，我们根据改革县支出责任与财力比值的中位数（1.12）对样本进行拆分。各自的改革效应见表5的第（1）和第（2）栏。第（1）栏是初始财政困难较重县的估计结果，第（2）栏为初始财政困难较轻县的估计结果。结果表明两者都显著为负，说明财政层级改革的"减负"效应具有普遍性。从时间趋势上看，财政困难较重县在改革第一年和第二年的效果虽然没有通过显著性检验，但政策方向依然没有改变。各省的省直管县财政改革具有一定的区别，根据改革方案的差异可以将其分为"补助资金管理型"、"全面管理型"和"省市共管型"三种类型，分别考察其对财政匹配度的影响①。表5的（3）、（4）、（5）栏分别代表了这三种类型的改革效应，整体上看，省直管县的三种改革模式都提高了县级财政匹配度，并且改革效果具有持续性。

---

①　根据张占斌（2011）的定义，改革方案分为三种：第一，补助资金管理型：山西、江西、甘肃。主要对转移支付、专款分配，以及资金调度等涉及省对县补助资金分配的方面实行省直接管理。第二，全面管理型：湖北、安徽、吉林、江苏。即对财政体制的制定、转移支付和专款的分配、财政结算、收入报解、资金调度、债务管理等财政管理的各个方面，全部实行省对县直接管理。第三，省市共管型：陕西、青海。即省级财政在分配转移支付等补助资金时，直接核定到县，但在分配和资金调度时仍以省对市、市对县的方式办理，同时，省级财政加强对县级监管。

表5			分组效应分析		
被解释变量：支出责任与财力比					
	（1）	（2）	（3）	（4）	（5）
改革	− 0.079 ***	− 0.099 ***	− 0.16 ***	− 0.068 ***	− 0.112 *
改革当年	− 0.19 ***	− 0.138 ***	− 0.159 ***	− 0.167 ***	
改革第一年	− 0.06	− 0.083 ***	− 0.277 ***	− 0.164 ***	
改革第二年	− 0.025	− 0.064 **	− 0.156 ***	− 0.094 ***	
改革第三年	− 0.172 ***	− 0.086 ***	− 0.317 ***	− 0.149 ***	

五、稳健性检验

以下通过假想不同的政策时间、细分样本以及考虑某些重要政策改革等方式，对表3中主回归得到的结论进行稳健性分析。讨论如下：

首先，我们对主回归进行了安慰剂（Placebo test）检验，即如果不受财政层级改革的影响，那么试点县的财政匹配度应无明显变化。我们假想 2004 ~ 2007 年试点样本都在 2003 年发生政策改革，结合 2002 年数据进行与主回归相似的检验过程，结果如表6的第（1）列所示。可以看出，假想不同的政策时间，实验组与控制组的财政匹配度没有出现显著的差异，即如果没有发生财政层级改革，这些试点县的财政匹配度不会降低①。这些结果从反面佐证了我们主回归估计结果的稳健性。

表6		稳健性检验的结果	
被解释变量：支出责任与财力比			
	（1）	（2）	（3）
平均处理效应	− 0.079	− 0.016 ***	− 0.089 ***
实验组数量	207	544	544
控制组数量	2586	5619	5619

----

① 以下的计量步骤与主回归相同，由于篇幅所限，在此只描述了最终的估计结果，以便与前文作比较。

其次，我们细化了样本进行分析。我国有 592 个国家级贫困县，中央和省级政府不仅对贫困县的转移支付力度很大，而且在税收优惠和产业政策等方面有特殊照顾。在我们的实验组样本中，有 235 个是国家贫困县，这会对财政层级改革效果的估计造成影响。例如，在匹配过程中，实验组中贫困县的倾向得分值可能与控制组中不属于贫困县的倾向得分值比较接近，并且配对成功，而每一年针对这些贫困县的政策差异又比较大，那么估计效果中就包含了国家对贫困县的其他政策影响。为了保证匹配后的实验组和控制组同时为贫困县或者非贫困县，我们根据是否为贫困县把样本分为两类，每一类中实验组和控制组分别进行匹配，然后逐一计算平均处理效应，最后再把计算出的两类 ATT 值加权平均，其权数为每一类样本占全样本的比值①。实证结果如表 6 中第（2）列所示，虽然系数绝对值与主回归结果中有些差异，但平均处理效应依然显著为负。

最后，我们考虑到样本考察期间出现其他改革对本文估计的影响。自 2004 年 1 月 1 日起实行的出口退税负担机制改革可能会对异质县的财政匹配度产生影响。出口退税负担机制改革因为地方政府开始承担了部分出口退税责任而导致沿海城市和非沿海城市的财政匹配度受到不同影响。如果在我们的匹配过程中把有出口县和无出口县配在一起，会造成估计偏差。为此，根据数据的可得性，我们在倾向得分方程中加入了出口虚拟变量、沿海城市虚拟变量，用来提高我们在匹配过程中的精度。如表 6 中第（3）列所示，支出责任与财力比值的系数符号与表 3 主回归结果一致、数值相近，且通过了显著性检验。这应该是因为我们在主回归的倾向得分方程中已经考虑了人均收入水平因素，而这些因素已经包含了部分以上提到的信息。

就调整观察期而言，未发现实验组和控制组的财政匹配度出现显著差异。就细分样本而言，支出责任与财力比依然显著为负。当倾向得分的估计方程中考虑了所得税分享改革和出口退税分担机制的影响时，平均处理效应系数

① 在此我们借鉴了苏振东等（2012）对不同行业的企业分别进行匹配的方法。

和显著性水平没有出现明显差异。综上所述，这些稳健性检验证明甚至强化了我们的已有结论，即财政层级改革对县级财力与支出责任的匹配度有较为显著的政策影响。

六、总结性评论

现实中的基层政府财力与支出责任匹配度较低的原因，除了支出责任界定不清被上级层层下压外，还有伴随财力增加县级政府主动扩大支出的因素，表现为实际支出远大于支出责任。本文纠正了用实际财政支出评价支出责任时所面临的内生性问题，综合考虑了公共财政制度下的地方政府各种支出责任，在此基础上构建了财力与支出责任的匹配度指标。运用 2003～2007 年的县级面板数据分析了财政层级对支出责任、财力以及匹配度的影响。基于倾向得分的双重差分实证结果表明：财政层级改革后县级财力与支出责任匹配度提高的主要原因是减少了地级市财政对县级转移支付的截留，使其得到的上级总转移支付显著增加，最终使改革县的财政匹配度平均提高了 10.2 个百分点。这种"财政解困"效应不仅具有明显的持续性，而且在财政较困难县的改革效应更明显，从而间接地缩小了县级政府间财力差距。我们还发现，不同类型的改革模式具有相同的改革效果，这也表明财政层级的扁平化有利于夯实基层财力保障。本文根据中国县级数据挖掘了财政层级简化提高了县级政府财力与支出责任匹配程度的经验事实，这些增进了对现行政府间财政关系问题的了解。此外，实证结果还表明，改革县的支出责任也有一定程度的增加，说明财政层级减少只是解决了财力截留问题，在市管县的行政体制下，支出责任依然可能会被下压。因此，与财政层级改革相匹配的行政层级改革也更为重要，这是提高政府间财力与支出责任匹配程度的关键所在，也是塑造与市场经济相契合的分税分级财政体制的重要基础。

需要指出的是，虽然财政层级改革在一定程度上改善了地方财政间财力与支出责任的匹配程度，但并不一定能促使地方政府回归公共服务职能。如何提高地方财政对本地居民偏好的回应性，解决财政行为中的"越位"和"缺位"问题，是完善中国财政分权体制的关键（尹恒和杨龙见，2014）。当然，随着政府间财政关系的逐渐完善，财力和支出责任的划分问题也将进一步厘清。

参考文献

［1］白重恩、王鑫、钟笑寒：《出口退税政策调整对中国出口影响的实证分析》，载于《经济学季刊》2011年第3期。

［2］才国伟、黄亮雄：《政府层级改革的影响因素及其经济绩效研究》，载于《管理世界》2010年第8期。

［3］才国伟、张学志、邓广卫：《"省直管县"改革会损害地级市的利益吗？》，载于《经济研究》2011年第8期。

［4］黄玲文、姚洋：《国有企业改制对就业的影响——来自11个城市的证据》，载于《经济研究》2007年第3期。

［5］侯一麟：《政府职能、事权事责与财权财力：1978年以来我国财政体制改革中财权支出责任划分的理论分析》，载于《公共行政评论》2009年第2期。

［6］贾康、于长革：《辖县大省"省直管县"财政改革情况探析——基于河北省的调研》，载于《地方财政研究》2010年第11期。

［7］贾俊雪、郭庆旺、宁静：《财政分权、政府治理结构与县级财政解困》，载于《管理世界》2011年第1期。

［8］刘尚希、李成威：《财政"省直管县"改革的风险分析》，载于《当代经济管理》2010年第10期。

［9］李猛：《"省直管县"能否促进中国经济平稳较快增长？——理论模型和绩效评价》，载于《金融研究》2012年第1期。

［10］马骁、冯俏彬：《大省财政"省直管县"改革中的问题与对策》，载于《中国财政》2010年第4期。

［11］马骏：《中国财政国家转型：走向税收国家？》，载于《吉林大学社会科学学报》2011年第1期。

［12］毛捷、汪德华、白重恩：《民族地区转移支付，公共支出差异与经济发展差距》，载于《经济研究》2011年第2期。

［13］毛捷、赵静：《"省直管县"财政改革促进县域经济发展的实证分析》，载于《财政研究》2012年第1期。

［14］苏振东、洪玉娟、刘璐瑶：《政府生产性补贴是否促进了中国企业出口？——基于制造业企业面板数据的微观计量分析》，载于《管理世界》2012年第

5 期。

［15］徐琰超、杨龙见、尹恒：《农村税费改革与村庄公共物品供给》，载于《中国农村经济》2015 年第 1 期。

［16］谢旭人：《健全中央和地方财力与事权相匹配的体制》，载于《财政研究》2009 年第 2 期。

［17］尹恒、朱虹：《中国县级地区财力缺口与转移支付的均等性》，载于《管理世界》2009 年第 4 期。

［18］尹恒、杨龙见：《地方财政对本地居民偏好的回应性研究》，载于《中国社会科学》2014 年第 5 期。

［19］杨志勇：《省直管县财政体制改革研究——从财政的省直管县到重建政府间财政关系》，载于《财贸经济》2009 年第 1 期。

［20］袁渊、左翔：《"扩权强县"与经济增长：规模以上工业企业的微观证据》，载于《世界经济》2011 年第 3 期。

［21］郑新业、王晗、赵益卓：《"省直管县"能促进经济增长吗?》，载于《管理世界》2011 年第 8 期。

［22］周黎安、陈烨：《中国农村税费改革的政策效果：基于双重差分模型的估计》，载于《经济研究》2005 年第 8 期。

［23］张占斌：《加强省直管县改革的顶层设计》，载于《行政管理改革》2011 年第 6 期。

［24］左翔、殷醒民、潘孝挺：《财政收入集权增加了基层政府公共服务支出吗? 以河南省减免农业税为例》，载于《经济学季刊》2011 年第 4 期。

［25］周波：《省直管县改革应重点解决政府间财力与事权匹配问题》，载于《财政研究》2010 年第 3 期。

［26］Abadie, Alberto. , "Semiparametric Difference in Differences Estimators" *Review of Economics Studies*, 2005, 72（1）：1 – 19.

［27］Brandt, L, and Carsten A. Holz. , "Spatial Price Differences in China：Estimates and Implications", *Economic Development and Cultural Change*, 2006, 55（1）：43 – 86.

［28］Eichhorst A. , "Evaluating the Need Assessment in Fiscal Equalization Schemes at the Local Government Level", *Journal of Socio-Economics*, 2007, 36（5）：745 – 770.

［29］Gilligan, Daniel H. , and John Hoddinott. , *Using Community Targeting to Provide Drought Relief：Evidence from Ethiopia*, International Food Policy Research Institute, Washington Press, 2004.

［30］Heckman, James J. , Hidehiko Ichimura, and Petra E. Todd. , "Matching as an Econometric Evaluation Estimator：Evidence from EvaluAting A Job Training Programme", *The Review of Economic Studies*, 1997, 64 (4): 605 – 654.

[31] Heckman, James J., Hidehiko Ichimura, and Petra E. Todd., "Characterizing Selection Bias Using Experimental Data", *Econometrica*, 1998, 66 (5): 1017 – 1098.

[32] Hahn, Jing Y., "On the Role of the Propensity Score in Efficient Semi-parametric Estimation of Average Treatment Effects", *Econometrica*, 1998, 66 (2): 315 – 331.

[33] Jalan, J., and Martin. Ravallion. "Estimating the Benefit Incidence of an Antipoverty Program by Propensity Score Matching", *Journal of Business & Economic Statistics*, 2003, 21 (1): 19 – 30.

[34] Khandker, Shahidur R., Gayatri B. Koolwal, and Hussain. A. Samad., *Handbook on Impact Evaluation: Quantitative Methods and Practices*, The World Bank Press, 2009.

[35] Musgrave Abel R., *The Theory of Public Finance: A Study in Public Economy*, McGraw-Hill Press, 1959.

[36] Mullainathan, S., Marianne Bertrand and Esther Duflo., "How Much Should We Trust Differences-in-Differences Estimates?", *Quarterly Journal of Economics*, 2004, 119 (1): 249 – 275.

[37] Oates, Wallace E., *Fiscal Federalism*, Harcourt Brace Jovanovich Press, 1972.

[38] Ravallion, Martin., *Evaluating Anti-Poverty Programs*, Handbook of Development Economics, 2008.

[39] Rosenbaum, Paul R., and Donald B. Rubin., "The Central Role of the Propensity Score in Observational Studies for Causal Effects", *Biometrika*, 1983, 70 (1): 41 – 55.

[40] Smith Jeffrey A., and Petra E. Todd., "Rejoinder", *Journal of Econometrics*, 2005, 125 (1): 365 – 375.

[41] Todd, Petra A., *Matching and Local Linear Regression Approaches to Solving the Evaluation Problem with a Semiparametric Propensity Score*, University of Chicago Press, 1995.

中国县级政府税收竞争研究[*]

一、引　言

中国式财政分权形成了市场保护型的财政联邦制（Qian and Roland，1998），成为推动中国经济增长的有效机制。但这场具有划时代意义的顶层财政制度设计也产生了如税收先征后返等恶性竞争问题，造成了国家整体税收资源的流失。此外，在"营改增"全面推行的局势下，地方主体税种的缺位不仅进一步拉大了地方财权与事权的不匹配程度，而且弱化了地方政府的市场保护型激励。如何规避税收资源的流失、重塑地方政府的市场保护型激励，是摆在中央政策层面的一项重要课题，而准确判断地方政府税收竞争类型，是制定有效税收政策的前提，也是本文的努力所在。

中央政府拥有税收立法权，地方政府在部分税种上拥有税收征管权，中央对地方税收征管进行监督。我国缺乏一套行之有效的认定"应收尽收"的标准和能够约束税务机关行为的制度，各级政府一直通过"税收计划"来促使税务部门提高征税能力和税收努力，这就给地方政府留下了博弈空间，特

　　* 本文原载于《统计研究》2014 年第 6 期。作者：杨龙见、尹恒。本文获国家自然科学基金项目"公共支出间横向影响及支出责任纵向划分：基于中国市县级数据的研究"（71173019）、"税收、财政补助与企业生产率：基于微观数据的研究"（71373026）、教育部 21世纪优秀人才支持计划"公共财政与收入分配"（NECT－11－0041）和中央高校基本科研业务费专项资金资助。感谢徐琰超、李世刚、柳荻和陈建伟的有益建议。

别是那些经济发展较快、税源较丰沛的地区，这些地方受到"税收计划基数"和税基流动的影响，税收不作为的激励会更大，争相减税的行为可能导致出现"竞争到底"的结果。相反，对于那些经济发展较慢、税源不充足的地区，受上级部门制定的税收计划和可支配财力所迫，地方政府可能会加大税收征管力度，导致相对较高的税率。这说明不同禀赋的地方政府行为激励是不同的，同质性政府的假设，容易混淆地方政府不同的激励行为。异质性政府是否具有差异化的税率，其中的机制是什么？从这个角度看，进一步关注非同质地区的税收竞争博弈更具现实意义。

分税制下税收分成比例决定了税务部门的税收努力程度。营业税是地方税种，成本和收益划分相对明确，而且地方政府拥有税收征管权。在财政捉襟见肘的情况下，营业税已经成为地方政府最重要的支柱性收入之一①。在这种态势下，地方政府的生产性支出中更加偏好基础建设投资②，20 世纪 90 年代中期直至今天，仍然过热的地方基础建设投资和各种"大兴土木"的政绩工程都与此密切相关。地方政府在营业税上具有竞争动机和能力，鉴于此，本文以营业税为研究对象，考察中国县级政府税收竞争行为。

本文的理论研究表明，地方政府为吸引税基而采取策略性博弈，邻近地区的相对税率在一定范围内时，出现税收模仿，形成税率竞争向下的态势。资本的税率弹性差异导致税收竞争中税率的分化。基于 2002～2006 年的中国县级差分面板数据分析，发现邻近地区在营业税税率上存在显著的策略互补行为；异质性政府的税率存在差异，贫穷县的相对税率要高于富裕县。本文余下的内容安排如下：第二部分是文献综述；第三部分是一个简单模型的讨论；第四部分是计量方法、数据和变量的介绍；第五部分是经验结果分析；第六部分是总结性评论。

---

① 在本章的样本考察期内，平均而言，营业税收入占据了县级政府预算内收入的 23%。

② 营业税主要是对建筑业和第三产业征收，其中，建筑业是营业税的第一大户，因此，在生产性建设支出中，地方政府更偏好于基础建设投资。

二、文献综述

对于财政竞争的研究始于资本竞争所带来效率改进的探讨，资本的自由流动提高了资源配置效率。早期的税收竞争文献是基于外溢的视角。最优税率水平保证了边际成本等于边际收益，但为吸引税基地方政府倾向于降低税率，导致公共物品的供给水平会低于最优水平。后续的研究视角集中在税基流动产生的策略互动行为，地方性公共物品的财政支出来自于本地雇佣的资本税收，相对于流动性较差的居民，资本会因为税率的差异而在辖区间自由流动。萨德罗和米茨科夫斯基（Zodrow and Mieszkowski, 1986）建立了规范的理论模型来分析税收竞争，认为一个地方政府如果忽略其政策给本地区带来的外部性，通常会制定较低的税率。在极端的情况下，各个地方为了争夺税基，均衡的资本税率将降低到零。但是问题在于公共物品的提供需要税收来筹集资金，如果降低了税收，那么公共物品的提供在数量和质量上就会受到影响，这反过来影响了资本的流入和企业的进入。威尔森（Wilson, 1986）在地方政府"完全竞争"的前提下展开讨论，如果辖区政府相对于经济总量足够大，每个辖区就可以通过改变税率影响资本的净回报。威尔森（Wildasin, 1988）认为，资本的流动对辖区政府制约的主要原因在于辖区政府为扩大税基而减少税收，从而降低企业成本。现实中地方政府之间的税收策略是复杂的，一个地区的税收策略可能会对相邻县的资本产生深刻影响。地方政府要吸引资本，让企业在本地选址，会采取降低税率的策略，给予税收减免等措施。此外，税收竞争也可以作为一种传递信息的手段，原因在于信息不对称的情况下，信息的获取是有成本的，优惠的税收政策不仅可以降低企业的成本，而且还可以看作一种信号传递机制，向资本拥有者展示本辖区的经济实力。吸引资本的激励总是相对的，一个地方政府对资本的吸引力不仅取决于本地税率，也受其他地方政府的影响，因此，引致了辖区间的税收竞争。

有学者开始注意到现实中税率的分化。对此，周黎安（2008）从财政供养人口的角度进行了深入分析，他认为穷县的工商业不发达，就业机会少，政府部门成为当地人们就业的最好选择，政府财政供养人口增加，"养家糊口"的刚性支出压力导致政府很难去"放水养鱼"，税收征管强度较大。而富县初始的工商企业数目较多，企业部门提供的就业机会多，政府部门岗位的比较优势降低，政府部门冗员压力小，刚性支出压力下降，而数目相对较多的工商企业又平摊了这部分压力，这无形中增加了该地区投资的相对优势，导致税基流入，形成良性循环。也有学者认为，预算外收入规模的差别导致了不同程度的税率（李永友，2012）。相对于落后地区，富裕地区税源较充足，预算外收入也较多，对预算内的收入依赖程度低，因此，表现为相对税率较低。已有的这些文献尝试对税率的异化给出解释，基本的共识是从财政分权下地方政府异质性约束的视角去理解现实中的税率水平。

实证研究方面，国外学者就税收竞争研究已经展开了大量探讨，这些文献多数集中在州一级水平。近几年，国内学者也开始利用空间计量手段进行应用性的研究，也有一些文献对我国的税收竞争进行了有益的讨论。早期关于税收竞争的研究都是基于省级的截面数据（沈坤荣和付文林，2006），后续的学者开始采用面板数据研究我国省级政府税收竞争问题（郭杰和李涛，2009），这些文献主要是识别政府的财政策略互动行为，没有对其机制作深入探讨，而且研究视角和研究方法的不同导致结论的差异较大。

三、理论模型

我们建立一个两地区税率竞争的框架，假定经济系统中存在地方政府 i 以及邻近地区 $-i$，每个地方政府具有同质的劳动数量 L^i，资本存量 K^i 被劳动者所拥有。代表性居民的效用来自于私人消费 c^i 和公共物品消费 g^i。企业的生产函数为 $Y^i = F(K^i, L^i)$，则人均产出为 $y^i = f(k^i)$，k^i 为人均资本。人口不能流动，资本在辖区之间完全流动至每个辖区的资本净回报相等，资本市场均

185

第一篇 地方财政

中国县级政府税收竞争研究

衡时的条件为 $r = f'(k^i) - t^i$，资本总量为 $\bar{k}$，具体为：

$$r = f'(k^i) - t^i = f'(k^{-i}) - t^{-i} \tag{1}$$

$$k^i + k^{-i} = \bar{k} \tag{2}$$

分别对 t^i 求导得：

$$f''(k^i)\frac{\partial k^i}{\partial t^i} - 1 = f''(k^{-i})\frac{\partial k^{-i}}{\partial t^i} \tag{3}$$

$$\frac{\partial k^{-i}}{\partial t^i} = -\frac{\partial k^i}{\partial t^i} \tag{4}$$

式（4）代入式（3），整理得：

$$\frac{\partial k^i}{\partial t^i} = \frac{1}{f''(k^{-i}) + f''(k^i)} < 0 \tag{5}$$

$$\frac{\partial k^{-i}}{\partial t^i} = \frac{-1}{f''(k^{-i}) + f''(k^i)} > 0 \tag{6}$$

由式（5）和式（6）我们得到产出与税率之间的关系，本地的产出与本地的税率成反比，与邻近地区的税率成正比，即：

$$y = f(k(t^i, t^{-i})), f'_{t^i}(k) < 0, f'_{t^{-i}}(k) > 0 \tag{7}$$

产出用来提供私人物品 c_i 和公共物品 g_i，假设私人物品消费与公共物品消费比为产出的一个比例，结合式（7）得：

$$\frac{c}{g} \equiv \gamma y = \gamma f(k(t^i, t^{-i})) = E(t) \tag{8}$$

地方政府的效用函数包括私人物品与公共物品，地方政府选择税率最大化自己的效用，即 $t^i \in \underset{t^i}{\arg\max} u\{c, g\}$。为便于进行消费品需求数量分析，我们根据霍撒克（Houthakker，1960）建立一个可加性的间接效用函数①：

$$V(y) = \lambda_c (y/p_c)^{\theta_c} + \lambda_g (y/p_g)^{\theta_g} \tag{9}$$

其中，p_c 和 p_g 分别为私人物品和公共物品的价格，由 Roy 恒等式得：

---

① 这种效用函数在满足两个特点时非常适用：区别比较大的总量商品（Large Distinct Aggregates），如衣服和食物；产出变化推动资源配置。

$$\frac{c}{g} = \frac{\dfrac{\partial V(y)}{\partial p_c}}{\dfrac{\partial V(y)}{\partial y}} \bigg/ \frac{\dfrac{\partial V(y)}{\partial p_g}}{\dfrac{\partial V(y)}{\partial y}} = \frac{\partial V(y)}{\partial p_c} \bigg/ \frac{\partial V(y)}{\partial p_g} = \frac{-\theta_c \lambda_c p_c \left[y/p_c \right]^{\theta_c - 1}}{-\theta_g \lambda_g p_g \left[y/p_g \right]^{\theta_g - 1}}, \text{ 把价格标准}$$

化为 1，则上式简化为：

$$\frac{c}{g} = \lambda (y)^{\eta} \tag{10}$$

其中，$\lambda = \theta_c \lambda_c / \theta_g \lambda_g$，$\eta = \theta_c - \theta_g$

对式（8）全微分得：

$\left[E'(t) - \gamma y_1 \right] \mathrm{d}t^i = \gamma y_2 \mathrm{d}t^{-i}$，即

$$\frac{\mathrm{d}t^i}{\mathrm{d}t^{-i}} = \frac{\gamma y_2}{E'(t) - \gamma y_1} \tag{11}$$

由式（10）得

$$E'(t) = \frac{\eta \lambda (y)^{\eta} (y_1 + y_2)}{y} \tag{12}$$

由链式法则得：

$$y_1 = \frac{\partial y}{\partial t_i} = \eta_{yk} \eta_{kt^i} \frac{y}{t^i}, \quad y_2 = \frac{\partial y}{\partial t^{-i}} = \eta_{yk} \eta_{kt^{-i}} \frac{y}{t^{-i}} \tag{13}$$

资本在流动的情况下，$\eta_{kt^{-i}} = -\eta_{kt^i} > 0$，把式（12）、式（13）代入式（11）得：

$$\frac{\mathrm{d}t^i}{\mathrm{d}t^{-i}} = \frac{-\gamma \eta_{yk} \eta_{kt^i} \dfrac{y}{t^{-i}}}{\eta \lambda (y)^{\eta} \eta_{yk} \eta_{kt^i} \left(\dfrac{1}{t^i} - \dfrac{1}{t^{-i}} \right) - \gamma \eta_{yk} \eta_{kt^i} \dfrac{y}{t^i}} = \frac{\gamma \pi \dfrac{y}{t^{-i}}}{-\eta \lambda (y)^{\eta} \pi \left(\dfrac{1}{t^i} - \dfrac{1}{t^{-i}} \right) + \gamma \pi \dfrac{y}{t^i}} \tag{14}$$

其中，$\pi = -\eta_{yk} \eta_{kt^i} > 0$

式（14）即为本地税率对临近辖区税率的反应函数。在现实中，政府对公共物品的偏好要大于私人物品，即 $\eta = \theta_c - \theta_g < 0$。

因此，$\begin{cases} \text{当} \dfrac{t^i}{t^{-i}} < 1 + \dfrac{\gamma}{-\eta \lambda y^{\eta - 1}} \text{时} \qquad \dfrac{\mathrm{d}t^i}{\mathrm{d}t^{-i}} > 0 \\[3mm] \text{当} \dfrac{t^i}{t^{-i}} > 1 + \dfrac{\gamma}{-\eta \lambda y^{\eta - 1}} \text{时} \qquad \dfrac{\mathrm{d}t^i}{\mathrm{d}t^{-i}} < 0 \end{cases}$

其中，$1 + \dfrac{\gamma}{-\eta\lambda y^{\eta-1}}$ 为两地税率比值的临界点，其现实意义是容易理解的，相对于邻近地区，本地的税率一般会采取同向策略，即为保护税源，邻近地区的税率下降，本地的税率会随着下降。但当本地税率相对于邻近地区税率的比值高于某一临界点 $1 + \dfrac{\gamma}{-\eta\lambda y^{\eta-1}}$ 时，本地政府就会"破罐子破摔"，表现为邻近地区税率下降，本地区税率反而提高，形成策略替代战略。在中国地方政府没有税收立法权，各地方政府营业税的名义税率相同，而相邻地区的自然禀赋比较相近，实际税率相差比较悬殊的情况相对较少。

因此，由上式可以得出：

命题 1 如果临近辖区间实际税率相差不大，且地方政府偏好公共物品的提供时，辖区之间的税率竞争通常表现为策略互补（同向竞争）。

尽管税率向下竞争已经成为地方政府乃至国家之间的不争事实，但这些研究的假设都是建立在同质性地方政府的前提之上。鉴于现实中我国地方政府的差异很大，考虑政府之间的不同特质有很重要的现实意义。不同禀赋的地方政府可能会有不同的行为激励（Cai and Treisman，2005），如果从经济发展程度的视角把县域分为富裕县和贫穷县，则异质性政府的税率会不会存在差异呢？

在式（10）中，我们把私人物品和公共物品的价格单位化为1，而现实中商品的流通性大多是限于私人物品，公共物品往往是受地域限制的，其流通性较差，因此，异质性政府提供公共物品的成本是不一样的。贫穷县公共物品的供给成本 p_g^p 要大于富裕县的供给成本 p_g^w①，为提供一定量的公共物品，贫穷县的需要相对支出更多。除此之外，由于政府之间税源结构、资源和政

---

① 主要源自于两方面的原因，第一是规模效应所致，具有先发优势的富裕县提供公共物品的平均成本要比贫穷县低；第二是生产率的不同所致，富裕县的全要素生产率要高于贫穷县，提供公共物品的边际成本低于贫穷县。

策优势差异较大等原因[①]，异质性政府资本的税率弹性 η_{kt} 大小不一，表现为富裕县资本的税率弹性 η_{kt}^{w} 会大于贫穷县资本的税率弹性 η_{kt}^{p}，即 $\eta_{kt}^{w} > \eta_{kt}^{p}$。

因此，由以上分析我们得出：

命题 2 异质性政府间资本的税率弹性不同使得政府间的税收竞争表现为群分现象，即富裕县的税率 t_{*}^{w} 会小于贫穷县的税率 t_{*}^{p}。

四、计量方法、数据及变量介绍

本文采用空间计量模型识别地区间税收政策的相互影响，具体的：

$$E_i = \alpha + \lambda \sum_j \omega_{ij} E_j + X_i \gamma + \varepsilon_i \tag{15}$$

其中，E 为营业税率，λ、ρ、γ 是待估计的参数，X 是控制变量，ε 是随机扰动项，ω 是估计中用到的权重，这些权重是以一定规则构造的 $n \times n$ 方阵。

考虑到 E 的内生性和可能存在的空间相关性，很多文献采用极大似然（ML）估计式（15），但该方法假定扰动项服从正态分布的假设条件太强，近些年来备受争议。克勒金和普鲁切（Kelejian and Prucha，1998）提出的广义空间两阶段最小二乘法（GS2SLS）可以很好地解决上述问题，该方法也逐渐开始在国内得到应用（尹恒和徐琰超，2011）。

需要说明的是，县级政府间存在不随时间变化的异质性因素会对税率产生影响，例如，自然环境、文化传统等。自然环境好、文化底蕴厚重的县对服务性企业的吸引力较强，县级政府在征税上有更大的谈判权，而这种自然环境、文化氛围在地域上可能存在聚集，即地理位置或者行政区划相邻的县禀赋也比较相近，这可能导致税收行为相似，如果忽略了这些因素，可能会

① 例如，富县的营业税大多来自服务业，资本流动性较强，本地资本对税率的弹性较大，即本县税率的下降会导致资本大量流入，为吸引资本，富裕县的均衡税率表现为较大程度的下降；而穷县的营业税大多源自于建筑业，而建筑业的沉没成本较大，资本流动性就较弱，本地资本对邻县税率的弹性较低，为支出筹措财政资源时税率下降幅度可能会较小。

导致参数 λ 的估计有偏。鉴于此，我们利用差分面板数据解决此类问题，模型如下：

$$E_{it} = \alpha + \lambda \sum_j \omega_{ij} E_{jt} + X_{it}\gamma + \omega_i + \varepsilon_{it} \qquad (16)$$

$$\varepsilon_{it} = \rho \sum_j \omega_{ij}\varepsilon_{jt} + \upsilon_{it} \qquad (17)$$

ω_i 代表不随时间变化的异质性因素。差分面板数据存在两种处理方法：一种是式（16）两边同时减去样本在时间维度上的均值；另一种是逐年差分。前者必须在平衡性面板的前提下进行，由于在时间上存在县域间行政区划或地理面积调整的现象，平衡性面板必然会损失不少样本量。此外，2002 ~ 2006 年跨期 5 年的空间矩阵运行超出了 Stata 12 的运算能力，因此，本文选择后一种方法通过逐年差分构建面板。这种面板构建方法很好的处理了"基数"效应，如税收的征管、转移支付中都存在序列"惯性"，本年的征管力度、上级政府的转移支付份额都会参考上一年的情况，这种序列相关可能并非政府间策略行为结果，更可能是源于历史惯性。而增量更好的体现出了政府间的策略互动。

考察地区间税收竞争博弈的关键是对竞争地区权重的设定。权重是对空间反映特征的先验预测，它的确定标准比较随意，往往是根据研究者的研究目的而设置。为了估计结果的稳健性，本文分别构造了地理相邻和行政相邻两种权重矩阵。

地理相邻即是看样本在地理上是否接壤。选择相邻关系定义的原则在于研究对象的特点，甄别个体之间的联系，更多相对复杂的相邻关系定义可能区别在相同边的长度上①。还有一种更常见的做法是选择一定长度的临界值，看样本之间的距离是否处于临界值的辐射半径内（李世刚和尹恒，2012）。鉴于税基的流动并不局限于地理上接壤的县，本文采用后一种临界值的方法更有意义。构造的空间相邻矩阵如下：

———————

① 有些软件，例如 GeoDa 可以直接用多边形的临接来定义空间权重，但其样本数量和对地图质量的要求较高。

$$w_{ij}^{50km} \begin{cases} 1/d_{ij} & i \neq j \text{ 且 } d_{ij} \leq 50km \\ 0 & i \neq j \text{ 且 } d_{ij} > 50km \\ 0 & i = j \end{cases}$$

具体过程是，首先要找到各县的经纬度坐标，然后根据经纬度坐标计算任意两个县城之间的距离，把距离的倒数设置为两地之间的权重。中国幅员辽阔，各地区县级行政单元的分布差异也较大，东部省份相邻县的距离往往在20km左右，西部某些临近县的距离可能会达到80km，我们选用了平均距离50km，把相邻定义为距离小于或等于50km，其权重为两者距离的倒数；把不相邻定义为距离大于50km，其权重设置为零。鉴于空间矩阵对角线上的权重代表的是"自己和自己"的距离，按照通行的做法，我们把它赋值为零，同时，将该权重矩阵的每一行的和分别标准化为1。

税基竞争可能更多的发生在同一行政区（市）的县之间，为此，我们还构造了同市相邻矩阵 W^{city}，设置办法如同距离矩阵，其元素如下：

$$w_{ij}^{city} = \begin{cases} 1 & i \neq j \text{ 且 } i \text{、} j, \text{同市} \\ 0 & i \neq j \text{ 且 } i \text{、} j, \text{不同市} \\ 0 & i = j \end{cases}$$

为了进行稳健性检验，我们还根据地理距离和行政区划这两个维度构造了一个新的空间矩阵 $w_{ij}^{50km\_city}$，该矩阵为距离矩阵和行政矩阵的混合形式，其元素如下：

$$w_{ij}^{50km\_city} \begin{cases} 1/d_{ij} & i \neq j \text{ 且 } d_{ij} \leq 50km, \text{同市} \\ 0 & i \neq j \text{ 且 } d_{ij} \leq 50km, \text{不同市} \\ 0 & i \neq j \text{ 且 } d_{ij} > 50km, \text{同市} \\ 0 & i \neq j \text{ 且 } d_{ij} > 50km, \text{不同市} \\ 0 & i = j \end{cases}$$

本文的讨论限制在县和县级市，不包括地级市以上的辖区。财政数据来源于2002~2006年各年《全国地市县财政统计资料》，社会经济数据来源于各年《中国县（市）社会经济统计年鉴》①。为剔除行政区划变动对本文估计的影响，我们通过百度百科逐一查找每一个县行政规划的历史变动情况，将它们分为三种情况进行处理②。出于行政体制的考虑，我们删除了直辖市、西藏自治区以及海南共6个省的样本，删除了全国范围内的副地级县市。此外，考虑到不同时间和不同地区的物价水平的差异会影响区域间变量的真实差别，我们根据博兰和霍尔茨（Brandt and Holz，2006）构建的一套物价水平调整指数对本文的相关名义变量进行平减。其中，2005年和2006年的平减指数按照他们的物价水平调整方法根据当年 CPI 外推得到。

本文采用县级政府营业税所得与实际 GDP 比例衡量营业税率。地方政府的支出责任和经济状况会直接影响本地税率，如果直接加入这些支出会产生一些内生性问题。为此，我们选用一些表现地方特征的基本因素来控制地区其他特征对实际税率的影响。控制变量包括县经济发展变量、人口结构变量和其他变量。

县经济发展变量：人均收入水平、经济总量、第二产业比重，反映县的经济发展情况。人均收入水平越高，经济规模越大，说明该地区的税收筹集能力越高，地方政府提供公共物品的能力就越强，地方在营业税上操作的空间就越大，营业税率会较低，因此，预测人均收入水平、经济总量的系数为负。经济结构仅采用第二产业比重来表示，第二产业主要包括采矿、制造业、电力燃气及水的生产和供应和建筑业等，对第二产业征收的税种主要是增值税和营业税。中央先对增值税征收而后按照一定比例返还给地方，其增值税返还越多，地方政府的财力自由度越大，对营业税征管的积极性就越低。此

---

① 2002年所得税改革后，增值税、消费税以及新成立企业的所得税由完全垂直管理、脱离于地方政府的国税系统进行征收，这使得地方政府的税收竞争集中到营业税上来。鉴于2007年地方财政统计口径的变化，本文数据考查范围限定在2002~2006年。

② 第一种情况：名称变更或者行政隶属关系变化，但县级单位行政辖区无实质变化，我们把这样的县级单位视为同一地区。第二种情况：名称无变化，但县级单位行政辖区发生实质改变，我们将这种情形视为不同地区，原编码中止，设立新编码。第三种情况：名称变化，县级单位行政辖区也发生实质改变，我们也将原编码中止，设立新的编码。

外，建筑业不仅是营业税的第一大户，而且还能带来土地财政、城市化等好处，为保护税基，地方政府倾向于征收较低的实际税率。因此，在其他条件不变的情况下，第二产业比重较高可能意味着地方政府征收营业税的积极性越低，预测第二产业比重的影响系数为负。

人口结构变量：财政供养人口、农村人口比重、人口密度。人口结构因素是衡量一个地方社会因素对税收决策的影响，财政供养人口反映了地方政府的刚性支出负担，支出负担越重，营业税的实际税率就会越高，预测该系数为正；农村人口比重越大，一般而言该地区的提供公共物品的成本就越大，地方政府为筹集收入降低税收努力程度的意愿就越不明显，预测该系数为正；人口密度衡量的是公共物品提供的规模效应，密度越大，规模效应就越大，财政支出负担就越少，因此，预测该系数为负。

其他变量：转移支付比重。正如前文所述，转移支付对地方政府具有较强的收入效应。如果转移支付比重较大，地方政府对中央政府就会过度依赖，为获得较多的转移支付总量，地方政府会故意不努力征税，藏富于民，通过制造更大的财政缺口从而获得更多的转移支付。

如表1所示，西部地区的营业税率、第二产业比重明显高于东部地区，而人均收入水平和经济总量却低于东部①。正如我们在变量解释时所预测的那样，异质性的地方政府在自身禀赋的约束下，在营业税的征管强度上存在差异，即经济水平较差时，税收征管强度较大，经济水平较好时，税收征管强度较小。

---

① 与国家统计局行政的划分方法略有不同，我们按照文献中常用的依据经济程度划分方式确定东、中、西部。删除异质性的省份后，本文中的东部地区包括河北、辽宁、江苏、浙江、福建、山东和广东；西部地区包括四川、贵州、云南、陕西、甘肃、青海、宁夏、新疆、广西、内蒙古；中部地区包括山西、吉林、黑龙江、安徽、江西、河南、湖北、湖南。为了凸显异质性地区税率的差别，我们以中部地区为参照，只关注经济特征差异较大的东、西部地区。一般而言，西部地区经济先对落后，东部地区经济相对发达。

表1				所用变量的统计性描述				
变量名	全样本			西部地区			东部地区		
	样本数	均值	标准差	样本数	均值	标准差	样本数	均值	标准差
营业税率	7314	0.008	0.008	2003	0.011	0.008	2263	0.007	0.005
财政供养人口	7314	0.032	0.015	2003	0.035	0.017	2263	0.028	0.007
人均收入水平	7314	8.658	0.702	2003	8.307	0.666	2263	9.084	0.642
转移支付占总财政收入比重	7314	0.502	0.134	2003	0.538	0.154	2263	0.463	0.134
经济总量	7314	12.314	1.052	2003	11.577	1.001	2263	13.013	0.862
第二产业比重	7314	0.375	0.150	2003	0.335	0.143	2263	0.229	0.116
农村人口比重	7314	0.811	0.134	2003	0.813	0.145	2263	0.841	0.086
人口密度	7314	5.185	1.38	2003	4.34	1.739	2263	5.93	0.722

五、经验结果分析

基于统计性的描述只是直观推测，严谨的结论需要进一步的实证检验。如上所述，首先，合成差分面板数据，用当年的数据分别与上一年差分得到截面差分数据；用2006～2002年的逐年差分数据合并成面板；其次，使用空间计量方法进行估计。表2说明了面板数据回归的结果。模型（1）和模型（2）使用了以50km为半径的矩阵W^{50km}；模型（3）和模型（4）使用同市相邻矩阵W^{city}。结果十分明确：扰动项的空间自回归系数ρ为正，且在1%水平下显著异于零，这表明在我们的计量模型中控制扰动项的序列相关性是有必要的；无论是地理相邻还是行政相邻，两种估计方法得到的结论一致，λ都显著异于零，而且λ在所有情况下都为正，说明在营业税率的选择上，存在同向策略行为。比较四个模型，模型（1）、模型（2）列中λ绝对值明显大于模型（3）、模型（4）列中的值，说明地方政府在税率上的博弈对象不局限于同市其他县，更侧重于距离相邻的县。距离相邻增加了税基的流动，政府间对税基的竞争会更激烈，互补策略行为会更明显。总体上，我们采用各种方法和矩阵，人均收入水平、经济总量对营业税率的系数显著为负，即经济发展越好的县，地方政府的营业税率越低，经济发展越差的县，地方政府的营业税率越高。这印证了前述的论断，异质性的政府会有不同的策略行为：即发达地区的税率会低于落后地区的税率。国务院发展研究中心关于东部和西部两个县的调研是本文观点的一个佐证（蒋省三等，2010）：东部发达县建筑业创造的税收从 2001~2003 年增长了两倍，而西部欠发达县 2003 年比 1999 年增加了 5 倍。

表2   **面板的回归结果**

矩阵	W^{5km}	W^{5km}	W^{city}	W^{city}
估计方法	ML （1）	$GS2SLS$ （2）	ML （3）	$GS2SLS$ （4）
λ	0.094 *** （4.74）	0.105 * （1.82）	0.057 *** （6.38）	0.068 *** （3.28）
财政供养人口	0.075 *** （10.06）	0.073 *** （10.08）	0.047 *** （6.71）	0.065 *** （8.92）
人均收入水平	−0.004 *** （−4.30）	−0.004 *** （−4.31）	−0.003 *** （−3.44）	−0.004 *** （−4.36）
转移支付占总财政收入比重	−0.018 *** （−13.32）	−0.018 *** （−13.05）	−0.016 *** （−13.16）	−0.017 *** （−13.39）
经济总量	−0.011 *** （−10.92）	−0.011 *** （−10.92）	−0.011 *** （−11.27）	−0.011 *** （−11.39）
第二产业比重	−0.002 * （−1.89）	−0.002 * （−1.89）	−0.006 *** （−6.68）	−0.003 *** （−2.96）
农村人口比重	0.003 ** （2.45）	0.003 ** （2.44）	0.003 ** （2.20）	0.003 ** （2.43）
人口密度	−0.000 *** （−2.92）	−0.000 *** （−2.87）	−0.000 *** （−2.59）	−0.000 *** （−2.91）
常数项	0.002 *** （26.01）	0.002 *** （24.26）	0.002 *** （29.78）	0.003 *** （28.02）
ρ	0.127 *** （6.17）	0.201 *** （3.65）	0.283 *** （80.50）	0.106 *** （4.21）
σ^2	0.000 *** （52.17）		0.000 *** （52.35）	
样本量	5460	5460	5460	5460

注：GS2SLS 为广义空间两阶段最小二乘法，ML 为极大似然方法。

其他绝大多数控制变量符号与我们的预期一致。转移支付占总财政收入比重对营业税率的影响显著为负,表明转移支付对自有税收存在一定程度的替代。一个可能的解释是地方政府为了得到更多均等化的转移支付,主动降低税收努力程度,藏富于民。这显然是我国当前转移支付制度的一个弊端。在中国,转移支付制度有平衡财力的意图,导致"落后地区靠转移"的发展策略。财政供养人口和农村人口比重的系数显著为正,说明财政支出压力越大的地方政府不得不提高税收征管强度,从而表现出较高的实际税率。人口密度系数显著为负,说明公共物品提供中的规模效应会降低地方政府的财政支出,从而降低税率。

中国相邻县之间的距离在 20~80km,即便是在人口稀少的西部省份相邻县之间距离也很少有超出 80km,本文选择平均的距离 50km,考虑到这种距离选择具有一定的主观性,为了进行稳健性分析,我们进一步分析了交叉矩阵的结果,W^{50km_city} 表示距离在 50 公里以内,且行政上属于同一地级市。鉴于同一行政区域且距离相近的地方政府税收竞争时,更易采取战略互补策略,且竞争强度会更激烈,因此我们预测采用交叉矩阵后,λ 不但显著的异于零,而且回归系数的绝对值要大于利用单独使用两种矩阵回归的结果。回归结果如表 3 所示,地理相邻并且行政相邻时,λ 值要大于单纯使用距离矩阵或者行政矩阵回归时对应的值,证明前述回归结果的稳健性,同时传递给我们的一个稳健信息是:地理相邻且行政相邻的地方政府间存在更明显的战略互补策略。

表 3　　　　　　　　　　　　　稳健性分析

矩阵	W^{50km_city}	W^{50km_city}
估计方法	ML	GS2SLS
λ	0.097 ** (2.55)	0.272 * (1.87)
财政供养人口	0.075 *** (9.94)	0.075 *** (4.90)

矩阵	W^{50km_city}	W^{50km_city}
人均收入水平	-0.004 *** (-4.28)	-0.004 *** (-2.62)
转移支付占总财政收入比重	-0.018 *** (-13.60)	-0.018 *** (-8.83)
经济总量	-0.011 *** (-10.84)	-0.011 *** (-5.20)
第二产业比重	-0.002 * (-1.79)	-0.002 (-1.01)
农村人口比重	0.004 *** (2.69)	0.004 ** (2.32)
人口密度	-0.000 *** (-2.75)	-0.000 *** (-2.68)
常数项	0.003 *** (27.87)	0.002 *** (9.77)
ρ	0.100 ** (2.52)	0.075 (0.54)
σ^2	0.000 *** (52.33)	
样本量	5460	5460

总之，我们的经验分析得到十分稳健的结果：无论是地理相邻还是行政相邻，县级政府在营业税上存在明显的策略互补行为，且贫穷县的税率高于富裕县。

六、总结性评论

在中国式分权体制下，政治锦标赛使地方政府转向了以 GDP 为核心的竞争，为了在较短的时间内获取推动经济增长的资源，堆砌政绩工程，在地方政府之间展开了激烈的税收竞争。本文理论部分讨论了地方政府在征收强度上是否存在竞争行为，同时分析了这种竞争方式在不同类型的地区是否存在差异。经验部分运用中国县级数据研究了地方政府在营业税征收方面的策略竞争行为，以及不同禀赋的政府在税收征管方面的差异。我们不仅采用了极大似然方法和广义空间两阶段最小二乘法进行估计，同时也考虑了地理相邻和行政相邻的两种空间特点。

本文发现，如果某县级政府在营业税上降低了征管强度，而其他地区也会采取相同的策略，从而在相邻地区之间表现为策略互补，而且，根据各地方政府的禀赋不同，在营业税征管强度的选择上有所差异，具体表现为人均GDP高、经济规模大的地区税率较低，反之，人均GDP低、经济规模小的地区税率较高。

本文的研究反映出一些现实问题：首先，税基在辖区间流动促成了税率向下的地方政府竞争策略，在存在主体税种的情况下，地方政府为吸引税基，竞相降低企业税率，一定程度上形成了市场保护型的激励。其次，这种竞争向下的税率导致国家整体税收资源的流失，同时，异质性政府因各自的"禀赋"形成差异化的税率，长此以往会造成资源配置更加不平等，最终会在这场税收竞争中逐步拉大区域间贫富差距。最后，本文无疑为近些年出现的基建投资热以及地方政府的生产性支出偏向，从税收竞争的角度提供了一种解释。

降低相对税率可能只是地方政府税基竞争中的低级形式，提升税收竞争质量是未来改革的方向。结合当下的改革，由此衍生出的一个结论是：保护市场保护型竞争激励和纠正扭曲的税率是未来改革关键。一方面，"营改增"试点的逐步铺开，征税权也逐步从地方转移到了中央，这有利于纠正被扭曲的税率，形成全国统一的税收政策，一定程度上避免了税收的流失；另一方面，可能会导致地方政府市场保护型激励的弱化。因此，应该考虑赋予地方新的主体税种或者给予地方更多的税收留成，在提高财权与事权匹配的同时，使地方财政行为回归到市场维护型的高水平竞争。

参考文献

［1］郭杰、李涛：《我国地方政府间税收竞争研究——基于我国省级面板数据的经验证据》，载于《管理世界》2009 年第 11 期。

［2］蒋省三、刘守英、李青：《中国土地政策改革：政策演进与地方实施》，上海：上海三联书店 2010 年版。

［3］李世刚、尹恒：《县级基础教育财政支出的外部性分析》，载于《中国社会科学》2012 年第 11 期。

［4］李永友：《财政分权、财政政策与需求结构失衡》，北京：中国人民大学出版社 2012 年版。

［5］沈坤荣、付文林：《税收竞争、地区博弈及其增长绩效》，载于《经济研究》2006 年第 6 期。

［6］尹恒、徐琰超：《地级市地区间基本建设公共支出的相互影响》，载于《经济研究》2011 年第 7 期。

［7］周黎安：《转型中的地方政府：官员激励与治理》，上海：格致出版社 2008 年版。

［8］D Wildasin，"Nash Equilibria in Models of Fiscal Competition"，*Journal of Public Economics*，1988（35）：229 – 240.

［9］G Zodrow.，P Mieszkowski.，"Pigou, Tiebout, Property Taxation, and the Under Provision of Local Public Goods"，*Journal of Urban Economics*，1986（19）：356 – 370.

［10］H Cai.，D Treisman.，"Does Competition for Capital Discipline Governments? Decentralization, Globalization, and Public Policy"，*The American Economic Review*，2005（95）：817 – 830.

［11］H Houthakker.，"Additive Preferences"，*Econometrica*，1960（28）：244 – 257.

［12］H Kelejian.，I Prucha.，"Generalized Spatial Two-stage Least Squares Procedure for Estimating a Spatial Autoregressive Model with Autoregressive Disturbances"，*Journal of Real Estate Finance and Economics*，1998（17）：99 – 121.

［13］J Wilson.，"A Theory of Interregional Tax Competition"，*Journal of Urban Economics*，1986（19）：296 – 315.

［14］Loren Brandt and Carsten A.，"Holz, Spatial Price Differences in China：Estimates and Implications"，*Economic Development and Cultural Change*，2006（55）：43 – 86.

［15］Y Qian.，G Roland.，"Federalism and the Soft Budget Constraint"，*American Economic Review*，1998（88）：1143 – 1162.

空吸抑或反哺：北京和上海的经济辐射模式比较*

一、引 言

区位邻近的地区会逐渐形成联系紧密的经济圈。经济圈内部地区间的相互关系一般并不对等，存在一个或多个中心（增长极），对区域内其他地区施加正向或者反向的经济辐射。迈德尔（Myrdal，1957）归纳了经济圈内中心对外围地区可能存在的两种影响：一是"回流效应"（Backwash Effects，本文称"空吸效应"），二是"扩散效应"（Spread Effects，本文称"反哺效应"）。空吸效应指中心城市吸空外围地区的资本、劳动、自然资源等生产要素，中心城市的发展反而抑制了周边地区的发展机会，导致中心与外围的差距不断扩大。反哺效应指中心城市的发展对外围地区形成市场和技术外溢，中心城市的产业升级和产业向外围扩散促进市场一体化和生产要素的优化配置，中心与外围地区实现共同增长。

改革开放以来，我国区域经济逐渐形成相对活跃的"两极三区"空间布局，其中"两极"指北京、上海两大中心增长极，"三区"指以北京为中心

---

　*　本文原载于《世界经济》2012 年第 3 期。作者：朱虹、徐琰超、尹恒。作者感谢国家自然科学基金（项目号：71173019）和国家社会科学基金重大项目（项目号：06&ZD014）的资助。

的经济圈、以上海为中心的长三角经济圈以及以广州为中心的珠三角经济圈。20 世纪末以来，北京、上海进入新一轮高速发展时期。1997 ~ 2009 年，北京和上海年均经济增长率分别达到 15. 87% 和 12. 49%。2009 年北京和上海的 GDP 总量分别为 12153 亿元和 15046 亿元，人均 GDP 分别为 70452 元和 78989 元①。从经济规模和辐射能力看，北京和上海无疑都是各自经济圈内具有优势的中心城市。环北京和上海经济圈内"中心—外围"具有怎样的相互影响模式？这两个中心城市与周边地区的互动和辐射模式是否存在差异？对周围地区是空吸还是反哺？讨论经济圈内中心城市的辐射性质，对这些区域经济的协调发展具有重要意义。

国内区域经济的收敛性得到了比较充分的讨论。一些文献考察了我国城市化过程中区域经济呈现的"俱乐部"收敛特征（蔡昉，2000；沈坤荣等，2002）。林光平（2005）、吴玉鸣（2006）、苏良军（2007）和张晓旭等（2008）运用空间计量方法检验了区域经济的收敛性质。张学良（2009）利用1993 ~ 2006 年"长三角"132 个县市区的数据讨论了地区间空间依赖和空间相关性。已有文献广泛检验了各区域的空间收敛性，但对经济圈内相互影响特征和中心城市的辐射性质方面的问题，国内尚缺乏比较深入、严谨的研究②。这正是本文努力的方向。本文运用环北京和上海经济圈的县、市级面板数据，比较它们在各自经济圈内的辐射性质，以识别在最近一轮区域经济发展中这两大中心城市对周边地区的经济辐射是"空吸"还是"反哺"效应主导。

第二部分界定两大经济圈并对经济辐射特征做初步观察；第三部分讨论检验经济圈辐射性质的方法；第四部分介绍检验结果；第五部分进行总结性评论。

---

① 资料来源于北京市、上海市统计局公布的年度数据，其中人口均按照年末常住人口计算。

② 一些媒体和观察家注意到北京和上海对周边地区影响的差异。例如，北京社科院（2006）称上海带动周边地区发展的"龙头效应"明显强于北京。

二、京沪经济圈的界定与初步观察

经济圈的界定。环沪经济圈的界定较为直接。1997年,上海、无锡、宁波、舟山、苏州、扬州、杭州、绍兴、南京、南通、常州、湖州、嘉兴、镇江和泰州市共15个城市通过平等协商,自愿组成新的经济协调组织——长江三角洲城市经济协调会;2003年,台州市的加入使"长江三角洲城市经济协调会"的成员扩大到16个城市(被称为"15+1模式")。本文将其界定为环沪经济圈,包括16个市及其市辖县共88个样本点①,覆盖土地面积约10.61万平方公里(见图1右)。"长江三角洲城市经济协调会"也是相关经验研究通常界定"长三角经济圈"的方法。直观上以北京为中心的经济圈包括天津和河北的部分地区。近年来,其具体政策的内涵不断变化,从"京津唐"、"京津冀"到"环渤海经济圈",后者在2004年正式作为区域发展战略被提出。然而仅从省级层面将北京、天津、河北一并划定为北京辐射带显得过于粗略。为了突出区域经济发展的"中心—外围"模式,使京、沪两大中心城市的辐射在经济和地理范围上具有可比性,本文界定的环京经济圈选取以北京为中心呈圆环状向外辐射的区域,包括53个县(市)②,覆盖土地面积约9.67万平方公里,与环沪经济圈的规模相当。两大经济圈均具有"一市两翼"的格局,即环京经济圈以北京市为中心,包含河北、天津两省市;环沪经济圈包含上海、浙江、江苏一市两省。

样本划分。随着城市经济规模的扩展,北京和上海核心城区周边的区县

---

① 区县个数:上海市辖区7个(包括中心城区及南汇县、奉贤县、松江县、金山区、青浦县和崇明县)、江苏省40个、浙江省41个。

② 区县个数:北京市辖区10个(包括中心城区、房山区、门头沟区、昌平县、顺义县、大兴县、怀柔县、密云县、平谷县和延庆县)、天津6个、河北省37个。

调整较频繁①，经济发展呈现中心城区向近郊、远郊逐步扩张的模式②。本文关注城市经济的扩散机制，因此，我们没有将北京和上海的每一个区、县作为单独的样本，而是根据经济扩张的层次，将样本区县划分为"中心城区"和"郊区"。样本划分标准方面，既要区别城市中心与周边腹地，反映区域间的经济联系，也要考虑北京和上海之间的可比性。1997～2005 年，两大城市的"核心城区"与"近郊"的经济已不断融合，我们将其统一视为"市辖区"，与各"远郊"县区进行区分。上海市划分为中心城区及南汇、奉贤、松江、金山、青浦区和崇明县共 7 个区、县；北京市包括中心城区和昌平、顺义、大兴、怀柔、密云、平谷和延庆共 10 个区、县。

我们将地级市的市本级与各城区数据加总，视为整体。进一步的，我们还考虑了 1997～2005 年各县区行政区划的变更③。地区 GDP 数据以 1997 年为基期进行平滑，剔除价格因素的影响。从选取的样本时段来看，1997 年正是"长江三角洲城市经济协调会"等区域性组织的成立的起点，1997～2005 年恰

① 1997 年以前，两大中心城市的行政区划均比较稳定，保持"城区＋郊县"的发展模式。随后，两者逐步分期、分批将城市周边的郊县撤县设区，城市经济从中心不断向外辐射。北京市的行政区划由核心城区（东城区、西城区、崇文区、宣武区）、周边近郊（朝阳区、海淀区、丰台区、石景山区）和远郊县（门头沟区、房山区、昌平县、密云县、通县、延庆县、顺义县、大兴县、平谷县、怀柔县）组成。1997～2001 年，北京市逐步将其周边的 6 个县（通县、顺义县、昌平县、大兴县、怀柔县、平谷县）改为区。相比之下，另一个增长极，上海市在 1997 年也同样包括传统中心城区（黄浦、徐汇、长宁、静安、普陀、闸北、虹口、杨浦、卢湾区、南市区、浦东新区）、近郊（闵行区、宝山区、嘉定区）和 6 个远郊县（金山县、奉贤县、松江县、青浦县、南汇县、崇明县）的格局。1997～2000 年，金山、松江、青浦、南汇、奉贤先后划县为区。2000 年 6 月撤销黄浦区和南市区，设立新的黄浦。2001～2005 年上海市行政区划趋于稳定。但是，划县为区的变化并不改变城市经济"核心城区＋郊县"的扩散模式。传统中心城区无论在城市化程度、经济发展水平还是一体化程度上看，都适合视为一个整体作为城市的核心。

② 北京包括核心城区（东城区、西城区、宣武区和崇文区）、近郊（海淀区、朝阳区、丰台区和石景山区）、远郊（房山、门头沟、昌平、顺义、大兴、怀柔、密云、平谷和延庆）；上海较早的官方划分为：城区（黄浦、静安、卢湾、徐汇、长宁、普陀、闸北、虹口和杨浦）、近郊（宝山、嘉定、闵行和浦东）和远郊（青浦、松江、奉贤、金山、南汇和崇明）。

③ 总体来看，地区行政区划调整主要包括三种类型：第一种是变更名称；第二种是行政级别的变化（包括县级市变更为地级市、县变更为区等）；第三种涉及县的分拆、合并以及县区之间辖区属地的改变。本文关注地区之间经济联系，前两种变化并不改变县区经济主体，因此，对研究结果不会产生根本影响。但第三种区划变更则需要进行相关处理，保持面板数据时序的连续性并反映区县经济规模和经济联系的变化。

好刻画了两大都市圈高速发展的阶段。因此，在一定程度上，时间跨度的局限性不会对我们关注的问题产生本质的影响。

表1描述了各省市在两大经济圈内部的总产出份额。1997～2005年环京经济圈格局的变动相对更加剧烈。北京市的比例从1997年的27.09%上升至2005年的55.70%，其经济规模在环京城市群中占有绝对优势。伴随着北京的经济扩张，周边县（市）的经济份额逐步下降。天津市在总量GDP中的比重从32.13%下降到21.91%，河北省47个县（市）的比重也从初始的40.78%下降了近20个百分点。观察环沪经济圈的变动，虽然上海市的份额也表现出增加的趋势，比重从1997年的13.16%不断上升至22.61%，但经济圈整体经济格局相对稳定，总体呈现三省（市）协调稳步增长的态势。其中江苏省的40个县市经济规模一直保持在45%左右的比例，浙江省则处于35%左右的份额。根据对北京和上海经济份额的变动观察，在最近一轮的区域经济发展过程中，这两个中心城市对周边地区经济的辐射模式可能存在差异。

表1 　　　　　　　　**两大经济圈内部各省（市）的GDP份额** 　　　　单位：%

年份	环京经济圈			环沪经济圈		
	北京	天津	河北	上海	江苏	浙江
1997	27.09	32.13	40.78	13.16	48.16	38.68
1998	29.06	29.86	41.08	13.93	47.09	38.99
1999	33.90	29.11	36.98	14.75	47.02	38.71
2000	34.63	31.07	34.29	15.45	46.10	38.05
2001	42.93	29.56	27.51	15.72	46.63	37.96
2002	55.03	24.39	20.58	20.87	44.31	34.86
2003	51.48	26.50	22.01	17.80	45.79	36.34
2004	51.69	25.75	22.56	18.59	45.56	35.68
2005	55.70	21.91	22.38	22.61	44.78	32.64

注：（1）数据单位为%。（2）河北省、江苏省和浙江省只包括属于经济圈内的样本（下同）。
资料来源：1997～2005年各年《全国地市县财政统计资料》。

表2比较两大经济圈各年人均GDP，也能凸显在这一时期增长模式的差异。1997～2005年上海的人均实际收入增长了79%，圈内江苏、浙江两省的

样本地区则分别达到45%和26%，基本呈现共同增长的态势。但同一时期环京经济圈则呈现北京高速增长、周边地区缓慢增长甚至下降的模式。北京市人均实际GDP增长率109%，而河北样本只增长了16%，天津甚至出现了负增长，下降了4%。在这一时期中心的快速增长使得地区差距发生显著变化。1997年北京人均GDP处于环京经济圈的中游水平；七年后达到15993.61元，是河北省样本县区的2倍，比天津高出70%。天津市不仅没有形成普遍期望的"第二增长极"，反而徘徊不前。这七年间，上海的人均GDP也后来居上。但从总体上看2005年上海市与江苏、浙江两省样本的收入差距相对较小。这一现象也在表3中得到了验证。1997～2005年，长三角经济圈的地区间产出差距略有扩大，但环京经济圈内差距的拉大速度要快于环沪经济圈。到了2005年前者人均GDP的标准差和变异系数均高于后者。

表2　　　　　　　　　　　　　**两大经济圈人均GDP**　　　　　　　　单位：元

年份	环京圈	北京	天津	河北	环沪圈	上海	江苏	浙江
1997	7146.97	7641.60	9780.97	6612.89	12670.09	12455.76	13264.70	12289.80
1998	7525.08	7966.23	9002.24	7190.15	12891.77	13336.77	12897.50	12441.03
1999	7113.62	8630.49	9045.77	6472.33	13327.58	13470.25	13992.73	12519.75
2000	7136.75	9400.41	9100.52	6328.86	13687.81	13848.57	14415.12	12799.73
2001	7069.67	10328.46	9548.78	5963.05	13896.39	14530.91	14274.4	12883.85
2002	7896.33	14172.53	10361.22	6139.60	15162.47	16249.43	15769.25	13468.72
2003	8501.75	15453.96	11185.60	6563.35	16639.09	17877.41	17381.19	14658.67
2004	9141.41	15768.29	11908.74	7259.82	18611.10	20656.49	19144.51	16032.3
2005	9181.29	15993.61	9351.56	7680.75	19016.09	22250.92	19251.26	15546.09

注：人均GDP数据单位为元/人。

资料来源：1997～2005年各年《全国地市县财政统计资料》。

表3　　　　　　　　　　　　　**两大经济圈内区域差异**

年份	环京经济圈		环沪经济圈	
	标准差	变异系数	标准差	变异系数
1997	0.48	0.48	0.52	0.50
1998	0.52	0.66	0.51	0.52
1999	0.60	0.51	0.54	0.59
2000	0.59	0.53	0.54	0.61

年份	环京经济圈		环沪经济圈	
	标准差	变异系数	标准差	变异系数
2001	0.62	0.53	0.54	0.59
2002	0.68	0.65	0.57	0.59
2003	0.70	0.67	0.60	0.58
2004	0.65	0.61	0.55	0.57
2005	0.65	0.67	0.56	0.59

但是，人均 GDP 的统计描述和人均产出变异系数的比较，只能反映产出绝对水平的相对变化。它并不意味着都市圈内部不存在经济收敛性，也难以帮助我们理解地区之间经济是如何相互影响的。要比较经济圈内部经济扩散的机制和经济收敛性，我们需要更为细致的讨论。

三、中心城市辐射性质的检验方法

上述初步观察的结果是否可信？这需要更严谨的检验。先讨论检验中心城市辐射性质的思路。考虑传统的绝对收敛模型：

$$\ln\left(\frac{y_{\tau,i}}{y_{0,i}}\right) = \alpha + \beta\ln(y_{0,i}) + \varepsilon_i \quad \varepsilon_i \sim N(0,\sigma^2) \tag{1}$$

其中，$\ln\left(\frac{y_{\tau,i}}{y_{0,i}}\right)$ 代表第 i 个地区人均收入在 T 期内的增长率，y_τ 表示末期的人均收入，y_0 为初始人均收入水平，ε_i 为误差项。$\beta < 0$ 意味着初始经济发展水平低的地区具有更高的经济增长率。这一模型关注是否存在经济收敛，即初始经济发展水平低的地区具有更高的经济增长率，不区分引起这种收敛的具体原因是资本、劳动还是技术等因素，因此不需要控制其他影响经济增长的变量。

为了检验经济圈内其他地区对本地区的增长是否存在影响，本文试图在上述模型中引入代表其他地区影响的解释变量。原则上，经济圈内所有地区都会对本地区产生影响。由于区域内发展的不平衡性，这些地区的影响模式和强度存在显著差异，中心城市的影响明显强于外围地区，这也是增长极模式的题中应有之义。关键问题是如何界定经济圈内的这种相互影响，并予以区别对待。空间自相关模型明确考虑空间相关性，基本思路是通过空间权重矩阵刻画地区间的相互影响（Paelinck，1979；Anselin，1988）。本文也运用 $n \times n$ 阶权重矩阵 $W = \sum_{j=1}^{n} w_{ij}$ 构造虚拟的对手地区。考虑如下模型：

$$\ln\left(\frac{y_{\tau, i}}{y_{0, i}}\right) = \alpha + \beta\ln(y_{0, i}) + \rho \sum_{j=1}^{n} w_{ij}\ln\left(\frac{y_{\tau, j}}{y_{0, j}}\right) + \varepsilon_i \qquad (2)$$

其他地区增长率的影响由 $\sum_{j=1}^{n} w_{ij}\ln\left(\frac{y_{\tau, j}}{y_{0, j}}\right)$ 项表示。

问题的关键是选择适当的权重矩阵 W。在空间计量经济模型中普遍使用的是如下矩阵①，其元素：

$$w_{ij} = \begin{cases} 1 & if \quad i \neq j \text{ 且 } i \text{ 和 } j \text{ 相邻} \\ 0 & if \quad i \neq j \text{ 且 } i \text{ 和 } j \text{ 不相邻} \\ 0 & if \quad i \neq j \end{cases} \qquad (3)$$

也就是说地理相邻的地区具有相同的影响因子，而不接壤的地区影响为 0。这显然不能体现经济圈内部中心增长极与其他地区的差异，不能刻画经济圈内部地区间网络式的经济联系以及中心城市辐射能力的主导性。在交通高度发达的地区，尤其在经济圈内部，地理区位已经不是影响经济发展的重要因素。本文认为每个地区对周边地区的影响能力主要取决于其经济规模。一般而言，占有经济份额绝对优势的中心城市对其他地区的影响能力较强，这也正是"中心—外围"辐射模式的主要特征。基于以上考虑，本文选择如下矩阵 W②，其元素：

$$w_{ij} = \begin{cases} \dfrac{y_j}{\sum_{n=1}^{N} y_n} & if \quad i \neq j \\ 0 & if \quad i = j \end{cases} \qquad (4)$$

---

① 将式（3）中的矩阵进行行标准化，使矩阵行之和为 1，从而元素具有权重的含义。

② 对该矩阵同样进行标准化。

j 地区对 i 地区影响的权重 w_{ij} 定义为第 j 个地区经济规模占区域总规模的比例（假定经济圈中有 N 个城市，y_j 为第 j 个地区的产出水平）。由于中心城市的经济份额在区域内处于主导地位，赋予其的相应权重也较大。这样模型（2）中的系数 ρ 刻画了经济圈内部的相互影响，尤其是经济份额大的中心城市对周边地区的辐射效应。ρ 是本文检验中心城市辐射效应的核心工具。ρ 为正，表明以中心城市为主体的其他地区对该地区的增长存在促进作用，也就是中心城市表现为"反哺"效应；反之则是"空吸"效应为主导。由于本文主要目的在于检验是否存在"反哺"或"空吸"效应，而不是更具体地讨论这种影响是通过何种途径实现，因此，不需要控制地区间生产要素和市场因素造成经济增长相互影响的变量，如资本、劳动和技术等。这些因素导致的地区经济增长的相互作用都可以概括进代表经济辐射的系数 ρ，不需要担心因遗漏这此类变量造成的内生性问题。

然而，模型（2）面临着两类不容忽视的内生性问题。首先，模型（2）本质是一个横截面回归，无法控制样本异质性。如前所述，虽然资本、劳动和技术变化等因素可以忽略，但某地区诸如自然条件等相对固定的异质性对经济增长的影响，这与周边地区的辐射无关。忽略此类因素，检验系数 ρ 就会包含与辐射无关的因素对经济增长的影响，从而产生偏误。最直接的方法是利用面板数据丰富的信息优势，通过固定效应方法剔除不可观测的地区异质性。具体的，本文采用埃尔斯特（Elhorst，2003）空间计量面板数据模型。将式（2）进一步推广到面板数据模型①：

$$\ln\left(\frac{y_{i,\,t+1}}{y_{i,\,t}}\right) = \alpha + \beta\ln(y_{i,\,t}) + \rho\sum_{j=1}^{n} w_{ij}\ln\left(\frac{y_{j,\,t+1}}{y_{j,\,t}}\right) + \varepsilon_{i,\,t} \tag{5}$$

对式（5）做一阶差分，再进行极大似然估计。模型（5）是本文的主要检验模型。

模型（3）的另一个内生性风险来源于不可观测的外生冲击。模型（2）

---

① 阿尔比亚（Arbia et al.，2005）第一次利用空间面板数据方法检验地区收敛性。

中地区经济增长误差项之间不存在相关性。这等价于假定包含在误差项中的外生冲击仅影响本地经济增长，而不会对其他地区产生影响。然而在地理区位邻近、经济联系紧密的都市圈内部，这个假定是不成立的。例如，区域经济面临共同的宏观冲击，这会同时影响所有地区、特别是经济圈内的地区，造成共同的经济增长波动。甚至共同的气候变化也可能如此。这使得扰动项呈现正向相关性。忽略了地区共同外生冲击造成的扰动项相关，会导致检验系数 ρ 的偏误。由于共同的经济冲击会带来的地区增长率间正向相关，ρ 的偏误一般会是正向的，即更偏向于地区间的反哺效应。为此，本文引入扰动项的空间相关性，使用如下模型：

$$\ln\left(\frac{y_{\tau,i}}{y_{0,i}}\right) = \alpha + \beta\ln(y_{0,i}) + \rho\sum_{j=1}^{n}w_{ij}\ln\left(\frac{y_{\tau,i}}{y_{0,i}}\right) + \varepsilon_i \tag{6}$$

$$\varepsilon_i = \lambda\sum_{j=1}^{n}w_{ij}\varepsilon_j + \eta_i \quad \eta_i \sim N(0,\sigma^2) \tag{7}$$

这里引入了误差的空间相关。λ 为空间误差项系数，表示地区误差项 ε_i 通过空间权重加权后的相互影响。这是本文进行敏感性分析的主要模型。本文采用克勒金和普鲁切（Kelejian and Prucha，1999，2001，2009）提出的广义空间两阶段最小二乘法（Generalized spatial Two-stage least squares，GS2SLS）进行估计。这一方法不需要对模型的误差项进行正态或其他分布的假定，就能够得到有效的和一致的估计量。它包括三个步骤：

第一步，找到 Y 的工具变量集合 H，H 包含 X 和 WX。对式（6）进行无截距项的两阶段最小二乘回归，得到残差；

第二步，利用第一步的残差进行 GMM 的估计，得到 λ 的估计值 $\hat{\lambda}$。按照克勒金和普鲁切（1999）的建议本文采用非线性联立方程组估计方法。

第三步，对原方程做 Cochrane-Orcutt 变换，$Y^* = Y - \hat{\lambda}WY$ 和 $X^* = X - \hat{\lambda}WX$，再对式（6）进行两阶段最小二乘估计。

四、检验结果

首先考虑一般的截面数据空间自相关模型（2）。表4说明了回归结果。

可以看出，结果并不令人满意，无论是在整个样本期还是在 1997～2001 年和 2001～2005 年两个子样本期所有解释变量都不显著。这并不奇怪。根据前面的讨论，模型（2）的设定存在缺陷，忽略了两类重要的内生性问题。表 4 的结果表明处理这些内生性是十分必要的。

表 4 　　　　中心城市辐射效应检验：截面数据空间自相关模型

	环京经济圈			环沪经济圈		
	1997～2001 年	2001～2005 年	1997～2005 年	1997～2001 年	2001～2005 年	1997～2005 年
β	0.003 (0.04)	-0.03 (-0.52)	-0.12 (-0.84)	-0.003 (-0.09)	-0.03 (-0.85)	-0.13 (-0.56)
ρ	-0.36 (-0.65)	-0.23 (-0.64)	-0.50 (-0.84)	-0.44 (-0.56)	-0.82 (-0.85)	-0.68 (-0.55)
观测值	53	53	53	91	91	91

注：空间权重矩阵：1997～2001 年采用 1997 年经济权重矩阵；2001～2005 年采用 2001 年经济权重矩阵；1997～2005 年采用 1997 年经济权重矩阵。

表 5 列出了主要检验模型（5）的结果。我们重点关注检验参数 ρ。在四个模型中检验参数 ρ 都是显著的。两大经济圈的参数 ρ 形成鲜明对照，在环沪经济圈中为正，在环京经济圈中为负。这意味着环沪经济圈中虚拟的对手地区对本地的经济增长存在正向相关性。由于上海市辖区的经济规模占到 20% 左右，远远高于其他县（市），ρ 的大小和方向更多地反映了中心城市上海的辐射效应。因此，可以认为上海对周边地区的影响更多地表现为"反哺"，上海的增长对周边地具有一定的拉动作用。

相之形成鲜明对照，环京经济圈中 ρ 参数显著为负。北京市的经济份额在环京经济圈的比重更高，进入 2001 年以后甚至超过 50%，因此，某地区的虚拟对手地区主要反映着北京的影响。负的检验参数表达出一个明确的信息，中心城市北京的增长并没有拉动周边地区齐头并进，相反存在一定的"空吸效应"。文章第二部分关于北京和上海辐射性质的初步观察得到进一步的支持。

表5	中心城市辐射性质的检验：面板数据模型			
	环京经济圈		环沪经济圈	
	I	II	I	II
β	-0.07^{***} (-2.72)	-0.07^{***} (-2.81)	-0.05^{***} (-3.35)	-0.05^{***} (-3.26)
ρ	-2.62^{*} (-1.93)	-1.39^{*} (-1.89)	1.67^{***} (2.46)	2.28^{**} (2.35)
观测值	53×8	53×8	88×8	88×8

注：（1）I模型使用1997年经济矩阵；II模型使用各年经济矩阵（下同）。（2）* 表示在 10% 水平上显著，** 表示在5% 水平上显著，*** 表示在1% 水平上显著。括号内的值为回归系数的 t 统计量，下同。

值得注意的是两大经济圈经济收敛系数 β 都显著为负，环京经济圈的收敛速度甚至还高于环沪经济圈。然而，β 显著为负只是表明初始经济水平（人均 GDP）较低的地区平均而言增长速度较快，并不能反映经济圈内经济中心的辐射性质。由于中心城市的表现对 β 的影响权重与普通样本相同，β 的方向体现的是区域内地区产出水平整体趋于收敛还是发散。即使中心城市自身的表现异于其他地区，但只要其他地区内部平均而言初始水平与增长率呈反向关系，β 则为负。观察期内中心城市的初始经济水平相比之下并不高（见表2），是两大中心城市经济实力迅速上升的阶段（北京的势头尤为明显），中心城市也表现出初始水平和增长率的相对负向关系，导致 β 收敛出现（环京经济圈的收敛系数绝对值更大）。而且，当初始 GDP 水平较低的地区的快速增长使得地区经济水平排序发生变化，β 为负也可以与地区经济差距扩大相伴随。相比之下，中心城市的表现对空间相关系数 ρ 的影响很大。参数 β 和 ρ 分别描述经济增长收敛性和中心城市辐射能力，反映区域经济发展的不同侧面。从这个角度就可以理解 β 为负、区内经济差异增大（见表3）和中心城市的"空吸"或"反哺"效应为什么能够共存。

作为敏感性分析，本文还估计了明确考虑扰动项相关的模型（6）和模型（7），表6列出了估计结果。与面板数据的结论一致，环京经济圈的检验参数 ρ 显著为负，而环沪经济圈则显著为正。北京的辐射作用主要体现为"空吸"

效应，而上海则表现为"反哺"效应。与我们的预期一致，两大经济圈的空间误差项相关系数 λ 均显著为正。这就是说，地区确实面临着共同外生冲击，而且它确实引起了经济圈所有地区经济增长率的同向波动。这表明控制地区间共同的外生扰动是必要的。比较面板数据模型和 GS2SLS 模型中检验参数的 ρ 系数，可以发现在排除了因共同的外生性造成的地区间正向的影响之后，北京对周边地区的"空吸"程度大大提高。当然检验参数的 ρ 大小受很多因素的影响，但在一定程度上我们还是能够从这种比较中获得参考信息。

表6   **中心城市辐射性质的检验：GS2SLS 模型**

	环京经济圈		环沪经济圈	
	I	II	I	II
β	−0.06 *** (−3.09)	−0.06 *** (−3.19)	−0.05 *** (−3.38)	−0.05 *** (−3.38)
ρ	−5.31 * (−1.76)	−2.61 ** (−2.02)	1.38 ** (2.31)	2.46 ** (2.57)
λ	0.64 *** (193.43)	0.64 *** (326.16)	0.74 *** (475.14)	0.01 *** (3.38)
常数项	0.21 *** (2.83)	0.25 *** (3.52)	0.10 * (1.78)	0.12 * (1.90)
R^2	0.09	0.15	0.04	0.12
观测值	53×8	53×8	88×8	88×8

注：（1） I 模型使用 1997 年经济矩阵；II 模型使用各年经济矩阵（下同）。（2） * 表示在 10 % 水平上显著， ** 表示在 5% 水平上显著， *** 表示在 1% 水平上显著。括号内的值为回归系数的 t 统计量，下同。

至此，除了中心城市的权重较大这一证据外，我们还没有验证是否 ρ 和 λ 更多地反映了中心城市的辐射作用。因此，以上检验方法依然存在另一个风险。即使中心城市具有较大权重，但由于利用经济权重构造的虚拟对手地区毕竟不能完全代表中心城市，至少部分增长率的空间相关性可能来自于其他地区之间相互影响。沿着这个思路，如果我们将中心城市从样本中剔除，回归后的 ρ 和 λ 则更多地反映其他地区之间的相互影响力。逻辑上，如果地区间增长率的相互影响主要来源于中心城市的作用，那么在剔除了中心城市之后的检验结果应该发生明显变化；反之，如果中心城市在区域内相互影响中并不处于主导地位，则是否包含中心城市样本并不影响检验结果。尽管去除中心城市的回归并不意味着能够完全消除中心城市的潜在影响，但只要能够减弱它在回归分析中的影响，并与之前的结果进行比较，就能为我们的检验提供证据。

表 7 列示剔除了两个经济圈除去中心城市后的面板数据检验结果①。可以看到表 7 和表 5 中，经济收敛系数 β 的大小和方向均变化不大，但辐射检验参数 ρ 的显著性符号发生了明显变化。验证了我们之前关于经济收敛和中心城市"空吸"作用并存的解释。结论表明，剔除北京后环京经济圈的参数 ρ 由负变正，但不再显著。而剔除上海样本的环沪经济圈的 ρ 继续为正，且系数有所增大。这表明在环京经济圈中，北京确实对周边地区存在很大的辐射，而且这种影响主要体现为要素抽水机式的"空吸效应"。而上海对周边地区的影响在程度上不如北京那样举足轻重。环沪经济圈中的外围地区间本身就存在较强的正向相互影响，区域经济一体化和相互依存、共同增长的特征比较明显。前面分析中得到的上海的"反哺效应"，可能只是整个经济圈相互依存、协调发展特征的一种体现。

表 7   除去中心城市样本后的增长率相互影响：面板数据

	环京经济圈		环沪经济圈	
	I	II	I	II
β	-0.07^{***}	-0.09^{**}	-0.05^{***}	-0.05^{***}
	(-2.82)	(-2.16)	(-2.63)	(-3.17)
ρ	1.91	5.23	4.89	2.98
	(1.44)	(1.39)	(0.53)	(1.16)
观测值	43×8	43×8	81×8	81×8

注：（1）I 模型使用 1997 年经济矩阵；II 模型使用各年经济矩阵（下同）。（2）* 表示在 10% 水平上显著，** 表示在 5% 水平上显著，*** 表示在 1% 水平上显著。括号内的值为回归系数的 t 统计量，下同。

———————————

① 剔除中心城市样本后的 GS2SLS 模型结果与此相似，这里没有列出。

五、总结性评论

本文比较了在 20 世纪末以来最近一轮的区域经济发展过程中，北京和上海分别在各自经济圈的辐射性质，得到一个相当稳健的发现：上海的辐射作用主要为"反哺效应"，整个环沪经济圈内部区域经济一体化程度较高；而北京与周边地区的增长率之间存在显著负相关，北京的高速经济增长在很大程度上对经济圈内其他地区存在"空吸效应"。北京市的周边存在环京贫困带，包括 32 个贫困县、3798 个贫困村，贫困人口达到 272.6 万人（北京社科院，2006）。这很可能就是"空吸效应"造成的[①]。这一现状，与上海市周边昆山、太仓等地区的迅速崛起形成强烈反差，中心城市作为经济圈中的一个孤岛存在，不利于地区间长期可持续协调发展。

如何理解北京和上海对周边地区经济辐射的差异？是否与近 100 年来两地的政治、经济和文化传统相关？20 世纪 30 年代初在文化领域发生了"京派"与"海派"的争论，鲁迅先生于 1934 年 2 月 3 日的《申报自由谈》发表《"京派"与"海派"》一文，对这一争论做出了总结："北京是明清的帝都，上海乃各国之租界，帝都多官，租界多商……"这似乎提供了一些线索。北京作为传统政治中心，在资源配置方面似是习惯于层级型的行政命令；而处于中国市场发育比较早的江浙、兼受海外商业文化的浸润，传统上，环沪经济圈在资源配置方面似是更倾向于交易和市场。层级式的行政命令可能更易调动资源向中心集中，而平等的交换和市场更易于互惠和地区间协调发展。这当然只是一个假说。

两大经济圈的产业结构特点也可能成为理解这种差异的方向。长三角经济区是我国最早发展起来的经济区域，其余见以制造业为基础形成相互关联的网络。以制造业为共同增长模式，一方面，会使不同地区间的经济联系更

---

① 当然这只是一个推测，是否存在这种因果关系还有待更深入地研究。

加紧密和相互依赖；另一方面，也会因产业结构类似而造成过度竞争。两种作用的相对大小决定了地区间最终能否形成优势互补的局面。相比之下，作为环京经济圈的中心的北京，主要以发展服务业为导向。这种模式能够与周边地区的制造业形成产业互补，形成良性经济互动，但也可能造成其他地区制造业的发展难以从中得到技术外溢和产业承接的实惠。同样地，能否实现中心增长极与周边地区协调发展，取决于区域产业政策能否顺势而为，减小产业结构的负面影响，扩大产业互补的优势。

当然，这些只是对经济现象进行的推测。经济圈内各地区之间的相互作用，是要素（资本和劳动）流动、技术扩散、产业梯度转移等多种因素耦合的结果。本文的研究旨在识别北京和上海两大中心城市对周边腹地的经济辐射模式，但理解其辐射模式的差异，需要寻找区域间要素流动、技术外溢等方面微观证据，从而对经济圈的均衡发展提出有效的政策建议。但是，由于地区（尤其是县级地区）层面贸易和要素流动的数据较难获得，探索"空吸"和"反哺"模式背后的经济机制，成为我们今后进一步研究的方向。

参考文献

［1］北京社科院：《中国区域发展蓝皮书》，社科文献出版社 2006 年版。

［2］蔡昉、都阳：《中国地区经济增长的趋同与差异——对西部开发战略的启示》，载于《经济研究》2000 年第 10 期。

［3］财政部国库司、预算司：《全国地市县财政统计资料》（1997～2005），中国财政经济出版社。

［4］陈晓玲、李国平：《我国地区经济收敛的空间面板数据模型分析》，载于《经济科学》2006 年第 5 期。

［5］林光平、龙志和、吴梅：《我国地区经济收敛的空间计量实证分析：1978～2002》，载于《经济学季刊》2005 年第 4 卷增刊。

［6］马国霞、徐勇、田玉军：《京津冀都市圈经济增长收敛机制的空间分析》，载于《地理研究》2007 年第 5 期。

［7］沈坤荣、马俊：《中国经济增长的"俱乐部收敛"特征及其成因研究》，载于《经济研究》2002 年第 1 期。

［8］苏良军、王芸：《中国经济增长空间相关性研究——基于"长三角"与

"珠三角" 的实证》，载于《数量经济技术经济研究》2007 年第 12 期。

[9] 吴玉鸣：《中国省域经济增长趋同的空间计量经济分析》，载于《数量经济技术经济研究》2006 年第 23 期。

[10] 张晓旭、冯宗宪：《中国人均 GDP 的空间相关与地区收敛：1978 ~ 2003》，载于《经济学（季刊）》2008 年第 2 期。

[11] 张学良：《中国区域经济收敛的空间计量分析——基于长三角 1993 ~ 2006 年 132 个县市区的实证研究》，载于《财经研究》2009 年第 7 期。

[12] Anselin, L. , *Spatial Econometrics*: *Methods and Models*, Dordrecht: Kluwer Academic Publishers, 1988.

[13] Arbia, G. , Basile, R. and Piras, G. , Using Spatial Panel Data in Modeling Regional Growth and Convergence, *ISAE Working Paper*, No. 55, 2005, Roma 00185.

[14] Barro, R. and Sala-i-Martin, X. , *Economic Growth*, New York: McGraw Hill, 1995.

[15] De Long, B. and Summers, L. , "Equipment Investment and Economic Growth", *The Quarterly Journal of Economics*, 1991, 106（2）: 445 – 502.

[16] Elhorst, J. , "Specification and Estimation of Spatial Panel Data Models", *International Regional Sciences Review*, 2003, 26: 244 – 268.

[17] Myrdal, G. *Economic Theory and Under-developed Regions*, Duckworth, 1957.

[18] Paelinck, J. H. P. and Klaassen, L. H. , *Spatial Econometrics*, Farnborough: Saxon House, 1979.

[19] Rey, S. and Montouri, D. , "US Regional Income Convergence: A Spatial Econometric Perspective", *Regional Studies*, 2000, 33: 143 – 156.

1995～2002年中国农村税费公平性评估[*]

一、引　言

公平是税收体系追求的基本目标之一，评估税收体系的公平性能够为完善税收体制的公共政策提供坚实的基础。然而，一方面，由于学界对税制公平性的基本定义尚存在分歧；另一方面，包含个人纳税信息、具有全国代表性的微观数据极为少见，税制公平的定量评估显得尤为困难。因此，税制公平性的定量研究凤毛麟角。为数不多的相关研究中，陶然、刘明兴、章奇（2003）利用农业部经济固定观察点的农户面板数据，比较了不同收入组的税负，发现20世纪90年代农村税费有很强的累退性，并呈现增长趋势。刘怡、聂海峰（2004）利用广东省城市居民住户调查中的消费支出数据，以消费额乘以法定税率估算出家庭缴纳的间接税（增值税、消费税和营业税），计算了税收前、后的基尼系数和Suit指数，发现间接税与收入基本成比例，但增值税和消费税却具有明显的累退特征。佐藤宏、李实、岳希明（2006）利用农户和行政村的全国调查数据对农村税赋的再分配效应及农村税费改革进行了评估，其结论是税费改革降低税费负担率的政策目标基本实现，并产生了一

　*　本文原载于《世界经济文汇》2009年第2期。作者：尹恒、徐琰超、朱虹。感谢李实教授、岳希明教授和中青年劳动经济学研究网络诸位评论人的宝贵意见；感谢国家自然科学基金（项目号：70773010）和教育部科学技术研究重大项目（项目号：309007）的资助。

定的再分配效应，但再分配效应从总体来说仍是负的，税费的累退性在此期间有所上升。

这些研究主要讨论税赋的累进性及其再分配效应，未直接涉及税赋的公平性问题，笔者也未见到系统讨论中国税制公平性方面的定量研究。虽然税赋的累进性与公平性是两个紧密相关的概念，但是对累进性的研究毕竟不能替代对税负公平性的系统分析。本文试图对世纪之交我国农村税费的公平性及其变化趋势进行评估。虽然从 2006 年 1 月 1 日开始中国已经全面废止了农业税，地方政府面向农户的绝大多数收费也已取消，但这并不等于对中国农村税费这一主题的研究也会随之消失，例如，农村一般形式的增值税、营业税和所得税，以及"一事一议"形式的收费依然存在。近年来，各级政府对农村地区的各种公共投入迅速增加，如果我们将补贴视为负的税收，那么农村税赋的公平性依然是一个十分现实的问题。并且，探讨这一时期农村税费公平性的变化趋势也有助于进一步理解中国农村税制的历史变迁，同时，为税负公平性等相关领域的研究抛砖引玉。本文第二部分介绍税赋公平性的定义及度量方法；第三部分描述数据；第四部分评估中国农村税费的公平性；第五部分总结全文。

二、税负公平性的定义及度量

税收体系所追求的公平原则包括横向公平（horizontal equity）和纵向公平（vertical equity）。按照马斯格雷夫（Musgrave，1959）的经典定义，前者指同样的人应以同样的方式对待（the equal treatment of equals），后者指对不一样的人以不一样但公平的方式对待（the unequal but equitable treatment of une-quals）。税收的公平性与其再分配效应密切相关。然而，量化这些公平概念已经是一件极具挑战性的工作，更不用说分析税收不公平所带来的收入再分配效应了。20 世纪 70 年代以前，对税收再分配效应和税收公平性度量的研究一直沿着相互独立的路线发展。马斯格雷夫和孙（Musgrave and Thin，1948）提出了度量税收再分配效应的 Musgrave-Thin 指数。而对税收公平性度量的研究主要集中于纵向公平方面，即度量税收体系的累进性。确实，税收体系的累进性是税收纵向公平的很好的量度，纵向公平追求的是尽可能减少穷人和富人之间的收入差距（Aronson，1994），它要求税收体系尽量使人们之间的福利（welfare）趋同（Bibi and Duclos，2007）。从纵向公平角度看，高收入者多纳税，低收入者少纳税，税收体系应该具有尽量高的累进性。

卡克瓦尼（Kakwani，1977b）基于洛伦兹曲线和集中曲线，第一次将这两方面文献结合起来。设 $L_{TX}(p)$，$0 \leqslant p \leqslant 1$ 为 T 对 X 的集中函数（曲线），横轴以 X 排序，纵轴表示在 X 分布底部的样本所占 T 的份额。例如，若 X 为税前收入、T 为税收，则 $L_{TX}(p)$ 为收入低于（包括等于）$100p\%$ 的个人（家庭）所缴纳的税占总税收的比重。这样，X 的基尼系数为 $G_X \equiv 1 - 2\int_0^1 L_{XX}(p)\,\mathrm{d}p$，即完全平等线与 X 的洛伦兹曲线所围成的区域的面积的两倍；集中指数为 $C_{TX} \equiv 1 - 2\int_0^1 L_{TX}(p)\,\mathrm{d}p$，即完全平等线与 T 对 X 的集中曲线所围成的区域的面积的两倍。设 X、T、$D = X - T$ 分别表示税前收入、税收、税后（可支配）收入向量。度量税收再分配效应的 Musgrave-Thin 指数为：

$$MT \equiv \Delta G = G_X - G_D \qquad (1)$$

即税前收入的基尼系数减去税后收入的基尼系数。以基尼系数度量不平等，MT 就是税收的总再分配效应。卡克瓦尼（1977b）提出了至今仍然常用的度量税收累进程度的指标 Kakwani 指数[1]：

$$P \equiv C_{TX} - G_X \qquad (2)$$

即税收对税前收入的集中指数减去税前收入的基尼系数，P 为正表示税收具有累进性。卡克瓦尼（1977b）进一步将税收再分配效应的度量与税收累进性的度量统一起来。他证明，如果税收不改变人们的收入排序，即人们的税

第一篇 地方财政 1995~2002 年中国农村税费公平性评估

---

[1] 苏特（Suit，1977）也提出了度量税收累进性的常用指标——Suit 指数，它定义为完全平等线与 T 对 X 的 Suit 曲线所围成的区域的面积的两倍。Suit 曲线与集中曲线稍有不同，横轴是低于某一收入的人口的收入累积百分比，而不是低于某一收入的人口累积百分比。

前收入排序和税后收入排序完全相同，则：

$$\Delta G = MT = P\frac{t}{1-t} \tag{3}$$

式（3）中 t 为平均税率，指总税收除以总收入。这说明如果不存在收入秩序的变化，给定平均税率，税收的再分配效应只取决于纵向公平[①]。

然而，卡克瓦尼（1977b）回避了横向公平问题。20 世纪 70 年代末 80 年代初，一些学者开始注意到横向公平与收入排序变化之间的联系。"税收改变人们的收入排序，横向公平必定被破坏"（Atkinson，1980）、横向不公平存在的充要条件是"人们在税前收入分布和税后收入分布的排序改变"（King，1983）；横向公平要求"税收体系应该保持个人在税前的福利排序"（Feldstein，1976）。卡克瓦尼（1984）进一步量化了这一思想，他把税收造成的收入排序变化视为对横向公平性的度量，将税收的再分配影响 ΔG 进一步分解为：

$$\Delta G = \frac{t}{1-t}P - R_D \tag{4}$$

式（4）右边的第一项代表纵向公平；$R_D \equiv G_D - C_{DX}$ 代表收入排序的变化对再分配的影响，用来度量横向公平[②]。第一项越大，税收体系纵向公平的程度就越高。$R_D = 0$ 时，没有收入排序变化，不存在横向不公平；$R_D > 0$ 时存在排序变化，表明同样的人没有被同样对待，产生了横向不公平；R_D 越大，收入排序的变动越大，税收体系的横向不公平程度就越高。安克鲁（Ankrom，1993）运用这一方法比较了英国和美国税收体系的纵向和横向公平。

用收入排序的变化度量税收的横向公平性，源自费尔（Feldstein，1976）提出的横向公平的"再排序"（re-ranking）定义。这与马斯格雷夫（Musgrave，

---

① 佐藤宏等（2005）忽视了这一等式成立的条件，如果税收改变了人们的收入排序，这一关系就不成立，这点在下文很明显。

② R_D 的几何意义为 D 的洛伦兹曲线与 D 对 X 的集中曲线所围成的区域的面积的两倍。卡克瓦尼（Kakwani，1977a）证明对于任意向量 X 和 T，$G_T \geq C_{TX}$，即 $R_T \equiv G_T - C_{TX} \geq 0$，当 X 和 T 的排序完全相同时取等号。

1959）对横向公平的"经典定义"（classical approach，即同样的人以同样的方式对待）存在差异。阿荣森等（Aronson et al.，1994）认为，把 R_D 作为横向不公平的测度是不全面的，R_D 是经典横向不公平和纯粹排序变化的混合。经典的横向公平定义要求识别出一群"同样的人"。阿荣森等（1994）沿着这一思路，将税收的再分配效应进一步分解为纯粹的纵向公平、经典横向公平和收入排序三个因素的影响：

$$\Delta G = \frac{t}{1-t}\bar{P} - H - R \qquad (5)$$

式（5）右边第一项表示纯粹的纵向公平，它假设所有收入相同的人都缴纳相同的税收（即这组人的平均数），这样得到一个反事实（Counterfactual）的税收 $\bar{T}(x)$，$\bar{P}$ 是这一税收的 Kakwani 指数。设定第一项满足 $\frac{t}{1-t}\bar{P} = G_x -$ G_0（G_0 为反事实的税后收入的基尼系数），它度量排除收入排序变化影响后的效应，因此是纯粹的纵向公平性的测度。第二项 $H = \sum \alpha_x G_{x\_within}$，$\alpha_x$ 是税前收入为 x 的组的人口比重与税后收入比重的乘积，G_{x_within} 为 x 收入组的税后收入组内基尼系数。H 度量经典横向不公平的再分配效应，即由于同样的人没有得到同样的对待而产生的再分配影响。第三项 R 是剩余项①，受收入排序变化的影响。这样，阿荣森等（1994）通过构建 $\bar{T}(x)$ 清晰地区分了纯粹的纵向公平和经典的横向公平。瓦格斯塔夫等（Wagstaff et al.，1999）运用这一方法对 12 个 OECD 国家进行了分析。

然而，纵向公平和横向公平并不是如此泾渭分明。如果人们的能力、收入都彼此不同，就很难找到严格意义上"同样的人"，经典的横向公平与现实的一致性就存在问题。马斯格雷夫也认为从能力—税收匹配角度看，能力相同的人应该缴纳同样的税，能力高的人应该多纳税，横向公平和纵向公平是一枚硬币的两面，彼此很难区分（Musgrave，1959）。正是基于这样的认识，

---

① 等同于基尼系数按收入群体（组）分解时交差项。

卡克瓦尼和伦巴特（Kakwani and Lambert, 1998）不再明确区分纵向与横向公平，转而寻求统一的对公平的定义。他们提出公平的税制应该同时满足以下三个条件。条件一：对于任意成员 i 和 j，若收入 $x_i \geq x_j$，则税收 $t_i \geq t_j$，即收入高的人多纳税。这就是费（Fei, 1981）提出的"最低限度的累进性（minimal progression）"。条件二：若 $x_i \geq x_j$ 且 $t_i \geq t_j$，则 $\frac{t_i}{x_i} \geq \frac{t_j}{x_j}$。这要求富人的平均税率比穷人高，即众所周知的税收"累进性原则（progressive principle）"。条件三：若 $x_i \geq x_j$、$t_i \geq t_j$ 且 $\frac{t_i}{x_i} \geq \frac{t_j}{x_j}$，则 $x_i - t_i \geq x_j - t_j$，即税收不应改变人们的税前收入排序，公平的税制应避免"过高"的累进性（Lambert and Yitzhaki, 1995）。当然，同时满足三个条件的"公平"税制只是理论抽象，卡克瓦尼和伦巴特（1998）的目的在于分析现实税制对"公平"税制的背离及其程度。他们对三个条件的设定保证了背离"公平"税制的三种情形不互相重叠，即把不公平的税制（三个条件不同时成立）区分为对条件一的背离、对条件二的背离和对条件三的背离，三者不交叉。这样就能把三种影响分解出来。他们从 X（税前收入）、T（税收）、A（平均税率）、D（税后收入）之间排序差异的测度 $E_1 = \frac{t}{1-t} R_T$、$E_2 = \frac{t}{1-t}(R_A - R_T)$、$E_3 = R_D$ 找到了检验三个条件是否成立的标准：$E_1 = 0$、$E_2 = 0$、$E_3 = 0$ 分别表示条件一、条件二和条件三得到满足；若为正，则表示对相应条件的背离。他们还进一步得到：

$$\Delta G = \frac{t}{1-t}(P + R_A) - E_1 - E_2 - E_3 \qquad (6)$$

式（6）中 P 为 Kakwani 指数。从式（6）中可以看出，E_1、E_2 和 E_3 不仅提供了检验三个条件的方法，其值的大小也是有意义的：数值越大，说明税制背离该项条件的不公平性就越高。等式右边第一项度量税收体系隐含的或潜在的公平，即不公平性都取消后税收体系所能达到的再分配影响。卡克瓦尼和伦巴特（1998）提出了上述可操作的公平定义，并明确区分了各种背离的效应。当然这种方法主要基于收入排序的变化，而且强调的是税前收入的秩序，对税性累进性的度量不是很明确。

由于以上方法基于对税制公平含义的不同理解，各自从不同侧面反映了税制的公平性，在以下的经验分析中我们同时运用卡克瓦尼（Kakwani，1984）、阿荣森等（Aronson et al.，1994）和卡克瓦尼和伦巴特（Kakwani and Lambert，1998）三种公平性定义进行度量。

三、农村税费的定义和数据

农村税费包括正式的国家税和地方政府（村、乡镇及县的各个部门）征收的各种费、集资和摊派。具体的，我们把农村家庭的税赋划分为正式税和费两类。正式税包括第一、第二、第三产业的税收[①]。2002年已实行税费改革的地区第一产业税包括农业税、农业特产税和这两种税的附加，未实行税费改革的地区包括农、林、牧、渔业税、屠宰税等；第二产业税和第三产业税为制造业、建筑业、商业、服务业等行业的税收。费包括乡镇和行政村征收的各种集资和摊派，还包括县级政府通过乡镇官员或村干部征收的各种费，具体项目包括村集体提留、乡镇统筹、上交集体的其他承包任务、农村教育集资、其他集资和各种收费（如实行税费改革的地区的"一事一议筹资"）。由于1995年的调查中没有各项罚款的数据，为了数据的可比性，费不包括各项罚款（如计划生育罚款）。同时，费中也不包括义务工和劳动积累工。农村家庭的收入采用国家统计局农村收入调查的家庭纯收入定义。

农村家庭纯收入和各项税费数据来源于1995年和2002年两次全国性住户调查（Chinese Household Income Project，CHIP），该项目在2002年还对农村调查户所在的行政村进行了全面的调查，其中包括村级收支和税费改革的详细信息。1995年农村数据涵盖19个省112个县；2002年调查了22个省122

---

① 不包括农户经营企业所缴纳的各种间接税，如营业税和增值税。

个县①。我们对样本进行了一些清理，删除了在这些年份没有报告纯收入、税费数据或报告纯收入、税费为 0 的家庭，以及报告税费大于收入的家庭。为了排除测量误差的影响（测量误差最可能影响极值），我们还删除了 0.5% 的最高收入的样本和 0.5% 的最低收入的样本。经过这样的处理，我们得到 1995 年和 2002 年两套数据，样本量分别为 7061 户和 7656 户。我们用消费物价指数把 2002 名义变量调整为实际变量（以 1995 年为基期，价格为 1）。

我们按家庭人口对纯收入和各项税费进行平均。在分析家庭收入和支出时，家庭结构是一个不可忽视的问题。例如，由于家庭中小孩数量不同，家庭中的个人经济福利可能出现差异。因此，我们考虑了不同的人均定义：实际人口平均和等价人口平均。前者分母为家庭的总人口数，后者考虑家庭成员的年龄结构。有如下定义：

$$\bar{y}_Q = \frac{y_i}{(N_i^A + \alpha N_i^C)^\beta} \tag{7}$$

式（7）中 $\bar{y}_Q$ 为家庭等价人均收入，y_i 为家庭 i 的总收入，N_i^A 和 N_i^C 分别为家庭 i 中的成年人数（我们将年龄大于或等于 18 周岁的人视为成年人）和未成年人数，α 为赋予未成年人的权重，β 是家庭规模经济参数。可以看到，当 α 和 β 都为 1 时，实际人均收入和等价人均收入是一样的。

农村税费改革是分析期内重要的政策变化。2000 年 3 月，国务院发布了"关于进行农村税费改革试点工作的通知"，安徽省被确定为试点省。到 2002 年年底，多数省份都推行了税费改革。农村税费改革试图把"费"改为"税"，以减轻平均税费负担，主要政策可以用"三个取消、二个调整、一个改革"概括，即取消乡镇统筹、农村教育集资和地方政府直接向农村征收的其他摊派；调整农业税和农林特产税；改革村提留的征收和使用。为了分析税费改革对农村税费公平性的影响，我们按 2002 年年底是否已经

---

① 1995 年样本包括 7998 户家庭、34739 个个人；2002 年的样本包括 9200 户家庭、37969 个个人。

进行税费改革将样本县分为改革县和未改革县。由于 1995 年和 2002 年的抽样地区存在差异，2002 年所有调查的 122 个县中，有 61 个县在 1995 年没有被调查，而在 1995 年调查的 112 个县中，51 个县在 2002 年没有被调查。因此，我们把两次都进行了调查的 61 个县作为可比样本，其中，47 个县在 2002 年进行了税费改革，14 个县在 2002 年没有进行税费改革。农村税费的数据描述见表 1。

表1	农村税费的基本描述				单位：元	
指标	按家庭平均		按实际人口平均		按等价人口平均	
	1995 年	2002 年	1995 年	2002 年	1995 年	2002 年
所有样本县，样本量：1995 年 112 县 7061 户 30677 人；2002 年 122 县 7656 户 31879 人						
正式税	135.28	247.45	31.14	59.43	41.44	77.52
税费	289.71	75.53	66.68	18.14	88.99	23.77
总税费	424.99	322.98	97.82	77.57	130.43	101.29
可比的 47 个改革县，样本量：1995 年 3063 户 13582 人；2002 年 3202 户 13330 人						
正式税	142.56	269.33	32.15	64.70	43.25	84.83
税费	310.91	62.68	70.12	15.06	94.31	19.72
总税费	453.47	332.01	102.27	79.75	137.56	104.55
可比的 14 个未改革县，样本量：1995 年 599 户 2558 人；2002 年 645 户 2506 人						
正式税	100.59	181.85	23.55	46.80	30.57	60.24
税费	160.14	110.21	37.50	28.37	49.69	36.28
总税费	260.73	292.06	61.05	75.17	80.25	96.53

注：计算等价人口时 $\alpha = 0.75$、$\beta = 0.85$，这是常用的参数值（Khor and Pencavel, 2006），我们还讨论了不同的 α 和 β 值，分析结论基本不变。

如表 1 所示，正式税 2002 年的水平高于 1995 年，而税费则有下降趋势。这与这段时间内农村税费改革是一致的。可比样本中，2002 年年底已经进行税费改革的 47 个县，2002 年与 1995 相比，户均正式税上升了 88.9%，税费下降了 79.8%，从而总税费下降了 26.8%；而可比的 14 个在 2002 年年底尚未进行改革的县，2002 年与 1995 年相比，户均正式税上升了 80.8%，税费下降了 31.2%，总税费上升了 12.2%。改革县费的下降速度大大快于未改革县，改革县户均费的下降水平是未改革县的 5 倍。1995 年，改革县的户均税费是未改革县的 1.74 倍①，而到了 2002 年，改革县的户均税费只比未改革县高 13.7% 了。可以看到，税费改革抑制农村税费高速增长的政策效果是十分明显的，对农村地区的费来说尤为如此。

四、农村税费公平性的评估

下面根据卡克瓦尼（Kakwani，1984）、阿荣森等（Aronson et al.，1994）、卡克瓦尼和伦巴特（Kakwani and Lambert，1998）三种公平的定义考察中国农村税费的公平性。

据表 2 可以得到，总的来看，农村税费放大了税后收入的不平等。在 1995 年这种放大效应主要是由费造成的，例如，1995 年 Musgrave-Thin 指数为 1.05 个基尼点。不过，农村税费的再分配效应在这一时期得到了改善，它从 1995 年拉大不平等 1.44 个基尼点，变为 2002 年的 0.69 个基尼点。这种改善主要是由费带来的，其 Musgrave-Thin 指数下降了 0.86 个基尼点，在此期间正式税的 Musgrave-Thin 指数反而有所上升，从而在 2002 年费的不平等影响反而比正式税的影响小了。

表 2　　　　　　　　　　所有样本县税费的公平性　　　　　　单位：%

指标	总税费		正式税		税费	
	1995 年	2002 年	1995 年	2002 年	1995 年	2002 年
P	-18.700	-18.102	-14.997	-17.075	-20.429	-21.468
ΔG	-1.439	-0.688	-0.334	-0.488	-1.048	-0.192
卡克瓦尼（Kakwani，1984）的公平定义，$V=(t/1-t)P$						
V	-1.225	-0.633	-0.299	-0.454	-0.894	-0.171
R_D	0.214	0.055	0.034	0.035	0.154	0.021
阿荣森等（Aronson et al.，1994）的公平定义，$V=(t/1-t)\overline{P}$						
V	-1.224	-0.633	-0.299	-0.454	-0.893	-0.171
H	0.031	0.016	0.011	0.013	0.025	0.007
R	0.186	0.042	0.026	0.024	0.132	0.016

---

①　这与佐藤宏、李实、岳希明（2005）的分析是一致的：税费改革一般发生在税费负担较重的地区。

指标	总税费		正式税		税费	
	1995 年	2002 年	1995 年	2002 年	1995 年	2002 年
卡克瓦尼等（Kakwani et al., 1998）的公平定义, $V=(t/1-t)(P+R_A)$						
V	3.569	1.676	1.198	1.356	2.813	0.657
E_1	2.235	1.139	0.763	0.914	2.001	0.581
E_2	2.560	1.170	0.735	0.896	1.706	0.247
E_3	0.214	0.055	0.034	0.035	0.154	0.021

注：（1）计算阿荣森等（Aronson et al., 1994）分解时，家庭按收入 100 分位进行分组。我们还尝试了更多的分组，纵向公平的结论基本不变，分组越细，H 越小，但 R 越大。（2）对按等价人口平均的家庭收入和税费的分析结论完全相同，为了节省篇幅，这里未列示结果。

所有时期的 Kakwani 指数均为负，表明总税负是累退的，税费体系呈现明显的纵向不公平。与 1995 年相比，2002 年正式税的累退性明显上升。不过，卡克瓦尼（Kakwani，1984）和阿荣森等（Aronson et al., 1994）两个指标表明，2002 年总税费和费的纵向公平性明显高于 1995 年，纵向不公平提高可支配收入不平等的效应也小得多，从而与 1995 年相比，2002 年家庭可支配收入的不平等程度的上升幅度有所下降。这种情况对于费更为明显，纵向公平性的不平等效应由 1995 年的上升 0.89 个基尼点变为 2002 年的 0.17 个基尼点。相比而言，1995 年与 2002 年的横向公平性变化不大，其再分配效应也很小。例如，总税费的横向贡献为 0.19 个基尼点，2002 年是 0.04 个基尼点（Aronson et al., 1994）。

从卡克瓦尼（Kakwani et al., 1998）的公平指标看，所有三个指标均为正，表明了农村税制对 Kakwani 公平性的偏离。背离"累进性原则"（公平条件二），拉大可支配收入不平等的效应较大，总税费的 E_2 指标 1995 年为 2.56，2002 年为 1.17。背离"最低限度的累进性"（公平条件一）拉大收入差距的效应也相对较大，总税费的 E_1 指标 1995 年为 2.23，2002 年为 1.14。偏离"过高累进性"（公平条件三）对收入分配的影响是最小的。比较 1995 年和 2002 年正式税和费的公平性指标，可以看到 2002 年正式税的 E_1、E_2 和 E_3 三个指标与 1995 年相比都上升了，表明这一期间正式税的公平性有所下降。而同一时期费的公平性却得到了改善：E_1 由 1995 年的 2.00 下降为 2002

年的 0. 58；E_2 由 1995 年的 1.71 下降为 2002 年的 0.28。2002 年费对"最低限度的累进性"、"累进性"和"过高累进性"的三个公平性测度的偏离已经明显低于正式税。

农村税费体系公平性的改善是否与税费改革有关呢？为了进一步比较改革县和未改革县的税费公平性，表 3、表 4 对可比样本进行了分析。如表 3 所示，改革县税费的公平性确实改善了。从卡克瓦尼（Kakwani，1984）和阿荣森等（Aronson et al.，1994）公平定义看，1995 年与 2002 年相比，改革县总税费的纵向公平性显著改善，其再分配效应也明显提高：其扩大不平等的幅度由 1.15 下降到 0.70，下降了 0.45 个基尼点。根据卡克瓦尼等（Kakwani et al.，1998）公平的定义，改革县税费体系的公平性也明显改善，对"最低限度的累进性"和"累进性原则"的偏离减少了，E_1 由 2.64 下降为 1.25；E_2 由 2.90 下降为 1.30。然而如表 4 所示，未改革县各种公平性指标的变化却不明显。

改革县的这种变化确实主要发生在费上。如表 3 所示，2002 年与 1995 年相比，改革县费的纵向公平性明显改善，费的卡克瓦尼（Kakwani，1984）和阿荣森等（Aronson et al.，1994）的纵向公平指标由 - 0.77 上升为 - 0.09，改善了 0.68 个基尼点。费对"最低限度的累进性"和"累进性原则"的偏离也显著下降了，E_1 下降了 77%、E_2 下降了 89%。与之形成鲜明对照，在表 4 中未改革县费的公平性的改善就没有这么明显，例如，费的纵向公平指标由 - 0.15 变为 - 0.31，表明纵向公平性稍有下降（Kakwani，1984）。而两组样本正式税的公平性变化却表现出不同的情况：改革县正式税的纵向公平指标由 - 0.34 下降为 - 0.60，E_1 和 E_2 分别上升了 18.83% 和 41.37%；未改革县纵向公平性有所改善，卡克瓦尼等（Kakwani et al.，1998）指标变化不大。

表 3　　　　　　　　可比样本税费的公平性：2002 年的改革县　　　　单位：%

指标	总税费		正式税		税费	
	1995 年	2002 年	1995 年	2002 年	1995 年	2002 年
P	- 14.778	- 17.211	- 14.639	- 18.290	- 14.842	- 12.572
ΔG	- 1.455	- 0.770	- 0.381	- 0.643	- 0.978	- 0.118

指标	总税费		正式税		税费	
	1995 年	2002 年	1995 年	2002 年	1995 年	2002 年
卡克瓦尼（Kakwani, 1984）的公平定义，$V = (t/1 - t)P$						
V	- 1.147	- 0.700	- 0.339	- 0.599	- 0.771	- 0.093
R_D	0.308	0.070	0.042	0.044	0.207	0.024
阿荣森等（Aronson et al., 1994）的公平定义，$V = (t/1 - t)\overline{P}$						
V	- 1.151	- 0.700	- 0.340	- 0.599	- 0.772	- 0.093
H	0.035	0.017	0.012	0.014	0.028	0.006
R	0.271	0.054	0.033	0.032	0.180	0.019
卡克瓦尼（Kakwani et al., 1998）的公平定义，$V = (t/1 - t)(P + R_A)$						
V	4.387	1.839	1.308	1.533	3.459	0.629
E_1	2.638	1.244	0.871	1.035	2.233	0.510
E_2	2.896	1.295	0.776	1.097	1.997	0.213
E_3	0.308	0.070	0.042	0.044	0.207	0.024

注：（1）计算阿荣森等（Aronson et al., 1994）分解时，家庭按收入 100 分位进行分组。我们还尝试了更多的分组，纵向公平的结论基本不变，分组越细，H 越小，但 R 越大。（2）对按等价人口平均的家庭收入和税费的分析结论完全相同，为了节省篇幅，这里未列示结果。

表 4　　　　可比样本税费的公平性：2002 年的未改革县　　　　单位：%

指标	总税费		正式税		税费	
	1995 年	2002 年	1995 年	2002 年	1995 年	2002 年
P	- 9.966	- 16.309	- 16.678	- 8.015	- 5.750	- 29.995
ΔG	- 0.543	- 0.482	- 0.299	- 0.152	- 0.222	- 0.323
卡克瓦尼（Kakwani, 1984）的公平定义，$V = (t/1 - t)P$						
V	- 0.437	- 0.453	- 0.275	- 0.137	- 0.152	- 0.309
R_D	0.105	0.030	0.024	0.015	0.070	0.014
阿荣森等（Aronson et al., 1994）的公平定义，$V = (t/1 - t)\overline{P}$						
V	- 0.445	- 0.455	- 0.277	- 0.138	- 0.156	- 0.310
H	0.021	0.012	0.009	0.008	0.016	0.007
R	0.078	0.019	0.016	0.010	0.051	0.008
卡克瓦尼（Kakwani et al., 1998）的公平定义，$V = (t/1 - t)(P + R_A)$						
V	2.568	1.716	1.184	1.148	1.787	0.795
E_1	1.353	0.847	0.663	0.487	1.075	0.669
E_2	1.652	1.321	0.796	0.799	0.864	0.435
E_3	0.105	0.030	0.024	0.015	0.070	0.014

注：（1）计算阿荣森等（Aronson et al., 1994）分解时，家庭按收入 100 分位进行分组。我们还尝试了更多的分组，纵向公平的结论基本不变，分组越细，H 越小，但 R 越大。（2）对按等价人口平均的家庭收入和税费的分析结论完全相同，为了节省篇幅，这里未列示结果。

五、结　论

本文根据 1995 年和 2002 年两次全国范围的农户收入调查数据，运用三种税制公平性测度，对我国农村税费的公平性进行了评估，得到了一些有意义的结论：第一，1995 年和 2002 年农村家庭的税费负担都处于较高水平。而且，税费体系呈现累退的特征，各种指标都表明了对公平性比较大的偏离，其中，纵向不公平和背离"累进性原则"是最主要的问题，扩大了农村家庭可支配收入的不平等。第二，农村税费体系的公平性表现出改善趋势。累退性明显下降，纵向不公平状况有所改善，对卡克瓦尼等（Kakwani et al.，1998）公平原则的偏离程度也缩小了。第三，农村税费公平性的改善主要是由费的公平性改善带来的。农村费在 1995 年呈现较强的累退性，而到了 2002年纵向公平性有明显改善。农村费对卡克瓦尼（Kakwani et al.，1998）公平原则的偏离在 2002 年也得到了改善。而在这一时期农村正式税的公平性反而有下降的趋势。第四，20 世纪末、21 世纪初的农村税费改革是导致农村税费公平性改善的主要原因。对改革和未改样本的比较表明，改革县税费体系的公平性确实改善了，未改革县的变化却不明显。而且，改革县税费体系公平性的改善确实主要发生在费上。2002 年与 1995 年相比，改革县费的各项公平指标明显改善，与之形成鲜明对照，未改革县费的公平性、改革县及未改革县正式税的公平性都没有呈现出这种变化。总之，税费改革抑制农村费的高速增长、改善其公平性的政策效果是十分明显的。

当然，随着 2006 年 1 月 1 日起农业税的全面废止，以及大多数地方政府收费项目的取消，这些釜底抽薪的政策使得本文讨论的税费不公平性问题得到彻底解决。然而如引言中提到的，中国农村税费公平性研究主题并没有消失，一个与现实密切相关的进一步研究方向是，在搜集农村家庭的增值税、营业税和所得税等一般税，"一事一议"等形式收费，以及各级政府对农村家庭的如种粮直补、学生费用减免等各种补贴的数据的基础上，对新概念农村税费的公平性重新进行评估。

参考文献

［1］刘怡、聂海峰：《间接税负担对收入分配的影响分析》，载于《经济研究》2004 年第 5 期。

［2］陶然、刘明兴、章奇：《农民负担、政府管制与财政体制改革》，载于《经济研究》2003 年第 4 期。

［3］佐藤宏、李实、岳希明：《中国农村税赋的再分配效应 1995～2002 年——世纪之交农村税费改革的评估》，载于《经济学报》2006 年第 2 卷第 1 辑。

［4］Ankrom J. , "An Analysis of Horizontal and Vertical Equity in Sweden, the U. S. and the U. K. ", *The Scandinavian Journal of Economics*, 1993, 95 (1): 119 – 124.

［5］Aronson, J. R. , Johnson, P. and Lambert, P. J. , "Redistributive Effect and Unequal Income Tax Treatment", *Economic Journal*, 1994, 104: 262 – 270.

［6］Atkinson, A. B. , "Horizontal Equity and the Distribution of the Tax Burden", In: Aaron H. J. and Boskins M. J. (ed.), *The Economics of Taxation*, Washington D. C. : Brookings, 1980.

［7］Balcer, Y. and Sadka, E. , "Equivalence Scales, Horizontal Equity and Optimal Taxation under Utilitarianism", *Journal of Public Economics*, 1986, 29 (1): 79 – 97.

［8］Bibi, S. and Duclos J. Y. , "Equity and Policy Effectiveness with Imperfect Targeting", *Journal of Development Economics*, 2007, 83: 109 – 140.

［9］Fei, J. C. H. , "Equity Oriented Fiscal Programs", *Econometrica*, 1981, 49: 869 – 881.

［10］Feldstein, M. , "On the Theory of Tax Reform", *Journal of Public Economics*, 1976, 62: 77 – 104.

［11］Hettich, W. , "Reform of the Tax Base and Horizontal Equity", *National Tax Journal*, 1983, 36 (4): 417 – 427.

［12］Kakwani, N. C. , "Applications of Lorenz Curves in Economic Analysis", *Econometrica*, 1977a, 45: 719 – 727.

［13］Kakwani, N. C. , "Measurement of Tax Progressivity: An International Comparison", *Economic Journal*, 1977b, 87: 71 – 80.

［14］Kakwani, N. C. , "On the Measurement of Tax Progressivity and Redistributive Effect of Taxes with Applications to Horizontal and Vertical Equity", *Advances in Econometrics*, 1984, 3: 149 – 168.

［15］Kakwani, N. C. and Lambert, P. J. , "On Measuring Inequity in Taxation: A New Approach", *European Journal of Political Economy*, 1998, 14: 369 – 380.

[16] King, M. A. , "An Index of Inequality: With Applications to Horizontal Equity and Social Mobility", *Econometrica*, 1983, 51: 99 –115.

[17] Lerman, R. , and Yitzhaki, S. , "Changing Ranks and the Inequality Impacts of Taxes and Transfers", *National Tax Journal*, 1995, 48: 45 –59.

[18] Musgrave, R. A. and Thin, T. , "Income Tax Progression 1929 – 1948", *Journal of Political Economy*, 1948, 56 (December): 498 –514.

[19] Musgrave, R. A. , "The Theory of Public Finance", McGraw-Hill, New-York. , 1959.

[20] Musgrave, R. A. , "Horizontal Equity, Once More", *National Tax Journal*, 1990 (43): 113 –122.

[21] Stiglitz, J. E. , "Utilitarianism and Horizontal Equity: the Case for Random Taxation", *Journal of Public Economics*, 1982, 18 (1): 1 –33.

[22] Suits, Daniel B. , "Measurement of Tax Progressivity", *American Economic Review*, 1977 (September): 747 –752.

[23] Wagstaff A. et al. , "Redistributive Effect, Progressivity and Differential Tax Treatment: Personal Income Taxes in Twelve OECD Countries", *Journal of Public Economics*, 1999, 72: 73 –98.

农村税费改革与村庄公共物品供给[*]

一、引 言

1978 年改革开放以后，我国农村实行的"家庭联产承包责任制"大幅提高了农业生产力。虽然当时农民的税费负担很重，但快速增长的农业生产力和逐渐繁荣的乡村企业使农民生活水平稳步提高，干群矛盾并不突出。1994年的分税制改革加强了中央财权，然而地方政府的事权维持不变，地方财政出现了较大的缺口。再加上经济结构转型导致一些乡村企业逐渐消亡，基层政府财力紧张的问题更加突出。为了完成上级政府下达的各种治理目标，乡镇政府的选择是征收各类税费填补财力缺口。这最终演变成农村的"三乱"现象（乱摊派、乱收费、乱集资），加重了农民负担，干群关系趋于紧张。为了解决上述问题，党中央国务院出台了一系列改革措施，农村税费改革便是其中较为重要的一项。

农村税费改革于 2000 年开始试点，2003 年正式推广至全国。从试点开始至今已有 13 年，这一改革是否能实现既定的政策目标，并且是否产生了其他影响呢？已有很多学者对进行了研究，大多数研究认为农村税费改革显著提

* 本文原载于《中国农村经济》2015 年第 1 期。作者：徐琰超、杨龙见、尹恒。感谢国家自然科学基金（项目号：71173019）、教育部哲学社会科学研究重大课题（11JZD015）、教育部21 世纪优秀人才支持计划和中央高校基本科研业务费专项资金的资助。

高了农民收入（周黎安和陈烨，2005；徐翠萍等，2009；田秀娟和周飞舟，2003；朱守银等，2003），但可能同时会带来农村公共物品供给下降的问题（周飞舟和赵阳，2003；周飞舟，2002；洗国民等，2001；田秀娟等，2003；罗仁福等，2006等）。即农村税费改革虽然提高了农民的收入水平，但公共物品供给机制的缺失同样可能降低农民的福利。然而已有的研究存在以下三方面问题：第一，样本覆盖面相对狭窄①，结论不具备全国代表性；第二，数据几乎都是截面类型，无法避免个体异质性对回归结果的影响；第三，以往的研究将考察重点放在农村税费改革对村庄公共物品的总量影响上，缺乏对支出结构的分析。

本文旨在利用相对完备的数据，更准确地估计我国农村税费改革对村庄公共物品供给总量的影响，分析供给结构因改革而产生的变化，并发掘其原因。具体而言，本文尝试在以下三方面发展现有文献：第一，数据方面，本文利用 CHIPS（2002）村庄面板数据②，该调查涵盖全国 22 个省近 1000 个村庄；第二，计量方法上，本文采用"双重差分方法"（DID）和"双重差分结合匹配倾向得分估计方法"（DID + PSM），不仅纠正了个体异质性所带来的偏误，而且通过匹配倾向得分方法寻找到相对合理的"控制组"，使计量更加类似于"自然实验"，估计效果更为准确；第三，除了考察农村税费改革对村庄集体性总收支的影响，本文还估计了改革对分项支出的效果，并尝试作出解释。

本文发现农村税费改革显著降低了村庄集体性总收支水平，这主要是因为税费改革削弱了基层财力。在结构上，税费改革导致村庄行政成本和教育

---

① 大部分研究的调查样本较为局限，例如，周飞舟和赵阳（2003）使用江西和河南的局部调查资料分析了中国中西部县镇财政困难的问题；贺雪峰和罗兴佐（2008）利用湖北荆门市两个镇的调查资料分析农村公共物品供给的问题；值得一提的是，罗仁福等（2006）使用了 6 个省的数据对此问题进行分析。

② 该数据来自中国统计局农调总队和中国社会科学院经济研究所对行政村所进行的联合调查，涵盖了税费改革前（1998 年）和税费改革中间年份（2002 年）各村庄的经济、社会等情况，样本涵盖 22 个省份（包括北京、河北、山西、辽宁、吉林、江苏、浙江、安徽、江西、山东、河南、湖北、湖南、广东、广西、重庆、四川、贵州、云南、陕西、甘肃和新疆）近1000 个行政村庄，具备面板数据特征。

支出的缩减尤为明显。行政成本得以降低的主要原因在于：改革规范了农村税费的征收机制，削弱了县乡政府干预村庄的动机，村庄民主化建设加强了对村干部的监督，故而节约了行政开支。对教育支出降低的解释是：2001 年农村教育支出责任上收到县级，村级组织不再承担教育公共物品供给的主要职责，当集体性收入下降时，削减该部分支出就成为合理的选择。

二、农村税费改革的制度背景和历程

新中国成立之后，我国农村乡级政府历经"乡政府—人民公社—乡政府"的变革①，村级组织的变迁与之对应。在人民公社时期，各村都有"生产队"，不仅组织农业生产，而且负责提供公共物品。但当时各级财政预决算报告中并没有农村税费方面的统计数据，原因是计划经济体制下，"人民公社"或"生产队"是直接从生产中提取"经济剩余"，形成隐形的乡村财政。而当时提供农村公共物品的生产成本主要来自物质和劳动力两个方面，物质成本表现为提取的"公积金"、"公益金等"；劳动力成本主要来自隐形的"工分"。在这样的体系下，农民无法准确感知税收负担和摊派。取消"人民公社"、恢复乡级政府、建立乡级财政后，农民与基层政府的利益分歧开始凸显出来。乡政府作为基层政府组织，承担着上级政府规定的各项治理任务，例如，计划生育、农业税征收等，一些职能并不是村民能够直接受益的公共服务，有的甚至与村民的短期利益冲突。县乡政府为顺利开展工作，往往需要加强对村级组织的控制，指定村干部作为其村庄治理目标的实施人。

不过在 1994 年之前，"财政包干制"让地方政府掌握相对充足的资源，乡村财力不至于出现较大的困难，上述矛盾还不十分突出。1994 年推行的分

---

① 第一个五年计划结束之时，乡级政府建立了县级财政体系，并且赋予乡级政府一定的财政收支权力；人民公社始于 1985 年，并在当年国务院颁布《关于改进农村财贸管理体制的决定》，对人民公社实行"财政包干"为核心的财政管理体系；1983 年之后，原来的人民公社逐步改为乡政府，乡级财政重新建立起来。

税制加强了中央财权，而地方政府的事权"不减反增"，导致地区财力缺口的扩大。在各级政府"上收财权、下压事权"背景下，压力逐渐向基层政府聚焦。当时乡政府沿用"人民公社"时期的"包干制"，除了征收预算内收入，还能征收各种"费"及摊派任务来弥补财力缺口。乡政府努力提高财政收入以应付逐年提高的征收任务，这导致农民负担越来越重。"一税轻，二费重，三摊四派无底洞"就是对当时农民税费负担的写照。统计资料显示，当时全国农民负担的高峰出现在1997年，各项税费占农民人均纯收入的比例达到5.2%，并且各地区的差异很大，最高的超过10%（项继权，2004；陈锡文，2003）。加之农村基层政府的治理不规范，一方面，乡村政府供养人员过多，挤占了有限的财政资源；另一方面，村干部工作方式相对粗暴，最终导致了农村"三乱"（乱摊派、乱收费、乱集资）（傅光明，2001；邓大才，2001等），一些地方甚至出现了农民与政府之间的公开对抗。为减轻农民负担、提高农民收入、缓解干群矛盾及完善村庄民主制度，规范基层政府的行为势在必行。2000年3月，国务院正式出台《关于进行农村税费改革试点工作的通知》，首先在安徽全省进行试点改革。2001年，又在江苏全省推行此项改革。2002年3月7日，试点范围扩大至河北、内蒙古、黑龙江、吉林等16个省、直辖市、自治区。同年，上海和浙江开始自行改革。2003年，国务院下发《关于全面推进农村税费改革试点工作的意见》，农村税费改革推广至全国。农村税费改革的具体措施可以概括为"三个取消、一个逐步取消、两个调整、一项改革"。所谓的"三个取消"是指取消乡统筹、农村教育集资等行政事业性收费和政府基金、集资以及屠宰税；"一个逐步取消"是指用三年时间逐步取消统一规定的劳动积累工和义务工制度；"两个调整"是指调整现行农业税政策和调整农业特产税政策；"一项改革"是指用农业附加税代替村提留。

　　农村税费改革的政策效应很早就受到学界的关注。早期研究通过各类社会调查和回归分析，几乎都认为农村税费改革显著提高了农民的收入，并且政策具备持续效果（周黎安和陈烨，2005；赵伟等，2003；刘明兴等，2008；田秀娟和周飞舟，2003）。随着研究的深入，学者们也开始改革带来的弊端：

一方面，一些学者担心"黄宗羲定理"① 会再次起作用（秦晖，2003；张秀生和王军民，2004）；另一方面，税费改革在减轻农民负担的同时可能会对县乡财力和村庄公共物品供给造成一定不利影响，一些针对局部地区的社会调查分析认为农村税费改革导致乡级财力陷入紧张局面（田秀娟等，2003；李普亮和朱永德，2005；李芝兰和吴理财，2005）。农村税费改革之前，乡政府绝大部分财源都依赖农村税费收入。为完成上级政府下达的各项任务并维持机构的正常运转，乡政府需要村干部的配合，所以村干部的选拔往往受到乡政府的干预。这不仅妨碍村庄民主化建设，也让村干部陷入两难境地：一方面，为完成上级政府的任务，必须加强税费征缴力度；另一方面，村干部至少形式上通过村民选举产生，他们作为村民利益的代表应该减轻村民负担。农村税费改革之后，乡政府无权再对农民征收各类费用或实行摊派，村庄的管理权就不如之前那么重要，加上国家积极推动村庄民主化建设，村民自治法律体系不断完善，村民也表现出越来越强烈的民主化需求。乡政府控制村干部的选举和任命而获得预算外收入的可能性大大下降，导致乡政府自有财力短缺，对转移支付的依赖程度也逐步升高，而转移支付资金中有大量的"戴帽"资金②，乡政府不能根据自己的偏好进行安排，这就造成了乡财政处于"悬浮性"状态（周飞舟，2006）。

三、数据描述和计量方法介绍

本文使用 CHIP（2002）村庄调查数据，重点考察农村税费改革和村庄公共物品供给之间的关系。在样本中，2000 年、2001 年和 2002 年实行农村税费改革的村庄数分别为 50 个、86 个和 529 个，分别占样本总量的 5.2%、9.0%

---

① 农村税费改革之后一段相对较短的时间内，农民税负降低，收入提高，而随着时间的不断推移，各级政府又重新设置其他类型的税费，变相增加农民负担。

② 这种所谓的"戴帽资金"可以理解为"条件转移支付"，即上级政府规定用途或带有部分附加条件的财政资金。

和 55.1%①。

为了避免不同时点、不同地区价格差异对估计结果的影响，参与回归的所有变量都经过价格平滑②。本文借鉴以往研究（周黎安和陈烨，2005；罗仁福等，2006 等）选择了控制变量：（1）对数人均收入水平；（2）村庄外出打工人口比例③，该变量可能对被解释变量产生两种不同的效果：其一，该人群长期不在本村生活，对公共物品缺乏关心；其二，外出打工人群一般是青壮年劳动力，他们可能将部分收入寄回家，根据瓦格纳法则，随收入的增加，公共物品供给水平相应提高。（3）村庄民主化程度④，相关研究认为民主化能促进村庄公共物品供给效率和支出总量（刘荣，2008；肖唐镖等，2001；王淑娜和姚洋，2007 等），并且实施了税费改革的村庄民主化程度可能更高。借鉴刘荣（2008）、孙秀林（2009）等的方式，我们利用村民大会召开的次数来衡量村庄民主程度。（4）村庄劳动力人口和务农人口占比占总人口的比重，不同年龄和行业的人对公共物品的需求不同。（5）人均粮食产量，粮食作物包括稻米、小麦和玉米，粮食产量越高的地区，农业依存度越大，这不仅影响收入水平而且影响农业税的征收。（6）人均固定资产，机械化水平和村集体企业能够影响集体性收入，富裕村庄往往机械化程度也高，村集体企业的效益更好，集体收入水平也越多。（7）村干部供养比例，村干部占总人口的比例越大，行政开支相对越多。（8）其余关于村庄的固定效应，包括交通情况（村庄离最近的交通站的距离）、离乡镇的距离、20 世纪 70 年代是否办过公社等。变量的统计描述请参见附录表 A1。

除了使用较为传统的"双重差分"方法（DID）外，本文主要借鉴赫克

① 由于调查数据中包含了改革时间早于 2000 年的 5 个样本点，估计之前将其删除。

② 价格平滑方法借鉴博兰和霍尔茨（Brandt and Holz，2006），使用农村价格平滑指标，平滑了不同年份、不同省间之间的价格差异。

③ 我们定义一年中有 6 个月都在外打工的人群为"打工人口"。

④ 我们并没有选择一般经验研究的指标——村庄是否实行海选或者是否为差额选举（罗仁福等，2006；Shen and Yao，2008；Shi，1999）。原因在于传统指标并没有对民主实质的把握不够准确，牛铭实（2003）认为，差额选举仅仅代表村庄民主的一个方面，要合理考察村庄民主应该对候选人的提名和确定过程。

曼等（Heckman et al., 1997）和托德（Todd, 2006）的"基于双重差分的匹配倾向得分方法"（DID + PSM）估计农村税费改革对村庄公共物品的政策效果。根据鉴赫克曼等（1997）的方法，本文首先进行第一阶段的 Logit 回归，设定如下方程：

$$D_i = X_i \cdot \beta + u_i \tag{1}$$

D_i 表示农村税费改革的虚拟变量，1998 年所有样本均未实行税费改革，$D_i = 1$ 表示 2002 年已经实行税费改革的村庄。得到第一阶段的拟合值 P_i 之后，进行匹配。具体的计算公式如下：

$$ATT = \frac{1}{n_1} \sum_{i \in I_1 \cap S_P} \left\{ (Y_{1ti} - Y_{0t'i}) - \sum_{j \in I_0 \cap S_P} W(i,j)(Y_{0tj} - Y_{0t'j}) \right\} \tag{2}$$

ATT 是政策组的平均处理效果，表示实行税费改革村庄的实际效果和这些村庄没有改革时的潜在效果（反事实效果）之间的差距，这也是我们关注的核心变量。Y_{1ti} 表示改革村庄 2002 年的实际效果，$Y_{0t'i}$ 表示该村庄 1998 年的对应值，下标第一个指标为 1 表示改革样本，为 0 表示未改革的样本；第二个指标表示时间，$t = 2002$，$t' = 1998$；第三个指标表示村庄代码。其中 I_1 定义为农村税费改革村庄的集合（政策组集合），I_0 表示样本中没有实行税费改革村庄的集合（对照组集合）。S_P 表示"支撑域"（common support），n_1 表示政策组和支撑域的交集 $I_1 \cap S_P$ 的样本数[①]。匹配的控制组是支撑域与对照组交集样本通过计算加权平均数得到的，权重函数为 $W(i, j)$，是 P_i 和 P_j 之间的距离的函数。计算方法很多，例如：相邻匹配（nearest neighbor）、分层匹配（caliper）、领域匹配（stratification）、核密度估计（kernel function），在敏感性分析阶段，我们选择了不同的方法进行匹配。

DID + PSM 方法成功的关键在于满足条件独立假定（CIA），即：

$$E(Y_{0t} - Y_{0t'} | P, D = 1) = E(Y_{0t} - Y_{0t'} | P, D = 0) \tag{3}$$

Y_{0t} 和 $Y_{0t'}$ 分别表示 2002 年和 1998 年控制组的效果，P 表示第一阶段 Logit

---

① 如果发现匹配后，控制组和政策组没有交集，那么"共同支撑域"（Common support）就为空集，这样便无法进行匹配。

回归得到的拟合值，即匹配倾向得分。上面式子表明：当政策组和控制组的匹配倾向得分都相同时，两个样本组在时间上的差分效果的数学期望是相同的。针对 CIA 假定，我们进行平衡性检验（Balance Test）。根据德赫贾和瓦尼（Dehejia and Wahba，1999）的方法，对控制变量集合 X 中的每一个指标进行匹配后的 t 检验，当参与匹配的政策组和控制组所有控制变量都无法拒绝原假设时，可以认为估计结果在一定意义上满足 CIA 假定。

除了平衡性检验之外，本文还会在具体分析中进行"安慰剂"实验。该检验的思路如下：如果农村税费改革的确存在政策效果，这意味着在没有实行农村税费改革的 1998 年不存在这样的政策效果，否则很难对政策的效果给予相对准确的评价。在具体检验时，本文利用 1998 年的横截面数据，设定如下回归方程：

$$Y_i = \alpha + \delta T_i + X_i \beta + u_i \tag{4}$$

如果改革变量 T_i 的参数 δ 是不显著的，那么"安慰剂"实验将在一定程度上加强我们对结果的信任。上述检验可以在一定程度上能增加我们对计量结果的信任。

四、计量结果及分析

我们使用"双重差分"（DID）和"双重差分加匹配倾向得分"（DID + PSM）两种方法对农村税费改革的政策效果进行评估。具体研究中，我们不仅关心村级集体性收支是否受到农村税费改革政策的影响，同时也关心政策实施之后村级财务支出结构的变化。

1. 双重差分估计结果

当农村税费改革是"外生"时，CIA 条件自动成立，"双重差分"估计量是一致的。税费改革相关文件规定的试点是县级单位，由于县级政府很难和省级及中央政府"讨价还价"，所以我们可以将县政府看成改革的"被动"接受者，这也得到了周黎安和陈烨（2005）的经验支持。对村庄而言，有理由将税费改革看成外生冲击，那么 DID 方法便是适用的。回归结果请见表 1。

表 1　　　　　　　　　　双重差分（DID）的回归结果

被解释变量	（1）	（2）	（3）	（4）	（5）	（6）
	人均对数集体性收入			人均对数集体性支出		
是否农村税费改革	− 0.466 ***	− 0.495 ***	− 0.445 ***	− 0.229 ***	− 0.248 ***	− 0.241 ***
	（ − 4.92）	（ − 4.82）	（ − 5.48）	（ − 4.87）	（ − 4.83）	（ − 4.55）
对数人均收入	0.538 **	0.511 **	0.339 *	0.293 ***	0.274 **	0.233 **
	（3.13）	（2.88）	（2.07）	（3.45）	（3.12）	（2.64）
劳动力移动比例	0.751	− 0.212	− 0.0516	0.892	1.196	1.324 *
	（0.60）	（ − 0.15）	（ − 0.04）	（1.46）	（1.78）	（1.97）
召开村民大会次数	− 0.009	0.000	0.013	0.023	0.029 *	0.031 *
	（ − 0.34）	（0.01）	（0.66）	（1.93）	（2.27）	（2.36）
务农人口比重	− 0.143	0.156	0.100	0.160	0.129	0.136
	（ − 0.22）	（0.22）	（0.18）	（0.55）	（0.37）	（0.42）
对数人口	− 0.0908	− 0.135	0.163	− 0.209	− 0.290	− 0.242
	（ − 0.18）	（ − 0.23）	（0.30）	（ − 0.91）	（ − 1.12）	（ − 0.92）
对数人均粮食产量	− 0.451	− 0.396	− 0.371	− 0.268 **	− 0.228 *	− 0.213
	（ − 1.81）	（ − 1.47）	（ − 1.87）	（ − 2.59）	（ − 2.08）	（ − 1.80）
对数人均收入平方	0.223 *	0.242 *	0.330 ***	0.166 **	0.140 **	0.173 **
	（2.21）	（2.33）	（3.55）	（3.26）	（2.63）	（2.88）
劳动力比例	1.493 *	1.372	1.145	0.296	− 0.084	− 0.188
	（2.02）	（1.43）	（1.08）	（0.85）	（ − 0.17）	（ − 0.44）
人均固定资产		0.290 **	0.278 **		0.113 *	0.101
		（2.82）	（2.74）		（2.03）	（1.95）
村干部人数			93.50 **			29.86 ***
			（3.24）			（3.40）
截距项	− 0.035	− 0.097	− 0.047	0.0771	0.077	0.101
	（ − 0.38）	（ − 0.95）	（ − 0.60）	（1.67）	（1.51）	（1.91）
R-sq	0.067	0.075	0.125	0.067	0.077	0.106
样本量	766	661	658	802	690	687

注：（1）因为村庄集体收支往往不等，本文分别进行回归。（2）*、**、*** 分别表示在 5%、1% 和 0.1% 的水平上显著。

表 1 第（1）列显示农村税费改革之后，村庄集体性收入显著减少；第（2）列显示控制人均固定资产存量之后，效果略有增强，显著程度变化不大；

第（3）列控制村干部人数，效果依然显著。第（4）～（6）列的被解释变量为对数村庄人均集体性支出，回归显示农村税费改革明显的降低了村庄集体性开支，控制人均固定资产和村干部人数之后，结果依然显著、稳健。

如果集体性收支能够决定该村庄是否成为改革样本，那么 DID 回归结果就存在明显偏误。为此本文设定如下方程进行检验：

$$D_{1998,i} = \delta \cdot z_{1998,i} + X_{1998,i}\beta + u_{1998,i} \tag{5}$$

$z_{1998,i}$ 表示对数人均集体性收入或支出，如果 δ 显著说明表 2 的结果存在内生性。回归结果显示改革前村庄的集体性收支与税费改革虚拟变量没有显著关系，从而表 2 的结果值得信赖[①]。

表 2　　　　　　　　　　分项村庄集体性支出的回归结果

	（1）	（2）	（3）	（4）	（5）	（6）
	对数人均生产性支出	对数人均教育支出	对数人均医疗卫生支出	对数人均基础设施建设	对数人均行政成本	对数其他公益性支出
	Panel A.　DID 估计结果					
农村税费改革	− 0.115 （− 0.91）	− 0.280 * （− 2.38）	− 0.177 （− 1.39）	− 0.223 （− 1.68）	− 0.150 *** （− 3.31）	− 0.120 （− 1.37）
	Panel B.　DID + PSM 估计结果					
ATT	− 0.167 （− 1.09）	− 0.300 * （− 2.57）	− 0.391 （− 0.96）	− 0.215 （− 0.97）	− 0.202 ** （− 2.89）	− 0.0161 （− 0.16）

注：（1）DID 回归的控制变量和表 1 相同，＊、＊＊、＊＊＊分别表示在 5%、1% 和 0.1% 的水平上显著。（2）DID + PSM 估计在第一阶段回归控制的变量和表 5 第（2）列相同，所有的回归都通过平衡性检验，方法和表 5 一样，使用"自助法"计算标准误。＊、＊＊、＊＊＊分别表示 p 值小于 5%、1% 和 0.1%。（3）为节省篇幅，表格只报告了核心参数的估计值。

除了关心集体性总收支，本文还希望了解税费改革对村庄分项支出的影响。调查问卷将村级支出分为：用于集体经营扩大再生产服务支出、为农户提供生产服务支出、教育事业支出、医疗卫生事业支出、基础设施建设（修

---

①　回归使用 Logit 模型，控制变量包括：对数人均收入及其平方项、劳动力占总人口比重、对数总人口、劳动力移动占总人口比重、对数人均粮食产量、人均固定资产、村干部人数、召开村民大会次数、务农人口比重、是否大中城市郊区、距离交通站距离。为节省篇幅未在文中说明，如需要请向作者索取。

路、打井等）支出、其他公益事业支出、村组干部工资和补贴支出、其他行政管理支出、其他支出。为了方便研究，本文将"用于集体经营扩大再生产服务支出"和"为农户提供生产服务支出"合并为"生产性支出"；将"村组干部工资和补贴支出"和"其他行政管理支出"合并为"行政成本"；其余各项不变。表2的Panel A报告了DID的回归结果，可以看出农村税费改革主要对教育支出和行政成本两类支出造成了显著的影响。

综合上述DID的回归结果，农村税费改革造成村庄总体收支水平显著下降，教育和行政成本的下降较为明显。根据描述统计，1998年教育支出占总支出比重为8.38%，而2002年该比重下降到7.52%；1998年行政成本占总支出比重为49.49%，2002年下降至46.08%。

2. 双重差分加匹配倾向得分的估计

同样，我们首先考察农村税费改革对村庄集体性收支总量的影响。表3是DID + PSM的估计结果。第一阶段使用改革前的变量进行Logit回归，选择高斯核函数进行匹配。第（1）列显示农村税费改革导致村庄人均集体收入减少；第（2）列显示，在控制"制示年代是否办过公社"、"距离乡镇距离"、"村庄中是否办过小学"和"村庄是否办过中学"四个变量之后，结果依然显著，且*ATT*变化不大；被解释变量为集体性支出的效果稍小一些。

表3   **总量指标的 DID + PSM 回归结果**

	差分对数人均税收		差分对数人均支出	
	（1）	（2）	（3）	（4）
ATT	− 0.545 ***	− 0.557 ***	− 0.213 ***	− 0.190 **
	（− 5.61）	（− 5.62）	（− 3.43）	（− 2.94）
对照组	185	185	178	178
处理组	462	462	495	495
被解释变量为是否实行农村税费改革（Logit 模型）				
对数人均收入	1.133 ***	0.839 ***	1.153 ***	0.834 **
	（4.64）	（3.3）	（4.57）	（3.16）
对数人均收入的平方	− 1.168 ***	− 1.080 ***	− 1.131 ***	− 1.015 ***
	（− 4.23）	（− 3.82）	（− 4.02）	（− 3.52）

	差分对数人均税收		差分对数人均支出	
	(1)	(2)	(3)	(4)
劳动力移动比例	5. 159 **	6. 202 ***	4. 868 **	5. 881 **
	(2. 88)	(3. 3)	(2. 71)	(3. 1)
召开村民大会次数	− 0. 010	− 0. 028	0. 002	− 0. 018
	(− 0. 32)	(− 0. 87)	(0. 07)	(− 0. 59)
务农人口比重	0. 626	1. 517	1. 141	2. 290 **
	(0. 64)	(1. 49)	(1. 16)	(2. 22)
对数人口	0. 005	0. 053	− 0. 115	0. 003
	(0. 02)	(0. 25)	(− 0. 58)	(0. 01)
对数人均粮食产量	− 0. 020	0. 074	0. 044	0. 116
	(− 0. 13)	(0. 46)	(0. 26)	(0. 71)
劳动力比例	2. 803 **	2. 354 **	2. 547 **	1. 732
	(2. 55)	(2. 08)	(2. 34)	(1. 54)
人均固定资产	− 0. 012	0. 004	− 0. 014	− 0. 002
	(− 0. 3)	(0. 09)	(− 0. 36)	− (0. 04)
村干部人数	26. 336	28. 779	11. 272	10. 529
	(1. 37)	(1. 44)	(0. 61)	(0. 54)
是否大中城市郊区	− 0. 599	− 0. 608	− 0. 535	− 0. 568
	(− 1. 74)	(− 1. 66)	(− 1. 59)	(− 1. 6)
距离交通站距离	− 0. 017	− 0. 009	− 0. 010	− 0. 002
	(− 1. 47)	(− 0. 75)	(− 0. 78)	(− 0. 13)
20 世纪 70 年代是否办过公社		0. 398		0. 355
		(1. 9)		(1. 7)
距乡镇的距离		− 0. 027 ***		− 0. 027 ***
		(− 4. 86)		(− 4. 97)
村庄中是否有小学		0. 024		− 0. 368
		(0. 09)		(− 1. 29)
村庄中是否有中学		0. 120		0. 111
		(0. 36)		(0. 33)
截距项	− 1. 072	− 1. 032	− 0. 161	− 0. 160
	(− 0. 63)	(− 0. 59)	(− 0. 1)	(− 0. 09)
样本量	647	647	673	673
Pseudo R^2	0. 106	0. 143	0. 097	0. 136
Log likelihood	− 346. 120	− 331. 927	− 351. 070	− 335. 812

注：（1）表格下半部分是第一阶段 Logit 回归的结果，被解释变量为"至 2002 年是否实行农村税费改革"。（2）对照组表示参与匹配的控制组样本量，处理组表示参与匹配的政策组样本量。（3） * 、 ** 、 *** 分别表示在 5% 、1% 、0.1% 的水平上显著。（4）所有样本都进入共同支撑域。

根据赫克曼等（Heckman et al.，1997）、托德（Todd，2006）、德赫贾和瓦尼（Dehejia and Wahba，1999）等的建议，无论使用 OLS 还是 PSM 方法，识别因果关系均需要满足 CIA 假定。为此，本文借鉴德赫贾和瓦尼（1999）的方法进行了平衡性检验，由于篇幅原因，本文只给出了针对表 3 第（3）列的平衡性检验结果，具体请参见表 4①。结果显示匹配后的每一个协变量在政策组和对照组之间不存在显著性差异，这意味着 DID + PSM 的估计结果不违反 CIA 假定。

表 4   平衡性检验

变量名	平均值			t-test	
	控制组	对照组	% bias	t	$p > |t|$
对数人均收入	0.3566	0.38387	−4.9	−0.95	0.344
对数人均收入的平方	0.32371	0.33235	−1.6	−0.33	0.74
劳动力移动比例	0.06953	0.06447	7.7	1.08	0.281
召开村民大会次数	3.1775	3.2849	−3.6	−0.56	0.575
务农人口比重	0.36111	0.36244	−1	−0.15	0.884
对数人口	7.3236	7.2811	6.5	0.74	0.459
对数人均粮食产量	0.55524	0.52074	6.5	0.84	0.402
劳动力比例	0.5107	0.51237	−1.4	−0.23	0.821
是否大中城市郊区	0.06061	0.07187	−4.1	−0.69	0.492
人均固定资产	−10.393	−10.464	2.9	0.47	0.639
距离交通站距离	4.7792	4.8524	−0.9	−0.17	0.869
村干部人数	0.00924	0.00934	−1.5	−0.2	0.845
20 世纪 70 年代是否办过公社	0.5974	0.5981	−0.1	−0.02	0.983
距乡镇的距离	19.868	19.926	−0.3	−0.06	0.953
村庄中是否有小学	0.78788	0.75673	7.9	1.13	0.259
村庄中是否有中学	0.10606	0.09386	4.1	0.62	0.537

表 5 的敏感性分析报告了三种匹配方法（核密度、cliper 和 neighbor）的估计结果。第(1)～(3)列是不同核函数函数的估计结果，虽然效果发生了一

---

① 针对表 5 的四列回归都进行了对应的平衡性检验，结果都显示所有协变量在匹配之后的政策组和对照组之间没有显著性差异，显著性水平选择 5%。

定的变化，但参数正负号与表 3 保持一致；第（5）、（6）两列是 cliper 匹配方法的估计结果，范围分别为 0.05 和 0.01，结果稳健；第（7）和（8）列分别是一对一和一对二的 neighbor 核估计结果，结果同样和表 3 类似。表 5 的敏感性分析显示"农村税费改革"导致村庄集体性收支出减小的结果是稳健的。

表 5   敏感性分析

	（1）	（2）	（3）	（5）	（6）	（7）	（8）
对数人均集体性支出的差分	-0.208*** (-3.37)	-0.190** (-3.25)	-0.187** (-2.77)	-0.217** (-2.75)	-0.217** (-2.80)	-0.217** (-2.73)	-0.181* (-2.49)
对数人均集体性收入的差分	-0.499*** (-5.60)	-0.557*** (-5.52)	-0.539*** (-6.46)	-0.570*** (-4.73)	-0.573*** (-4.36)	-0.570*** (-4.13)	-0.511*** (-4.18)
匹配方法	kernel (biweight)	kernel (normal)	kernel (epan)	cliper (0.05)	cliper (0.01)	neighbor (1)	neighbor (2)

注：（1）第一阶段回归中控制的变量和表 5 第 2 列相同，所有的回归都通过平衡性检验，并且使用"自助法"计算标准误。（2）* 表示 p 值小于 5% 水平；** 表示 p 值小于 1% 水平；*** 表示 p 值小于 0.1% 水平，括号中的数字是回归系数对应的 t 值。（3）除第 6 列有 2 个政策组样本未被包含在共同支撑域之内，其余所有样本都进入共同支撑域。

为了得到农村税费改革政策对村庄公共支出结构的影响，根据表 4 的分类，我们使用 DID + PSM 的方法对五类不同的支出效果分别进行估计，结果参见表 2 的 Panel B。结果显示农村税费改革导致教育支出和行政成本明显下降。这和调查问卷中针对个人主观感受的结果是一致的[①]。

为了进一步验证上述计量结果的可信度，本文单独使用 1998 年的数据进行"安慰剂实验"，考察政策是否显著地影响改革前的村庄集体性收支[②]。表 6 显示农村税费改革与 1998 年的被解释变量之间无显著关系，这进一步增强

———————

① 调查问卷显示，有 57.52% 的村民认为农村税费改革之后村庄行政开支减少，仅 14.31% 的村民认为改革后此项开支增加，剩余的村民认为改革对行政开支无影响。在教育支出方面，49.9% 的村民认为农村税费改革导致村庄教育支出下降，41.88% 的村民认为农村税费改革并产生影响，仅有 8.2% 的村民认为改革后教育事业经费增加。由于 2001 年，教育支出的权限上收至县级政府，村级不再主要担负提供教育公共物品的职责，但县级财力匮乏是税费改革之前的老问题，同时也是导致农民负担较重的原因，改革在本质上是减少农村赋税，这导致县级财政收入下降，所以上收支出责任也无法明显提高农村教育性公共物品的供给水平。

② 从逻辑上来说，如果选择的计量方法是适合的，那么只有改革样本的被解释变量才发生显著变化，政策组在改革之前就不会受到政策影响。

了我们对上述计量结果的信任。

表6 安慰剂实验（OLS 回归）

	1998 年对数人均集体性收入		1998 年对数人均集体性支出	
	（1）	（2）	（3）	（4）
是否实行 农村税费改革	0.0176 (0.15)	− 0.0667 （− 0.61）	− 0.0001 （− 0.00）	− 0.0945 （− 0.87）
是否加入控制变量	否	是	否	是
样本量	852	675	858	673

注：第 2、4 两列加入了表 3（Logit 回归）的控制变量。

由于改革始于 2000 年，本文的样本中各年均有改革试点，所以本文分别估计 2000 年、2001 年和 2002 年的政策效果。表 7 的估计结果显示，无论改革的时间如何，农村税费改革都导致村庄集体性收支的下降，但是 2000 年成为改革试点的样本效果最小，2001 年成为改革试点的样本效果最大，2002 年成为改革试点的样本效果居中。这可能是由于改革的效果并不随时间单调变化，而是先扩大后缩小。

表7 分时段的回归结果

改革时间	对数人均集体性支出			对数人均集体性收入		
	2000 年	2001 年	2002 年	2000 年	2001 年	2002 年
改革样本数	50	86	529	50	86	529
ATT	− 0.126 （− 1.19）	− 0.224 （− 1.29）	− 0.197 ** （− 2.79）	− 0.493 （− 1.82）	− 0.746 * （− 2.34）	− 0.519 *** （− 4.89）

注：（1）所有的估计均采用 DID + PSM 的方法，第一阶段 Logit 回归的控制变量和表 3 第 2 列相同。（2）第 1 列有 1 个政策组样本未进入共同支撑域；第 2 列有 3 个政策组样本未进入共同支撑域；第 4 列有 1 个政策组样本未进入共同支撑域；第 5 列有 5 个政策组样本未进入共同支撑域；其余样本均进入共同支撑域。

综合上述计量结果，我们可以得到如下结论：农村税费改革导致村庄集体性收支水平下降，教育和行政分项支出的下降幅度最明显。

上述结果符合经济学直觉，农村税费改革的动机正是"裁乱"，而"三乱"之源是农民负担过重。改革政策的设计非常明确，即将苛捐杂费、摊派和劳役归并为统一的税，规范征收机制，达到减轻农民负担的目的。各方面的调查、统计研究资料都显示改革实现了预期目标，并富有成效——农民负担明显减轻，收入水平显著提高。改革的成功却是以基层财力的减少为代价。虽然中央政府为了避免由此带来的农村公共物品供给下降的问题，有针对性的实施了转移支付，但是，一方面，由于获得转移支付的主体是县级政府而非村庄；另一方面，部分转移支付是"戴帽"资金，在一定程度上无法完全弥补由于农村税费改革所带来的基层财力缺口，所以农村税费改革导致了村庄公共物品供给的下降。以往的研究和本文的计量都为上述逻辑判断提供了经验证据。

通过对分项支出的考察，本文发现农村税费改革实施之后，各项支出均有不同程度下降，其中，行政开支和教育支出的下降尤为显著。其原因在于：改革规范了农村税费的征收制度，减少了县乡政府干预村庄选举的激励，随着民主化程度的逐步提高，针对村庄集体性财务的监管力度也随之加强，并且以前征收各种苛捐杂费而产生的费用也被节省下来，从而使得行政开支下降。而2001年之后，农村教育支出的责任上收至县级政府，村级行政组织不再承担此项公共物品供给的主要责任，在村庄集体性收入减少的前提下，削减教育支出就成为村委会的理性选择。

五、总 结

本文利用CHIPS（2002）村庄调查数据，使用双重差分（DID）和双重差分结合匹配倾向得分（DID + PSM）方法考察了农村税费改革对村庄公共物品供给总量和结构的影响。结果显示，农村税费改革导致村庄公共物品供给水平显著降低，教育和行政开支的下降最为明显，通过各类敏感性分析，结论稳健。

本文认为，导致上述结果有以下几方面原因：第一，农村税费改革之后，农民总赋税水平下降，县乡干部无权随意征收税费，基层行政组织的总体收入下降，而来自中央的转移支付并不能完全解决村级公共物品供给下降的问题。因为虽然转移支付能够弥补改革带来的财力缺口，但是，一方面，部分转移支付属于"戴帽资金"，需要地方政府另外出资配合；另一方面，农村税费改革改变了乡政府的行为模式，改革之前乡政府强行征收税费，改革后转变为"跑项目"和"借债"，从"汲取型"转变为"悬浮型"（周飞舟，2006；赵阳和周飞舟，2002 等）。第二，改革规范了税费征收方式，县乡政府减少了干预和控制村干部选举的动机，随着村庄民主逐渐完善，村干部无法像以前那样随意增加行政开支。第三，2001 年教育支出责任上收到县级政府，村庄不再承担提供教育公共物品的主要责任，这就导致了村级教育支出的下降。

附录

表 A1 　　　　　　　　参与回归变量的统计描述

变量名	1998 年情况					2002 年情况				
	观测值	平均值	标准差	最小值	最大值	观测值	平均值	标准差	最小值	最大值
对数人均集体财务收入	852	-3.656	1.610	-11.545	2.406	885	-3.850	1.666	-12.024	2.468
对数人均集体财务支出	903	-3.909	1.610	-13.448	1.794	910	-3.789	1.574	-13.257	1.531
对数人均收入	954	0.231	0.549	-1.900	2.053	951	0.418	0.549	-2.529	2.367
外出打工人口占比	933	0.061	0.066	0.000	0.449	933	0.082	0.080	0.000	0.469
召开村民大会次数	938	3.216	2.953	0.000	26.000	938	3.822	3.207	0.000	25.000
务农人口比重	952	0.356	0.143	0.000	1.507	955	0.343	0.153	0.000	1.898
村庄对数人口	960	7.284	0.635	5.182	9.058	961	7.306	0.648	5.226	9.084
人均粮食产量	960	0.586	0.621	0.000	11.179	961	0.591	0.657	0.000	12.728
村庄劳动力占比	960	0.496	0.130	0.000	2.000	961	0.508	0.144	0.058	2.368
村庄干部占总人口比例	956	0.009	0.006	0.000	0.063	957	0.008	0.006	0.001	0.047
对数人均固定资产存量	823	-10.425	2.427	-16.945	0.703	826	-10.229	2.460	-17.467	0.713
本村离最近的交通站的距离	938	5.449	8.236	0.000	80.000	938	5.449	8.236	0.000	80.000

变量名	1998 年情况					2002 年情况				
	观测值	平均值	标准差	最小值	最大值	观测值	平均值	标准差	最小值	最大值
是否为大中型城市的郊区	961	0.080	0.272	0.000	1.000	961	0.080	0.272	0.000	1.000
20 世纪 70 年代是否办过公社	961	0.544	0.498	0.000	1.000	961	0.544	0.498	0.000	1.000
离乡镇政府的距离	953	4.971	5.731	0.000	100.000	953	4.971	5.731	0.000	100.000
村庄是否有小学	961	0.800	0.400	0.000	1.000	961	0.800	0.400	0.000	1.000
村庄是否有中学	961	0.099	0.299	0.000	1.000	961	0.099	0.299	0.000	1.000

参考文献

[1] 方齐云、陆新华、鄢军:《我国农村税费改革对农民收入影响的实证分析》,载于《中国农村经济》2005 年第 5 期。

[2] 贾康、赵全厚:《减负之后:农村税费改革有待解决的问题及对策探讨》,载于《财政研究》2002 年第 1 期。

[3] 罗仁福、张林秀、黄季焜、罗斯高、刘承芳:《村民自治、农村税费改革与农村公共投资》,载于《经济学(季刊)》2006 年 7 月。

[4] 李芝兰、吴理财:《"倒逼"还是"反倒逼"——农村税费改革前后中央与地方之间的互动》,载于《社会学研究》2005 年第 4 期。

[5] 刘明兴、徐志刚、陶然、苏雪燕:《农村税费改革前后农民负担及其累退性变化与区域差异》,载于《中国农村经济》2007 年 5 期。

[6] 秦晖:《"黄宗羲定律"与税费改革的体制化基础:历史的经验与显示的选择》,载于《税务研究》2003 年第 7 期。

[7] 孙秀林:《村庄民主、村干部角色及其行为模式》,载于《社会》2009 年第 1 期。

[8] 沈艳、姚洋:《村庄选举和收入分配——来自 8 省 48 村的证据》,载于《经济研究》2006 年 4 期。

[9] 肖唐镖、董磊明、邱新友、肖晓腾:《中国乡村社会中的选举——对江西省 40 个村委选举的一项综合调查》,载于《战略与管理》2001 年第 5 期。

[10] 田秀娟:《从农村税费改革看乡镇财政的困境和出路》,载于《宏观经济研究》2003 年第 9 期。

［11］周飞舟:《财政资金的专项化及其问题兼论"项目治国"》,载于《社会》2012 年第 1 期。

［12］周黎安、陈烨:《中国农村税费改革的政策效果:基于双重差分模型的估计》,载于《经济研究》2005 年第 8 期。

［13］章奇、刘明兴、单伟:《政府管制、法律软约束与村民基层民主》,载于《经济研究》2004 年 6 期。

［14］Besley, Timothy and Robin Burgess, "The Political Economy of Government Responsiveness: Theory and Evidence from India", *Quarterly Journal of Economics*, 2002, 117（4）: 1415 – 1452.

［15］Darja, Jesse, Daniel Suryadarma, Asep Suryahadi and Sudarno Sumarto, The State of Village Level Infrastructures and Public Services in Indonesia during the Economic Crisis, SMERU Working Paper, The SMERU Research Institute, Jakarta, 2004.

［16］Dethier, Jean-Jacques, Governance and Economic Performance: A Survey, ZEF Discussion Paper, No. 5, Center for Development Research（ZEF）, University of Bonn, 1999.

［17］Duflo, Esther and Raghabendra Chattopadhyay, "The Impact of Reservation in the Panchayati Raj: Evidence from a Nationwide Randomized Experiment", *Economic and Political Weekly*, 2004, 39（4）: 979 – 986.

［18］Dehejia and Wahba, "Causal Effects in Nonexperimental Studies: Reevaluating the Evaluation of Training Programs", *Journal of the American Statistical Association*, 1999, 94: 1053 – 1062.

［19］Fan, Shenggen, Zhang, Linxiu and Zhang, Xiaobao, "Reforms, Investment, and Poverty in Rural China", *Economic Development and Cultural Change*, 2004, 52（2）: 395 – 421.

［20］Heckman. J, Ichimura. H and Todd. P, "Matching as an Econometric Evaluation Estimator", *Review of Economic Studies*, 1998, 65: 261 – 294.

［21］Todd. Petra E. , "Evaluating Social Programs with Endogenous Program Placement and Selection of the Treated", Working Paper, 2006.

第二篇
政府债务

政府跨时预算约束是否满足：基于中国数据的检验*

改革开放以来，我国政府债务从无到有并迅速增长，政府债务的研究逐渐成为一个重要话题。国内理论界运用国债负担率、债务依存度等指标，对政府债务规模的适宜性和风险性进行了广泛的研究和评论（贾康等，2000；彭志远等，2002），然而，从政府预算约束角度出发的讨论并不多见。债务是借款人凭借未来收入借入资源以弥补当期预算赤字的行为，它本质上是一个动态问题，涉及当期预算约束和跨时预算约束（或者终生预算约束）。在私人借贷市场上，贷款人会根据借款人未来净收入流的现值来确定出借额度，理性的借款人也会根据预期收入流对其借款量进行自我约束。也就是说，虽然人们在当期可以留下预算赤字，用债务平衡当期预算，但从整个生命周期看，必须积累足够的盈余偿还当期的债务，跨时预算约束应该得到满足。这是因为私人部门存在确定的预算跨度，加总各期的即期预算约束，可以明确得到跨时预算约束。然而，政府债务与个人借款存在重要的差别。个人的寿命是有限的，政府却没有确定的终止期限，它甚至可以发行无确定偿还期的付息债券（例如，英国政府在 17 世纪就发行过这样的债券）。这样，即使即期预算约束都满足，由于不存在确定的终止期限，加总每期的即期预算约束也不

* 本文原载于《北京师范大学学报》（哲学社会科学版）2008 年第 1 期。作者：尹恒、黄勠、鲁嫚铮。本文获国家自然科学基金项目"国债的宏观经济影响与最优国债规模研究"（项目批准号：70303003）资助。

会自然保证跨时预算约束成立，预算约束并不一定对政府的借款行为施加真正的限制。政府可以通过不断地借新债、借更大规模的债务，以偿还旧债和用于其他支出，这就是所谓的 Ponzi 博弈。也就是说，政府能够持续维持预算赤字，能够超然于跨时预算约束之外。

跨时预算约束是理性借贷行为的基本要求，这对于私人借贷来说是不言而喻的。如果大家都想得到免费的午餐，进行 Ponzi 博弈，谁来充当贷款人呢？当然由于政府的特殊性，它是否必须遵循跨时预算约束的观念，以预期收入流来约束自己的债务行为，这在理论上并没有一致的结论（Woodford，2001）。然而，若跨时预算约束不被满足，政府的债务行为就失去了一个自然的锚定基础，用什么来保证政府债务的适度规模？如果李嘉图等价性命题成立，这个问题是无关紧要的，然而，现实中的种种摩擦使之失效，政府债务对经济运行存在重要影响（Seater，1993）。因此，有必要根据政府行为的历史数据回答这样的问题：政府是否有意识地约束了其债务行为？政府债券的投资者是否关注政府的跨时预算约束？从汉密尔顿等（Hamilton et al.，1986）开始，一些学者直接利用政府支出、收入和债务的时间序列考虑了这一问题，我们借鉴他们的方法运用中国数据检验跨时预算约束。

一、政府预算约束和基本计量模型

设 G_t、T_t、B_t 和 r_t 分别为 t 期的政府支出（不包括债务利息支出）、政府收入、政府债务和实际利率，政府在 t 期的即期预算约束为：

$$G_t + r_t B_{t-1} = T_t + (B_t - B_{t-1}) \tag{1}$$

设利率为常数，则：

$$B_t = (1+r) B_{t-1} + G_t - T_t \tag{2}$$

从第 t 期到第 N 期即期预算约束都成立，我们有：

$t+1$ 期：
$$B_t = \frac{1}{1+r} B_{t+1} + \frac{1}{1+r} (T_{t+1} - G_{t+1})$$

$t+2$ 期： $$B_{t+1} = \frac{1}{1+r}B_{t+2} + \frac{1}{1+r}(T_{t+2} - G_{t+2})$$

……

因此,得到:

$$B_t = \frac{B_N}{(1+r)^{N-t}} + \sum_{i=t+1}^{N} \frac{T_i - G_i}{(1+r)^{i-t}} \tag{3}$$

由于可以认为政府是无限寿命的,这样:

$$B_t = \lim_{N \to \infty} \frac{B_N}{(1+r)^{N-t}} + \sum_{i=t+1}^{\infty} \frac{T_i - G_i}{(1+r)^{i-t}} \tag{4}$$

上式是一个会计恒等式,它对政府的预算行为并没有真正的限制,政府可以不断地借新债、还旧债,进行 Ponzi 博弈。如果政府对自己的行为进行如下约束:

$$\lim_{N \to \infty} \frac{B_N}{(1+r)^{N-t}} = 0 \tag{5}$$

这就得到政府的跨时预算约束:

$$B_t = \sum_{i=t+1}^{\infty} \frac{T_i - G_i}{(1+r)^{i-t}} \tag{6}$$

式(6)表明当期政府债务等于以后各期财政盈余(政府支出中不包括利息支出)的现值之和。也就是说,政府的债务总是要归还的,不会总是保持预算赤字,应在未来产生足够的盈余以偿还当期的债务。现实中政府的债务行为是否满足这样的特征呢? 也就是说,政府是否以式(6)来约束自己的预算行为? 这相当于检验如下假说是否成立:

$$B_t = E_t \sum_{i=t+1}^{\infty} \frac{T_i - G_i}{(1+r)^{i-t}} \tag{7}$$

即在决定 t 期的预算时,政府是否在当期已有信息的基础上预期今后的总盈余,并以此约束当期的债务行为。或者,政府债务的投资者是否根据已有的信息确定购买量,从而构成对政府债务行为的约束。这一假说等价于:

$$E_t \lim_{N \to \infty} \frac{B_N}{(1+r)^{N-t}} = 0$$

从第 0 期开始考虑,这一假说最明显的对立面是:

$$E_0 \lim_{N \to \infty} \frac{B_N}{(1+r)^N} = A_0 > 0 \tag{8}$$

A_0 为正常数。根据式（4）有：

$$B_0 = E_0 \sum_{i=1}^{\infty} \frac{T_i - G_i}{(1+r)^i} + A_0 \tag{9}$$

B_0 为初始债务存量。在式（8）假定下，任一时期 t：

$$B_t = E_t \sum_{i=t+1}^{\infty} \frac{T_i - G_i}{(1+r)^{i-t}} + A_0(1+r)^t \tag{10}$$

这样，政府跨时预算约束是否成立，就变成了检验如下回归方程中 A_0 是否为 0：

$$B_t = A_0(1+r)^t + E_t \sum_{j=1}^{\infty} \frac{S_{t+j}}{(1+r)^j} + \varepsilon_t \tag{11}$$

其中 $S_{t+j} = T_{t+j} - G_{t+j}$ 为政府盈余（不包含债务利息支出），扰动项 ε_t 表示短期利率和利率期限结构的变化及测量误差，算子 E_t 表示人们根据当期信息对政府盈余进行理性预期。式（1）的数学形式与弗纳德等（Flood et al., 1980）研究自我实现的超级通货膨胀时对投机泡沫检验的方程完全一样。设过去的财政盈余有助于预测未来的盈余，式（11）变为：

$$B_t = c_0 + A_0(1+r)^t + b_0 S_t + b_1 S_{t-1} + \cdots + b_q S_{t-q} + \varepsilon_t \tag{12}$$

考虑到政府债务的滞后值对预测未来政府债务也有一定的作用，我们进一步引入债务的滞后项，这种处理也有助于纠正序列相关问题：

$$B_t = c_0 + A_0(1+r)^t + b_0 S_t + b_1 S_{t-1} + \cdots + b_q S_{t-q} + c_1 B_{t-1} + \cdots + c_p B_{t-p} + \varepsilon_t$$

$$\tag{13}$$

这就是我们检验政府跨时预算约束的基本模型。

二、数据描述

由于数据所限，我们只考虑公开发行的国债和政府对外债务。我国从 1981 年开始重新发行国债，1999 年以前发行的国债都不是按年付息的，本息和在国债到期时一次性支付，每年国债存量应包括当年应付利息，因此，我们根据每年发行信息，对每年应归并的利息进行了估算，见表1。1981~1985年国债存量数据为当年新发行量加上以前历年累积的本息和；1986年开始偿还到期国债本息，1986~2001年国债存量数据为当年新发行量加上以前历次发行累积的本息和，减去当年本息偿还额。2002年后（包括2002年）国债存量数据为年初国债存量加当年新发行量，减去当年本金偿还额。由于《中国金融年鉴》关于国债发行的数据更为详细，国债发行及还本付息数据均来自于各年的该年鉴。

表1   国债存量及财政盈余（1978年不变价）   单位：亿元

年份	债务集（1）	债务集（2）	债务集（3）	债务集（4）	债务集（5）	债务集（6）	财政盈余
1979	0.0	34.1	34.1	34.1	34.1	34.1	−130.8
1980	0.0	50.2	50.8	51.2	51.5	51.8	−64.1
1981	44.3	107.2	108.8	109.7	110.5	111.4	34.0
1982	86.0	140.2	143.2	144.7	146.2	147.7	−16.1
1983	126.7	181.5	185.6	187.7	189.8	192.0	−38.4
1984	163.2	225.8	230.8	233.4	236.1	238.9	−50.0
1985	203.5	257.7	263.4	266.5	269.7	273.0	0.4
1986	246.2	328.9	335.5	339.1	342.9	346.9	−61.8
1987	271.3	388.6	396.6	401.0	405.6	410.5	−44.6
1988	360.8	526.2	535.6	540.7	546.1	551.9	−84.8
1989	453.9	662.9	674.8	681.2	688.1	695.4	−92.4
1990	543.2	801.6	817.0	825.3	834.2	843.7	−80.6
1991	622.0	915.6	935.2	945.8	957.2	969.2	−122.3
1992	705.3	1039.0	1062.9	1076.0	1089.9	1104.7	−123.7
1993	862.1	1265.9	1292.6	1307.5	1323.4	1340.3	−122.4
1994	1068.1	1418.5	1448.3	1464.7	1482.2	1500.9	−200.1
1995	1452.3	1751.8	1784.9	1803.2	1822.7	1843.7	−178.9
1996	1613.1	1913.0	1950.5	1971.4	1993.9	2018.2	−153.8
1997	1851.8	2147.6	2191.5	2216.2	2243.0	2272.6	−167.9
1998	2578.7	2883.5	2935.4	2965.0	2997.3	3032.6	−272.4
1999	3538.3	3822.6	3883.0	3917.8	3956.1	3998.3	−526.7
2000	4690.6	4970.8	5030.7	5065.1	5103.1	5144.9	−405.7
2001	5426.0	5713.6	5772.8	5806.9	5844.4	5885.7	−590.0
2002	6383.3	6643.3	6702.6	6736.7	6774.3	6815.7	−754.1
2003	7178.9	7447.0	7505.1	7538.6	7575.5	7616.1	−652.2
2004	7611.3	7867.5	7922.1	7953.5	7988.2	8026.3	−358.4

政府跨时预算约束是否满足：基于中国数据的检验

当年政府外债存量根据上年外债存量加当年新发行量、减去当年本金偿还额得到。每年政府外债发行和本金偿还数据来源于《中国统计年鉴》。由于在 2000 年前只有外债的本息偿还数据，在估计政府外债存量时先用不同利率估计外债利息支付，以便得到实际的本金偿还数据。为了增加研究的稳健性，我们考虑了几个不同定义的债务序列：债务数据集（1），只包括政府国内债务；债务数据集（2），政府国内债务加国外债务，不估算外债利息；债务数据集（3），政府国内债务加国外债务，以 2.2% 的利率估算外债利息，这是 1979～2000 年实际的政府外债平均利率；债务数据集（4），政府国内债务加国外债务，以 3% 的利率估算外债利息；债务数据集（5），政府国内债务加国外债务，以 4% 的利率估算外债利息；债务数据集（6），政府国内债务加国外债务，以 5% 的利率估算外债利息。

财政盈余序列等于财政收入减去财政支出。财政收入与财政支出数据来源于《中国统计年鉴》。财政收入不包括债务收入。在我国统计上货币发行收入主要留在中央银行，没有纳入正常的财政收入，因此，我们的财政收入数据中不包括货币发行收入。由于预算外收支统计范围经常变化，不具可比性，而且预算外收支基本上是平衡的，因此，我们的数据中不包括预算外收入和支出。财政支出中不应包括债务利息支出，但从 2000 年起，《中国统计年鉴》中的财政支出中包括国内外债务付息支出，我们根据这几年总债务存量乘以平均利率估算利息支出，从财政支出中扣除。

所有变量均根据 GDP 平减指数换算为 1978 年不变价。GDP 平减指数通过《中国统计年鉴》GDP 当年价除以 GDP 不变价得到。

三、政府跨时预算约束检验

由于时间序列样本不是很长，滞后期选择过多会大大减少自由度，我们在基本回归中取 $p = q = 1$。

$$B_t = c_0 + A_0 (1 + r)^t + b_0 S_t + b_1 S_{t-1} + c_1 B_{t-1} + \varepsilon_t \tag{14}$$

表 2 报告了检验结果。这里，$(1+r)^t$ 使用的是 1979～2001 年平均实际利率（2.2%）。在所有六个债务定义中，$(1+r)^t$ 项的系数为正，且很显著，这表明从我们使用的中国统计数据看，政府的跨时预算约束没有得到满足。

表 2　　　　　　　　政府预算约束的检验（$p=q=1$）

被解释变量：政府债务							
解释变量		债务数据（1）	债务数据（2）	债务数据（3）	债务数据（4）	债务数据（5）	债务数据（6）
常数项	系数	-687.41	-800.42	-827.85	-843.52	-860.65	-879.41
	$t-$统计	-1.99	-2.27	-2.32	-2.35	-2.38	-2.41
$(1+r)^t$	系数	532.05	654.33	679.75	694.22	710.02	727.26
	$t-$统计	1.90	2.28	2.34	2.38	2.41	2.45
S_t	系数	-1.31	-1.28	-1.29	-1.30	-1.30	-1.31
	$t-$统计	-4.13	-4.24	-4.25	-4.25	-4.25	-4.25
S_{t-1}	系数	-0.90	-1.01	-0.99	-0.98	-0.96	-0.95
	$t-$统计	-1.60	-1.86	-1.82	-1.80	-1.76	-1.72
B_{t-1}	系数	0.87	0.85	0.85	0.85	0.85	0.85
	$t-$统计	14.29	13.66	13.58	13.53	13.48	13.42
样本数		26	26	26	26	26	26
F 统计		1545.36	1774.27	1787.58	1793.78	1799.50	1804.58
$\bar{R}^2$		0.99	0.99	0.99	0.99	0.99	0.99
DW 统计		1.12	1.22	1.22	1.21	1.20	1.19
残差的 ADF 检验% *		4.81	3.34	3.46	3.54	3.64	3.75

注：＊为残差序列的 Augmented Dickey-Fuller 检验统计伴随概率。

我们使用多种方法对政府债务序列和赤字序列进行了单根检验（这里没有报告），它们都是不平稳的。这表明上面的回归可能是有偏的，$(1+r)^t$ 项的 t 检验也可能不准确。但对残差序列的 ADF 检验表明它是平衡的，我们还进行了其他的共积检验，都表明共积的存在，即使原始数据不平稳，我们也不需要担心伪回归问题。

但从表 2 的 DW 统计看，可能存在序列相关问题，为此我们考虑了 $p=q=2$ 的情形，这不仅可以分析结论对滞后项选择的稳健性，也可以提高模型

政府跨时预算约束是否满足：基于中国数据的检验

从表 3 所示的 F - 统计可见，在 5% 的显著水平下我们拒绝假说（a），这进一步证实了国别间国债负担率是显著不同的。我们发现在 84 个样本国家（地区）中，在 5% 的显著水平下，49 个国家（地区）（比重为 58%）国债负担率呈现出显著的时间趋势，其中有 42 个显著上升，有 7 个显著下降。对于存在显著上升趋势的 42 个国家（地区），国债负担率呈现出高度的易变性，时间趋势的平均系数为 5.14；7 个呈现出显著下降趋势的国家（地区），变化幅度也很大，时间趋势的平均系数为 -4.08。

表 3　　　　　　　　　　LSDV 估计结果（无约束回归）

被解释变量：国债负担率									
国家、地区	国别系数	t - 值	时间趋势	t - 值	国家、地区	国别系数	t - 值	时间趋势	t - 值
澳大利亚	8.56	1.13	0.48	0.97	加纳	45.49	4.78	-2.70	-2.90*
奥地利	47.12	4.95	1.29	1.39	希腊	-14.04	-1.57	7.04	8.96*
巴哈马群岛	14.08	1.90	0.75	1.62	圭亚那	-71.38	-7.25	30.39	29.86*
巴林	6.80	0.74	0.87	1.02	匈牙利	-1.05	-0.11	5.54	5.44*
巴巴多斯岛	20.38	2.34	1.10	1.51	冰岛	10.46	1.41	1.27	2.74*
比利时	26.36	3.68	3.88	9.32*	印度	33.79	4.46	0.81	1.64
不丹	-7.74	-0.64	5.68	3.18*	印度尼西亚	22.21	2.99	0.91	1.92
博茨瓦纳	21.71	2.49	-0.59	-0.81	伊朗	65.10	6.38	-0.87	-0.77
喀麦隆	-14.11	-1.28	10.96	7.87*	以色列	231.61	31.19	-3.15	-6.65*
加拿大	9.83	1.32	2.62	5.64*	意大利	40.17	3.64	3.61	2.59*
智利	79.52	7.20	-6.07	-4.36*	日本	50.07	5.74	2.17	2.98*
中国	-0.64	-0.07	0.24	0.28	约旦	15.80	2.13	4.26	9.00*
刚果民主共和国	-31.90	-4.26	8.48	18.28*	韩国	15.06	2.07	-0.18	-0.40
哥斯达黎加	15.02	1.30	0.79	0.50	科威特	2.57	0.29	2.64	3.63*
塞浦路斯	21.64	2.74	1.79	3.23*	利比里亚	-9.99	-0.98	10.55	9.41*
多米尼加共和国	74.33	5.80	-5.90	-2.86*	卢森堡	4.81	0.62	0.02	0.03
埃及	141.93	11.69	-3.69	-2.06*	马达加斯加	-17.94	-1.55	15.53	9.89*
埃塞俄比亚	24.58	2.13	3.82	2.44*	马拉维	41.87	3.95	3.79	3.05*
斐济	15.88	1.87	1.06	1.57	马来西亚	22.75	2.23	4.47	3.99*
芬兰	-10.76	-1.48	2.25	5.13*	马尔代夫	94.52	10.24	-2.47	-2.90*
法国	23.58	2.70	2.17	2.97*	马耳他	19.99	2.64	0.34	0.68
冈比亚	3.30	0.26	4.16	2.01*	毛里求斯	40.11	5.50	0.06	0.13
德国	30.34	3.48	1.46	2.00*	墨西哥	23.70	3.13	0.73	1.49

的动态完整性，从而减轻序列相关问题。

从表3可见，$(1+r)^t$ 项的系数为正，且仍然显著，共积检验也获得通过。从 DW 统计看，序列相关问题也不再是一个严重的问题。

表3   **政府预算约束的检验（$p=q=2$）**

被解释变量：政府债务							
解释变量		债务数据(1)	债务数据(2)	债务数据(3)	债务数据(4)	债务数据(5)	债务数据(6)
常数项	系数	−591.59	−594.84	−592.40	−590.72	−588.65	−674.16
	t－统计	−1.78	−1.61	−1.58	−1.57	−1.55	−1.74
$(1+r)^t$	系数	526.38	524.45	524.23	523.88	523.31	598.39
	t－统计	1.97	1.79	1.76	1.75	1.73	1.95
S_t	系数	−0.42	−0.42	−0.41	−0.41	−0.41	−0.43
	t－统计	−1.09	−0.97	−0.97	−0.97	−0.96	−1.00
S_{t-1}	系数	−0.37	−0.50	−0.48	−0.46	−0.44	−0.43
	t－统计	−0.71	−0.93	−0.87	−0.84	−0.80	−0.78
S_{t-2}	系数	1.54	1.39	1.41	1.42	1.44	1.45
	t－统计	2.24	1.84	1.88	1.90	1.93	1.91
B_{t-1}	系数	1.67	1.64	1.64	1.64	1.65	1.66
	t－统计	6.70	5.84	5.93	5.98	6.04	5.92
B_{t-2}	系数	−0.63	−0.62	−0.62	−0.62	−0.62	−0.63
	t－统计	−2.93	−2.70	−2.73	−2.75	−2.77	−2.74
样本数		25	25	25	25	25	25
F 统计		1384.12	1437.38	1464.22	1479.71	1496.76	1451.97
$\bar{R}^2$		0.99	0.99	0.99	0.99	0.99	0.99
DW 统计		1.93	2.03	2.03	2.03	2.03	1.99
残差的 ADF 检验*		0.14	0.07	0.07	0.07	0.07	0.1

注：*为残差序列的 Augmented Dickey-Fuller 检验统计伴随概率。

结论是否对 $(1+r)^t$ 中的平均利率的选择敏感呢？表4考虑了不同的实际利率，还比较了不同的滞后项选择。从表4看，$(1+r)^t$ 项的系数仍然为正，且维持显著，共积检验也获得通过。

表 4   政府预算约束的检验（不同利率）

被解释变量：政府债务					
$p = q = 1$					
		$r = 1\%$	$r = 2.2\%$	$r = 3\%$	$r = 4\%$	$r = 5\%$
$(1+r)^t$	系数	1662.62	679.75	492.64	349.14	264.44
	t-统计	2.26	2.34	2.40	2.47	2.55
样本数		26	26	26	26	26
F 统计		1760.44	1787.58	1804.62	1829.70	1857.07
$\overline{R}^2$		0.99	0.99	0.99	0.99	0.99
DW 统计		1.22	1.22	1.21	1.21	1.21
残差的 ADF 检验% *		3.40	3.46	3.48	3.50	3.51
$p = 1$；$q = 2$					
		$r = 1\%$	$r = 2.2\%$	$r = 3\%$	$r = 4\%$	$r = 5\%$
$(1+r)^t$	系数	1459.92	601.48	437.69	311.80	237.27
	t-统计	1.67	1.76	1.81	1.88	1.96
样本数		25	25	25	25	25
F 统计		1292.57	1310.52	1321.69	1338.04	1355.73
$\overline{R}^2$		0.99	0.99	0.99	0.99	0.99
DW 统计		1.29	1.29	1.28	1.28	1.28
残差的 ADF 检验% *		2.56	2.59	2.61	2.63	2.65
$p = 2$；$q = 1$					
		$r = 1\%$	$r = 2.2\%$	$r = 3\%$	$r = 4\%$	$r = 5\%$
$(1+r)^t$	系数	1612.04	659.38	478.08	339.09	257.11
	t-统计	2.0	2.15	2.21	2.29	2.39
样本数		25	25	25	25	25
F 统计		1523.04	1550.15	1567.46	1593.41	1622.44
$\overline{R}^2$		0.99	0.99	0.99	0.99	0.99
DW 统计		1.74	1.74	1.75	1.75	1.75
残差的 ADF 检验% *		0.37	0.36	0.35	0.35	0.34
$p = q = 2$					
		$r = 1\%$	$r = 2.2\%$	$r = 3\%$	$r = 4\%$	$r = 5\%$
$(1+r)^t$	系数	1269.20	524.23	382.09	272.85	208.22
	t-统计	1.67	1.76	1.82	1.90	1.99
样本数		25	25	25	25	25

F 统计	1441.91	1464.22	1478.30	1499.16	1522.22
$\bar{R}^2$	0.99	0.99	0.99	0.99	0.99
DW 统计	2.03	2.03	2.03	2.04	2.04
残差的 ADF 检验% *	0.08	0.07	0.07	0.07	0.07

注：＊为残差序列的 Augmented Dickey-Fuller 检验统计伴随概率。

四、结　论

我们基于中国 1979～2004 年财政收支和政府债务数据的研究表明，政府的跨时预算约束没有得到满足。政府可能没有主动地预测未来的财政收支和盈余，并把它作为确定当期债务规模的基础；或者说，政府债务的投资者也没有考虑政府的债务行为是否遵循跨时预算约束。汉密尔顿等（Hamilton et al. , 1986），特汉等（Trehan et al. , 1991）和黄（Haug, 1991）根据美国政府收支的时间序列，结论是美国政府的债务行为满足跨时预算约束；吴（Wu Jyh-Lin）利用中国台湾地区 1955～1994 年的数据，也得到跨时预算约束满足的结论。

这一结果并不难理解。在样本期内中国的政府债务从无到有，从国债负担率指标看，一直处于比较低的区间。对政府而言，承担这样规模的债务较为容易，就不需要过多对债务规模进行关注；而对政府债务的投资者而言，在这样的情况下，政府的偿债能力也不是一个需要考虑的问题。然而，随着中国政府债务规模进入正常状态，这种情况可能会发生变化。我们已经品尝过依靠增发货币缓解投资饥渴带来的通货膨胀苦果，很有可能转而求助于政府债务这一新的渠道。如果多年来始终困扰中国公共部门的投资症不能从源头根治，如果政府债务支撑的投资效率得不到足够的改善，缺乏约束的政府债务扩张也有可能引发财政和信用危机。这种情形 1998 年在俄罗斯、2001 年在阿根廷就曾出现过。随着中国政府债务规模的扩张及政府债务在经济生活中重要性的增加，我们认为，政府应该把跨时期预算约束作为一个基本债务原则，进行自我约束，对未来的财政收支做出预测，并据此确定政府债务的适度规模。

参考文献

［1］贾康、赵全厚：《国债适度规模与我国国债的现实规模》，载于《经济研究》2000年第10期。

［2］彭志远：《现阶段我国政府债务"警戒线"的反思及债务风险的防范》，载于《管理世界》2002年第11期。

［3］Woodford, M., "Fiscal Requirement for Price Stability", *Journal of Money, Credit, and Banking*, 2001, (33): 669 – 728.

［4］Seater, John J., "Ricardian Equivalence", *Journal of Economic Literature*, 1993, 31 (1): 142 – 190.

［5］Hamilton, James D. and Marjorie A. Flavin., "On the Limitations of Government Borrowing: A Framework for Empirical Testing", *American Economic Review*, 1986, 76 (4): 808 – 819.

［6］Flood, Robert P. and Garber, Peter M., "Market Fundamentals versus Price-Level Bubbles: The First Tests", *Journal of Political Economy*, 1980, 88 (4): 745 – 770.

［7］Trehan, Bharat and Walsh, Carl E., "Testing Intertemporal Budget Constraints: Theory and Applications to U. S. Federal Budget and Current Account Deficits", *Journal of Money, Credit and Banking*, 1991, 23 (2): 206 – 223.

［8］Haug, A., "Cointegration and Government Borrowing Constraints: Evidence for the United States", *Journal of Business and Economic Statistics*, 1991, 9: 97 – 101.

［9］Wu Jyh-Lin., "Are Budget Deficits 'Too Large'? The Evidence from Taiwan", *Journal of Asian Economics*, 1998, 9 (3): 519 – 528.

政府债务规模的国际比较及决定因素研究[*]

一、引　言

国债负担率（政府债务/GDP 比率）是衡量一个国家（地区）政府债务规模的主要指标。一般认为，政府债务规模与结构性因素的关系不大，它主要是由非结构性因素甚至是一些偶然历史事件引起的，例如，戈德史密斯的统计分析表明，战争是引起国债负担率波动的主要因素，战争前后政府债务规模常常较高（戈德史密斯，1994）。果真如此，国债负担率的差异应该主要是时间差异，国别间差异不应该显著。我们对国债负担率进行的差异分析和回归分析表明，政府债务规模不仅可能受到一些易变的非结构因素的影响，还可能受到某些相对稳定、但国家间差别较大的结构性因素的影响。

现代政府债务理论的两个发展引起我们的注意。首先，关于政府债务是否影响实质经济运行（李嘉图等价性是否成立）的争论。戴蒙德（Diamond，1965）运用个人有限寿命的世代交叠（Overlapping Generations）模型，指出国债水平的增加对经济运行将产生实质性影响，会挤出投资和资本。巴罗（Barro，1974）在 OLG 框架中引入跨代利他动机，人们对下一代的关心把有限寿命的个人的计划期链接起来，政府债务不会对经济产生实质影响。而在拉姆齐

　＊　本文原载于《世界经济文汇》2006 年第 5 期。作者：尹恒、叶海云。本文的研究得到国家自然科学基金的资助，项目号：70303003。作者感谢北京师范大学公共安全系统分析与政策研究创新基地的帮助。

（Ramsey，1928）的无穷期框架下，预算赤字和政府债务对私人部门的行为完全没有影响。由此可见，随着人们计划期的延长，政府债务对经济运行的影响会减少，公众可以接受更高的政府债务规模。因此，这些理论暗含，人们的预期寿命越长，政府债务规模可以越大。其次，政府债务的新政府经济（New Political Economy）理论。这些理论认为，在政府不稳定的环境下，政府行为有可能短期化，在任政府可能过高地举债，把债务负担留给下任政府。例如，在任政治家会积累较高的债务以限制继任者的支出水平（Persson and Svensson，1989）或支出结构（Tabellini and Alesina，1990）。在任政治家为求连任也有动机选择高支出、低税收从而高债务以显示自己的能力（Rogoff，1990）。因此，这些理论预期政府越不稳定，面临的危机越大，债务规模就会越高。

我们的实证研究在一定程度上支持这些理论假说，政府的稳定性、居民的预期寿命这些结构性因素对政府债务规模存在显著且稳健的影响，政府越不稳定，国债负担率就越高；居民的预期寿命越长，国债负担率也越高。我们还识别出了影响政府债务规模的一些非结构因素，政府支出规模、通货膨胀率和实际利率对政府债务规模发挥着显著且稳健的影响，政府支出规模越大、通货膨胀率越高、实际利率越高，国债负担率就越高。

二、国债负担率的差异分析

我们的国债负担率样本主要取自世界银行①。这一数据库缺乏澳大利亚、中国、埃及、法国、德国、伊朗、日本、科威特、沙特阿拉伯、苏丹、叙利亚、越南的数据，因此，我们使用 BVD 各国宏观经济指标库的公共债务除以 GDP 数据代替②。我们要求样本国家（地区）在 1970～1999 年这 30 年内至少

---

① 除特别说明的外，本文数据来源于世界银行 1990～2004 年各年的全球发展金融和世界发展指数（Global Development Finance & World Development Indicators）。

② 方差分析表明这两类国债负担率数据来源不存在显著的差异。

有 10 个国债负担率数据，且数据的时间分布应相对均衡。按照这些标准，我们选择了 84 个国家（地区）的 1668 个样本。

表 1 列示了国债负担率的一般性统计。全体样本的均值为 47.15，标准差为 44.62。我们注意到国别间国债负担率均值的差别很大。有 5 个国家（地区）国债负担率的均值超过 100%，它们是：以色列（188.2%）、圭亚那（186.94%）、赞比亚（132.67%）、苏丹（126.44%）、埃及（119.78%）。有 8 个国家（地区）国债负担率的均值低于 15%，它们是：中国（1.64%）、卢森堡（5.02%）、纳米比亚（11.73%）、巴拉圭（12.24%）、韩国（12.52%）、所罗门群岛（12.71%）、瓦努阿图（12.82%）、澳大利亚（15.00%）。国家（地区）国债负担率的波动也很大。国债负担率变化最大（按极差系数，即极差除以均值）的 10 个国家（地区）分别是：瓦努阿图（4.01）、中国（3.54）、沙特阿拉伯国（3.35）、尼加拉瓜（3.21）、刚果民主共和国（3.21）、芬兰（2.96）、塞内加尔（2.88）、智利（2.81）、圭亚那（2.71）和苏里兰（2.52）。变化最小的 10 个国家（地区）分别是：荷兰（0.15）、南非（0.32）、叙利亚（0.41）、奥地利（0.42）、印度（0.49）、埃及（0.53）、意大利（0.58）、英国（0.61）、伊朗（0.67）、斯里兰卡（0.67）。可见，国别间国债负担率均值的差别很大，同一国家（地区）国债负担率的波动也很大。

表 2 列示了方差分析的结果。我们发现对于全部样本（数据集 1），总方差的 88.34% 是国别差异引起的，11.66% 的方差来自时间差异。从 F 检验值可见，国别差异（F - 值为 30.77）和时间差异（F - 值为 11.62）在统计上是显著的。我们将基本数据分为 ODED 国家、发展中国家（地区）和东南亚国家（地区）三个组，国债负担率的国别差异和时间差异在统计上仍然维持显著性。对于 20 个 ODED 国家（数据集 2），国债负担率的国别差异占 83.52%，时间差异占 17.48%；对于 58 个发展中国家（地区）（数据集 3），国别差异占 75.77%，时间差异占 24.33%；对于 21 个东南亚国家（地区）（数据集 4），国别差异占 89.23%，时间差异占 10.77%。方差分析也表明，国债负担率的国家（地区）间差别和时间上的变化都是显著的。

表1 政府债务的一般性统计

国家（地区）	均值	标准差	极差	时间跨度	国家（地区）	均值	标准差	极差	时间跨度
澳大利亚	15.00	6.91	21.92	1974~1999	冈比亚	26.20	12.65	31.26	1973~1982
奥地利	58.74	7.02	24.90	1983~1999	德国	45.65	9.38	31.50	1980~1999
巴哈马群岛	24.60	6.77	24.49	1972~1999	加纳	21.22	13.80	40.03	1972~1993
巴林	15.03	5.40	16.70	1980~1998	希腊	56.37	42.60	100.88	1971~1998
巴巴多斯岛	31.91	6.77	23.65	1970~1989	圭亚那	186.94	152.28	506.11	1970~1984
比利时	84.60	34.65	89.23	1970~1998	匈牙利	46.06	33.19	81.48	1981~1999
不丹	26.36	20.96	52.29	1982~1993	冰岛	28.28	10.49	35.50	1972~1998
博茨瓦纳	15.54	4.67	18.16	1977~1996	印度	44.67	6.73	22.08	1974~1999
喀麦隆	62.58	47.05	138.87	1984~1999	印度尼西亚	34.75	13.09	55.65	1972~1999
加拿大	46.46	21.61	57.55	1970~1997	伊朗	58.17	11.55	38.80	1985~1999
智利	37.03	27.09	103.92	1982~1999	以色列	188.20	85.19	341.09	1972~1999
中国	1.64	1.53	5.80	1982~1999	意大利	65.42	13.98	37.89	1978~1992
刚果民主共和国	87.14	79.09	279.69	1970~1997	日本	72.88	15.40	64.40	1980~1999
哥斯达黎加	18.58	6.98	31.26	1972~1995	约旦	74.54	38.41	118.32	1972~1999
塞浦路斯	44.01	13.38	42.36	1975~1998	韩国	12.52	2.63	9.09	1970~1997
多米尼加共和国	41.87	18.35	61.80	1990~1999	科威特	30.33	18.64	56.70	1980~1999
埃及	119.78	17.78	63.40	1989~1999	利比里亚	74.42	47.82	140.98	1973~1988
埃塞俄比亚	49.43	13.72	45.70	1981~1992	卢森堡	5.02	2.47	8.21	1970~1997
斐济	27.53	7.05	19.76	1970~1994	马达加斯加	83.01	58.73	175.34	1971~1995
芬兰	21.92	21.90	64.78	1971~1998	马拉维	70.31	22.72	70.17	1971~1990
法国	46.32	13.28	41.00	1980~1999	马来西亚	58.54	21.36	65.74	1973~1987

续表

国家（地区）	均值	标准差	极差	时间跨度
所罗门群岛	12.71	11.13	30.42	1975~1984
南非	45.43	5.31	14.54	1971~1999
西班牙	30.49	14.70	45.59	1972~1997
斯里兰卡	81.40	14.94	55.10	1970~1999
苏丹	126.44	69.94	247.90	1983~1999
苏里兰	36.36	26.19	91.77	1970~1986
斯威士兰	35.39	18.07	63.87	1975~1991
瑞典	19.43	6.26	20.24	1970~1981
瑞士	14.54	6.12	21.56	1970~1998
叙利亚	99.83	14.40	40.90	1990~1999
泰国	18.82	8.44	31.71	1971~1999
突尼斯	46.80	10.87	33.79	1971~1999
土耳其	28.31	10.82	38.58	1970~1999
英国	46.36	6.57	28.09	1970~1997
美国	36.59	8.89	26.62	1972~1999
乌拉圭	23.80	8.98	32.38	1972~1994
委内瑞拉	18.83	8.90	25.37	1984~1999
瓦努阿图	12.82	11.90	51.35	1970~1986
越南	71.73	18.65	75.10	1985~1999
赞比亚	132.67	68.42	266.51	1971~1987
津巴布韦	48.53	11.04	48.02	1976~1997

国家（地区）	均值	标准差	极差	时间跨度
马尔代夫	71.06	19.49	71.21	1981~1998
马耳他	24.53	10.30	39.48	1971~1997
毛里求斯	40.95	13.81	48.42	1972~1999
墨西哥	33.57	14.11	57.44	1971~1998
摩洛哥	60.78	29.45	91.94	1970~1995
纳米比亚	11.73	7.63	19.50	1990~1999
尼泊尔	44.06	23.74	60.83	1974~1999
荷兰	58.37	2.48	8.91	1986~1998
新西兰	53.53	10.29	41.96	1970~1999
尼加拉瓜	31.99	31.25	102.77	1970~1983
尼日利亚	28.21	7.91	27.80	1980~1999
挪威	26.11	4.86	18.86	1971~1998
阿曼	21.75	9.01	33.08	1971~1998
巴基斯坦	64.63	11.73	43.29	1970~1998
巴布亚新几内亚	42.21	12.25	42.24	1975~1999
巴拉圭	12.24	3.84	15.27	1982~1993
菲律宾	36.89	19.30	55.93	1972~1999
沙特阿拉伯	38.67	45.86	129.50	1980~1999
塞内加尔	23.56	24.83	67.89	1972~1984
塞拉利昂	64.91	24.34	93.70	1974~1996
新加坡	69.12	15.79	53.67	1970~1998
总体	47.15	44.62	534.68	1970~1999

表 2 　　　　　　　　　　　　　**国债负担率的方差分析**

数据集	方差来源	自由度	平方和	F-值	方差来源	自由度	平方和	F-值	占总方差（%）
1 （1668）	模型	112	2151490.4	25.58	国别	83	1917729.2	30.77	88.34
	误差	1555	1167698.5		时间	29	253045.59	11.62	11.66
	合计	1667	3319188.9						
2 （457）	模型	48	255514.8	30.47	国别	19	175139.93	52.77	75.77
	误差	408	71268.3		时间	29	56017.22	11.06	24.33
	合计	456	326783.1						
3 （1057）	模型	86	1296653.8	17.30	国别	57	1126316.7	22.67	83.52
	误差	970	845528.9		时间	29	222242.17	8.79	17.48
	合计	1056	2142182.7						
4 （461）	模型	49	276761.8	41.06	国别	20	246995.35	89.78	89.23
	误差	411	56536.7		时间	29	29800.68	7.47	10.77
	合计	460	333298.5						

注：数据集 1，全部样本；数据集 2，20 个样本超过 10 的 ODED 国家；数据集 3，58 个样本超过 10 的发展中国家；数据集 4，21 个样本超过 10 的东南亚国家。

下面进行 LSDV 回归分析（以国家为虚拟变量），这种方法可以直接检验国债负担率的国别差异和时间差异的显著性。

考虑到一些国家（地区）的国债负担率可能呈现出一定的时间趋势，我们选择了以下线性回归模型：

$$DEBT_{it} = \phi_i D_i + \theta_i t_i + \omega_{it} \qquad (1)$$

式（1）中，$i = 1, 2, \cdots, N$ 表示国家（地区）；$DEBT_{it}$ 为国家（地区）i 在第 t 期的国债负担率；D_i 为国家（地区）虚拟变量，对于国家（地区）i，$D_i = 1$，否则 $D_i = 0$；$t_i = 1, 2, \cdots, T_i$ 表示时期；$\omega_{it} \sim iid(0, \sigma_\omega^2)$。由于对于 $i \neq j$，$T_i \neq T_j$，因此，我们的面板数据是不平衡的。我们想知道，反映国别影响的系数 $\phi_1, \phi_2, \cdots, \phi_N$ 是否显著不同，也想检验是否存在显著的时间趋势，即 $\theta_1, \theta_2, \cdots, \theta_N$ 是否显著。也就是说，我们想检验如下两个假说：

（a）$H_0^a : \phi_1 = \phi_2 = \cdots = \phi_N$，

（b）$H_0^b : \theta_i = 0$，对于所有 $i = 1, 2, \cdots, N$。

国家、地区	国别系数	t-值	时间趋势	t-值	国家、地区	国别系数	t-值	时间趋势	t-值
摩洛哥	14.82	1.91	3.54	6.79*	西班牙	4.96	0.65	1.89	3.85*
纳米比亚	-1.97	-0.15	2.49	1.21	斯里兰卡	58.53	8.18	1.52	3.66*
尼泊尔	4.32	0.48	3.97	5.05*	苏丹	58.54	6.15	7.54	8.12*
荷兰	57.18	4.95	0.18	0.12	苏里兰	14.89	1.23	3.58	2.00*
新西兰	53.10	7.42	0.03	0.07	斯威士兰	38.30	3.32	-0.45	-0.29
尼加拉瓜	-16.71	-1.30	8.85	4.28*	瑞典	9.91	0.86	1.46	0.93
尼日利亚	33.23	3.81	-0.48	-0.66	瑞士	4.41	0.55	0.84	1.43
挪威	27.30	3.75	-0.08	-0.19	叙利亚	124.93	9.74	-4.56	-2.21*
阿曼	10.34	1.42	0.79	1.79	泰国	25.14	3.51	-0.42	-1.01
巴基斯坦	59.54	11.04	0.34	1.32	突尼斯	29.13	4.07	1.18	2.83*
巴布亚新几内亚	21.10	2.73	1.62	3.12*	土耳其	11.82	1.59	1.18	2.54*
巴拉圭	8.30	0.68	0.66	0.37	英国	54.09	7.42	-0.53	-1.21
菲律宾	4.08	0.56	2.26	5.15*	美国	22.03	3.02	1.00	2.29*
沙特阿拉伯	-35.17	-4.03	7.03	9.66*	乌拉圭	15.71	1.94	0.67	1.14
塞内加尔	-8.57	-0.67	5.84	2.83*	委内瑞拉	2.83	0.24	2.46	1.57
塞拉利昂	26.18	3.24	3.23	5.47*	瓦努阿图	-4.73	-0.50	1.95	2.10*
新加坡	45.57	6.37	1.57	3.77*	越南	85.07	8.34	-1.67	-1.49
所罗门群岛	-7.05	-0.55	3.59	1.74	赞比亚	33.39	2.60	18.05	8.73*
南非	37.70	3.26	1.19	0.76	津巴布韦	30.65	3.70	1.56	2.47*
样本总数	1667		R^2	0.84					
自由度	1499		F-检验	19.98					
国家、地区数	84								

注：1. 对于假说（a），F-统计为 19.98，因此拒绝假说（a）；2. 对于假说（b），总共 49 个国家（地区）存在显著的时间趋势（以 * 表示），其中 7 个国家存在显著的下降趋势，42 个国家存在显著的上升趋势。

综上所述，国债负担率的国别差异是显著的，而且呈现明显的时间趋势。

三、影响政府债务规模的因素

由于国债负担率的国别差异和时间差异都很显著，这表明单个国家（地区）国债负担率可能受到一些易变的非结构性因素的影响，还可能受到社会、政治、经济及人口等结构性因素的影响，这些结构性因素在国别间差异很大，但比较稳定。我们下面进行横截面数据和面板数据分析，以识别出影响国债负担率的结构性和非结构性因素。

（一）横截面数据分析

政治环境是影响政府举债行为的重要因素。理论界关于政治稳定性对政府债务规模的影响存在争论。一些学者认为，政治环境越稳定，公众对政府的偿债能力和偿债意愿越有信心，政府的债务规模就可以较高。例如，一些经济史学家在解释英国公众对公债的认购数量经常数倍于公债发行量的原因时，常提到的原因就是英国政治稳定、公众对政府的信心充足①。另外，政府债务的新政治经济理论认为，在不稳定的政治环境下，在任政府可能过高地举债以应付当前的危机。泊森和萨文森（Persson and Svensson，1989）指出，在位的领导人意识到未来的政策可能由与他意见相左的人决定，这使得他有动机留下较高的政府债务以限制其继任者的支出水平。塔伯里尼和阿拉西拉（Tabellini and Alesina，1990）研究了政治家们在政府开支结构上的分歧，他们指出，如果在任政治家认为其继任者会选择他们不喜欢的公共支出结构，他们就有动机积累财政赤字和政府债务。罗戈夫（Rogoff，1990）利用政治家—选民动态博弈的框架说明了政府更迭产生高财政赤字和政府债务的可能性。公众很清楚自己缴纳的税收、享受的政府服务，而对政府总的财政状况并不十分了解，政治家有动机选择高支出、低税收以显示自己的执政能力。因此，在政府面临更迭时，预算赤字和政府债务都会高于正常水平。

这些理论就政府稳定性对其举债行为的影响得出了不同的结论，为此，我们首先选择了以下线性回归模型：

$$DEBT_i = \alpha + \alpha_1 EXPENDITURE_i + \alpha_2 TAX_i + \alpha_3 GCRISE_i + \alpha_4 D_i + \mu_i \quad （2）$$

式（2）中，$DEBT_i$ 为国家（地区）i 在 1990 年至 1999 年的平均国债负担率；$EXPENDITURE_i$ 为国家（地区）i 初始（1990 年）政府支出 – GDP 比

① 张馨、杨志勇、郝联峰、袁东：《当代财政与财政学主流》，东北财经大学出版社 2000 年版，第 205 页。

率，我们用这一变量描述政府规模对其举债行为的影响；TAX_i 为国家（地区）i 初始（1990 年）税收收入 – GDP 比率；$GCRISE_i$ 为国家（地区）i 在 1988～1993 年发生的政府危机次数①，我们用这一变量来描述政府的稳定性；D_i 为反映地区虚拟变量；$\mu_i \sim iid(0, \sigma_\mu^2)$。我们考虑了不同的地区虚拟变量：撒哈拉以南非洲国家（地区）虚拟变量（SUB-AFRICA）、转型经济国家（地区）虚拟变量（TRANS-ECONOMY）、东南亚国家（地区）虚拟变量（EAST-SOUTH ASIA）、OECD 国家虚拟变量（OECD）、发展中国家（地区）虚拟变量（DEVELOPING）、拉丁美洲国家（地区）虚拟变量（LATIN）和低收入国家（地区）虚拟变量（LOWINCOME）。由于国债负担率使用的是 1990～1999 年的平均水平，而解释变量使用的初始水平，这避免了内生性问题。

从表 4 可见，GCRICE 的影响显著且稳定，符号为正，政府债务的新政治经济理论得到支持，政府的稳定性越差、政府危机的次数越多，国债负担率就越高。EXPENDITURE 对 DEBT 的影响是显著的，符号为正，说明政府规模越大，其债务规模也越大。这一结论是直观的，政府支出占 GDP 比重越高，通过政府配置的资源越多，政府的融资能力就越强，政府的债务规模也就可以更大。TAX 的影响为负，在多数情况下是显著的。在地区虚拟变量中，SUB-AFRICA（回归 1）和 LOWINCOME（回归 7）是显著的，撒哈拉以南非洲国家（地区）和低收入国家（地区）的国债负担率一般较高。

表4　　　　　　　　横截面回归（考虑不同的地区虚拟变量）

被解释变量：1990～1999 年平均国债负担率							
解释变量		（1）	（2）	（3）	（4）	（5）	（6）	（7）
常数项	系数	17.43	27.80	37.30	28.47	33.12	36.01	11.03
	t – 统计	1.61	2.18	2.73	2.20	1.90	2.41	1.00
EXPENDITURE	系数	1.82	2.29	2.34	2.32	2.33	2.06	1.79
	t – 统计	1.96	3.23	3.33	3.23	3.25	2.69	1.67

---

① 不包括旨在推翻政府的暴动，数据来源于阿瑟编辑的世界银行跨国时间序列数据集（Banks Cross National Time-Series Data Archive）。

被解释变量：1990～1999 年平均国债负担率							
解释变量		（1）	（2）	（3）	（4）	（5）	（6）	（7）
TAX	系数	−1.60	−2.26	−2.74	−2.41	−2.55	−2.33	−1.27
	t −统计	−1.54	−2.89	−3.51	−2.97	−3.12	−2.99	−1.06
GCRICE	系数	7.52	7.00	7.46	6.89	6.91	6.71	6.57
	t −统计	2.89	2.92	3.11	2.85	2.86	2.79	2.89
SUB-AFRICA	系数	42.36						
	t −统计	3.51						
TRANS-ECONOMY	系数		−13.08					
	t −统计		−1.14					
EASTSOUTH ASIA	系数			−18.67				
	t −统计			−1.65				
OECD	系数				−1.90			
	t −统计				−0.17			
DEVELOPING	系数				−3.80			
	t −统计				−0.37			
LATIN	系数					−12.16		
	t −统计					−0.94		
LOWINCOME	系数							33.45
	t −统计							2.92
样本数		78	78	78	78	78	78	78
F 统计		9.52	5.12	5.63	4.78	4.81	5.05	7.94
White 检验相伴概率		0.008	0.15	0.21	0.17	0.17	0.16	0.04
$\bar{R}^2$		0.31	0.18	0.19	0.16	0.17	0.17	0.27

注：White 异方差检验在 5% 水平下显著时，用异方差相容协方差矩阵估计 t −统计。

我们还考虑了其他社会、政治环境变量：战争及恐怖袭击次数（*WAR-FARE*，1988～1993 年之和）、出于政治目的对政府高层官员的暗杀次数（*ASS*，1988～1993 年之和）、游行示威和冲突次数（*RIOT*，1988～1993 年之和）、罢工次数（*STRIKE*，1988～1993 年之和）[①]，以及民主程度（*DEM*，

---

① 这些政治变量的数据来源于阿瑟编辑的世界银行跨国时间序列数据集（Banks Cross National Time-Series Data Archive）。

1990 年数据）①。从表 5 可以看出，在这些反映社会、政治秩序的变量中，只有代表政府稳定性的变量 *GCRISE*（政府危机次数）是显著的。值得注意的是，*GCRISE* 中没有纳入旨在推翻政府的暴动，因此，它主要刻画的是在任政府执政地位的是否稳定，这比较接近政府债务的新政治经济理论的环境。我们用其他变量刻画社会、政治环境的稳定性。特别的，战争及恐怖袭击对政府债务规模的影响不显著，这与戈德史密斯的观察形成鲜明的对照（戈德史密斯，1994）。这表明在我们的样本期内，战争已经不再是影响政府债务规模的主要因素。政治体制（由 *DEM* 代表）对政府债务规模不存在系统的影响，其他表示社会、政治环境的稳定性指标，如政治暗杀、罢工、游行示威和冲突也不存在系统性影响。这进一步表明，由于在任的政府是举债的直接决策者，与政府债务规模直接有关的政治因素是政府稳定性，而不是社会、政治稳定性指标，后者对政府债务规模不存在系统的影响。宏观税率（*TAX*）的影响已经不稳健。

表 5   横截面回归（考虑不同的政治变量）

被解释变量：1990 ~ 1999 年平均国债负担率						
解释变量		（1）	（2）	（3）	（4）	（5）	（6）
常数项	系数	17.43	16.87	20.75	19.92	19.65	22.48
	t - 统计	1.61	1.13	1.70	1.73	1.75	1.84
EXPENDITURE	系数	1.82	1.60	1.93	1.95	1.88	1.88
	t - 统计	1.96	1.53	1.97	2.01	1.99	1.93
TAX	系数	- 1.60	- 1.54	- 1.13	- 1.56	- 1.54	- 1.50
	t - 统计	- 1.54	- 1.35	- 1.38	- 1.41	- 1.42	- 1.35
SUB-AFRICA	系数	42.36	33.79	40.70	39.93	41.43	39.82
	t - 统计	3.51	2.10	2.57	2.50	2.55	2.52
GCRISE	系数	7.52					
	t - 统计	2.89					

---

① 分为 1 至 7 级，数字越高，民主和政治自由度越低。资料来源于 http://www.freedomhouse.org/。

被解释变量：1990～1999 年平均国债负担率							
解释变量		(1)	(2)	(3)	(4)	(5)	(6)
DEM	系数		2.81				
	t–统计		0.98				
ASS	系数			0.65			
	t–统计			0.76			
RIOT	系数				0.67		
	t–统计				1.16		
STRIKE	系数					2.58	
	t–统计					1.59	
WARFARE	系数						0.60
	t–统计						0.43
样本数		78	77	78	78	78	78
F–统计		9.52	5.77	5.86	6.33	6.77	5.74
White 检验相伴概率		0.008	0.003	0.003	0.001	0.002	0.003
$\overline{R}^2$		0.31	0.20	0.20	0.22	0.23	0.20

注：White 异方差检验在 5% 水平下显著时，用异方差相容协方差矩阵估计 t–统计。

（二）面板数据分析

下面使用面板数据分析方法，它能够综合更多的信息，允许我们控制可能影响政府债务的相对易变的因素，如政府支出、税收、通货膨胀率（*IN-FLATION*）和实际利率（*R*）等。如引言指出，我们还注意到李嘉图等价性争论蕴涵着关于预期寿命对政府债务规模影响的理论假说。因此，我们考虑如下基本模型：

$$DEBT_{i,t} = \beta_1 EXPENDITURE_{i,t-1} + \beta_2 INFLATION_{i,t-1} + \beta_3 TAX_{i,t-1} +$$
$$\beta_4 R_{i,t} + \beta_5 LIFE_{i,t} + \omega_{i,t} \qquad (3)$$

式（3）中，i 表示国家（地区），t 表示时间，*LIFE* 代表预期寿命[①]，我们还控制了政府支出、税收、通货膨胀率和实际利率。在用这些因素解释国债负担率时，可能出现内生性问题，即某些影响国债负担率的因素同时影响着政

———————————

① 以出生时的预期寿命表示。

府支出、税收、通货膨胀率等解释变量，造成解释变量与残差相关；也可能出现逆向因果。因此，我们使用这些变量的滞后一期（上年）数据 EXPENDITURE（−1）、TAX（−1）、INFLATION（−1）作为解释变量。我们还考虑了其他可能影响国债负担率的因素，包括经济发展水平 lnGDP（−1）[①]、开放度 TRADE（−1）[②]、市场发育状况[③]、总人口（取对数 lnPOPU）和民主程度（DEM）等。

从表 6 可见，预期寿命对国债负担率存在着显著且稳健的正影响，预期寿命越长，政府债务规模就越大，这完全支持李嘉图等价性文献所暗示的关于预期寿命影响的理论假说。政府支出规模对国债负担率的影响仍然是显著且稳健的，符号未变。我们还发现，通货膨胀率和实际利率对国债负担率也呈现显著且稳健的正影响。我们还看到，税收—GDP 比率的影响不显著。这样，我们的面板数据模型识别出的影响国债负担率的主要因素有预期寿命、政府支出、通货膨胀率、实际利率。

以上按步回归可能受到添加额外变量的次序的影响，因此，我们借鉴莱文和瑞思尔特（Levine and Renelt，1992）的敏感性分析方法，考虑 EXPENDITURE（−1）、INFLATION（−1）、R 和 LIFE 对国债负担率影响的稳健性。我们每次从 TAX（−1）、lnGDP（−1）、TRADE（−1）、lnPOPU、BLACK、DEM 这 6 个变量中取出三个变量加入到基本回归模型中，看基本模型中的参数是否稳定。我们总共进行了 18 次回归。表 7 中列出了各变量的估计系数（以 OLS 为基础）的最大值、最小值，以及在基本回归中的系数值。我们看到，EXPENDITURE（−1）、INFLATION（−1）、R、LIFE 的估计系数值比较稳定且统计上显著，它们系数值的波动范围分别是：（1.71，2.30）、（0.06，0.084）、（0.76，1.42）、（1.68，2.61），可见，这四个变量的估计系数对加入其他的解释变量不十分敏感。

---

① 人均 GDP 对数值滞后一期，以 1985 年不变价（美元）。
② 以对外贸易总额（进口加出口）除以 GDP 代表，滞后一期。
③ 以黑市升水表示，市场发育程度越低，升水越大，OECD 国家黑市升水定为零，资料来源于 Easterly 和 Sewadeh 的全球发展数据库。

表6

面板数据估计

被解释变量：政府债务—GDP比率

解释变量		(1)固定	(1)随机	(2)固定	(2)随机	(3)固定	(3)随机	(4)固定	(4)随机	(5)固定	(5)随机	(6)固定	(6)随机
常数	系数		-86.86		-98.90		-78.98		-108.8		-153.1		-104.6
	t-统计		-2.36		-2.77		-1.62		-2.73		-2.06		-2.68
$EXPENDITURE(-1)$	系数	1.90	1.95	2.31	2.40	1.90	1.95	1.89	1.92	1.89	1.99	1.89	1.95
	t-统计	5.58	6.52	5.79	7.07	5.23	6.25	5.17	5.95	5.45	6.60	5.55	6.50
$TAX(-1)$	系数	-0.88	-0.93	-0.75	-0.91	-0.90	-0.90	-0.71	-0.89	-0.86	-0.93	-0.84	-0.87
	t-统计	-1.45	-1.88	-1.18	-1.80	-1.28	-1.60	-1.11	-1.71	-1.40	-1.87	-1.38	-1.74
$INFLA\text{-}TION(-1)$	系数	0.06	0.06	0.08	0.08	0.06	0.06	0.07	0.06	0.06	0.06	0.06	0.06
	t-统计	6.37	7.06	7.81	8.71	6.38	7.03	6.59	7.25	6.36	7.05	6.50	7.19
R	系数	0.83	0.82	1.31	1.28	0.86	0.85	0.94	0.92	0.83	0.82	0.84	0.83
	t-统计	5.03	5.64	7.08	8.03	5.05	5.60	5.46	6.01	5.02	5.60	5.08	5.67
$LIFE$	系数	1.70	1.37	1.66	1.28	1.87	1.53	1.59	1.32	1.83	1.28	1.94	1.55
	t-统计	2.63	2.64	2.42	2.49	1.91	2.31	2.24	2.38	2.16	2.44	2.87	2.90
$BLACK$	系数			0.17	0.18								
	t-统计			1.52	2.02								
$lnGDP(-1)$	系数					-1.87	-2.23						
	t-统计					-0.16	-0.31						
$TRADE(-1)$	系数							0.55	0.38				
	t-统计							3.32	2.93				
$lnPOPU$	系数									-4.47	4.43		
	t-统计									-0.23	1.04		
DEM	系数											1.87	1.79
	t-统计											1.24	1.35
国家(地区)数		69	69	66	66	65	65	68	68	69	69	69	69
样本数		317	317	267	267	307	307	298	298	317	317	317	317
F统计		371.6		255.12		285.6		286.4		296.2		298.3	
$\bar{R}^2$		0.82	0.86	0.82	0.86	0.82	0.85	0.82	0.86	0.82	0.86	0.82	0.86

注：固定——固定效应模型；随机——随机效应模型。

表 7

敏感性分析

被解释变量：国债负担率

		估计	$t-$值	$\bar{R}^2$	添加变量		
EXPENDITURE （-1）	最小值	1.71	5.03	0.82	ln*GDP*（-1）	ln*POPU*	*DEM*
	基本回归	1.77	5.37	0.82			
	最大值	2.30	5.66	0.82	*TAX*（-1）	*BLACK*	ln*POPU*
INFLATION （-1）	最小值	0.063	6.36	0.82	*TAX*（-1）	ln*GDP*（-1）	ln*POPU*
	基本回归	0.06	6.30	0.82			
	最大值	0.084	8.23	0.82	*BLACK*	*TRADE*（-1）	*DEM*
R	最小值	0.80	4.95	0.82	ln*GDP*（-1）	ln*POPU*	*DEM*
	基本回归	0.76	4.81	0.82			
	最大值	1.42	7.39	0.82	*TAX*（-1）	*BLACK*	*TRADE*（-1）
LIFE	最小值	1.76	1.97	0.82	*TAX*（-1）	*BLACK*	ln*POPU*
	基本回归	1.68	2.59	0.82			
	最大值	2.61	2.56	0.82	ln*GDP*（-1）	ln*POPU*	*DEM*

四、结 论

我们运用最新的跨国（地区）数据，发现国债负担率的国别间差异明显，而且随着时间变化很大。这表明政府债务规模不仅可能受到一些易变的非结构性因素的影响，还可能受到某些相对稳定的结构性因素的影响。我们对政府债务决定因素的实证分析为李嘉图等价性文献所暗示的关于预期寿命影响的理论假说提供了支持，预期寿命对国债负担率存在着显著且稳健的正影响，预期寿命越长，政府债务规模就越大。政府债务的新政治经济理论也为我们的实证研究所支持，政府的稳定性越差、政府危机的次数越多，国债负担率就越高。我们的分析还表明与政府债务规模直接相关的政治变量是政府的稳定性，其他社会、政治稳定性变量对政府债务规模不存在系统的影响。政府经济活动的规模（由政府支出—GDP 比率代表）对政府的债务规模也存在显著且稳健的正影响。

我们还发现，通货膨胀率和实际利率对国债负担率也呈现显著且稳健的正影响。这可能是由于较高的名义利率导致较重的债务负担；或者，较高的通货膨胀率意味着政府对经济的控制能力较弱、政府的稳定性较差，从而导致较高的债务规模；或者，这只不过是如新古典政府债务观所指出的，反映了政府债务规模对通货膨胀和利率的较强的逆向因果（我们的计量模型在一定程度上排除了这种可能性）。通货膨胀率和实际利率影响政府债务规模的机制到底是什么，这有待进一步的理论研究和实证检验。

参考文献

［1］戈德·史密斯：《金融结构与金融发展》，上海人民出版社1994年版。

［2］张馨、杨志勇、郝联峰、袁东：《当代财政与财政学主流》，东北财经大学出版社2000年版。

［3］Ando, Albert and Modigliani, Franco, "The Life Cycle Hypothesis of Saving: Aggregate Implications and Tests", *American Economic Review*, 1963, 53: 55–84.

［4］Barro, Robert J., "Are Government Bonds Net Wealth?", *Journal of Political Economy*, 1974, 82: 1095–1117.

［5］Diamond, Peter A., "National Debt in a Neoclassical Growth Model", *American Economic Review*, 1965, 55: 1126–1150.

［6］Levine, Ross and Renelt, David, "A Sensitivity Analysis of Cross-Country Growth Regressions", *American Economic Review*, 1993, (82): 942–963.

［7］Hongyi Li, Lyn Squire and Heng-fu Zou, "Explaining International and Intertemporal Variations in Income Inequality", *Economic Journal*, 1998, 108: 26–43.

［8］Hongyi Li and Heng-fu Zou, "Income Inequality Is Not Harmful for Growth: Theory and Evidence", Review of Development Economics, 1998, 2 (3): 318–34.

［9］Persson, Torsten and Svensson, Lars E. O., "Why a Stubborn Conservative would Run a Deficit: Policy with Time – Inconsistent Preferences", *Quarterly Journal of Economics*, 1989, 104: 325–345.

［10］Ramsey, F. P., "A Mathematical Theory of Saving", *Economic Journal*, 1928, 38, 543–559.

［11］Rogoff, Kenneth, "Equilibrium Political Budget Cycles", *American Economic Review*, 80: 21–36.

［12］Tabellini, Guido and Alesina, Alberto, "Voting on the Budget Deficit", *American Economic Review*, 1990, 80: 37–49.

政府债务妨碍长期经济增长：国际证据[*]

一、引　言

　　政府债务对经济运行的影响是政治家和经济学家争论的最为古老的话题之一。古典时期的学者对政府债务基本上持否定态度。大卫·休谟 1750 年在谈到国债时明确指出"不必未卜先知，就能猜出即将发生的灾难，二者必居其一：不是国家毁了公共信贷，就是公共信贷毁了国家"[②]。亚当·斯密也视巨额政府债务为洪水猛兽，他认为："巨额债务的增积过程，在欧洲各大国，差不多是一样的，目前各大国国民，都受此压迫，久而久之，说不定要因而破产！"[③]。古典学者的基本逻辑是，政府支出是非生产性的，国家举债使一部分生产性资本转向非生产性用途，这于国民财富的增加无益，会损害国家的经济增长。

　　现代学者不再像古典经济学家那样把政府债务同私人债务作简单的类比，从中引申出反对政府举债的朴素观点。凯恩斯突破了对财政的"政府出纳"的传统定位，赋予财政以通过调节政府收支来管理宏观经济的重要职能，这样，政府债务成为凯恩斯主义财政政策的一个重要工具。凯恩斯主义者认为，消费

　　* 本文原载于《统计研究》2006 年第 1 期。作者：尹恒。此项研究得到国家自然科学基金（70303003）资助。
　　② 布罗代尔：《中世纪欧洲经济社会史》（第 2 卷），上海人民出版社 1996 年版，第 574 页。
　　③ 亚当·斯密：《国民财富的性质和原因的研究》（下卷），商务印书馆 1974 年版，第 474 页。

者经常面临流动性约束，从而总消费对当期可支配收入的变化很敏感，暂时性减税、增加政府债务会使人们感觉到当期可支配收入增加，从而刺激私人消费、增加总需求。或者，私人部门是短视的（Myopic），他们把政府债务视为净财富，当政府债务发行量增加，私人部门的净财富就会增加，其意愿消费会增加（Ando and Modigliani，1963）。这样，以政府债务支撑的政府支出的增加会带来乘数效应，能够弥补私人部门的有效需求不足，有利于经济的持续增长。

然而，一些新古典经济学家认为人们并不会如此短视。政府债务的增加意味着政府未来还本付息的负担加重，人们的税收负担也将会相应增加。理性人会权衡这种不利影响，只有当政府债务超过未来相应的税收负担的贴现值时，它才有理由被视为一种净财富，政府债务的增加才会对人们的消费和储蓄行为产生影响。贝利指出："在私人部门看来，政府靠征税和以债务融资完全可能是等价的，……如果当前政府债务融资中隐含的未来税收负担被充分地预见到，政府债务融资与平衡预算没有本质的区别（Bailey，1962）。"[①]巴罗在世代交叠（Overlapping Generations）模型中引入跨代利他动机，严格证明了人们跨时配置资源的最优化行为，使得对于给定的政府支出序列，不同政府债务政策（即不同的税收和政府债务序列组合）下的最优消费序列完全相同（Barro，1974）。这说明影响消费和产出的财政变量是政府支出，在政府支出不变的前提下，政府债务的增加不会改变人们的消费计划，它只不过是推迟征税。这就是布坎南（1976）所说的"李嘉图等价性命题"[②]。按照这种观点，政府债务对经济增长不应该存在显著的影响。

一些学者仍然坚持"谨慎财政"的原则，他们认为财政必须追求收支平衡，不到万不得已，政府不应留有赤字，当然也就不应发行国债。其基本理论依据是政府债务存在"挤出效应"，会排挤私人投资。他们认为，市场和私人企业比政府部门更有效率，能够更好地使用经济资源。政府大量发债会挤

---

① Bailey，M. J. 1962，"National Income and the Price Level"，New York：McGraw-Hill.

② 李嘉图确实第一次提出了类似的观点，不过他并没有将其一以贯之。参见李嘉图：《李嘉图著作和通信集》（第1卷），商务印书馆1981年版，第208~210页。

占了私人部门的资金，降低私人部门的投资率，损害整个经济的效率，导致经济增长率下降。这实际上是古典政府债务观点的延续。一些学者还进一步认为，政府债务的增加容易导致较高的利率，货币当局若想降低利率，必须增加货币供应，因此，政府债务的增加会导致货币政策扩张，会引起通货膨胀和较高的名义利率，也会妨碍经济长期增长。

上述理论识别出了政府债务影响经济运行的不同机制，哪一种机制与现实更相关，政府债务对经济增长有无影响、有何影响，这为实证研究留下了空间。20世纪90年代以来，对经济增长的实证研究得到了很大的发展，一些学者用大量因素对经济增长率进行回归，以研究这些因素对经济增长的影响。例如，巴罗（Barro，1991，1996）研究经济增长的收敛性；莱文和瑞恩尔特（Levine and Renelt，1992）考虑了20多个变量对经济增长的影响；伊斯特利和吕贝罗（Easterly and Rebelo，1993），斯莱蒙尔德、姜尔和伊斯特利（Slemrod、Gale and Easterly，1995）研究了财政政策对经济增长的影响；阿莱西纳和罗德里克（Alesina and Rodrik，1994）、泊森和塔伯里尼（Persson and Tabellini，1994）、李宏毅和邹恒甫（1998）在经济增长框架下研究收入分析不平等的影响；莱文等（Levine et al.，1998，2000）在经济增长框架下研究金融结构、金融发展对经济增长的影响。然而，迄今为止，人们还没有在实证研究的层面上讨论过政府债务对经济增长的影响这一重要问题，伊斯特利和吕贝罗（Easterly and Rebelo，1993）曾系统考虑过十多个财政变量对经济增长的影响，其中却没有政府债务。我们在经济增长实证研究的框架下，运用世界各国的最新数据①，就政府债务对经济增长的影响进行了深入的考察②。我们使用包括208个国家（地区）1970～2002年间的样本，分别采用横截面数据回归和面板数据回归方法，并进行了敏感性分析，得到相当稳健的

第二篇 政府债务

政府债务妨碍长期经济增长：国际证据

---

① 除特别说明外，本文数据来源于世界银行1990～2004年各年的全球发展金融和世界发展指数（Global Development Finance & World Development Indicators）。

② 以中央政府债务与GDP比率表示，部分缺失使用BVD各国宏观经济指标库的公共债务除以GDP数据代替，方差分析表明这两类国债负担率数据来源不存在显著的差异。

结论：政府债务对经济增长存在消极影响。

二、横截面数据回归

借鉴巴罗（Barro，1991）对经济增长的实证研究，我们考虑初始人均 GDP 水平和人力资本对经济增长的影响，并引入代表政府债务水平的变量。我们的分析目标是通过控制 GDP 和教育水平的影响，研究经济增长与政府债务间的关系。滞后的 GDP 水平用来解释增长的收敛性问题；滞后的教育水平代表人力资本的期初水平。具体的，考虑如下基本横截面数据回归模型：

$$G(90-99)_i = \alpha_0 + \alpha_1 GDP(90)_i + \alpha_2 SEP(90)_i + \alpha_3 DEBT(90)_i + u_i$$

上式中 $i=1,2,\cdots,N$ 表示国家，$G(90-99)_i$ 表示 1990~1999 年人均 GDP 的平均增长率；$GDP(90)_i, SEP(90)_i, DEBT(90)_i$ 分别表示人均 GDP、小学入学率、政府债务/GDP 比率的初始值[①]。表 1 列示了回归结果。由于在横截面回归模型中可能存在异方差问题，出现异方差时我们使用了怀特（White，1980）的异方差相容协方差矩阵（heteroskedasticity-consistent covariance matrix）估计标准差，但这些标准差（从而 t-统计）与 OLS 估计相差不大。原则上可以通过工具变量法纠正内生性问题，然而由于上面的回归模型中解释变量使用初始值，内生性并不是十分严重。

表 1 估计了基本模型的 10 个变体，分为两组：回归(1)~(5)用教育时间（AYS）代表人力资本[②]；回归(6)~(10)用来自于小学入学率（SEP）代表人力资本。在每一组，我们逐一考虑了在经济增长实证研究中常见的解释变量：国内投资 TI（90）[③]；健康状况 LIFE（90）[④]；市场发育状况 BLACK（90）[⑤]。

---

① 1990 年水平，如果 1990 年数据缺失，则以 1991 年或 1989 年代表初始值，下同。

② 年龄不小于 25 岁人口的平均教育时间，数据来自巴罗和李（Barro and Lee，2000）。

③ 国内总投资与 GDP 比率。

④ 以出生时的预期寿命表示。

⑤ 以黑市升水表示，市场发育程度越低，升水越大，OECD 国家黑市升水定为 0，数据来源于伊斯特利和色瓦德的全球发展数据库。

表1　横截面数据回归结果

被解释变量:1990~1999年人均实际GDP平均增长率

解释变量		(1)	(2)*	(3)	(4)*	(5)	(6)	(7)*	(8)*	(9)*	(10)*
常数项	系数	1.222	-2.500	-10.41	1.937	-8.606	-1.624	-2.777	-6.997	-0.279	-5.722
	t-统计	1.34	-1.67	-4.55	1.88	-5.52	-1.05	-1.23	-2.46	-0.15	-2.38
GDP(90)	系数	-5.2E-5	-5.3E-5	-1.4E-4	-1.7E-4	-1.6E-4	4.2E-5	7.3E-5	-1.6E-4	-1.2E-5	-1.8E-4
	t-统计	-0.47	-0.54	-1.55	-1.64	-1.78	0.72	1.82	-1.71	-0.26	-2.46
AYS(90)	系数	0.251	0.247	-0.329	0.333	-0.118					
	t-统计	1.22	1.24	-1.67	1.55	-0.57					
SEP(90)	系数						0.035	0.020	-0.001	0.030	-0.019
	t-统计						2.23	1.05	-0.041	1.61	-1.02
DEBT(90)	系数	-0.019	-0.016	-0.016	-0.021	-0.017	-0.014	-0.012	-0.014	-0.019	-0.018
	t-统计	-2.84	-1.98	-2.95	-1.80	-3.39	-2.22	-1.35	-1.41	-1.94	-2.03
TI(90)	系数		0.159			0.083		0.102			0.094
	t-统计		3.75			2.46		2.55			4.34
LIFE(90)	系数			0.233		0.164			0.152		0.138
	t-统计			5.36		3.48			2.60		3.27
BLACK(90)	系数				-0.033	-0.011				-0.010	-0.012
	t-统计				-4.92	-1.25				-2.65	-3.31
国家(地区)数		52	52	52	48	48	61	59	61	56	54
F统计		3.79	9.48	11.68	7.14	9.53	5.00	6.95	6.77	6.02	9.07
White检验伴随概率		0.064	0.015	0.18	0.004	0.27	0.08	0.039	0.009	0.001	0.011
$\bar{R}^2$		0.14	0.45	0.46	0.40	0.63	0.17	0.34	0.33	0.32	0.58

注:*是根据怀特(White,1980),用异方差相容协方差矩阵估计 t - 统计。

第二篇　政府债务　政府债务妨碍长期经济增长……国际证据

值得注意的是，在所有 10 个回归中，政府债务/GDP 比率的回归系数都是负的，相当稳定，而且在绝大多数情况下都是显著的。由于式（1）右边的变量都是初始水平，这排除了内生性问题，表明在控制了经济增长文献中识别出的影响经济增长的因素后，政府债务对经济增长存在负面影响。

从表 1 可以看出，代表教育和人力资本水平的变量 *AYS* 和 *SEP* 对经济增长的影响不显著，且符号不一致。这与巴罗（Barro，1991）的结论存在明显差别。巴罗（Barro，1991）运用解释变量在 1960 年的初始水平对 1960～1985 年的平均经济增长率进行回归中，人力资本对经济增长存在显著的积极影响。初始国内生产总值水平（*GDP*）的系数绝大部分是负的，虽然多数不显著，但随解释变量的引入，显著性增强（回归（5）、回归（10））。这与巴罗（Barro，1991，1996）、阿莱西纳和罗德里克（Alesina and Rodrik，1994）等的结论相似，国别间经济增长可能存在收敛趋势（显著性不如他们报告的强）。我们还可以看到，初始国内投资 *TI*（90）、预期寿命 *LIFE*（90）和黑市升水 *BLACK*（90）对经济增长的影响显著，而且符号分别是正、正、负，这与经济增长文献中多数实证结果完全一致。

是否不同类型的国家（地区），政府债务对经济增长的影响不一样呢？因此我们引入了以下国家（地区）虚拟变量：低收入国家（地区）虚拟变量（*LOW-INCOME*）、转换经济国家（地区）虚拟变量（*TRANS-ECONOMY*）、发展中国家（地区）虚拟变量（*DEVELOPING*）、东南亚国家（地区）虚拟变量（*EAST-SOUTH ASIA*）、撒哈拉以南非洲国家（地区）虚拟变量（*SUB-AFRICA*）、拉丁美洲国家（地区）虚拟变量（*LATIN*）、OECD 国家虚拟变量（*OECD*）。从表 2 可以看出，政府债务仍然维持对经济增长的显著的消极影响。在虚拟变量中只有 *TRANS-ECONOMY* 的影响是显著的（为负），这表明在 20 世纪 90 年代转换经济国家（地区）增长率较低。在控制了这些国家（地区）虚拟变量后，政府债务对经济增长的消极影响维持不改变，其系数相当稳定，显著性不变。有趣的是，引入转换经济虚拟变量后（回归（3）），黑市升水 *BLACK* 不再显著，其显著性为 *TRANS-ECONOMY* 代替；同样，引入撒哈拉以南非洲国家（地区）虚拟变量后（回归（6）），预期寿命 *LIFE* 的显著性下降。这可能意味着转换经济国家较低经济增长的主要原因是黑市升水，或者缺乏市场秩序引起的；而以预期寿命为代表的人力资本低下可能是撒哈拉以南非洲国家（地区）经济增长较慢的原因之一。至于 OECD 国家，如果回归中不引入初始 GDP，OECD 国家虚拟变量显著为负（t-统计为 -2.07），而引入初始 GDP 后，OECD 国家虚拟变量变得不显著，这表明初始 GDP 的负系数确实能够反映国别间经济增长的收敛趋势。

表2 　　　　　　　　横截面数据回归结果（引入国家虚拟变量）

		被解释变量：1990~1999 年人均实际 GDP 平均增长率							
解释变量		（1）	（2）	（3）	（4）	（5）	（6）	（7）	（8）
常数项	系数	-5.97	-6.895	-7.113	-5.389	-5.942	-3.51	-5.582	-5.934
	t-统计	-2.55	-2.56	-3.13	-1.91	-2.52	-1.22	-2.33	-2.53
GDP	系数	-1.7E-4	-1.8E-4	-1.9E-4	-2.2E-4	-1.6E-4	-1.6E-4	-1.5E-4	-1.6E-4
（90）	t-统计	-2.39	-2.43	-2.56	-2.14	-2.23	-2.16	-1.91	-1.49
DEBT	系数	-0.018	-0.018	-0.017	-0.018	-0.017	-0.018	-0.018	-0.018
（90）	t-统计	-2.39	-2.18	-2.27	-2.22	-2.09	-2.36	-2.22	-2.18
TI	系数	0.080	0.079	0.086	0.078	0.073	0.080	0.087	0.080
（90）	t-统计	3.54	3.43	4.01	3.46	3.32	3.59	3.58	3.49
LIFE	系数	0.117	0.130	0.133	0.119	0.115	0.082	0.105	0.116
（90）	t-统计	2.91	2.89	3.29	2.97	2.83	1.74	2.45	2.89
BLACK	系数	-0.011	-0.011	-0.006	-0.011	-0.010	-0.011	-0.011	-0.011
（90）	t-统计	-2.61	-2.57	-1.00	-2.62	-2.43	-2.67	-2.60	-2.58
LOW-INCOME	系数		0.362						
	t-统计		0.49						
TRANS-ECONOMY	系数			-3.168					
	t-统计			-2.15					
DEVELOPING	系数				1.155				
	t-统计				0.56				
EASTSOUTH ASIA	系数					0.02			
	t-统计					1.58			
SUB-AFRICA	系数						-0.928		
	t-统计						-1.37		
LATIN	系数							0.454	
	t-统计							0.44	
OECD	系数								-0.194
	t-统计								-0.22
国家（地区）数		56	56	56	56	56	56	56	56
F 统计		12.36	9.70	10.63	10.77	10.49	10.53	10.69	11.34
White 检验相伴概率		0.003	0.014	0.005	0.009	0.016	0.013	0.06	0.012
$\overline{R}^2$		0.55	0.55	0.58	0.55	0.56	0.56	0.55	0.55

注：由于怀特检验表明存在异方差问题，本表用异方差相容协方差矩阵估计 t-统计。

三、面板数据回归

在前面截面数据回归中，每个国家只取一个样本。我们下面运用面板（Panel）数据模型进行分析，它能够扩展样本容量，提供额外的信息。为了抽象掉短期经济波动的影响，把研究重点集中于政府债务的长期增长影响，我们对变量进行5年平均。由于有些年份数据缺失，5年平均可以提供更为平衡的面板数据集。具体的，我们把1970~2002年按每5年一期分为7个时期：1970~1974年为第1时期；1975~1979年为第2时期；1980~1984年为第3时期；1985~1989年为第4时期；1990~1994年为第5时期；1995~1999年为第6时期；2000~2002年为第7时期。

考虑如下基本回归模型：

$$G_{it} = \alpha_0 + \alpha_1 GDP_{i,t-1} + \alpha_2 SEP_{i,t-1} + \alpha_3 DEBT_{i,t} + u_{it}$$

在上式中，$i = 1, 2, \cdots, N$ 表示国家（地区），$t = 1, 2, \cdots, 7$ 表示5年时间段。G_{it} 是 i 国（地区）在 t 期的人均实际 GDP 的增长率；$DEBT_{i,t}$ 是 i 国（地区）在 t 期的政府债务/GDP 比率。$GDP_{i,t-1}$ 是滞后一期的人均 GDP 水平；$SEP_{i,t-1}$ 表示滞后一期的小学入学率。如截面数据回归，我们用这些变量控制收敛性问题及人力资本对经济增长的影响。我们考虑了四个回归模型：（1）基本回归；（2）加入了政府债务/GDP 比率的二阶项的基本回归；（3）加入了政府债务/GDP 比率的方差的基本回归；（4）同时加入了政府债务/GDP 比率的方差和二阶项的基本回归。二阶项考虑政府债务对经济增长的非线性影响，方差考虑政府债务的波动对经济增长的影响。如表3所示，所有四个模型中政府债务/GDP 比率的固定效应估计与随机效应估计系数都是负的，这与前面的横截面回归是一致的。在回归（1）中，政府债务/GDP 比率的影响是显著的，在回归（2）引入了政府债务/GDP 比率的方差后，政府债务/GDP 比率水平的影响变得不显著，但其波动的影响是负的，且显著。这表明政府债务/GDP 比率对经济增长的消极影响可能来自于政府债务的波动，回归（4）进一步证实以上猜测。政府债务/GDP 比率的二阶项不太显著。

表3　　　　　　　　基本面板数据回归结果（教育数据 SEP）

解释变量		(1)		(2)		(3)		(4)	
		固定效应	随机效应	固定效应	随机效应	固定效应	随机效应	固定效应	随机效应
常数项	系数		0.015		0.019		0.019		0.024
	t-统计		1.65		2.00		2.04		2.55
GDP（−1）	系数	−3.4E−6	−9E−9	−3.1E−6	−2.9E−7	−3E−6	2.46E−8	−2.8E−6	−3.2E−7
	t-统计	−2.44	−0.015	−2.33	−0.52	−2.17	0.043	−2.09	−0.58
SEP（−1）	系数	−0.013	0.009	−0.016	0.008	−0.011	0.009	−0.014	0.009
	t-统计	−0.90	0.91	−1.10	0.80	−0.76	0.94	−0.91	0.94
DEBT	系数	−0.015	−0.017	−0.004	−0.008	−0.026	−0.029	−0.016	−0.026
	t-统计	−2.88	−4.43	−0.53	−1.38	−2.50	−3.79	−1.44	−3.04
DEBT-VAR	系数			−0.042	−0.043			−0.056	−0.070
	t-统计			−2.11	−2.49			−2.55	−3.60
DEBT-SQ						0.0043	0.0045	0.0057	0.009
						1.24	1.87	1.47	2.86
样本数		330	330	293	293	330	330	293	293
国家（地区）数		106	106	100	100	106	106	100	100
DW 统计		2.88	2.75	3.06	2.91	2.87	2.74	3.03	2.85
F 统计		174.63		128.67		117.22		97.65	
$\bar{R}^2$		0.42	0.57	0.49	0.63	0.43	0.57	0.68	0.64

被解释变量：人均实际 GDP 增长率

　　在以上回归模型中可能存在内生性问题：由于政府债务/GDP 比率受到 GDP 水平和增长率的影响，它可能是内生的。基于以上考虑，我们使用工具变量法（以政府债务/GDP 比率等变量的滞后值为工具变量）所有面板数据模型进行了重新估计，结论与 OLS 估计是一致的。因篇幅所限，我们在这里没有报告结果。

　　表3 中滞后的 GDP 的回归系数为负，在多数的模型中显著。小学入学率的回归系数符号不定，在所有回归中都不显著。我们用平均教育时间（AYS）重新进行了估计（见表4），我们发现，平均教育时间对经济增长的影响是显著的，而且符号（为正）也与巴罗等的预期一致。不过在经济增长的实证研究中，关于代表教育程度的人力资本变量的影响并没有一致的结论，一些计量研究也发

现了教育与经济增长间的负关系。如普瑞均特（Pritchett，1996）表明人力资本对经济增长呈现出显著的负面影响，李宏毅和邹恒甫（1998）也得到相似的结论。因此，我们得到教育水平对经济增长影响的模糊性结论并不奇怪。

表4　　　　　　　　基本面板数据回归结果（教育数据 AYS）

解释变量		被解释变量：人均实际 GDP 增长率							
		(1)		(2)		(3)		(4)	
		固定效应	随机效应	固定效应	随机效应	固定效应	随机效应	固定效应	随机效应
常数项	系数	—	0.017		0.018		0.023		0.025
	t-统计	—	3.36		3.18		4.10		4.19
GDP（−1）	系数	−4.7E−6	−2.5E−6	−2E−6	−2.6E−6	−4.2E−6	−2.5E−6	−4.0E−6	−2.7E−6
	t-统计	−2.85	−2.91	−1.81	−2.93	−2.61	−2.89	−2.42	−3.01
AYS（−1）	系数	0.0028	0.0045	0.0029	0.0044	0.0046	0.0046	0.0031	0.004
	t-统计	2.06	3.44	1.41	3.18	1.90	3.49	1.24	3.25
DEBT	系数	−0.024	−0.0224	−0.011	−0.014	−0.047	−0.04	−0.034	−0.033
	t-统计	−4.42	−5.87	−1.65	−2.2	−4.44	−5.12	−2.81	−3.74
DEBT−VAR	系数			−0.041	−0.041			−0.050	−0.071
	t-统计			−2.78	−2.22			−2.18	−3.45
DEBT−SQ						0.0073	0.006	0.009	0.011
						2.54	2.57	2.17	3.03
样本数		296	296	270	270	296	296	270	270
国家（地区）数		87	87	83	83	87	87	83	83
DW 统计		2.65	2.42	2.60	2.42	2.61	2.43	2.60	2.37
F 统计		161.91		108.54		112.92		84.24	
$\bar{R}^2$		0.44	0.57	0.47	0.59	0.46	0.58	0.48	0.60

表4所有四个模型中政府债务/GDP 比率的固定效应估计与随机效应估计系数都是负的，而且呈现出很强的显著性，唯一例外的是在引入了政府债务/GDP 比率的方差后（回归（2）），政府债务/GDP 比率波动的影响仍然是显著的负值，这进一步表明政府债务/GDP 比率对经济增长的消极影响可能来自于政府债务的波动。表4中二阶项的显著性增强，政府债务/GDP 比率对经济增长的呈现出一定的非线性影响。

我们把样本分为发展中国家（地区）和 OECD 国家两组，考察了不同类型国家（地区）政府债务影响的差异。如表5所示，发展中国家（地区）的增长回归模型相当稳健，结论维持与前面分析的一致性，政府债务/GDP 比率对长期经济增长呈现十分显著的消极影响，经济增长呈现出显著的收敛趋势，以 AYS 表示的人力资本对经济增长也存在显著的影响，但 SEP 的影响仍然不显著。而 OECD 国家的增长回归模型就很不理想，$\bar{R}^2$ 很低，政府债务/GDP 比率对经济增长影响的符号不定，而且变得不显著。这表明政府债务/GDP 比率对经济增长的消极影响可能主要存在于发展中国家。

表5　　　　　　　　　　面板数据回归结果（分组回归）

解释变量		发展中国家样本				OECD 国家样本			
		(1)		(2)		(3)		(4)	
		固定效应	随机效应	固定效应	随机效应	固定效应	随机效应	固定效应	随机效应
常数项	系数		0.02014		0.01775		0.0318		0.04379
	t–统计		3.33		1.84		4.61		1.65
GDP（-1）	系数	-1.4E-5	-4.8E-6	-1.3E-5	-1.9E-6	-2.2E-6	1.2E-7	-1.9E-6	-6.0E-7
	t–统计	-4.09	-3.22	-3.82	-1.45	-1.21	0.15	-1.38	-1.11
AYS（-1）	系数	0.00645	0.00544			0.00103	-0.0017		
	t–统计	2.31	3.61			0.26	-1.44		
SEP（-1）	系数			-0.0001	0.01133			-0.0023	-0.0166
	t–统计			-0.007	1.08			-0.05	-0.73
DEBT	系数	-0.0346	-0.030	-0.0219	-0.0229	0.00879	-0.0003	0.00921	-0.0029
	t–统计	-5.33	-6.55	-3.57	-5.01	0.75	-0.05	0.77	-0.53
样本数		205	205	244	244	74	74	71	71
国家（地区）数		65	65	84	84	19	19	19	19
DW 统计		2.65	2.47	2.89	2.80	3.66	2.97	3.63	3.04
F 统计		128.01		136.65		8.90		6.48	
$\bar{R}^2$		0.48	0.59	0.44	0.57	-0.05	-0.01	-0.13	-0.03

被解释变量：人均实际 GDP 增长率

　　我们还根据莱文和瑞恩尔特（Levine and Renelt，1992）的敏感性分析方法，在横截面数据回归、面板数据回归和分组回归模型中加入文献中被认为对经济增长有影响的变量，考察在控制了这些变量后，政府债务/GDP 比率对经济增长的影响是否稳健。这些变量包括：国内总投资率（TI）、城市化水平（URBAN）①、开放

---

① 以城市人口占总人口的比例表示。

度（*TRADE*）①、金融发展（*M2*）②、预期寿命（*LIFE*）、黑市升水（*BLACK*）、人口增长率（*N*）和民主指标（*DEM*）③。政府债务/GDP 比率都维持显著、符号不变（都为负），大小基本维持在 −0.01 ~ 0.02 之间。这说明政府债务/GDP 比率对经济增长存在消极影响的结论十分稳健。因篇幅所限，我们在这里没有报告结果。

四、结　论

从最新的跨国（地区）数据，我们可以得到一个十分显著、稳健的结论：政府债务对长期经济增长存在明显的消极影响，在控制了文献中识别出的影响经济增长率的变量后，政府债务/GDP 比率较高的国家，人均实际 GDP 增长率较低。考虑了政府债务/GDP 比率的方差和二阶项后，我们发现政府债务/GDP 比率对经济增长的消极影响很可能来自于政府债务的波动，它对经济增长的影响呈现出一定的非线性。我们还发现，政府债务对经济增长的消极影响主要存在于发展中国家。

我们的研究表明，古典学者提出过的、理论界广泛讨论的政府债务对私人投资的"挤出效应"可能比较严重，政府债务可能降低私人部门储蓄率和投资率，导致经济增长率下降。当然，"挤出效应"影响经济增长的机制是什么，是否还存在政府债务妨碍经济增长的其他机制，如何理解政府债务波动的消极影响，这些问题有待进一步的理论研究，"挤出效应"是否重要也还需要深入的研究加以证实④。

至于其他影响经济增长的因素，我们发现，初始国内生产总值水平的系

---

① 以对外贸易总额（进口加出口）除以 GDP 代表。
② 以准货币（M2）除以 GDP 为代表。
③ 分为 1 ~ 7 级，数字越高，民主和政治自由度越低。资料来源于 http://www. freedom-house. org/。
④ 在另一项研究中，我们确实发现政府债务对私人投资存在明显的挤出效应，具体参见尹恒、叶海云（2005）。

数基本上是负的，在大多数情形下比较显著，这表明在样本期内国别间的经济增长可能存在一定收敛趋势。代表教育水平的变量对经济增长的影响不显著。总投资率、预期寿命对经济增长存在显著的、稳健的积极作用，而反映市场发挥状况的黑市升水对经济增长存在显著的、稳健的负面影响。这些结论与巴罗（Barro，1991，1996）、莱文和瑞恩尔特（Levine and Renelt，1992）、斯莱蒙尔德、姜尔和伊斯特利（Slemrod、Gale and Easterly，1995）、李宏毅和邹恒甫（1998）等的研究完全一致。我们发现，引入转换经济虚拟变量后，黑市升水不再显著，其显著性为转换经济虚拟变量所代替，这表明转换经济增长率变量较低的原因可能是由于缺乏市场秩序，或者市场发育程度不高。在引入撒哈拉以南非洲虚拟变量后，预期寿命的显著性下降，这意味着以预期寿命代表的人力资本较低可能是这些非洲国家经济增长不高的一个重要原因。我们的研究还发现，金融发展水平、民主程度、人口增长率和开放度对经济增长的影响并不如一些理论所预测的那样明显。

参考文献

［1］尹恒、叶海云：《政府债务挤出私人投资：国际证据》，载于《统计研究》2005 年第 10 期。

［2］Robert J. Barro，"Economic Growth in a Cross Section of Countries"，*The Quarterly Journal of Economics*，1991，407 - 443.

［3］Robert J. Barro, Determinants of Economic Growth：A Cross-country Empirical Study，NBER Working Paper，No. 5698，1996.

［4］A. Alesina, and D. "Rodrik, Distributive Politics and Economic Growth"，*Quarterly Journal of Economics*，1994，109：465 - 90.

［5］Li Hongyi and Zou Heng-fu，"Income Inequality is Not Harmful for Growth：Theory and Evidence"，*Review of Development Economics*，1998，2（3）：318 - 34.

［6］Ross Levine，David Renelt，"A Sensitivity Analysis of Cross-Country Growth Regressions"，*The American Economic Review*，1992，82（4）：942 - 963.

政府债务挤出私人投资：国际证据[*]

一、引 言

　　李嘉图等价性命题是讨论政府债务影响的理论基础和出发点。政府债务的增加意味着政府未来还本付息的负担加重，人们的税负也将相应增加，理性人会权衡这种不利影响，只有政府债务的现值超过未来税负的贴现值，它才有理由被视为一种净财富，政府债务的增加才会对人们的消费、储蓄和投资行为产生影响。巴罗（Barro，1974）在世代交叠模型中引入跨代利他动机，证明了人们跨时配置资源的最优化行为，使得对于给定的政府支出序列，不同政府债务政策（即不同的税收和政府债务序列组合）下的最优消费序列完全相同。这说明在政府支出不变的前提下，政府债务的增加不会改变私人消费和投资计划，它不过是推迟征税而已。

　　然而正如研究无摩擦世界的牛顿力学理论、讨论公司股票—债务融资决策的莫迪利安尼—米勒理论一样，李嘉图等价性理论是对现实世界的高度抽象。人口结构变化引起的代际再分配、资本市场不完善造成的利率升水、现实中的税收扭曲、政府借新债还旧债的可能性、收入不确定性带来的谨慎储蓄、人们的短视行为等这些因素都可能使得李嘉图等价性命题失效。因此，

　　* 本文原载于《统计研究》2005 年第 10 期。作者：尹恒、叶海云。本文为国家自然科学基金项目（70303003）的研究成果之一。

正如爱尔蒙多夫和曼昆（Elmendorf and Mankiw，1998）指出的，多数学者认为政府债务对经济存在重要影响。在短期，经济可能更接近于凯恩斯所描述的非充分就业状态，暂时性减税、增加政府债务能够提高人们的当期可支配收入，刺激私人消费和增加总需求，弥补私人部门的有效需求不足，从而通过"乘数效应"增加国民收入、通过"加速效应"提高私人投资。然而在长期，新古典的充分就业世界可能与现实更相关。政府大量发债会抬高实际利率，挤占私人部门的资金，从而降低私人部门的投资率。也就是说，政府债务存在"挤出效应"，会排挤私人投资。但从阿罗和库尔茨（Arrow and Kurz，1970）开始，一些学者指出公共投资与私人投资间存在互补，政府债务带来的公共投资增加，能够提高私人资本和劳动的生产性，从而对私人投资存在促进作用（Aschauer，1988，1989；Baxter and King，1993；Glomm and Ravikumar，1994）。这就是阿切尔（Aschauer，1989）所说的"挤进效应"。

上述理论识别出政府债务中性的条件及其影响消费和投资的可能机制。虽然现实中存在各种摩擦，李嘉图等价性命题是否是对现实的比较好的逼近？"乘数效应"、"挤出效应"和"挤进效应"谁占主导，哪一种机制与现实更相关，政府债务是否挤出私人投资？这些问题只能够求助于实证研究。科曼底（Kormendi，1983，1986，1990，1995）提出了所谓合并方法（Consolidated Approach），他以李嘉图等价性命题为前提，认为理性人在进行消费决策时，不会将其持有的政府债务视为净财富，人们会考虑从所有渠道获得的商品和服务（包括公共消费），因此，他将私人部门和公共部门合并在一起研究。科曼底所使用的美国数据支持其合并方法，政府债务对私人消费不存在显著影响。尹恒（2005）利用中国的数据检验了合并方法，结论是中国 1980～2002 年数据不支持该理论，在中国，居民视其持有的政府债券为净财富，他们基本上没有感受到政府债务变化所蕴涵的未来税负的变化，增加政府债务会刺激私人消费。盖塔和盖塔（Ghatak and Ghatak，1996）根据印度 1950～1986 年数据，运用多元共积分析和误差调整模型，其结果拒绝李嘉图等价性命题，减税、政府债务增加对私人投资存在一定的挤出效应。沃恩（Voss，2002）

根据美国和加拿大 1947～1996 年的季度数据，运用向量自回归（VAR）方法研究了公共投资与私人投资的关系，他们发现这两个国家都不存在因公共投资与私人投资的互补而产生的挤进效应，政府债务和公共投资的增加一般会挤出私人投资。

我们使用 208 个国家（地区）在 1970～2002 年的样本数据[①]，系统分析政府债务/GDP 比率（DEBT）[②] 对私人投资—GDP 比率（PI）的影响，得到了一个十分显著、稳健的结论：在控制了文献中识别出的影响私人投资率的变量后，政府债务对私人投资存在明显的"挤出效应"。

二、横截面数据回归

借鉴塞尔文（Serven，1998）对私人投资的回归，我们的基本模型除引入解释变量政府债务外，还考虑了通货膨胀率和对外开放度。具体的，考虑如下基本横截面数据回归模型：

$$PI(90-96)_i = \alpha_0 + \alpha_1 DEBT(90)_i + \alpha_2 INFLATION(90)_i + \alpha_3 OPEN(90)_i + u_i$$

$$(1)$$

上式中 $i = 1, 2, \cdots, N$ 表示国家，$PI(90-96)_i$ 表示 1990～1996 年的平均私人投资—GDP 比率；$DEBT(90)_i, INFLATION(90)_i, OPEN(90)_i$ 分别表示政府债务/GDP 比率的初始值[③]、初始通货膨胀率和初始开放度[④]。由于在横截面回归模型中可能存在异方差问题，出现异方差时我们使用了怀特（White，1980）的方法估计标准差和 t 统计。原则上可以通过工具变量法纠正内生性问题，然而由于上面的回归模型中解释变量使用初始值，内生性问题并不严重。

---

① 除特别说明外，本文数据来源于世界银行 1990～2004 年各年的全球发展金融和世界发展指数（Global Development Finance & World Development Indicators）。

② 以中央政府债务与 GDP 比率表示，部分缺失使用 BVD 各国宏观经济指标库的公共债务除以 GDP 数据代替，方差分析表明这两类国债负担率数据来源不存在显著的差异。

③ 1990 年水平，如果 1990 年数据缺失，则以 1991 年或 1989 年代表初始值，下同。

④ 以对外贸易总额（进口加出口）除以 GDP 代表。

根据巴罗（Barro，1991，1996）对私人投资的实证研究，我们还控制了其他可能影响私人投资率的变量：初始实际利率 $R(90)$；初始小学入学率 $SEP(90)$；初始预期寿命 $LIFE(90)$[1]；初始人均 GDP 水平取对数 $\ln GDP(90)$[2]；初始金融发展和信贷可获得性 $M2(90)$[3]；初始城市化水平 $URBAN(90)$[4]；初始人口增长率 $N(90)$ 和初始市场发育状况 $BLACK(90)$[5]。我们还引入了两个表示地区特征的虚拟变量：$ES\text{-}ASIA$ 为东亚国家虚拟变量；$SUB\text{-}AFRICA$ 为撒哈拉以南非洲国家虚拟变量。

表1估计了基本模型及其 10 个变体。我们可以看到，在所有 11 个回归中，政府债务/GDP 比率的回归系数都是负的，相当稳定，而且都是显著的。这表明在控制了文献中识别出的影响私人投资率的因素后，政府债务对私人投资存在明显的挤出效应。

从表1还可以看出，代表开放度的 $OPEN$（90）对私人投资的影响显著为正，而且相当稳健，这与巴罗（Barro，1991，1996）和色尔文（Serven，1998）的结论完全一致。人力资本水平变量 SEP（90）和 $LIFE$（90）对私人投资率的影响显著为正，小学入学率高的国家私人投资率较高；出生时预期寿命长的国家私人投资率也较高，这与巴罗（Barro，1991，1996）是一致的。两个地区虚拟变量对私人投资率的影响与巴罗（Barro，1991，1996）及其他文献的结论也是一致的，东亚国家的私人投资率显著较高，而撒哈拉以南非洲国家的私人投资率显著较低。通货膨胀率高的国家私人投资率也较高，这与巴罗（Barro，1991，1996）的结论完全相反。在巴罗（Barro，1991，1996）中，初始人均 GDP 水平 $\ln GDP$（90）的影响是不显著的，而在这里它显著为正。其他变量（包括人口增长率）对私人投资率的影响不显著。

---

① 以出生时的预期寿命表示。

② 人均实际国内生产总值（GDP），以 1985 年不变价（美元）。

③ 以准货币（M2）除以 GDP 为代表。

④ 以城市人口占总人口的比例表示。

⑤ 以黑市升水表示，市场发育程度越低，升水越大，OECD 国家黑市升水定为 0，数据来源于伊斯特利和色瓦德的全球发展数据库。

表 1　私人投资率的横截面数据回归

被解释变量:私人投资—GDP 比率 1990~1996 年几何平均

解释变量		(1)*	(2)	(3)*	(4)	(5)*	(6)*	(7)*	(8)*	(9)*	(10)	(11)
常数项	系数	10.19	11.44				9.89	9.34	9.35	10.99	7.47	12.32
	t-统计	4.03	3.23				4.08	2.78	2.15	4.03	3.00	4.73
DEBT-90	系数	-0.09	-0.12	-0.07	-0.06	-0.07	-0.10	-0.08	-0.09	-0.08	-0.08	-0.08
	t-统计	-2.48	-2.42	-2.23	-1.94	-2.23	-2.75	-2.01	-2.24	-2.17	-2.34	-2.11
INFLATION 90	系数	0.003	0.003	0.002	0.002	0.002	0.003	0.002	0.003	0.002	0.003	0.002
	t-统计	4.05	2.22	2.48	1.71	3.37	4.27	2.41	3.24	3.62	2.88	1.86
OPEN-90	系数	0.16	0.17	0.12	0.13	0.14	0.12	0.15	0.16	0.15	0.16	0.15
	t-统计	3.83	4.38	2.38	3.41	2.97	1.74	3.27	3.99	3.38	5.25	4.42
R-90	系数		0.048									
	t-统计		-0.35									
SEP-90	系数			0.16								
	t-统计			4.94								
LIFE-90	系数				0.18							
	t-统计				4.44							
lnGDP-90	系数					1.41						
	t-统计					4.18						

被解释变量:私人投资—GDP 比率 1990~1996 年几间平均

解释变量		(1)*	(2)	(3)*	(4)	(5)*	(6)*	(7)*	(8)*	(9)*	(10)	(11)
M2-90	系数						0.10					
	t-统计						1.08					
URBAN-90	系数							0.02				
	t-统计							0.36				
N-90	系数								0.42			
	t-统计								0.23			
BLACK-90	系数									-0.02		
	t-统计									-1.89		
ESASIA	系数										6.92	
	t-统计										2.97	
SUBAFRICA	系数											-5.11
	t-统计											-2.33
国家数		32	26	31	32	32	32	32	32	32	32	32
F 统计		7.11	5.29				5.89	5.20	5.16	5.55	6.65	7.52
White 检验相伴概率		0.05	0.29	0.07	0.16	0.08	0.04	0.05	0.08	0.09	0.14	0.15
$\bar{R}^2$		0.37	0.41	0.47	0.43	0.41	0.39	0.35	0.35	0.37	0.51	0.46

注：＊根据怀特（White,1980），用异方差相容协方差矩阵估计 t－统计。

由于横截面数据分析中样本不是太多，结论可能不具有代表性，我们下面用面板数据方法作进一步分析。

三、面板数据分析

在前面横截面数据回归中，每个国家只取一组数据。面板数据模型能够扩展样本容量，提供额外的信息。为了抽象掉短期经济波动，把研究重点集中于政府债务的长期影响，我们对数据进行了 5 年平均。具体的，我们把1970～2002 年按每 5 年一期分为 7 个时期：1970～1974 年为第 1 时期；1975～1979 年为第 2 时期；1980～1984 年为第 3 时期；1985～1989 年为第 4 时期；1990～1994 年为第 5 时期；1995～1999 年为第 6 时期；2000～2002 年为第 7时期。

根据前面分析，考虑如下回归模型：

$$PI_{it} = \beta_0 + \beta_1 DEBT_{it} + \beta_2 INFLATION_{it} + \beta_3 OPEN_{it} + u_{it} \qquad (2)$$

上式中，$i = 1, 2, \cdots, N$ 表示国家（地区），$t = 1, 2, \cdots, 7$ 表示 5 年时间段。PI_{it} 是 i 国（地区）在 t 期的私人投资—GDP 比率；$DEBT_{it}$ 是 i 国（地区）在 t期的政府债务/GDP 比率。$INFLATION_{it}$ 是 i 国（地区）在 t 期的通货膨胀率；$OPEN_{it}$ 表示 i 国（地区）在 t 期的开放度。这里可能存在内生性问题：某些遗失的变量可能同时影响私人投资—GDP 比率和通货膨胀率、开放度。我们使用工具变量法（以滞后值为工具变量）对基本回归进行了重新估计，工具变量法估计的结果与 OLS 估计是一致的。

我们考虑了基本回归的四个变体：（1）基本回归；（2）加入了政府债务/GDP 比率的二阶项 $DEBTSQ$，考虑其对私人投资率的非线性影响；（3）加入了政府债务/GDP 比率的方差 $DEBTVAR$，考虑政府债务的波动对私人投资率的影响；（4）加入政府债务/GDP 比率的滞后值，考虑政府债务对私人投资率的滞后效应。如表 2 所示，政府债务/GDP 比率及其二阶项、政府债务的波动对私人投资率的系数都是负的、显著的，与前面的横截面回归完全一致。这表明政府债务/GDP比率对私人投资率的挤出效应可能存在非线性影响，而且这种负效应可能来自于政府债务的波动。在回归（4）中政府债务/GDP比率的滞后影响不太显著。与横截面回归一样，代表开放度对私人投资的影响显著为正。但通货膨胀率的符号不出现不一致、不显著。

表2 私人投资率的面板数据基本回归（一）

		被解释变量：私人投资—GDP比率							
解释变量		（1）		（2）		（3）		（4）	
		固定效应	随机效应	固定效应	随机效应	固定效应	随机效应	固定效应	随机效应
常数项	系数		8.54		7.88		8.23		7.88
	$t-$统计		6.14		5.56		5.48		5.89
DEBT	系数	−0.024	−0.026						
	$t-$统计	−2.94	−2.64						
DEBTSQ	系数			−0.0001	−0.0001				
	$t-$统计			−3.64	−2.29				
DEBTVAR	系数					−8.07	−7.49		
	$t-$统计					−1.77	−1.71		
DEBT（−1）	系数							−0.0088	−0.0145
	$t-$统计							−0.87	−1.33
INFLATION	系数	−0.0012	−0.0007	−0.0012	−0.0006	0.0081	0.0066	−0.0013	0.0001
	$t-$统计	−2.29	−0.33	−1.82	−0.28	2.19	1.20	−1.61	0.046
OPEN	系数	0.116	0.110	0.115	0.109	0.107	0.104	0.106	0.104
	$t-$统计	4.57	6.24	4.42	6.11	3.82	5.54	4.57	5.96
样本数		200	200	196	196	167	167	165	165
国家（地区）数		67	67	65	65	60	60	61	61
DW统计		1.91	1.89	1.89	1.88	1.97	1.95	2.17	2.13
F统计		414.71		408.27		349.59		359.12	
$\bar{R}^2$		0.79	0.86	0.79	0.86	0.79	0.87	0.80	0.87

根据以上分析，通货膨胀率可能并不是对私人投资率的很好的解释因素，我们对通货膨胀率的影响进行了敏感性分析（这里没有报告结论），进一步证

实了这一点。我们还对影响私人投资率的因素进行了广泛的敏感性分析，发现最为稳健的因素是开放度和人口增长率，因此，我们考虑了包括这两个因素的基本回归模型及其八个变体：（1）基本模型；（2）加入了政府债务/GDP比率的二阶项；（3）同进引入政府债务/GDP比率及其二阶项；（4）考虑政府债务/GDP比率的方差；（5）考虑政府债务/GDP比率的滞后值；（6）~（9）考虑了开放度的滞后值。表3列示了结果。政府债务/GDP率及其二阶项、政府债务的波动对私人投资率的影响仍然维持不变，十分显著的。开放度及其滞后值对私人投资率有显著的促进作用，人口增长率则显著地妨碍私人投资率。

表3　　　　　　　　私人投资率的面板数据基本回归（二）

解释变量		(1)	(2)	(3)	(4)	(5)	(6)	(7)	(8)	(9)
		被解释变量：私人投资—GDP 比率								
DEBT	系数	-0.021		-0.049			-0.023		-0.045	
	t-统计	-3.31		-3.49			-3.17		-2.73	
DEBTSQ	系数		-3E-5	8E-5				-4E-5	6.6E-5	
	t—统计		-2.41	2.87				-2.54	1.85	
DEBTVAR	系数				-4.14					-3.76
	t-统计				-2.08					-1.78
DEBT（-1）	系数					-0.005				
	t-统计					-1.00				
OPEN	系数	0.115	0.117	0.124	0.109	0.118				
	t-统计	4.59	4.41	4.94	3.81	4.82				
OPEN（-1）	系数						0.070	0.066	0.074	0.059
	t-统计						3.18	3.02	3.36	2.62
N	系数	-1.05	-0.97	-1.25	-1.15	-0.46	-1.36	-1.27	-1.54	-1.42
	t-统计	-2.86	-2.51	-3.37	-2.34	-1.04	-3.25	-2.84	-3.54	-2.45
样本数		216	216	216	181	176	216	216	216	181
国家（地区）数		69	69	69	63	63	69	69	69	63
DW 统计		1.87	1.84	1.90	1.95	2.13	1.93	1.93	1.98	1.99
F 统计		434.82	415.57	299.13	352.23	345.85	340.41	340.41	240.08	287.20
$\bar{R}^2$		0.79	0.78	0.80	0.78	0.78	0.74	0.74	0.76	0.74

注：只报告固定效应模型，随机效应模型的差别不大。

表 4 　　　　　　　　　敏感性分析（一）

解释变量		（1）	（2）	（3）	（4）	（5）	（6）	（7）	（8）
		\multicolumn{8}{c}{被解释变量：私人投资—GDP 比率}							
DEBT	系数	-0.014	-0.022	-0.019	-0.025	-0.022	-0.025	-0.024	-0.025
	t-统计	-3.02	-3.39	-2.85	-3.16	-3.40	-2.74	-2.98	-2.77
OPEN	系数	0.098	0.101	0.116	0.104	0.109	0.098	0.108	0.080
	t-统计	3.11	3.67	4.45	3.52	4.13	2.89	3.46	3.59
N	系数	-0.91	-1.04	-1.09	-0.90	-0.97	-0.83	-1.02	-1.17
	t-统计	-3.03	-2.97	-2.85	-2.73	-2.75	-2.89	-2.91	-3.34
R	系数	-0.15							
	t-统计	-5.57							
LIFE	系数		0.052						
	t-统计		0.75						
M2	系数			-0.009					
	t-统计			-0.28					
LNGDP（-1）	系数				1.28				
	t-统计				1.20				
URBAN	系数					0.033			
	t-统计					0.57			
AYS25（-1）	系数						0.38		
	t-统计						1.00		
SEP（-1）	系数							-0.01	
	t-统计							-0.33	
TRADE TERM	系数								-0.015
	t-统计								-1.41
样本数		145	216	214	183	216	159	177	196
国家（地区）数		59	69	68	68	69	57	66	63
F 统计		351.62	288.72	288.78	281.97	288.60	226.04	253.90	285.00
$\bar{R}^2$		0.87	0.79	0.79	0.81	0.79	0.80	0.80	0.80

注：只报告了固定效应模型，随机效应模型结果差异不大。

四、敏感性分析

下面我们根据莱文和瑞纳尔特（Levine and Renelt，1992）的敏感性分析方法，在基本模型中逐一加入文献中被认为对私人投资率有影响的变量，考察在控制了这些变量后，政府债务/GDP 比率对私人投资率的影响是否稳健。表 4 考虑的变量包括：实际利率（R）、预期寿命（LIFE）、金融发展和信贷可获得性（M2）、滞后一期人均 GDP 的对数（lnGDP）、城市化率（URBAN）、两个滞后教育水平变量 SEP（−1）和 AYS25（−1）①、贸易条件（TRADETERM）②。我们可以看到，政府债务/GDP 比率对私人投资仍然存在十分显著的挤出效应，开放度和人口增长率的影响也仍然是稳健的。

政治和社会变量也是私人投资文献中经常考虑的影响因素。为此表 5 控制了一些政治和社会变量的影响。这些变量包括：出于政治目的对政府高层官员的暗杀次数（ASS）；游行示威和冲突次数（RIOT）；罢工次数（STRIKE）；战争及恐怖袭击次数（WARFARE）；政府危机次数（GCRISE，不包括旨在推翻政府的暴动）③；以及黑市升水（BLACK）和民主程度（DEM）④。从表 5 可见，政府债务/GDP 比率对私人投资的影响仍然存在十分显著、稳健，开放度和人口增长率的结论也仍然维持不变。在这些政治、社会变量中，与巴罗（Barro，1991，1996）和塞尔文（Serven，1998）的结论相似，罢工、战争及恐怖袭击这些因素显著地妨碍私人投资，而民主程度、市场发展程度对私人投资率的影响并不显著。

表5　　　　　　　敏感性分析（二）：引入政治变量

被解释变量：人均实际 GDP 增长率							
解释变量		(1)	(2)	(3)	(4)	(5)	(6)	(7)
DEBT	系数	−0.012	−0.012	−0.012	−0.012	−0.012	−0.014	−0.020
	t−统计	−3.22	−3.29	−3.25	−3.37	−3.34	−3.12	−5.05
OPEN	系数	0.148	0.150	0.152	0.144	0.151	0.098	0.092
	t−统计	4.09	4.18	4.34	4.54	4.17	3.14	2.84

①　年龄不小于 25 岁的人口的平均教育时间，数据来自巴罗和李（Barro and Lee，2000）。

②　以主要出口商品和劳务价格指数表示，1995 年为 100。

③　这些政治变量的数据来源于阿瑟编辑的世界银行跨国时间序列数据集（Banks Cross National Time-Series Data Archive）。

④　分为 1~7 级，数字越高，民主和政治自由度越低，资料来源于 http：//www. freedom-house. org/。

被解释变量：人均实际 GDP 增长率

解释变量		(1)	(2)	(3)	(4)	(5)	(6)	(7)
N	系数	-0.98	-0.97	-0.96	-1.04	-0.97	-0.90	-0.95
	t-统计	-2.83	-2.72	-2.80	-3.14	-2.76	-3.05	-3.07
R	系数	-0.144	-0.146	-0.133	-0.145	-0.148	-0.144	-0.162
	t-统计	-4.44	-4.64	-4.25	-4.59	-4.67	-5.09	-6.25
ASS	系数	-0.140						
	t-统计	-0.74						
RIOT	系数		-0.045					
	t-统计		-1.65					
STRIKE	系数			-0.304				
	t-统计			-2.82				
WARFARE	系数				-0.50			
	t-统计				-2.68			
GCRICE	系数					-0.030		
	t-统计					-0.14		
DEM	系数						0.078	
	t-统计						0.35	
BLACK	系数							0.075
	t-统计							0.51
样本数		125	125	125	125	125	145	142
国家（地区）数		56	56	56	56	56	59	57
F 统计		222.72	224.39	230.04	241.61	220.58	260.88	259.19
$\bar{R}^2$		0.87	0.87	0.87	0.88	0.87	0.87	0.87

注：只报告了固定效应模型，随机效应模型结果差异不大。

我们还一次引入三个变量，考察政府债务/GDP 比率、开放度和人口增长率对私人投资率影响的系数和显著性（这里没有报告），发现它们仍然是十分稳健的。

五、结　论

根据以上分析，我们得到一个十分显著、稳健的结论：政府债务对私人投资率存在明显的挤出效应，在控制了投资文献中识别出的影响私人投资率的变量后，政府债务/GDP 比率较高的国家，私人投资率较低。考虑了政府债务/GDP 比率的二阶项和方差后，我们也发现，政府债务/GDP 比率对私人投资率的影响呈现出一定的非线性，政府债务的波动对私人投资也存在显著的消极影响。

我们的研究再一次表明，现实中的各种摩擦足以导致李嘉图等价性命题失效。在"乘数效应"、"挤出效应"和"挤进效应"等理论界广泛讨论的政府债务的影响机制中，"挤出效应"很可能居于主导地位，政府债务的增加可能降低私人部门储蓄率和投资率，会挤出私人投资，导致经济增长率下降。实际上，我们在另一项研究中已经证实了政府债务对经济增长的消费消极影响（尹恒，2004）。

参考文献

［1］ Barro, Robert J., "Are Government Bonds Net Wealth?", *The Journal of Political Economy*, 1974, 82 (6): 1095 – 1117.

［2］ Elmendorf, Douglas W., and Mankiw, N. Gregory, Government Debt, NBER Working Paper, No. 6470, March. 1998.

［3］ Kormendi Roger C. and Meguire Philip, "Government Debt, Government Spending, and Private-sector Behavior: Reply", *The American Economic Review*, 1995, 85 (5): 1357 – 1361.

［4］ Ghatak A. and Ghatak S., "Budgetary Deficits and Ricardian Equivalence: The Case of India, 1950 – 1986", *Journal of Public Economics*, 1996 (60): 267 – 282.

［5］ Graham M. Voss, "Public and Private Investment in the United States and Canada", *Economic Modelling*, 2002 (19): 641 – 664.

［6］ Serven L., Macroeconomic Uncertainty and Private Investment in LDCs: An Empirical Investigation, Washington D C: World Bank, 1998.

［7］ Barro, Robert J., Determinants of Economic Growth: A Cross-country Empirical Study, NBER Working Paper, No. 5698, 1996.

［8］ Levine Ross and Renelt David, "A Sensitivity Analysis of Cross-country Growth Regressions", *The American Economic Review*, 1992, 82 (4): 942 – 963.

中国政府债务对居民消费影响的实证研究[*]

政府债务的经济影响是经济思想史上最为古老的话题之一。亚当·斯密（1974）曾视巨额政府债务为洪水猛兽，他认为："巨额债务的增积过程，在欧洲各大国，差不多是一样的；目前各大国国民，都受此压迫，久而久之，说不定要因而破产！"[①] 现代经济学家不再像斯密那样把政府债务同私人债务作简单的类比，他们就政府债务对私人消费的影响进行了深入地讨论，形成了"凯恩斯主义"和"李嘉图主义"两大基本理论观点。政府债务的"凯恩斯主义"理论认为经济中存在大量短视的（Myopic）或者面临流动性约束的消费者，总消费对当期可支配收入的变化是很敏感的。暂时性减税、增加政府债务会使人们感觉到当期可支配收入增加，从而刺激私人消费、增加总需求。例如，莫迪利安尼（Modigliani，1963）就指出，私人部门视国债为净财富，当政府债务发行量增加，私人部门的净财富增加，其意愿消费会增加。

然而另一些经济学家认为，人们并不会如此短视。政府债务增加意味着在未来政府还本付息的负担增加，人们税收负担也将会相应增加。因此，理性的个人会权衡这种不利影响，只有当人们持有的政府债务超过未来相应税收负担的贴现值时，它才有理由被视为一种净财富，政府债务增加才会对人们的消费

　＊　本文原载于《北京大学学报》（哲学社会科学版）2005 年第 4 期。作者：尹恒、叶海云。本文获国家自然科学基金项目（"国债的宏观经济影响及最优国债规模研究"，批准号：70303003）资助。

　①　［英］亚当·斯密：《国民财富的性质和原因的研究》，商务印书馆 1974 年版，第 474 页。

和储蓄行为产生影响。托宾（Tobin，1971）在写于 1952 年的一篇论文中对"凯恩斯主义"的政府债务观提出了质疑："一个经济系统靠左手发债给右手的政策如何能创造净财富呢？"[①] 伯利（Bailey）在 1962 年进一步指出："在私人部门看来，政府靠征税和以债务融资完全可能是等价的，…… 如果目前政府债务融资中隐含的未来税收负担被充分地预见到，政府债务融资与平衡预算没有本质的区别。"[②] 巴罗（Barro，1974）在世代交叠（Overlapping Generations）模型中引入跨代利他动机，严格证明了人们跨时配置资源的最优化行为，使得对于给定的政府支出序列，不同税收及政府债务序列组合下的最优消费序列完全相同。这说明政府债务增加只不过是推迟征税，它不影响消费、储蓄和产出等实质经济变量。布坎南（Buchanan，1976）称巴罗的这一结论为"李嘉图等价性命题"。

　　以上两种截然不同的理论观点为计量经济学家提供了巨大的想象空间，西方学者就政府债务对私人消费的影响进行了广泛的计量经济研究。总的来看，依据美国等工业化国家的数据的计量经济研究基本上认为"李嘉图等价性命题"是对现实比较好的逼近。

一、消费回归方程

　　恒久收入（生命周期）理论是现代消费回归的主要理论基础，这一理论认为人们的当期消费 C_t 是其恒久收入的固定比例。由于研究者只可能掌握当期收入 Y_t 和当期财富 W_t 的信息，他们必须以此为基础对恒久收入进行估计，从而消费回归的基本方程为：

$$C_t = a_0 + a_1 Y_t + a_2 W_t + u_t \tag{1}$$

　　根据"凯恩斯主义"的债务观，与居民消费决策相关的收入变量是可支配收入，而且政府债务变化会影响居民财富从而也影响其消费。因此，在消

① Tobin, J., "Essays in Economics", *Macroeconomics*, Amsterdam, North-Holland, 1971, 1.

② Bailey M. J., "National Income and the Price Level", New York：McGraw-Hill, 1962.

费回归方程（1）中收入为可支配收入、财富中包括政府债务。安都（Ando）和莫迪利安尼的经典消费回归及费尔德斯坦（Feldstein）极具影响的论文都是这样处理的。按照这种思路，消费回归方程变为：

$$PC_t = a_0 + a_1 YD_t + a_2(W_t + GB_t) + u_t \qquad (2)$$

上式中 GB 为发行在外的政府债务，YD 为可支配收入，按定义它是国民收入扣减税收和企业保留收益、加上转移支付和政府债务利息后的余额。由于数据原因，一般以如下消费回归代表"凯恩斯主义"模型：

$$PC_t = a_0 + a_1 YD_t + a_2 W_t + a_3 TR_t + a_4 GB_t + u_t \qquad (3)$$

TR 为转移支付。显然，根据"凯恩斯主义"债务观，GB 的影响应该是显著的，其预期符号为正（$a_4 > 0$）。

在政府债务的"李嘉图主义"方面，科曼迪（Kormendi，1983）的计量研究比较有代表性，他在 1983 年提出了检验财政政策对私人消费影响的所谓合并方法，引起了广泛的关注，《美国经济评论》曾在 1986 年、1990 年、1995 年三次刊载了针对合并方法的讨论。受伯利、彪特（Buiter）和巴罗等关于政府消费可能影响私人消费的观点的启发，科曼迪将私人部门和公共部门合并在一起研究，认为居民在进行消费—储蓄决策时会考虑从所有渠道获得的商品和服务。根据恒久收入理论，全社会消费是全社会恒久收入的固定比例，得到如下全社会消费回归方程：

$$TC_t = a_0 + a_1 Y_t + a_2 W_t + u_t \qquad (4)$$

上式中 Y_t 包括私人部门的收入和政府部门的收入；W_t 包括私人部门财富和政府部门的财富，居民持有的政府债务不应该纳入 W_t。由于全社会消费 TC 为政府消费 GC 与私人消费 PC 之和，私人部门的消费回归可以写为：

$$PC_t = a_0 + a_1 Y_t + a_2 GC_t + a_3 W_t + u_t \qquad (5)$$

在科曼迪的合并方法中，由于居民在进行消费决策时对政府财政变量合并考虑，他们显然不会把政府债务视为净财富。可见李嘉图等价性命题是合并方法的基本前提之一。科曼迪实际使用的回归方程如下：

$$PC_t = a_0 + a_{11} Y_t + a_{12} Y_{t-1} + a_2 GS_t + a_3 W_t + a_t TR_t + u_t \qquad (6)$$

与式（5）相比，式（6）作了以下调整。第一，纳入了转移支付 TR_t。

当期转移支付可能在不同边际消费倾向的个人间再分配财富，因此，会影响私人部门的总消费。一般转移支付从边际消费倾向较低的高收入者转移给边际消费倾向较高的低收入者，因此，总居民消费会增加，其预期符号为正。第二，纳入了收入的滞后变量 Y_{t-1}，以反映恒久收入的增量信息。第三，由于准确定义政府消费比较困难，以政府支出 GS 作代表，显然其预期符号为负。科曼迪运用美国的数据对回归方程式（6）进行了检验，发现合并方法很成功，所有解释变量系数的符号与理论预期一致，t 检验都很显著。

二、数据描述

我们运用中国的宏观经济数据对政府债务的消费影响进行检验，考察科曼迪的合并方法和李嘉图等价性命题在中国是否成立。我们使用 1978～2001 年数据，所有变量均换算为 1978 年不变价。下面对使用的变量及其数据来源进行简单描述。

GB_t：人均政府债务。各年政府债务（国债）发行情况《中国统计年鉴》与《中国金融年鉴》数据存在差异，前者小于后者，这对政府债务的定义范围不同引起的。由于《中国金融年鉴》关于政府债务的数据更为详细，我们以其数据为准。在 1999 年以前我国发行的政府债务都不是按年付息的，本息和在政府债务到期时一次性支付，因此，政府债务存量不仅应包括本金存量，还应包括应付利息，而可得的数据中都没有把政府债务利息纳入。因此，我们对利息进行了估算。我们分不同的利率、对象估算利息负担。表 1 为我们整理的中国政府数据。

表 1　　　　　　　　　　估计政府债务存量及国债负担率

年份	估计国债存量（亿元）	估计国债负担率（％）	年份	估计国债存量（亿元）	估计国债负担率（％）
1981	48.7	1.0	1985	261	2.9
1982	94.4	1.8	1986	330	3.2
1983	140.6	2.4	1987	382	3.2
1984	190	2.7	1988	570	3.8

年份	估计国债存量 （亿元）	估计国债负担率 （％）	年份	估计国债存量 （亿元）	估计国债负担率 （％）
1989	781	4.6	1996	5554	8.2
1990	987	5.3	1997	6425	8.6
1991	1206	5.6	1998	8731	11.1
1992	1475	5.5	1999	11713	14.3
1993	2061	6.0	2000	15674	17.5
1994	3067	6.6	2001	18345	19.1
1995	4720	8.1	2002	22610	22.1

Y_t：人均收入。我们使用了两组数据。第一组为人均国内生产总值，第二组是人均可支配收入。

GS_t：人均政府支出。它包括预算内支出与预算外支出之和，扣除转移支付。

TX_t：人均税收。我们考虑两组人均税收的数据，第一组称为人均纯税收，第二组称为人均政府收入，为财政支出加上事业行政单位收入、乡镇自筹和统筹资金、地方财政收入、国有企业和主管部门收入的人均水平。

TR_t：人均转移支付。包括抚恤和社会福利救济费、政策性补贴支出两项之和。

PC_t：人均私人消费。我们选择两组数据，第一组人均消费数据为总消费除总人口，第二组数据为中国统计年鉴的抽样数据，分全国、城镇和农村。

PS_t：人均储蓄。我们计算了两组数据。第一组为总个人储蓄除总人口，第二组数据取自中国统计年鉴的抽样数据。

PH_t：人均住房资产。按不变价格将人均住房面积换算为货币单位。

以上数据均来源于各年的中国统计年鉴，并进行适当调整以增强数据的一致性。

W_t：人均财富。理论上应包括所有物质财富和人力资本。由于数据缺乏，我们不考虑人力资本。我们的基本思路是根据历年的固定资本形成与存货增加，考虑折旧，估计全社会的物质财富（资产）存量。在中国统计年鉴中，每年的国内生产总值用于最终消费和资本形成两部分（不考虑对外经济关系），后者又分为固定资本形成和存货增加。当年的固定财富存量为历年固定资本形成（流量）的积累，因此，用流量数据扣除折旧可以估计出全社会固定财富的存量数据，再加上全社会的流动财富，这可得到全社会物质财富总量，从而得到人均财富。

全社会流动财富的估计。1978～2001年每年存货增加量，可从《中国统计年鉴2001》中的"支出法国内生产总值结构"得到。我们需估计改革开放之初的存货量。根据《中国统计年鉴》1984年的全民所有制企业定额流动资金表，可得1978年年底全民所有制企业定额流动资金为2853.4亿元，我们以此作为1978年存货的绝对数（有低估的倾向，没有考虑行政事业单位和私人部门的存货，但也有高估的倾向，即存货只是企业定额流动资金的一部分）。

我们采用两种方法估计全社会固定财富。第一种方法是把每年的固定资本形成（流量）按照综合折旧率折算成固定财富存量。固定资本形成数据来源于各年《中国统计年鉴》、固定资产综合折旧率数据来源于各年的《中国财政年鉴》。第二种方法借鉴邹至庄对资产存量的估计。邹至庄（Chow, Gregory, 1993）在估算1952～1978年的资本存量时，以1952年资本存量2213亿元为基础，然后每年的资本存量为上一年的资本净存量加上当年的净积累量。我们扩展这种方法，根据《中国统计年鉴》估计了1978～2001年全社会固定财富数据。表2和表3为对这些变量的描述统计。

表2　　　　　　　　　居民家庭抽样调查数据（1978年不变价）　　　　　单位：元

年份	人均消费			人均可支配收入			人均住房资产			人均储蓄（二）
	全国	农村	城镇	全国	农村	城镇	全国	农村	城镇	
1978	175	132	383	171.2	133.6	343.4	925.8	618.91	2331.6	21.88
1979	189.97	146.6	391.51	202	156.65	395.85	986.78	641.83	2461.18	30.062
1980	211.34	161.1	435.7	229.78	178.1	444.64	1068.8	718.24	2525.95	37.677
1981	226.57	174.7	473.17	246.98	202.92	421.48	1170.6	779.36	2720.25	47.772

年份	人均消费			人均可支配收入			人均住房资产			人均储蓄（二）
	全国	农村	城镇	全国	农村	城镇	全国	农村	城镇	
1982	241.89	191	478.33	289.73	245.53	454.69	1260.7	817.57	2914.56	60.473
1983	259.61	208.4	491.37	320.43	278.48	472.51	1366.8	886.34	3108.86	78.602
1984	279.69	226.7	511.48	353.43	303.64	520.03	1575	1039.2	3367.93	100.5
1985	313.53	252.1	565.6	372.32	309.33	575.01	1655.4	1123.2	3367.93	119.26
1986	333.41	261.8	621.33	403.13	316.11	671	1787.6	1169	3691.77	157.91
1987	360.6	276.1	703.45	425.36	328.37	711.4	1929.7	1222.5	4015.61	203.3
1988	401.78	299.3	810.51	448.71	344.77	747.49	1994.2	1268.4	4080.38	219.43
1989	403.35	298.2	810.19	467.52	349.59	799.55	2090.2	1314.2	4274.68	265.41
1990	397.77	288.3	812.6	497.3	377.58	830.87	2148.6	1362.8	4339.45	338.49
1991	413.77	293.7	863.6	502.83	365.12	876.28	2236.7	1413.6	4468.98	405.3
1992	452.23	310.4	970.36	537.33	374.39	967.78	2310.3	1444.1	4598.52	470.54
1993	478.64	322.7	1034	577.48	384.25	1074.6	2498.6	1581.6	4857.59	534.85
1994	604.41	378.2	1376.5	650.57	424.86	1216.6	2571	1581.6	5051.9	624.76
1995	710.35	454.6	1550.4	726.43	484.95	1316.5	2662.6	1605.3	5246.2	752.76
1996	776.48	509.3	1630.1	815.34	558.67	1403.5	2826.8	1658.1	5505.27	917.67
1997	844.9	555.4	1740.4	883.4	601.47	1485	2984.1	1711.5	5699.57	1082.7
1998	876.1	557.5	1827.3	957.7	637.11	1598.7	3215.3	1810.9	6023.41	1261
1999	948.56	578.9	2037.1	1049.5	667.07	1766.7	3410.5	1851.4	6334.3	1429.1
2000	1013.6	498.3	1491.3	1108	672.38	1874	3625	1894.9	6671.1	1515
2001	1077.8	519.6	1585	1211	706.3	2047	3838	1963.7	6940	1725

表3 　　　　　　人均总量统计数据（1978 年不变价）　　　　　单位：元

年份	人均消费	人均GDP	人均政府支出	人均财富（一）	人均财富（二）	人均储蓄	人均转移支付	人均税收	人均政府收入	人均国债
1978	184	379	114.2	1245.8	1331.4	22.02	3.143	54.305	118.41	0
1979	199.7	402	117.5	1308	1396	27.98	10.09	53.555	114.16	0
1980	219.6	428	103.4	1361.3	1435.9	37.87	13.08	54.193	109.95	0
1981	238.3	445	87.6	1409.3	1482.5	47.92	16.58	57.641	107.6	4.46
1982	259.1	478	159.9	1480.1	1548.7	61.02	17.49	63.241	182.04	8.53
1983	280.4	523	181.8	1561.5	1618.3	78.63	19.51	68.328	205.68	12.4

年份	人均消费	人均GDP	人均政府支出	人均财富（一）	人均财富（二）	人均储蓄	人均转移支付	人均税收	人均政府收入	人均国债
1984	304.6	594	213.2	1650	1694.8	100.7	20.18	78.531	234.7	15.8
1985	340.5	665	229.0	1749.9	1828.3	120.4	21.74	151.43	262.29	19.4
1986	361.7	713	243.9	1871.9	1986.2	156.5	20.48	146.13	269.74	23.1
1987	390.2	783	246.8	1999.1	2151.5	201.7	21.73	140.09	276.74	25
1988	438.4	857	245.7	2122.7	2324.5	219.5	20.59	137.29	270.96	32.7
1989	443	879	254.9	2249.6	2497.1	270.1	21.99	141.74	276.67	40.6
1990	441.7	899	259.5	2377	2640.7	345.1	21.12	136.77	273.64	47.8
1991	462	968	270.4	2229.5	2793.7	413.9	19.76	133.92	286.31	54
1992	510.8	1092	287.2	2408.5	3003.1	482.1	15.91	135.17	300.86	60.5
1993	554.8	1225	197.5	2659.5	3289.4	537.9	13.25	150.55	204.55	73.1
1994	607.5	1365	207.1	2895.7	3569.7	628.2	11.95	149.67	206.71	89.5
1995	687.5	1492	221.3	3190.7	3891	756.8	12.26	154.05	220.66	120
1996	766	1617	266.7	3549.7	4240.5	917.8	13.86	164.63	269.25	132
1997	815.3	1742	262.6	3957.8	4607.6	1083	16.24	192.62	268.48	150
1998	875.9	1859	304.4	4379.3	5009.7	1267	20.96	219.74	307.41	207
1999	948.5	1972	371.9	4807.4	5350.3	1435	21.13	257.18	357.01	282
2000	1014	2112	428.8	5210.6	5651.6	1519	29.64	297.08	406.65	370
2001	1078	2251	419.9	5706	6034.2	1731	23.66	359.09	384.55	431

三、"李嘉图主义"债务观检验

根据式（6），考虑如下消费回归方程：

$$PC_t = a_0 + a_1 Y_t + a_2 GS_t + a_3 W_t + a_4 TR_t + u_t \qquad (7)$$

值得注意的是，我们使用的时间序列数据呈现很强的趋势。在对时间序列进行回归时，必须区分确定性趋势和随机趋势，对于呈现确定性趋势的平稳时间序列数据，通常的回归方法是可行的；而对于呈现随机趋势的非平稳时间序列数据，在进行回归之前我们通常需要对数据进行某些处理（如差分），否则回归结论可能完全是欺骗性的。但存在例外，当非平稳的时间序列数据共积（Cointegration）时，不进行差分处理、直接使用通常的回归方法也是可行的。我们对所用的时间序列数据进行了 Dickey-Fuller 单根检验，它们都不平稳。因此，我们对变量水平回归进行共积检验。在我们下面直接使用变量水平的所有回归中，残差序列都是平稳的，这表明都通过了共积检验，即使数据存在非平稳性，我们不进行差分处理也是可以接受的。表 4 列示了式（7）的回归结果。

表 4　　　　　　　　　"李嘉图主义"债务观的初步检验

变量	估计参数	标准差	t 值	P 值	方差膨胀因子
		被解释变量：人均消费			
常数项	− 11.61746	6.30502	− 1.84	0.0811	0
Y	0.36337	0.02099	17.31	< 0.0001	46.28805
GS	0.02093	0.06141	0.34	0.7370	9.71690
W	0.03990	0.00945	4.22	0.0005	46.07336
TR	1.61488	0.64563	2.50	0.0217	3.74101

$$\bar{R}^2 = 0.9990, \quad DW = 1.604$$

注：残差序列的 Dickey-Fuller 单根检验表明都是平稳的。

从表 4 的方差膨胀因子可见，人均国内生产总值 Y 和财富 W（第一组总资产数据）间存在较严重的多重共线性。我们尝试了五组不同的财富定义，如表 5 所示，它们与人均国内生产总值间都存在很强的相关性。

表 5　　　　　　　　**不同财富定义与人均 GDP 间的相关性**

	W_1	W_2	W_3	W_4	W_5
与 Y 的相关系数	0.98621	0.99809	0.98190	0.99785	0.98547
P 值	< 0.0001	< 0.0001	< 0.0001	< 0.0001	< 0.0001

注：W_1 为第一组总资产数据，W_2 为第二组总资产数据，W_3 为第一组固定资产数据，W_4 为第二组固定资产数据，W_5 为人均储蓄。

这表明人均国内生产总值中基本上包括了以上五种财富定义所代表的信息，为了避免多重共线性问题，我们不再把财富作为解释变量，考虑以下合并方法的基本回归模型：

$$PC_t = a_0 + a_1 Y_t + a_2 GS_t + a_3 TR_t + u_t \tag{8}$$

由于 OLS 估计的 *DW* 统计量表明存在自相关的可能性，我们对残差进行了 AR（1）识别（假定它是一阶自回归过程）。从表 6 可见，政府支出 *GS* 的系数始终不显著，而且符号（为正）与合并方法预期相反。我们知道 *GS* 的显著性对合并方法十分关键，是检验其成立与否的试金石。以上分析表明中国数据不支持科曼迪的合并方法，政府债务的"李嘉图主义"观点在中国并不成立。

表 6 **"李嘉图主义"债务观的基本检验**

变量	估计系数	OLS		AR（1）	
		t - 值	VIF	估计系数	*t* - 值
常数项	- 10. 62832	- 1. 24	0	- 12. 57260	- 0. 83
Y	0. 44683	46. 74	5. 2166	0. 44434	39. 73
GS	0. 03090	0. 37	9. 70252	0. 09280	1. 12
TR	2. 30884	2. 73	3. 49854	1. 6476	1. 61
样本数	24			23	
$\overline{R}^2$	0. 9981			0. 9992	

注：（1）VIF 为方差膨胀因子；（2）OLS 的 *DW* - 统计为 1.011；（3）在 AR（1）中残差由一阶自回归过程识别，AR（1）的估计系数为 0.43669；（4）残差序列的 Dickey-Fuller 单根检验表明它是平稳的，水平回归可信；（5）OLS 回归的异方差检验：Brensch-Pagan/Goldfrey 的 LM = 5.45、Koenkar-Basset 的 LM = 6.67，都小于 5% 的临界值 7.81，表明不存在异方差。

居民消费对政府支出的变化不敏感似乎与我们的经济直觉矛盾，一般认为增加政府支出的扩张性财政政策会提高总产生、增加总消费。然而正如政府投资可能挤出私人投资，政府支出也可能挤出居民消费。这种挤出效应与政府支出的资金来源有关。如果增加支出的资金来自于提高当期税收，则税收增加会减少居民可支配收入、挤出当期居民消费，这就是通常所说的平衡预算乘数影响。如果政府支出增加的资金来自于当期政府债务发行，则有两个渠道可以产生挤出效应：第一，政府债务增加、利率提高，从而挤出居民消费和投资；第二，理性家庭会预期到未来政府还本付息的负担会增加、从而未来税负增加，因此，为了平滑消费，他们会增加当期储蓄、减少当期消费。可见，增加政府支出对当期居民消费影响的机制十分复杂，各种机制的相互作用完全可以使居民消费对政府支出的变化不敏感。

四、"凯恩斯主义"的债务观检验

下面我们进一步检验"凯恩斯主义"的债务观。由于中国一直缺乏个人可支配收入的概念，在样本期内大部分时期个人可支配收入的数据不可得，我们继续使用人均国内生产总值代表可支配收入。根据式（3），考虑如下回归方程：

$$PC_t = a_0 + a_1 Y_t + a_2 TR_t + a_3 GB_t + u_t \tag{9}$$

从表7可见，"凯恩斯主义"的消费模型对中国居民消费行为的描述是很令人满意的。人均国内生产总值、人均转移支付和人均政府债务对居民消费的影响十分显著，回归系数的大小和符号也是很合理的。特别的，政府债务增加对居民消费的影响是正的，进一步表明在中国李嘉图等价性命题并不成立。不过我们看到政府债务对居民消费的影响不如人均国内生产总值和人均转移支付显著。

表7　　　　　　　　　　"凯恩斯主义"政府债务观的基本检验

变量	估计系数	OLS		AR（1）	
		t - 值	VIF	估计系数	t - 值
常数项	10.38907	1.00	0	5.04158	0.31
Y	0.42536	45.00	7.11721	0.42886	35.94
TR	2.14169	4.87	1.31677	2.29198	3.52
GB	0.14044	2.85	7.81698	0.12371	2.01
样本数	24			23	
$\bar{R}^2$	0.9986			0.9996	

被解释变量：人均消费

注：（1）VIF 为方差膨胀因子；（2）OLS 的 DW - 统计为1.377；（3）在 AR（1）中残差由一阶自回过程识别，AR（1）的估计系数为0.14259；（4）残差序列的 Dickey-Fuller 单根检验表明它是平稳的，水平回归可信；（5）OLS 回归的异方差检验：Brensch-Pagan/Goldfrey 的 LM = 5.89、Koenkar-Basset 的 LM = 6.38，都小于5%的临界值7.81，表明不存在异方差。

下面我们根据莱文和芮勒特（Levine and Renelt，1992）的敏感性分析方法，在上述回归模型中逐一加入文献中被认为对居民消费有影响的变量（人均税收 TX、人均政府支出 GS、人均国民生产总值的滞后值 Y_{t-1}），看以上回归结论是否发生变化。

表 8 的敏感性分析表明人均国内生产总值、人均转移支付和人均政府债务对居民消费行为的影响是稳健的，其显著性、回归系数的大小和符号基本上不随其他变量的引入而改变。原则上我们应该考虑更多的影响居民消费的因素，然而随着解释变量的增加，多重共线性问题变得严重，我们只选择了多重共线性问题基本上可以接受的模型。

表 8　　　　　　　　　　　　　　敏感性分析

	被解释变量：人均消费			
	基本回归	1	2	3
常数项	10.38907 (1.00)	10.58800 (1.00)	10.29909 (0.95)	11.36954 (1.15)
Y	0.42536 (45.00)	0.42875 (36.54)	0.42754 (34.17)	0.23864 (2.74)
TR	2.14169 (4.87)	2.3090 (4.15)	2.13743 (2.83)	1.70011 (2.38)
GB	0.14044 (2.85)	0.15622 (2.64)	0.15956 (2.60)	0.11812 (2.01)
TX		−0.05669 (−0.51)	−0.07813 (−0.60)	−0.06961 (−0.59)
GS			0.02922 (0.0843)	0.04959 (0.64)
Y_{t-1}				0.20810 (2.19)
样本数	24	24	24	24
$\bar{R}^2$	0.9986	0.9986	0.9985	0.9988

注：（1）括号中为 t-统计；（2）残差序列的 Dickey-Fuller 单根检验表明它们都是平稳的，水平回归可信。

我们还从居民消费微观决策的角度，使用《中国统计年鉴》上有关农村、城镇居民的人均消费、人均可支配收入、人均住房和人均储蓄等变量的数据，对消费进行了计量研究，也得到了拒绝李嘉图等价性命题和合并方法、支持"凯恩斯主义"债务观和政府债务促进居民消费的结论。

五、结　论

综合以上分析，我们认为在中国"凯恩斯主义"的政府债务观与现实更相关，政府债务的增加能够促进当期居民消费增长。在中国，居民视其持有的政府债券为净财富，他们基本上没有感受到政府债务变化对未来税收负担的影响。在我们的样本期内，直接以居民收入为基础的税收所占比重很小，财政收入主要来源于国有企业，居民行为对总税收的变化不太敏感，这在表8中也得到了证实。当然，随着直接影响居民可支配收入的税收比重增加，居民行为对税收更为敏感，人们视政府债务为净财富的观念可能发生变化。我们的计量研究虽然识别出了政府债务对当期居民消费的影响，但政府债务对民间投资和经济增长的影响仍然是不清楚的。政府债务增加提高当期居民消费，可能减少储蓄和资本积累、不利于长期经济增长，这就是人们所熟知的"挤出效应"。然而如果经济中存在一定程度的失业和资源闲置，政府债务和消费需求增加通过"乘数效应"会提高国民收入，增加可用于消费和投资的总资源，从而出现消费和投资同时增长的"双赢"局面。"挤出效应"和"乘数效应"究竟谁占主导，政府债务到底是挤出民间投资、损害经济增长还是刺激民间投资、促进经济增长，这有待于进一步研究。

参考文献

[1]［英］亚当·斯密：《国民财富的性质和原因的研究》，商务印书馆1974年版。

[2] Albert Ando, Franco Modigliani, "The Life Cycle Hypothesis of Saving: Aggregate Implications and Tests", *The American Economic Review*, 1963, 53 (1): 55 – 84.

[3] Tobin, J., "Essays in Economics", *Macroeconomics*, Amsterdam, North-Hol-

land, 1971, 1.

［4］Bailey M. J. , "National Income and the Price Level", New York: McGraw-Hill, 1962.

［5］Robert J. Barro, "Are Government Bonds Net Wealth?", *The Journal of Political Economy*, 1974, 82 (6): 1095 – 1117.

［6］James M. Buchanan, "Barro on the Ricardian Equivalence Theorem", *The Journal of Political Economy*, 1976, 84 (2): 337 – 342.

［7］John J. Seater, "Ricardian Equivalence", *Journal of Economic Literature*, 1993, 31 (1): 142 – 190.

［8］Feldstein, Martin, "Social Security, Induced Retirement, and Aggregate Capital Accumulation", *The Journal of Political Economy*, 1974, 82 (5): 905 – 926.

［9］Roger C. Kormendi, "Government Debt, Government Spending, and Private Sector Behavior", *The American Economic Review*, 1983, 73 (5): 994 – 1010.

［10］Roger C. Kormendi, "Philip Meguire: Government Debt, Government Spending, and Private Sector Behavior: Reply", *The American Economic Review*, 1986, 76 (5): 1180 – 1187.

［11］Roger C. Kormendi, "Philip Meguire: Government Debt, Government Spending, and Private Sector Behavior: Reply and Update", *The American Economic Review*, 1990, 80 (3): 604 – 617.

［12］Roger C. Kormendi, "Philip G. Meguire: Government Debt, Government Spending, and Private – Sector Behavior: Reply", *The American Economic Review*, 1995, 85 (5): 1357 – 1361.

［13］Buiter, Willem H. , "Crowding Out and the Effectiveness of Fiscal Policy", *Journal of Public Economics*, 1977, 7: 309 – 328.

［14］Robert J. Barro, "Output Effects of Government Purchases", *The Journal of Political Economy*, 1981, 89 (6): 1086 – 1121.

［15］Chow, Gregory C. , "Capital Formation and Economic Growth in China", *The Quarterly Journal of Economics*, 1993, 108 (3): 809 – 842.

［16］Ross Levine, David Renelt, "A Sensitivity Analysis of Cross-Country Growth Regressions", *The American Economic Review*, 1992, 82 (4): 942 – 963.

收入分配

中国城镇个人收入流动研究[*]

一、引　言

改革开放以来，与经济高速增长相伴随的是中国居民收入差距的不断扩大。中国个人收入差距的基尼系数从 20 世纪 80 年代初期的大约 0.3 上升到 21 世纪初的 0.45 左右（Ravallion and Chen，2004；Khan and Riskin，2005，Yue Ximing et al.，2006）。虽然基于不同数据来源的研究在基尼系数的估计上存在差别，但中国收入分配不平等程度的不断上升、已进入世界上不均等程度较高的国家行列，却是一个共同的结论（李实，2003；李实、赵人伟，2006）。与收入分配格局较为稳定的国家相比，中国收入差距拉开的速度是相当快的，也引起了人们的普遍关注（Li Hongyi et al.，1998）。

然而，大多数研究文献对收入差距测量都是以一个年度的住户或个人收入为基础的，所反映的只是该年度收入分配的静态分配格局。如果研究的视角将居民获得收入的时段扩展到一年以上，如两年、三年、五年，那么居民收入分配的平等性将如何加以考察和分析呢？由于个人收入在不同年份之间会发生变动，国际学术界对这种收入变动所产生的收入分配效应的分析是从两个方向展开的，一是对居民的几个年份的收入进行加总，然后测量其收入

　　* 本文原载于《经济研究》2006 年第 10 期。作者：尹恒、李实、邓曲恒。本文使用的住户调查数据的收集和分析工作得到了美国福特基金会、瑞典国际开发署、中国社会科学院重大研究项目和国家自然科学基金的资助。

分配的不平等程度（Fields，2005）。考虑到个人收入的生命周期变化，一般而言长期内的收入差距要小于短期内的收入差距。应该说，这样的研究角度对于我们全面理解收入分配是有意义的。二是对居民相对收入的变化加以观察，也就是利用相关方法对不同年份居民收入位置的动态变化加以测量和分析。这也是收入流动（income mobility）研究领域中主要关心的问题。一个社会收入流动性增强意味着人们相对收入地位是不稳定的，在不同时期内出现相互交替的变化。也就是说，前一时期收入较低的人群在下一时期有很高的机会进入高收入人群。在这种情况下，即使一个社会年收入分配的不平等程度很高，它也许不会成为人们所关心的问题，因为伴随着较大的收入流动性，长期收入分配的不平等会明显小于短期不平等，而人们往往更多关注长期的收入分配结果。

从已有研究文献来看，绝大多数相关研究是集中分析发达国家的收入流动性，这与发达国家住户收入数据可得性和可靠性有很大的关系。与对中国收入分配静态格局的描述及决定因素的分析之活跃相比，国内外对中国居民收入流动的研究还刚刚起步。在为数不多的几项研究中，科尔和潘卡维尔（Khor and Pencavel，2005）利用中国社会科学院收入分配课题组1995年的城镇住户调查数据，分析了中国1990～1995年居民的收入流动性，结论是这一期间中国的收入流动性高于美国和一些发达国家。王海港（2005）利用中国经济、人口、营养和健康调查（CHN）数据分析了1989～1997年中国家庭的收入流动性，发现高比例持续贫困的发生比较分散，并不固定在哪一类型的家庭上。

我们利用中国社会科学院收入分配课题组收集的1995年和2002年的住户调查数据，进一步考察20世纪90年代以来中国居民的收入流动问题。我们的分析结果显示，与20世纪90年代上半期相比，20世纪末以来中国城镇人口的收入流动性大大下降。这种收入流动性的下降是全面的，不同特征人群的收入流动性都呈现同步下降的趋势。在90年代前半期出现了居民收入的较大流动性，其结果是低文化程度者、退休人员和集体企业职工等人群逐渐沉入收入底层，而金融业从业人员、机关事业单位人员和管理人员等人群升至收入顶层。在我们着重分析的 1998~2002 年，这种收入阶层的分化仍然十分明显，然而伴随着收入流动性的降低，出现了收入阶层稳态化的趋势。这似乎表明，1991~1995 年较高的收入流动性是中国经济转轨的短期特征，随着经济结构的逐步趋稳，收入的分层结构也趋于稳态化。

二、数据与分析方法

本文的数据来源于中国社会科学院收入分配课题组在 1995 年和 2002 年两次全国住户抽样调查的城镇个人数据。两次城镇调查涵盖北京、辽宁、江苏、山西、安徽、河南、湖北、广东、重庆、四川、云南、甘肃等 12 个省（市）的大约 7000 户家庭、2 万多个个人样本。这两次调查的问卷不仅要求受调查者提供个人和家庭特征及当年收入的详细信息，还要求他们回忆前 4 年的收入，这样我们得到了两个年收入面板数据（1991~1995 年和 1998~2002 年）。我们的分析样本是成年人（在 1995 年、2002 年大于或等于 21 岁的成人样本），但是删除了丧失劳动能力者、待业青年、家务劳动者、在校学生、待分配、待升学者等非就业样本。同时还删除了没有提供有效收入信息的样本。也就是说，我们的分析样本在所有年份的收入都为正值。我们还利用各年的消费物价指数把名义收入调整为实际收入（以 2002 年价格为 1）。经过这样的处理，我们得到 1991~1995 年和 1998~2002 年两套面板数据，样本量分别为 13383 人和 13529 人，我们称之为宽口径样本。为了与科尔和潘卡维尔（Khor and Pencavel，2005）进行比较，我们还按照他们的标准对第二套数据进一步筛选，只选择 21~68 岁并在 2002 年就业的个人样本。同时，为了排除测量误差的影响（测量误差最可能影响极值），我们删除了 0.5% 的最高收入的样本和 0.5% 的最低收入的样本，这样得到的数据包括 9423 个样本。我们称之为窄口径样本，也是与科尔和潘卡维尔分析的 1995 年调查数据筛选后的样本相对应的。

利用这套数据研究收入流动遇到的第一个问题就是回忆收入的精确性。

一般而言，要求人们通过回忆得到前 5 年的收入，其精确性未免有些折扣。[1] 在对个人和家庭连续跟踪的数据难以得到的情况下，使用回忆收入数据是一种次优选择。[2] 另一个更值得关注的问题是，被处理后的数据的代表性。本文的附录给出了有关样本代表性的分析结果。从受调查者个人特征看，小于 30 岁的人、非就业者、无配偶者在被删除样本中的比重大得多，女性、失业者的比重也较大。我们还估计了一个概率模型，从中发现丧失劳动能力者、待业青年、家务劳动者、在校学生、待分配、待升学者等非就业者和下岗职工、离岗（或放长假）、失业人员，以及小于 30 岁的年轻人最有可能缺乏充分的收入信息，最有可能被排除在我们分析之外。非就业者没有提供有效的收入信息是可以理解的，因为他们本身就不是劳动力市场的参与者，将这些样本删除不会影响研究的代表性。当然我们的研究仍有可能在一定程度上偏向有稳定工作和收入、稳定家庭的中年人群。

我们主要从长短期收入不平等指标的变化和收入转换矩阵这两个角度考察收入流动性。一般的，随着收入度量时间跨度的延长，由于收入的暂时性波动被平滑掉，不平等程度一般会下降。在一个流动性比较大的经济中，长期收入的不平等指标与短期收入的不平等指标会有较大的差异。因此，长期和短期不平等指标变化的幅度能够在一定程度上反映收入流动性的大小。而且比较不同收入组（层）平均收入的增长速度的差异，从中也可以发现收入流动性的变化。如果低收入阶层的收入增长速度快于高收入阶层，则收入流动性就比较大，从较长时期看，不平等指标会呈下降趋势。

为了对居民收入流动性作进一步分析，我们使用了收入转换矩阵这一主要分析工具。转换矩阵的元素 p_{ij} 表示初始年处于第 i 收入组的人，在分析终止

---

[1] 考虑到很多被调查户在过去几年中一直参与住户调查，他们几年前的收入都经过估算和登记，因而他们对收入的回忆有了更多的依据，这会大大降低回忆收入的不精确性。

[2] 与邹（Zhou, 2000）相比，我们的数据无疑要更为精确。他们研究中国收入流动相关的问题的数据来自 1993 ~ 1994 年对约 5000 个人样本的调查，受调查者被要求回忆 1955 ~ 1993 年 11 个年份的收入。

年位于第 j 收入组的概率，它一般根据样本估算：将收入由低到高划分为 n 等分组，标出每个样本在初始年和终止年所处的位置，计算出在初始年每一收入组人数中，在终止年位于各收入组的人数的比重，就可以得到收入转换矩阵。在计算收入转换矩阵之前首先要将样本根据收入高低划分为不同的收入组。最常用的收入分组方法是按收入五等分法，即按收入由低到高将样本排序，然后将所有样本平均分为五个等分组。然而从这种转换矩阵获得的有关收入流动性的结果会受到总体收入不平等程度的影响。例如，某人收入增加同样的量，在收入比较平等的经济中他可能会升入更高收入组，在转换矩阵中会呈现出收入流动的变化，而在收入差距较大的经济中，其收入增加可能不会使他升入更高的收入组。因此，作为一种补充分析，我们还尝试了按收入聚类划分收入组：最低收入类，收入少于样本总收入中位数的 65%；较低收入类，中位数的 65%～95% 之间；中等收入类，中位数的 95%～125% 之间；较高收入类，中位数的 125%～155% 之间；最高收入类，中位数的 155% 以上。与上面等分组不同的是，这种分类下的不同收入组的样本数并不相等。我们还考虑了排除通常认为影响收入流动的因素（如教育、年龄）后的剩余收入流动性。具体的，我们对初始年和终止年各估计一个标准的对数收入方程，得到回归残差，还原为水平值后对所得收入计算转换矩阵，这样得到的转换矩阵可以描述未解释的或偶然的因素导致的收入流动性大小。

为了度量收入流动性，我们分别计算了加权平均移动率、惯性率、亚惯性率和开方指数四个基于收入转换矩阵的收入流动性指数。以 5×5 收入转换矩阵为例，加权平均移动率以移动的幅度为权重对移动概率进行加权平均：

$$\frac{1}{5}\sum_{j=1}^{5}\sum_{i=1}^{5}|j-i|\cdot p_{ij}$$

i 表示初始年的收入组，j 表示终止年的收入组。惯性率度量位置不变的人所占的比重，是收入转换矩阵对角线上元素的算术平均值：

$$\frac{1}{5}\sum_{j=1}^{5}p_{jj}$$

亚惯性率度量位置相对稳定的人所占的比重，即收入位置维持不动或移动一层（向上或向下）的比例：

$$\frac{1}{5} \sum_{i=1}^{5} \sum_{j=i-1}^{i+1} p_{ij}$$

由于我们只将收入分为五层，上式中 $p_{10} = p_{56} = 0$。开方指数度量收入转换矩阵与充分流动矩阵（所有元素均为 0.2 的矩阵）的距离：

$$\chi^2 = \sum_{ij} \frac{(p_{ij} - 0.2)^2}{0.2}$$

充分流动矩阵具有完全非时间依赖特征，人们在终止年所处于收入组（层）与初始年完全没有关系，它可以作为比较的参照系。5 阶充分流动矩阵的加权平均移动率为 1.60，惯性率为 0.20，亚惯性率为 0.52，开方指数为 0。加权平均移动率越大，惯性率、亚惯性率和开方指数越小，收入流动性就越高。

三、中国城镇个人收入流动性的总体趋势

（一）从短期收入不平等到长期收入不平等

我们首先计算了不同口径样本和不同年份的个人收入的不平等指数（见表1），从中可以看出，在两个时期内收入不平等状况是相对稳定的。不论是使用宽口径数据还是窄口径数据，从计算的基尼系数和最高与最低收入组的收入比率来看，在 1991～1995 年收入不平等程度稍稍下降，在 1998～2002 年收入不平等略有上升，两个时期的下降或上升的幅度都不十分明显。联想到我们的样本处理，这意味着对收入比较有保障的人群，收入不平等状况一般相对稳定。

表 1   各年城镇个人收入的不平等指标

样本	不平等指标	1991 年	1992 年	1993 年	1994 年	1995 年	1998 年	1999 年	2000 年	2001 年	2002 年
宽口径	基尼系数	0.321	0.311	0.304	0.300	0.305	0.3397	0.3318	0.3310	0.3383	0.3411
	第 90 分位/第 10 分位	4.000	4.000	3.646	3.652	3.873	4.286	4.167	4.432	4.500	4.734
窄口径	基尼系数	0.282	0.276	0.269	0.264	0.274	0.3413	0.3300	0.3275	0.3343	0.3349
	第 90 分位/第 10 分位	3.711	3.636	3.500	3.415	3.551	4.233	4.211	4.500	4.571	4.654

注：中国 1991～1995 年的窄样本数据来自科尔和潘卡维尔（Khor and Pencavel，2005），其余均为本文作者计算。

为了获得一年以上较长时期内收入差距的变化情况，我们分别计算了两个时段中从两年到五年为期不等的收入不平等指数（见表2）。不论是根据宽口径数据还是窄口径数据，计算结果都一致地显示，随着收入计算时间跨度的延长，收入不平等在下降。如根据宽口径数据，2002 年收入的基尼系数为 0.341，与此相比，2001～2002 年两年平均收入的基尼系数下降了 2.93%，2000～2002 年三年的基尼系数下降了 4.70%，1998～2002 年五年的基尼系数下降了 6.45%。然而，与 1998～2002 年这一时期相比，1991～1995 年期间的五年期收入平等指数的下降幅度更大一些。例如，根据宽口径数据，1991～1995 年五年平均收入的基尼系数比 1995 年收入的基尼系数下降了 7.37%。而且，窄口径数据反映出同样的趋势，1998～2002 年五年平均收入的基尼系数比 2002 年收入的基尼系数下降了 5.67%，而在 1991～1995 年这一下降幅度为 8.76%。其他不平等指标基本上显示出同样的结果。从长期和短期收入的不平等指数的比较，我们可以初步看到这样一个趋势：1998～2002 年中国城镇居民的收入流动性比 20 世纪 90 年代初期有一定幅度的下降。

表2　　　　　　　　　　长短期收入不平等指数的比较

	基尼系数	第 90 分位收入/ 第 10 分位收入	对数收入的 标准差
1998～2002 年（宽口径数据）			
2002 年收入	0.341	4.734	0.665
2001～2002 年平均收入	0.331（2.93）	4.517（4.58）	0.620（6.77）
2000～2002 年平均收入	0.325（4.70）	4.344（8.24）	0.604（9.17）
1999～2002 年平均收入	0.321（5.87）	4.218（10.90）	0.593（10.83）
1998～2002 年平均收入	0.319（6.45）	4.160（12.13）	0.585（12.03）
1991～1995 年（宽口径数据）			
1995 年收入	0.306	3.873	0.606
1994～1995 年平均收入	0.289（5.88）	3.531（9.69）	0.550（10.18）
1993～1995 年平均收入	0.286（6.99）	3.439（12.62）	0.537（12.85）
1992～1995 年平均收入	0.285（7.37）	3.410（13.58）	0.532（13.91）
1991～1995 年平均收入	0.285（7.37）	3.420（13.25）	0.531（14.12）

	基尼系数	第 90 分位收入／第 10 分位收入	对数收入的标准差
1998～2002 年（窄口径数据）			
2002 年收入	0.335	4.654	0.636
2001～2002 年平均收入	0.325（2.99）	4.473（3.89）	0.601（5.50）
2000～2002 年平均收入	0.320（4.48）	4.329（6.98）	0.588（7.55）
1999～2002 年平均收入	0.317（5.37）	4.203（9.69）	0.578（9.12）
1998～2002 年平均收入	0.316（5.67）	4.168（10.44）	0.574（9.75）
1991～1995 年（窄口径数据）			
1995 年收入	0.274	3.551	0.548
1994～1995 年平均收入	0.256（6.60）	3.261（8.17）	0.488（10.95）
1993～1995 年平均收入	0.251（8.39）	3.204（9.77）	0.473（13.69）
1992～1995 年平均收入	0.250（8.76）	3.170（10.73）	0.466（14.96）
1991～1995 年平均收入	0.250（8.76）	3.194（10.05）	0.463（15.51）

注：（1）括号内为相对基准年收入不平等的下降的百分点。（2）中国 1990～1995 年的窄口径数据是与科尔和潘卡维尔（Khor and Pencavel，2005）使用的数据一致的。

332

（二）不同收入阶层收入增长速度的比较

比较不同收入组的平均收入增长速度，同样可以看出收入流动性的变化。图 1 给出了两个时段不同收入组的平均收入增长速度，图中横轴是按五年平均收入划分的百等分组，纵轴是期末（1995 年和 2002 年）收入对数与期初（1991 年和 1998 年）收入对数之差的平均值，以度量收入的增长幅度。五年平均值平滑掉了短期收入波动，比较接近于人们的持久收入。从图 1 可以看出，虽然各个百分组的平均收入增长存在较大的波动，但总体的趋势还是清晰的：1991～1995 年的轨迹稍向下倾，而 1998～2002 年的轨迹明显向上倾斜。这表明在前一时期，平均而言较高收入阶层的持久收入的增长幅度略低于较低收入阶层，从而长期不平等指数下降较多，收入流动性较大；而在后一时期较高收入阶层收入增长幅度高于较低收入阶层，长期不平等指数下降相对较慢，收入流动性相对较低。

基于图 1 近似一条直线，我们分别估计了以下线性方程：

$$\Delta \ln y_i = \alpha + \beta\ \bar{y}_i + \mu$$

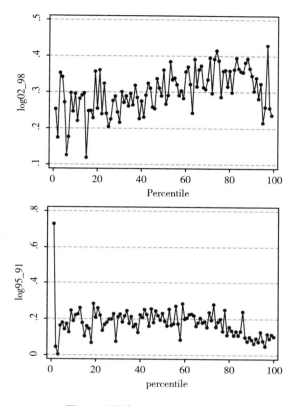

图1 不同收入阶层的收入增长

注：上图为1998～2002年结果，下图为1991～1995年结果。

其中，$\Delta \ln y_i = \ln y_{i,\text{期末}} - \ln y_{i,\text{期初}}$，$\bar{y}_i$ 为样本 i 在五年间的平均收入。从表3列示的估计结果看，无论使用宽口径数据还是窄口径数据，图1的直观结果都得到进一步证实：在1991～1995年，$\bar{y}_i$ 的系数估计值显著为负，表明在这一期间收入越高的阶层、其收入增长速度越慢；而在1998～2002年，$\bar{y}_i$ 的系数估计值显著为正，表明收入越高的阶层、其收入增长速度反而越快，呈现出富者更富的变动趋势。尽管 $\bar{y}_i$ 的系数估计值较小，也足以说明1998～2002年中国城镇人口的收入流动性比1991～1995年有所下降①。

① 我们在上面的方程中还引入了性别、教育、地区等控制变量，基本结论不变。当然，引入这些变量后含义会稍有不同，这时分析的是在控制性别、教育、地区等因素后城镇人口的收入流动性。

表3		收入变化的 OLS 估计			
被解释变量：收入对数增量					
		1998~2002 年 （宽口径）	1991~1995 年 （宽口径）	1998~2002 年 （窄口径）	1991~1995 年 （窄口径）
常数项	系数	0.251	0.223	0.312	0.971
	t – 值	28.05	22.61	29.60	88.273
平均收入	系数	0.00094	– 0.00092	0.00044	– 0.0016
	t – 值	6.11	– 5.42	2.43	– 8
R^2		0.0027	0.0022	0.0006	0.007

注：中国 1990~1995 年（窄口径）估计结果来源于科尔和潘卡维尔（Khor and Pencavel，2005）第 58 页。

（三）基于收入转换矩阵的收入流动性分析

首先考虑根据五等分组的收入转换矩阵，表 4 列示了 1991~1995 年和 1998~2002 年两个时期不同口径数据的计算结果。按照宽口径数据，1998 年最穷的 20% 人口中，在四年后仍属于最穷 20% 的比重为 63%，同时，收入最高的 20% 人口中有 63% 的人在四年后仍处在原来的最高收入组。对于 1998 年第 2、3、4 收入组的人口来说，四年后仍处在相同收入组的比例分别为 41%、36%、42%，也就是收入转换矩阵中对角线上的数值。对角线上的数值越高，意味着收入的流动性越低。相比而言，1991 年最穷的 20% 人口组中，在四年后仍属于最低收入组的比重为 46%，比 1998~2002 年转换矩阵中相应数值减少 17 个百分点，1991 年收入最高 20% 人口组中有 54% 在四年后仍处在高收入组，比 1998~2002 年转换矩阵中相应数值减少 9 个百分点。而且，这一时期两个年份都处在第 2、3、4 收入组的比例分别为 27%、24%、27%，比 1998~2002 年转换矩阵相应数值分别减少 14 个、12 个和 15 个百分点。如表 4 所示，比较两个时期窄口径数据的分析结果，得出的结论是相同的。由此可见，这些分析结果进一步说明，与 20 世纪 90 年代上半期相比，1998~2002 年中国城镇人口的收入流动性出现了明显的下降。

表 4　　　　　　　　　　　　　　两个时期收入转换矩阵比较

1998～2002 年居民收入转换矩阵（宽口径）							1998～2002 年居民收入转换矩阵（窄口径）					
		2002 年的位置							2002 年的位置			
1998 年的位置		I	II	III	IV	V	1998 年的位置		I	II	III	IV	V
	I	0.63	0.24	0.08	0.04	0.02		I	0.60	0.25	0.08	0.04	0.02
	II	0.24	0.41	0.21	0.10	0.04		II	0.26	0.39	0.22	0.10	0.04
	III	0.07	0.25	0.36	0.23	0.09		III	0.07	0.27	0.33	0.24	0.10
	IV	0.03	0.06	0.27	0.42	0.23		IV	0.03	0.07	0.27	0.39	0.24
	V	0.02	0.03	0.08	0.24	0.63		V	0.02	0.02	0.07	0.21	0.67

1991～1995 年居民收入转换矩阵（宽口径）							1991～1995 年居民收入转换矩阵（窄口径）					
		1995 年的位置							1995 年的位置			
1991 年的位置		I	II	III	IV	V	1991 年的位置		I	II	III	IV	V
	I	0.46	0.23	0.17	0.10	0.05		I	0.44	0.22	0.18	0.12	0.05
	II	0.27	0.27	0.21	0.18	0.08		II	0.28	0.26	0.20	0.16	0.10
	III	0.14	0.26	0.24	0.21	0.14		III	0.19	0.24	0.23	0.21	0.17
	IV	0.06	0.19	0.26	0.27	0.22		IV	0.08	0.21	0.25	0.25	0.22
	V	0.02	0.04	0.13	0.27	0.54		V	0.02	0.07	0.14	0.27	0.50

注：（1）根据定义转换矩阵每行和每列之和都应为 1，上表进行了四舍五入。（2）1990～1995 年收入转换矩阵（窄口径）结果来源于 Khor，Niny and John Pencavel，"Income Mobility of Individuals in China and The United States"，Department of Economics，Stanford University，Unpublished Paper，October 2005，pp. 49～50。

我们对转换矩阵中收入流动性的判断，可以在表 5 中得到进一步证实。该表列出了基于收入五等分组的转换矩阵的流动性指标。我们还考虑了不同收入分层标准和收入定义的转换矩阵，包括收入聚类、控制一些因素后的剩余收入。对于后者，我们在初始年和终止年各估计一个标准的对数收入方程，得到回归残差，还原为水平值后对所得收入进行流动性分析，计算转换矩阵（按收入百分位）。对数收入回归的解释变量包括年龄、年龄的平方、教育年限、性别，考虑到省际之间的收入差异比较大，我们还引入了地区（省虚拟变量）。这样我们可以考虑排除通常认为影响收入流动的因素（如教育、年龄）后未解释的或偶然的收入流动性。我们略去了相应的转换矩阵。如表 5 所示，所有的收入流动性指标都一致地显示，1998～2002 年收入流动性明显低于前一个时期：比较两个宽口径数据集，1998 ~ 2002 年依据四个不同定义的收入转换矩阵计算的平均移动率比 1991 ~ 1995 年分别低 29.6%、24.7%、29.9%、28.6%，惯性率分别高出 36.1%、33.3%、35.3%、41.9%，亚惯性率分别高出 16.0%、13.3%、18.3%、20.3%，开方指数分别高出 108.7%、117.9%、133.1%、165.4%，窄口径数据集的比较也显示同样的结果。

表5　　　　　　收入流动的描述性指标：基于不同定义的转换矩阵

数据集	平均移动率				惯性率				亚惯性率				开方指数			
	A	B	C	D	A	B	C	D	A	B	C	D	A	B	C	D
1998 ~ 2002 年（宽口径）	0.69	0.73	0.75	0.80	0.49	0.48	0.46	0.44	0.87	0.85	0.84	0.83	3.82	4.27	3.24	2.84
1998 ~ 2002 年（窄口径）	0.70	0.74	0.77	0.82	0.48	0.47	0.45	0.42	0.87	0.85	0.84	0.82	3.76	3.82	3.17	2.65
1991 ~ 1995 年（宽口径）	0.98	0.97	1.07	1.12	0.36	0.36	0.34	0.31	0.75	0.75	0.71	0.69	1.83	1.96	1.39	1.07
1991 ~ 1995 年（窄口径）	1.06	1.03	1.14	—	0.33	0.35	0.31	—	0.71	0.73	0.68	—	1.40	—	—	—

注：（1）A——按收入百分位计算转换矩阵；B——按收入聚类计算转换矩阵；C——对剩余收入计算转换矩阵，解释变量中不包括省虚拟变量；D——对剩余收入计算转换矩阵，解释变量中包括省虚拟变量。（2）最后一行数据来源于 Khor, Niny and John Pencavel, "Income Mobility of Individuals in China and The United States", Department of Economics, Stanford University, Unpublished Paper, October 2005, pp. 51 - 53。

从这些分析得到一致的结论：1998 ~ 2002 年中国城镇人口的收入流动性比 1991 ~ 1995 年显著下降了。

四、不同人群收入流动的比较

上面分析的是城镇居民个人收入流动性变化的总体趋势。不同特征的人群组之间收入流动性是否存在差异？在两个时期这种流动性差异发生了何种变化？对这些问题的回答，不仅有助于我们发现人群组之间收入流动性的差异，也有助于我们理解 20 世纪 90 年代后出现的收入流动性下降的部分原因。

我们分别计算了各个人群组内部的收入转换矩阵①，表6给出了不同人群组基于收入转换矩阵计算出来的收入流动性指标。不难看出，在考察期内不同特征人群的收入流动性并没有多大差异，然而相对于1991～1995年来说，在1998～2002年所有组别的人群的收入流动性都明显减慢。这意味着在后一时期出现的收入流动性下降是全局性的，而不是仅仅出现在部分人群组。而且同一时期不同人群组之间的流动性差异远远小于同一人群组在不同时期的差异。例如，从性别看，在1991～1995年男性组与女性组的平均移动率几乎相同，到1998～2002年前者比后者高出3.2%，而对两组来说，前一时期的平均移动率分别比后一时期高41.3%和44.8%。对地区组，教育组、职业组和其他人群组来说，基本上都是如此。

然而，仅就1998～2002年而言，不同人群组之间的收入流动还是有差异的，而且这种差异也是值得关注的。从个人的人口特征来说，男性员工、年青人和高学历员工的收入流动性比较高，是完全可以理解的，因为他们这些人口特征也是与工作和职业的流动性相关的，后者构成了收入流动性的一个重要影响因素。从就业特征来说，就业于非国有企业，或者就业于制造业部门的员工，或者管理人员，或者机关事业单位人员都有较高的收入流动性。但是

---

① 人群组划分标准主要包括：性别；地区分为沿海和内陆两组，沿海地区为北京、辽宁、江苏和广东，内陆地区为山西、安徽、河南、湖北、重庆、四川、云南和甘肃；文化程度分为高等（大专、大学、研究生）；中等（初中、高中、职高、中技、中专）和初等（未上过学、扫盲班、小学）三组；就业状况及个人身份：离退休者，一般就业者（包括办事人员、技术工人、非技术工人、商业和服务业人员及其他就业者）和管理人员（私营企业主、个体户主、各类专业技术人员、机关和企事业单位负责人、机关和企事业单位部门负责人）三组。在岗人员年龄分为青年（起始年小于40岁的在岗人员）和中年（起始年大于或等于40岁的在岗人员）两组。在岗人员工作单位性质分为机关事业单位；国有企业（各级国有独资和国家控股企业）；集体企业、私营与外资企业（包括私营企业、个体企业、中外合资企业、外资企业及其他股份制企业）四组。所在行业，分为制造业；批发和零售贸易、餐饮业（1995年调查包括商业贸易、餐饮业、仓储业，2002年调查包括批发和零售贸易、餐饮业）；交通运输及邮电通信业（1995年调查包括交通运输及邮电通信业，2002年调查包括交通运输、仓储及邮电通信业）；金融保险业；房地产业和公共事业（2002年调查包括电力、煤气及水的生产和供给业，房地产业和社会服务业）；教、科、文、卫（1995年调查包括卫生、体育和社会福利，教育、文化艺术，科学研究和技术服务业，2002年包括卫生、体育和社会福利业，教育、文化艺术和广播电影电视业，科学研究和综合技术服务业）；机关和社会团体（国家机关、党政机关和社会团体）七组。

表6 不同人群组内收入流动指标

		1991～1995 年（宽口径）					1998～2002 年（宽口径）				
		样本数	平均移动率	惯性率	亚惯性率	开方指数	样本数	平均移动率	惯性率	亚惯性率	开方指数
	总体	13502	0.98	0.36	0.75	1.83	13529	0.69	0.49	0.87	3.82
性别	男性	6965	1.006	0.352	0.734	1.720	7091	0.712	0.474	0.854	3.532
	女性	6537	1.006	0.368	0.736	1.742	6438	0.690	0.486	0.868	3.744
地区	沿海	5066	0.968	0.362	0.758	1.853	5130	0.694	0.496	0.866	3.827
	内地	8436	0.976	0.360	0.746	1.831	8399	0.708	0.464	0.864	3.467
教育	高	2795	1.066	0.326	0.718	1.450	3569	0.774	0.438	0.840	3.155
	中	9132	0.976	0.366	0.746	1.847	8857	0.722	0.478	0.860	3.501
	低	1575	0.902	0.370	0.772	2.099	1103	0.668	0.532	0.868	4.227
身份	离退休者	2674	0.986	0.364	0.750	1.747	3707	0.640	0.52	0.88	4.275
	一般就业者	6831	0.978	0.368	0.740	1.833	5642	0.724	0.464	0.86	3.397
	管理人员	3841	1.052	0.342	0.71	1.497	3545	0.754	0.458	0.844	3.368
年龄	青年	7485	1.006	0.354	0.724	1.678	5713	0.728	0.456	0.856	3.456
	中年	3187	0.994	0.354	0.730	1.759	3732	0.708	0.474	0.860	3.702
单位性质	机关事业单位	3228	1.052	0.346	0.704	1.569	2974	0.84	0.416	0.786	3.095
	国有企业	5228	0.958	0.358	0.746	1.871	3316	0.668	0.482	0.872	3.844
	集体企业	1426	0.958	0.374	0.762	2.026	608	0.740	0.456	0.826	3.754
	私营、外资企业	106	0.944	0.306	0.822	2.961	1634	0.708	0.498	0.848	3.955
行业	制造业	5097	0.976	0.370	0.742	1.841	2452	0.806	0.434	0.812	3.428
	贸易、餐饮业	1705	0.996	0.364	0.738	1.770	1076	0.724	0.484	0.834	3.601
	交通、邮电、通信业	600	1.088	0.328	0.700	1.611	742	0.714	0.504	0.858	3.799
	金融保险业	199	0.934	0.328	0.772	2.587	246	0.716	0.468	0.866	4.160
	房地产和公共事业	479	0.790	0.442	0.814	3.661	1307	0.686	0.484	0.878	3.849
	教科文卫	1792	1.058	0.332	0.716	1.548	1487	0.746	0.456	0.840	3.463
	机关和社会团体	1448	1.030	0.346	0.716	1.516	1166	0.834	0.414	0.814	2.84

应该看到，高流动性可能来自于两种情况，第一种是在绝大多数人收入增加的同时，部分较低收入人员收入快速增长引发的。这种情况更可能发生在管理人员中间。在机关事业单位中，如果年轻人有更多的晋升机会，也会出现这种情况。第二种情况是由一部分中高收入人员的收入下降引起的。这种情况更可能出现在竞争性日益激烈的制造业和私营个体部门，而在收入较为稳定的机关事业单位职工中是不可能出现的。

为了对上述两种情况加以验证，我们细致分析了两个时期中不同人群组的收入流动的结构。表7给出了详细的计算结果，不仅包括了在期初和期末不同特征人群处于高低收入组中比例，而且包括他们在每个收入组中相对位置上升、下降和不变的比例。

总起来看，1991～1995年只有35.8%的人收入相对位置没有发生变化，而1998～2002年这一比例达到49%，增加了13.2个百分点。这再一次印证了1998～2002年收入流动性显著下降的事实。

然而，我们更关心的是这样几个问题：在收入流动性很强的20世纪90年代上半期，哪些人群的相对收入表现出更强的上升势头？哪些人群的相对收入表现出更明显的下降势头？在收入流动放缓的20世纪90年代后期和21世纪初期，哪些人群能够保持其相对收入位置不变或进一步上升？哪些人群的相对收入出现了进一步下降？表7中分析结果为回答这些问题提供了帮助。在1991～1995年，文化程度对收入流动性的影响作用最为明显，主要表现为高低文化程度人群相对收入地位的截然相反方向的变动。低文化程度者和集体企业职工一直是最可能处于收入底层的人群，且这期间概率分别增加了8.5个和3.5个百分点，退休人员在1991年落入收入底层的概率还不大（21.17%），但在1995年却排到了第三名（29.39%）。这三类人是1991～1995年收入流动的失败者，向下流动的概率排在前三位（退休人员40.8%、低文化程度者38.9%、集体企业职工35.3%），净下降分别达到15.7个、18.7个、10.2个百分点，下降幅度也排在前三位。私营外资企业职工和沿海地区居民处于收入顶层的概率一直处于很高水平，这期间还分别提高了8.5个和2.3个百分点。金融业

表7　不同人群组收入流动的结构分析

单位：%

		1991~1995年（宽口径）							1998~2002年（宽口径）						
		期初位置		位置流动			期末位置		期初位置		位置流动			期末位置	
		低收入组	高收入组	维持	上升	下降	低收入组	高收入组	低收入组	高收入组	维持	上升	下降	低收入组	高收入组
总体		20	20	35.75	31.84	32.41	20	20	20	20	49.02	25.46	25.52	20	20
性别	男性	14.75	23.91	35.03	33.60	31.37	13.27	25.15	13.40	24.88	47.79	25.43	26.78	13.51	25.07
	女性	25.61	13.88	36.52	30.00	33.52	27.21	14.49	27.59	13.48	50.37	25.51	24.12	27.15	14.10
地区	沿海	14.59	30.62	39.20	30.38	30.42	14.13	32.89	13.28	32.11	51.99	21.83	26.18	14.17	30.37
	内地	23.26	12.10	33.68	32.72	33.61	23.55	12.25	24.35	11.73	47.21	27.68	25.11	23.56	13.43
教育	高	12.81	28.16	34.67	38.25	27.08	7.01	32.17	9.16	30.32	48.87	32.75	18.38	6.05	36.31
	中	20.05	17.49	35.17	31.90	32.93	20.39	18.22	22.13	16.74	48.05	23.51	28.44	23.10	15.11
	低	32.51	11.94	41.02	20.13	38.86	40.95	8.64	39.80	6.07	57.30	17.59	25.11	40.25	4.71
身份	离退休者	21.17	15.52	34.07	25.13	40.80	29.39	13.54	24.85	14.16	52.15	20.31	27.54	24.95	11.60
	一般就业者	23.38	16.50	36.53	30.90	32.56	22.84	16.53	21.06	17.33	47.06	26.73	26.21	20.12	17.28
	管理人员	11.95	26.45	35.00	38.82	26.22	6.48	31.06	10.32	29.56	49.03	31.26	19.72	8.07	35.09
年龄	青年	22.15	16.66	35.44	33.28	31.28	19.84	17.37	19.52	18.12	46.89	29.60	23.51	17.59	19.80
	中年	12.49	28.11	37.18	34.86	27.96	10.17	32.07	13.69	27.76	49.36	25.88	24.76	13.45	29.77

		1991～1995 年（宽口径）								1998～2002 年（宽口径）							
		期初位置		位置流动			期末位置			期初位置		位置流动			期末位置		
		低收入组	高收入组	维持	上升	下降	低收入组	高收入组		低收入组	高收入组	维持	上升	下降	低收入组	高收入组	
单位性质	机关事业单位	16.36	23.92	33.36	40.34	26.30	8.30	27.23	10.53	25.86	47.31	37.79	14.90	6.22	34.53		
	国有企业	17.85	19.47	36.00	32.88	31.14	17.02	20.87	14.84	21.66	48.88	24.88	26.24	14.29	21.59		
	集体企业	29.17	11.22	39.48	25.18	35.34	32.68	11.15	30.76	11.51	51.00	18.26	30.77	33.72	9.87		
	私营、外资企业	27.36	31.13	44.34	34.00	21.70	17.92	39.62	21.24	21.48	46.45	23.44	30.11	21.18	18.91		
行业	制造业	20.99	15.54	36.22	29.43	34.35	23.45	15.97	19.70	14.93	46.62	24.72	28.67	19.86	14.97		
	贸易、餐饮业	24.99	16.77	38.36	28.80	32.84	27.16	17.42	27.79	19.80	48.33	18.68	32.99	30.48	14.96		
	交通邮电通信业	16.33	26.50	35.67	30.83	33.50	16.33	23.50	12.40	25.74	49.73	25.47	24.80	11.59	25.20		
	金融保险业	14.07	26.13	31.66	44.72	23.62	11.06	35.18	9.35	44.72	50.41	23.17	26.42	6.50	36.18		
	房地产/公共事业	25.05	20.46	43.63	30.48	25.89	24.63	26.93	23.72	21.58	48.05	25.94	26.01	21.35	19.59		
	教科文卫	14.06	27.29	33.37	36.44	30.19	8.09	27.79	9.21	27.57	50.30	37.73	11.97	6.19	40.75		
	机关和社会团体	17.13	23.20	32.25	39.99	27.76	9.60	23.34	10.21	25.00	45.63	39.19	15.18	5.06	32.59		

注：（1）期初位置和期末位置为该类人群中处于某类收入组的比重；位置流动为该类人群中保留在原位置（或发生流动）的比重。（2）理论上总体上升与下降的比例应该相等，表中的微小差异源于对收入分位临界点的随机处理。

341

第三篇 收入分配 中国城镇个人收入流动研究

从业人员、机关事业单位人员、管理人员、高文化程度者则是收入流动的获益者，向上流动的概率最大，净上升分别达到 21.1 个、12.2 个、12.6 个、11.2 个百分点，这使得他们处于收入顶层的概率分别上升了 9.1 个、3.1 个、4.6 个、4.0 个百分点，成为最可能位于收入顶层的人群。可见，1991～1995 年收入流动性较大，且呈现明显的收入分化趋势：低文化程度者、退休人员和集体企业职工弱势群体迅速沉入收入底层，而金融业从业人员、机关事业单位人员、管理人员、高文化程度者等强势群体迅速升至收入顶层。

1998～2002 年，虽然各人群的流动性都显著下降，但前一时期收入分化的趋势仍在延续。这期间，集体企业职工、低文化程度者和退休人员的净下降幅度仍然排在前列，分别为 12.5 个、7.5 个、7.2 个百分点，下降幅度基本与前一时期相当，集体企业职工的下降幅度比前一时期还增加了 2.4 个百分点。而教、科、文、卫行业人员、机关事业单位人员、高文化程度者和管理人员仍然排在上升幅度的前列，分别上升了 25.8 个、24.0 个、22.9 个、14.4 个百分点，其中，教科文卫行业人员、机关事业单位人员、高文化程度者的上升幅度比前一时期还分别增加了 19.5 个、11.8 个、3.2 个百分点，管理人员的上升幅度也与前一时期相当。1998～2002 年进一步分层化的结果，低文化程度者、集体企业职工、贸易和餐饮业从业人员处于收入底层的比例维持最高水平，其概率在期末（2002 年）分别达到 40.3%、33.4%、30.5%，比期初还分别上升了 0.5 个、3 个、2.7 个百分点；而教、科、文、卫行业人员、机关事业单位人员、高文化程度者也一直是最有可能处于收入顶层，期末概率分别达到 40.8%、34.5%、36.3%，比期初分别上升了 13.2 个、9.3 个、6 个百分点。

五、主要发现和结论

本文利用中国社会科学院收入分配课题组收集的 1995 年和 2002 年城镇居民住户抽样调查数据，对城镇居民个人收入的流动性进行了经验分析，从中获得了一些有意义的结果。第一，1998～2002 年中国城镇人口的收入流动性比 1991~1995 年显著下降。这一点可以从我们三方面的分析结果获得有利的证据支持。从两个时期长短期收入不平等的变化来看：前一时期 5 年平均收入的基尼系数比年收入基尼系数下降了 8.76%，而后一时期只有 5.67%；从不同收入阶层收入增长速度的比较来看：在前一时期，平均而言在较高收入阶层的恒久收入的增长幅度略低于较低收入者，而后一时期在较高收入阶层收入增长幅度稍高于较低收入阶层；收入转换矩阵也清晰地体现出这种趋势：后一时期平均移动率下降了 29.6%。更应该指出的是，在 1991~1995 年中国城镇居民收入流动性超过了发达国家的水平（Khor and Pencavel，2005），而到了 1998~2002 年中国的水平与美国、英国、德国、瑞典、意大利、法国等发达国家比较接近。① 第二，在同一时期内不同特征人群的收入流动性差异不大，然而两个时期所有组别的人群的收入流动性都明显减慢了，这说明收入流动性的下降是全面的，不同特征人群的收入流动性都呈现同步下降的趋势。第三，前一时期较大收入流动的结果是低文化程度者、退休人员和集体企业职工迅速沉入收入底层，而金融业从业人员、机关事业单位人员和管理人员迅速升至收入顶层。在后一时期，虽然各人群的流动性都显著下降，但这种收入分化的趋势仍然十分明显，使得这些群体间的差距进一步加大。我们的分析似乎表明，1991~1995 年中国城镇个人较高的收入流动性是经济转轨的短期特征，在经济市场化过程中，分配机制发生变化，强势人群逐渐向收入顶层聚集，弱势人群则逐渐集中到收入底层。随着经济结构的逐步趋稳，收入流动性明显下降，收入的分层结构也趋于稳定，但人群间差距扩大的趋势仍未见缓和。

---

① 科尔和潘卡维尔（Khor and Pencavel，2005）提供了一些国家的收入流动数据，作为我们比较的依据。在发达国家中丹麦的平均移动率最高，惯性率和亚惯性率最低，是收入流动性最高的国家。然而，中国在 1990~1995 年平均移动率比丹麦还高出 21%，惯性率和亚惯性率分别比丹麦低 6.5% 和 7.4%，可见在 1990~1995 年中国城镇居民个人收入的流动性明显地高出这些国家。然而在 1998~2002 年中国的三个指标达到了这些国家的平均水平（分别为 68.4%、0.7%、87.0%），城镇居民个人收入的流动性已经明显低于丹麦，与美国、英国、德国、瑞典、意大利、法国相近。

附录：样本的代表性分析。

我们这里只列出 2002 年样本的代表性分析结果，有关 1995 年样本代表性的分析结论参见科尔和潘卡维尔（Khor and Pencavel，2005）。在 2002 年 16100 个基本样本中，1280 人全部五年的收入均缺失；20 人全部五年的收入均为零；1205 人在 1998～2002 年至少有一年收入为 0。我们把这 2505 个样本都视为无回答者。受调查者 2002 年的个人特征在总样本及无回答样本中的结构见附表 1。由附表 1 可见，相对于在总样本中的比重而言，小于 30 岁的人、非就业者、无配偶者在无回答样本中的比重大得多，女性、失业者在无回答样本中的比重大也较大。我们还注意到，各类受教育程度的人在总样本和无回答样本中的比重基本不变。

附表 1　　　　　　　　　　　**总样本及无回答样本结构**

	个人特征	总样本（%）	无回答样本（%）		个人特征	总样本（%）	无回答样本（%）
年龄	30～60 岁（基准组）	74.48	42.30	性别	男	48.95	30.95
	小于 30 岁	11.94	43.77		女	51.05	69.05
	大于 60 岁	13.58	13.94	婚姻	有配偶	85.75	54.15
受教育程度	小学以下（基准组）	2.87	9.39		无配偶	14.25	45.85
	小学	7.48	10.98	就业及身份	一般就业者（基准组）	40.65	22.91
	初中	27.74	25.68		管理人员	22.89	7.55
	高中	24.60	21.13		离退休者	22.59	2.28
	中专和大专	28.73	22.80		失业者	5.76	17.78
	大学及以上	8.58	10.02		非就业者	8.11	49.48
民族	少数民族	4.10	4.19	总样本：16100，无回答样本：2505			
	其他	95.90	95.81	无回答样本占总样本的比例：15.55%			

我们估计了一个概率模型，分析回答与否的决定因素，考察哪一类人最有可能被排除在我们的收入流动考察之外。具体的，考虑被解释变量：五年收入数据全部为正者为 1，否则为 0。解释变量如下：反映年龄的虚拟变量：基准 30～60 岁（包括 30 岁和 60 岁）；*agel*——小于 30 岁为 1，否则为 0；

ageh——大于 60 岁为 1，否则为 0。反映受教育程度的虚拟变量：基准组为小学以下（未上过学或扫盲班）；*education*1——小学为 1，否则为 0；*education*2——初中为 1，否则为 0；*education*3——高中（职高、中技）为 1，否则为 0；*education*4——中专和大专为 1，否则为 0；*education*5——大学及以上为 1，否则为 0。民族虚拟变量 *race*——少数民族为 1，其余为 0。性别虚拟变量 *sex*——女为 1，男为 0。婚姻状况虚拟变量 *marriage*——无配偶（未婚、离婚、丧偶及其他）为 1，有配偶为 0。反映就业及身份的虚拟变量：基准为一般就业者（办事人员、技术工人、非技术工人、商业和服务业人员及其他就业者）；*station*1——管理人员（私营企业主、个体户主、各类专业技术人员、机关、企事业单位负责人、机关、企事业单位部门负责人）为 1，其余为 0；*station*2——离退休者（离休、退休、提前退休、内退人员）为 1，其余为 0；*station*3——失业者（下岗职工、离岗（或放长假）、失业人员）为 1，其余为 0；*station*4——非就业者（丧失劳动能力者、待业青年、家务劳动者、在校学生、待分配和待升学者、其他非就业者）为 1，其余为 0。回答概率的 probit 模型的边际影响见附表 2。

附表 2 　　　　　　　　　　各种因素对回答概率的边际影响

变量	边际影响%	t 值	变量	边际影响%	t 值
agel **	− 18. 34	− 5. 67	*race* *	1. 10	2. 14
ageh	1. 01	1. 80	*sex* **	− 3. 51	− 4. 57
*education*1	0. 19	0. 22	*marriage* **	− 7. 21	− 4. 71
*education*2	− 0. 09	− 0. 11	*station*1 **	1. 14	2. 96
*education*3	0. 72	0. 85	*station*2 **	2. 16	3. 65
*education*4	1. 21	1. 44	*station*3 **	− 31. 82	− 8. 01
*education*5	0. 71	0. 79	*station*4 **	− 81. 51	− 33. 67
基本回答概率（%）			96. 95		
对数似然值			− 3173. 05		
拟 R^2			0. 544		

注：（1） * 、 ** 分别表示在 5% 和 1% 水平下显著；（2）基本回答概率为所有虚拟变量取 0 值时的估计回答概率；（3）离散变量的边际影响为从 0 到 1，其他变量取 0 值。

附表 2 给出的分析结果表明，受教育程度对是否报告收入的影响不显著，在显著影响的是受调查者的身份、婚姻状况、是否为 30 岁以下的年轻人。其中 station4（非就业者）、station3（失业者）、agel（小于 30 岁的人）、marriage（无配偶者）、sex（女性）对回答概率的影响系数也较大。对于年龄在 30~60 岁、文化程度为小学以下、汉族、有配偶、男性、一般就业者，估计的回答概率为 96.95%。在此基础上，如果受调查者 2002 年是非就业者而非一般就业者，其充分报告收入信息的概率只有 15.44%，下降了 81.51 个百分点；如果受调查者 2002 年是失业者而非一般就业者，其充分报告收入信息的概率为 65.13%，下降了 31.82 个百分点；对于小于 30 岁的人、无配偶者、女性，充分报告收入信息的概率分别下降 18.34 个、7.21 个和 3.51 个百分点。可见，丧失劳动能力者、待业青年、家务劳动者、在校学生、待分配、待升学者等非就业者和下岗职工、离岗（或放长假）、失业人员，以及小于 30 岁的年轻人最有可能缺乏充分的收入信息，因此，最有可能被排除在我们的收入流动研究之外，这些人都属于低收入者，在样本中删除他们会降低不平等程度。这说明，我们的研究在一定程度上仍可能偏向有稳定工作和收入、稳定家庭的中年人群。

参考文献

［1］李实：《中国收入分配研究回顾与展望》，载于《经济学》（季刊）2003 年第 2 期。

［2］李实、赵人伟：《市场化改革与收入差距扩大》，载于《洪范评论》2006 年第 3 卷第 2 辑。

［3］王海港：《中国居民家庭的收入变动及其对长期不平等的影响》，载于《经济研究》2005 年第 1 期。

［4］Fields, Gary, The Many Facets of Economic Mobility, Working Paper, July 2005.

［5］Khan, Aziz and Carl Riskin, "Household Income and its Distribution in China, 1995 and 2002?", *China Quarterly*, June, 2005.

［6］Khor, Niny and John Pencavel, Income Mobility of Individuals in China and The

United States, Department of Economics, Stanford University, Unpublished Paper, October, 2005.

［7］Li, Hongyi, Lyn Squire and Heng-fu Zou, "Explaining International and Intertemporal Variations in Income Inequality ", *Economic Journal*, 1998, 108: 26 – 43.

［8］Ravallion, Martin and Shaohua Chen, "China's (Uneven) Progress Against Poverty", World Bank, June 16, 2004.

［9］Yue, Ximing, Terry Sicular, Li Shi and Björn Gustafsson, " Explaining Incomes and Inequality in China ", In: Björn Gustafsson, Li Shi and Terry Sicular (eds.), Inequality and Public Policy in China, Cambridge University Press, 2006.

［10］Zhou, Xueguang, "Economic Transformation and Income Inequality in Urban China: Evidence from Panel Data", *American Journal of Sociology*, 2000, 105: 1135 – 1174.

收入分配不平等与经济增长：回到库茨涅兹假说[*]

一、引　言

收入分配与经济增长的关系是宏观经济领域的一个重大课题。早在 1955 年，库茨涅兹（Kuznets）就提出了经济增长与收入分配不平等呈"倒 U 型"关系的假说，他认为，在收入水平较低的阶段，经济增长与收入分配差距扩大相伴随；然而当收入水平达到一定程度后，经济增长有助于缓解收入分配不平等。刘易斯（Lewis，1954）、科尔多（Kaldor，1957）、泊斯涅堤（Pasinetti，1962）研究了收入分配通过储蓄—投资渠道影响经济增长的机制。他们认为，由于富人的储蓄率比其他阶层高，储蓄和投资主要来源于富裕阶层，因此，收入分配不平等有助于提高储蓄和投资率，从而促进经济增长。20 世纪 80 年代后期以来，随着新经济增长理论的崛起，西方学者对收入分配问题的研究兴趣有所增加。他们拓宽了收入分配影响经济增长的渠道，广泛考察了收入分配影响经济增长的多种机制。如阿莱西纳和泊罗提（Alesina and Perotti，1996）提出了收入分配影响经济增长的社会政治不稳定机制，他们认为，收入分配不平等可能引发社会冲突、导致产权保护薄弱，从而妨碍经济增长。默菲、斯莱弗和威斯利（Murphy，Shleifer and Vishny，1989）提出了收入分配

* 本文原载于《经济研究》2005 年第 4 期。作者：尹恒、龚六堂、邹恒甫。此项研究得到国家自然科学基金（70303003）资助。

通过市场规模影响经济增长的机制，即所谓收入分配的"大推动（big push）"理论。他们认为，工业化要求充分大的国内市场以使规模收益递增的技术获得盈利性，而收入分配不平等、财富过于集中可能会限制市场规模从而妨碍经济增长。泊罗提（Perotti，1996）从个人教育—生育决策角度研究了收入分配对经济增长的影响。他认为，父母人力资本的增加对其生育决策有两方面影响：收入效应和替代效应。前者意味着对子女数量的需求增加；然而由于父母抚养子女的机会成本提高，后者意味着对子女数量的需求减少。在父母人力资本较低时，抚养小孩的直接成本对父母决策的影响大，收入效应居于主导，父母倾向于多生少教的决策；在父母人力资本较高时，抚养小孩的机会成本对父母决策的影响大，替代效应居于主导，父母倾向于减少生育率，增加对子女人力资本的投资。因此，他认为，收入分配不平等与人口出生率正相关、与人力资本投资和经济增长负相关。然而，无论从理论还是计量检验角度看，上述收入分配影响经济增长的机制都有待进一步发展。

在当代收入分配文献中，研究的比较充分的是收入分配影响增长的政治经济机制。这一理论研究收入分配通过政府财政支出和税收渠道对经济增长的影响，因此，又称为内生财政政策理论。其典型的理论结构包括经济均衡和政治均衡。在经济均衡中，他们运用优化模型研究税率对经济增长的影响、研究个人的收入（财富）水平与其偏好的最优税率间的关系；在政治均衡中，他们都求助于少数服从多数的决策规则和中间投票人定理，认为社会的税率由政治均衡确定，即为中间投票人所偏好的税率。这样，不同的收入分配格局下中间投票人的收入（财富）状况不同，他所偏好的税率也不同，从而导致不同的社会税率和不同的经济增长率。在这方面比较有代表性的文献有柏图拉（Bertola，1993）、泊罗提（Perotti，1993）、阿莱西纳和罗德里克（Alesina and Rodrik，1994）、泊森和塔博里尼（Persson and Tabellini，1994）及李宏毅和邹恒甫（1998）。他们研究了在财政支出的职能单一时收入分配对经济增长的影响。以这些理论为基础，本文试图建立一个综合性的分析框架，研究财政支出同时具有生产性和消费性时收入分配与经济增长的关系。

二、基本模型

我们认为政府财政支出（g）包括两部分，一部分为生产性支出（g_1），用于改善全社会的生产效率，进入总生产函数。例如，社会生产需要政府提供法律、秩序等公共服务；另一部分直接提高居民的福利水平（g_2），它进入代表性个人的效用函数，如政府在公共消费、教育等方面的支出。我们借鉴巴罗（Barro，1990）的方法，选择如下总生产函数：

$$y = Ak^\alpha g_1^{1-\alpha} l^{1-\alpha}, 0 < \alpha < 1 \tag{1}$$

式（1）中，A 代表技术参数，k 和 l 分别是资本和劳动的总存量。假定经济中只有一种商品，它既可用于消费也可用于投资，其价格标准化为 1。这里给出的生产函数的独特之处在于它纳入了政府支出 g_1，从而给予了政府一定的生产性职能。

假定政府通过资本税（税率为 τ）为其公共支出筹资，而且在任何时刻其预算都是平衡的。因此：

$$g = t = \tau \cdot k \tag{2}$$

这里我们与阿莱西纳和罗德里克（Alesina and Rodrik，1994）一样，对资本采用最广泛的定义，它包括物质资本、人力资本和所有的专利技术。因此，资本税可以看成是对所有可积累的资源（包括人力资本）征税。对原始劳动力（未作任何人力资本投资）的收入不征税。我们假定政府的生产性支出比例为 $\beta(0 < \beta < 1)$，因此，政府的生产性支出为 $g_1 = \beta\tau k$，进入效用函数的政府支出为 $g_2 = (1-\beta)\tau k$。假定经济中的劳动总量 l 固定，并标准化为 1。将式（2）代入式（1）中，生产函数变为：

$$y = Ak(\beta\tau)^{1-\alpha} \tag{3}$$

要素市场是充分竞争的，因此，工资率和资本收益率由各自的边际生产率决定，即：

$$r = \frac{\partial y}{\partial k} = \alpha A(\beta\tau)^{1-\alpha} \equiv r(\tau) \tag{4}$$

$$w = \frac{\partial y}{\partial l} = (1 - \alpha) A (\beta \tau)^{1 - \alpha} k \equiv \omega(\tau) k \qquad (5)$$

注意，式（4）为先对式（1）求偏导、然后将 $g_1 = \beta \tau k$ 代入求得。资本的边际生产率 r 独立于资本存量，因此，模型将资本边际生产率递减的可能性排除在外。$\frac{\mathrm{d} r}{\mathrm{d} \tau} = \alpha (1 - \alpha) \beta^{1 - \alpha} A \tau^{-\alpha} > 0$；$\frac{\mathrm{d} w}{\mathrm{d} \tau} = (1 - \alpha)^2 \beta^{1 - \alpha} A \tau^{-\alpha} k > 0$，因此，劳动的边际生产率和资本的边际生产率都是资本税率 τ 的增函数。这是因为对于任何资本存量 k，较高的税率 τ 增加了政府的生产性支出 g_1，提高了总产出 y，从而相应增加了资本和劳动的收入。扣除税收后，资本和劳动的总收入分别为：

$$y_k = [r(\tau) - \tau] \cdot k \qquad (6)$$

$$y_l = \omega(\tau) k l = \omega(\tau) k \qquad (7)$$

在这里，总收入约束是满足的，即：

$$y_k + y_l + g = [r(\tau) - \tau] \cdot k + \omega(\tau) k + \tau k = \alpha A k (\beta \tau)^{1 - \alpha} + (1 - \alpha) A k (\beta \tau)^{1 - \alpha} = y$$

三、经济均衡时的增长率及其与税率的关系

我们首先研究模型的经济均衡。所谓经济均衡，即在给定的税率 τ 下，经济中所有个人的消费、投资决策都是最优的。

由于每个人的未经训练的劳动力都是一样的（如每天 24 小时），我们认为，个人除了在初始资本方面有差异外其余均相同。因此，个人的特征完全可由其资本份额来描述：

$$\sigma_i = \frac{k_i}{k} \qquad (8)$$

上式中，k_i 为个人 i 的资本，k 为总资本。每个个人的收入都来自于资本和劳动，因此，由式（6）、式（7）可知：

$$y_i = \omega(\tau) k \overline{l} + [r(\tau) - \tau] \cdot k_i \qquad (9)$$

上式中 $\overline{l}$ 是个人的劳动份额，每个人的劳动份额均相同。由式（9）可

知，收入水平 y_i 完全由财富分配指标 σ_i 和社会初始资本存量决定。我们的模型中财富分配与收入分配直接相关，因此本文对财富分配与收入分配不加区别。

个人的资本积累行为满足：

$$\frac{\mathrm{d}k_i}{\mathrm{d}t} = \omega(\tau)k\ \overline{l}\ + [r(\tau) - \tau] \cdot k_i - c_i \tag{10}$$

假定个人 i 有如对数效用函数，注意政府支出 g_2 进入了效用函数：

$$U_i = \int_0^\infty [\ln c_i + \ln g_2] e^{-\rho t} \mathrm{d}t \tag{11}$$

c_i 为消费，$\rho > 0$ 为贴现率。个人视 r、k 和 τ 为既定，在式（10）约束下最大化效用函数为式（11）。这是一个无限期自治型动态优化问题。

$$H = \ln c_i + \ln g_2 + \lambda\{\omega(\tau)k\ \overline{l}\ + [r(\tau) - \tau] \cdot k_i - c_i\} \tag{12}$$

这一动态优化问题的解满足：

$$\frac{\partial H}{\partial c_i} = 0, \tag{13}$$

$$\frac{\mathrm{d}\lambda}{\mathrm{d}t} = \rho\lambda - \frac{\partial H}{\partial k_i} \tag{14}$$

由式（13）可得 $\lambda = \frac{1}{c_i}$，所以，

$$\frac{\mathrm{d}\lambda}{\mathrm{d}t} = -\frac{1}{c_i^2} \frac{\mathrm{d}c_i}{\mathrm{d}t} \tag{15}$$

将式（15）代入式（14）可得个人 i 的最优消费增长率为：

$$\hat{c}^i = r(\tau) - \tau - \rho \tag{16}$$

这里 $\hat{c}$ 表示消费的增长率，即 $\hat{c} = \mathrm{d}c/\mathrm{d}t/c$，以下 $\hat{k}$ 也如此定义。由式（16）可知，在最优路径上个人 i 的消费增长率与反映个人特征的变量 σ_i 和 k_i 无关。因此，经济中任何人的最优消费增长率、从而资本增长率和经济增长率都相同：

$$\gamma = \hat{k}^i = \hat{c}^i = r(\tau) - \tau - \rho \tag{17}$$

这说明个人的资本份额 σ_i 不随时间变化，即收入分配格局是稳定的。因此，起决定作用的投票人及其资本份额是固定的，由政治均衡决定的实际税

率 τ 也不随时间变化。

增长率的上述结论对任何时间可分离的（time-separable）等弹性（isoelastic）效用函数都成立，这类效用函数使得最优增长率与带个人特征的变量 σ_i 和 k_i 无关，从而收入分配格局不随时间变化。这一性质对大多数收入分配的政治经济模型极为重要，若不然，决定税率的投票过程将会十分复杂，因为随着时间的演化，每期起决定作用的投票人可能不同，这就会导致投票人间复杂的动态博弈。这也说明多数政治经济理论的基本假定排除了收入分配格局的动态变化，从而只研究了从收入分配到经济增长的单向影响机制。

由式（17）可计算出税率与经济增长率的关系：

$$\frac{\partial \gamma}{\partial \tau} = \alpha(1-\alpha)\beta^{1-\alpha}A\tau^{-\alpha} - 1 \qquad (18)$$

因此：

$$当 \tau < [\alpha(1-\alpha)\beta^{1-\alpha}A]^{1/\alpha} 时, \frac{\partial \gamma}{\partial \tau} > 0$$

$$当 \tau > [\alpha(1-\alpha)\beta^{1-\alpha}A]^{1/\alpha} 时, \frac{\partial \gamma}{\partial \tau} < 0 \qquad (19)$$

式（19）表明，资本的税后收益率越高，则经济的增长率越大。资本税率与经济增长率间的关系是非线性的：在税率较低时，财政支出对经济增长的促进作用居于主导地位，资本的税后收益率随资本税率 τ 的增加而增加，经济增长率也随 τ 的增加而增加；在税率较高时，资本税对资本积累的负面影响居主导地位，资本的税后收益率随资本税率 τ 的增加而下降，经济增长率也随 τ 的增加而下降。因此，经济增长率 γ 与资本税率 τ 呈"倒 U 型"关系：随着 τ 的增加，经济增长率先升后降。使增长率最大的税率为：

$$\tau^* = [\alpha(1-\alpha)\beta^{1-\alpha}A]^{1/\alpha} \qquad (20)$$

上式中，τ^* 由模型的参数决定，也不随时间变化。

四、政治均衡时收入分配与税率的关系

在得出了税率与经济增长的关系后，我们遵循收入分配政治经济理论的

基本思路，进一步讨论收入分配不平等与实际税率的关系。

我们先研究个人 i 的优化问题，计算出他偏好的最优税率。假定经济中初始总资本为 $k(0)$，根据式（8）对 σ_i 的定义，个人 i 的初始资本为 $k_i(0) = \sigma_i k(0)$。据此我们可以求出在任意时刻 t 个人 i 的消费和储蓄行为：

$$k_i(t) = k_i(0)e^{[r(\tau)-\tau-\rho]t} = \sigma_i k(0)e^{[r(\tau)-\tau-\rho]t} \tag{21}$$

由式（17）可得：

$$\frac{\mathrm{d}k_i}{\mathrm{d}t} = [r(\tau) - \tau - \rho]k_i \tag{22}$$

将式（22）代入约束条件式（10）可得：

$$c_i = \omega(\tau)k\bar{l} + [r(\tau) - \tau] \cdot k_i - [r(\tau) - \tau - \rho]k_i$$

因此：

$$c_i(t) = \left(\frac{\omega\bar{l}}{\sigma_i} + \rho\right)\sigma_i k(0)e^{[r(\tau)-\tau-\rho]t} \tag{23}$$

式（21）、式（23）表示在税率 τ 下个人 i 的最优消费与积累路径。将式（21）、式（23）代入个人 i 的效用函数式（11）：

$$U_i = \int_0^\infty \left\{\ln\left[\left(\frac{\omega\bar{l}}{\sigma_i} + \rho\right)\sigma_i k(0)e^{[r(\tau)-\tau-\rho]t}\right] + \ln\left[(1-\beta)\right]\tau k(0)e^{[r(\tau)-\tau-\rho]t}\right\}e^{-\rho t}\mathrm{d}t$$

计算这一定积分，我们可以得到个人的贴现效用：

$$U_i = \frac{1}{\rho}\left[\ln\left(\frac{\omega\bar{l}}{\sigma_i} + \rho\right) + \ln k(0)\right] + \frac{\ln\tau}{\rho} + 2\frac{r-\tau-\rho}{\rho^2} + \frac{\ln(1-\beta)}{\rho} + \frac{\ln k(0)}{\rho} \tag{24}$$

如果由个人 i 决定税率，他将选择最大化式（24）的 τ_i，即个人 i 偏好的税率 τ_i 及其资本份额 σ_i 满足式（24）的一阶条件：

$$\frac{1}{\rho}\left(\frac{\omega\bar{l}}{\sigma_i} + \rho\right)^{-1}\frac{\omega'\bar{l}}{\sigma_i} + 2\frac{r'-1}{\rho^2} + \frac{1}{\rho\tau_i} = 0 \tag{25}$$

式（25）中，$r' = \mathrm{d}r/\mathrm{d}\tau_i = \alpha(1-\alpha)\beta^{1-\alpha}A\tau_i^{-\alpha}$；$\omega = \omega(\tau_i) = (1-\alpha)A(\beta\tau_i)^{1-\alpha}$，$\omega' = \frac{\mathrm{d}\omega}{\mathrm{d}\tau_i} = (1-\alpha)^2\beta^{1-\alpha}A\tau_i^{-\alpha}$。

隐函数（25）确定了个人 i 偏好的税率 τ_i 与其资本份额 σ_i 的函数关系，我们的最终目标是根据这一隐函数讨论个人资本份额 σ_i 变化时其偏好的税率 τ_i 如何变化。在式（25）两边对 σ_i 求导，可得 $\mathrm{d}\tau_i/\mathrm{d}\sigma_i$ 的表达式：

$$\frac{\mathrm{d}\tau_i}{\mathrm{d}\sigma_i} = \frac{-\dfrac{\omega'\bar{l}}{B^2\sigma^2}}{\dfrac{1}{\rho B^2}\left(\dfrac{\omega'^2\ \bar{l}^{\ 2}}{\sigma_i^2} - \dfrac{\bar{l}\ B\omega''}{\sigma_i}\right) - \dfrac{2r''}{\rho^2} + \dfrac{1}{\rho\tau^2}} \qquad (26)$$

其中 $B = \rho + (\omega\,\bar{l}\,/\sigma_i)$。由于 $\omega' = (1-\alpha)^2\beta^{1-\alpha}A\tau^{-\alpha} > 0$；$\omega'' = -\alpha(1-\alpha)^2\beta^{1-\alpha}A\tau^{-1-\alpha} < 0$；$r'' = -\alpha^2(1-\alpha)\beta^{1-\alpha}A\tau^{-1-\alpha} < 0$，因此，$\mathrm{d}\tau_i/\mathrm{d}\sigma_i < 0$，也就是说，个人的财富份额越高，其偏好的税率越低。

五、结　论

在收入分配的政治经济模型中，$\mathrm{d}\tau_i/\mathrm{d}\sigma_i$ 呈现出一致的正号或负号相当重要，因为它决定投票人的偏好是否是单峰值的，从而决定少数服从多数决策规则下的中间投票人定理是否成立。如果 $\mathrm{d}\tau_i/\mathrm{d}\sigma_i$ 呈现出一致的符号，则中间投票人定理成立。由于在我们的模型中个人的特征完全取决于其初始的财富（资本）状况 σ_i，中间投票人的初始资本为经济中资本份额的中位数 σ_m，经济中税率就是中间投票人 σ_m 所偏好的税率 τ_m。与基尼系数类似，σ_m 也是对经济中收入分配不平等程度的一个度量指标。σ_m 越低说明经济中较穷的 50% 人口的资本份额越低，收入分配就越不平等。这样，收入分配通过 σ_m 影响经济中的实际税率，从而影响经济增长。

具体的说，在本模型中由于 $\mathrm{d}\tau_i/\mathrm{d}\sigma_i$ 小于 0，中间人的财富份额 σ_m 越低，其偏好的税率越高，由于在政治均衡时社会的税率由中间人的偏好确定，因此，全社会的税率也就越高。结合上节中经济均衡时增长率与税率的关系，我们可以得出模型关于经济增长与收入分配的主要结论：收入分配越不平等、中间投票人的资本份额 σ_m 越小，其偏好的税率 τ_m 就越高。在 τ_m 小于 $\tau^* =$

$[\alpha(1-\alpha)\beta^{1-\alpha}A]^{1/\alpha}$时，经济增长率是税率的增函数，从而收入分配越不平等，经济增长越快；当τ_m大于$\tau^* = [\alpha(1-\alpha)\beta^{1-\alpha}A]^{1/\alpha}$时，经济增长率是税率的减函数，从而收入分配越不平等，经济增长越慢。

这样，我们的模型在一定程度上为 Kuznets 关于经济增长与收入分配不平等"倒 U 型"关系的假说提供了理论依据：若初始状态为低水平的平均主义经济，初始σ_m较大从而τ_m较小，此时的τ_m很可能小于τ^*，因此，若政府实施鼓励一部分人先富起来的收入分配政策，经济增长会加快；随着经济的发展，收入分配不平等加大，中间人偏好的税率τ_m很可能越过τ^*，此时，收入分配不平等开始妨碍经济增长。当然，在我们的模型中未来经济发展信赖于经济的初始状态。如果初始时经济处于很不平等的贫困状态，税率较高，此时，扩大不平等的政策反而会带来更高的税率和更低的经济增长。

我们的模型综合了收入分配的政治经济文献的主要结论。阿莱西纳和罗德里克（Alesina and Rodrik，1994）使用一个劳动和资本作为基本生产要素的内生增长模型，研究收入分配对经济增长的影响。在他们的模型中，财政完全是生产性的，财政支出全部进入生产函数。其模型的结论是$\mathrm{d}\tau_m/\mathrm{d}\sigma_m > 0$（Alesina 和 Rodrik 定义的收入分配指标σ_m与本文刚好相反，σ_m越大收入分配越不平等），因此，他们的结论是收入分配不平等妨碍经济增长。泊森和塔博里尼（Persson and Tabellini，1994）运用一个 OLG 模型研究了在财政纯粹进行再分配的情况下收入分配对经济增长的影响。他们的模型中收入分配格局取决于个人能力的差异，后者服从一个稳定的分布。他们发现在经济均衡时，税率越高（即国民收入中财政再分配的份额越大）经济增长率越低；而在政治均衡时，个人能力的差异越大（收入分配越不平等）则税率越高，因此，收入分配不平等对经济增长有害。李宏毅和邹恒甫（1998）建立了一个财政支出全部进入代表性个人的效用函数的政治经济模型，他们的结论是：当 CES 效用函数的参数$\theta \in [1,10]$（霍尔在 1988 年指出这是θ取值的正常区间），$\mathrm{d}\tau_m/\mathrm{d}\sigma_m > 0$，即收入分配越不平等，经济增长反而越快。

当然，我们的结论对效用函数的形式较敏感，若选择 CES 效用函数，$d\tau_i/d\sigma_i$ 的符号变得不确定，个人的偏好不是单峰值的，少数服从多数决策规则下的中间投票人定理就会失效。在这种情况下，收入分配影响经济增长的政治经济机制的解释能力可能下降，我们有必要寻求其他的理论①。

参考文献

［1］ Alesina, A. and R. Perotti., "Income Distribution, Political Instability, and Investment", *European Economic Review*, 1996, 40 (6): 1203 – 28.

［2］ Alesina, A. and D. Rodrik, "Distributive Politics and Economic Growth", *Quarterly Journal of Economics*, 1994, 109 (2) (May): 465 – 90.

［3］ Barro, Robert, "Government Spending in a Simple Model of Economic Growth", *Journal of Political Economy*, 1990, XCVⅢ: 103 – 25.

［4］ Bertola, G., "Factor Shares and Savings in Endogenous Growth", *American Economic Review*, 1993, 83 (5): 1184 – 201.

［5］ Deininger, K. and L. Squire, "Measuring Income Inequality: A New Data Base", *The World Bank Economic Review*, 1996, 10: 565 – 91.

［6］ Hall, R., "Intertemporal Substitution in Consumption", *Journal of Political Economy*, 1988, 96: 339 – 57.

［7］ Hongyi Li and Heng-fu Zou, "Income Inequality is Not Harmful for Growth: Theory and Evidence", *Review of Development Economics*, 1998, 2 (3): 318 – 34.

［8］ Kaldor, N., "A Model of Economic Growth", *Economic Journal*, 1957, 57: 591 – 624.

［9］ Lewis, W. A., "Economic Development with Unlimited Supplies of Labor",

---

① 若即时效用函数为 $\dfrac{c_i^{1-\sigma}-1}{1-\theta}+\ln_2$，式（25）变为：

$$\frac{\theta[\sigma_i k(0)]^{1-\theta}}{\rho-(r-\tau_i)(1-\theta)}\left(\frac{\overline{l}}{\sigma_i}\omega'-\frac{(r'-1)(1-\theta)}{\theta}\right)\left(\frac{\omega\overline{l}}{\sigma_i}+\frac{\rho-(r-\tau_i)(1-\theta)}{\theta}\right)^{-\theta}$$

$$+\frac{\theta[\sigma_i k(0)]^{1-\theta}(r'-1)}{[\rho-(r-\tau_i)(1-\theta)]^2}\left(\frac{\omega\overline{l}}{\sigma_i}+\frac{\rho-(r-\tau_i)(1-\theta)}{\theta}\right)^{1-\theta}+\frac{1}{\rho\tau_i}+\frac{r'-1}{\rho^2\theta}=0$$

这一隐函数确定的 τ_i 和 σ_i 的关系十分复杂，随着模型的参数不同，$d\tau_i/d\sigma_i$ 可以大于零、小于零，或者符号不确定。

The Manchester School, 1955, 22: 139 – 91.

[10] Murphy, K., A. Shleifer, and R. Vishny, "Income Distribution, Market Size and Industrialization", *Quarterly Journal of Economics*, 1989, 104: 537 – 64.

[11] Pasinetti, L., "Rate of Profit and Income Distribution in Relation to the Rate of Economic Growth", *Review of Economic Studies*, 1962, 29: 267 – 79.

[12] Perotti, R., "Political Equilibrium, Income Distribution, and Growth", *Review of Economic Studies*, 1993, 60: 755 – 76.

[13] Perotti, R., "Growth, Income Distribution and Democracy: What the Data say", *Journal of Economic Growth*, 1996, 1 (2): 149 – 87.

[14] Persson, T. and G. Tabellini, "Is Inequality Harmful for Growth?" *American Economic Review*, 1994, 84 (3): 600 – 21.

寻租导致的人才误配置的社会成本有多大[*]

一、引　言

20 多年前刚到中部地区某政府机关工作的笔者（之一）与即将退休的同事到沿海地区考察，听到这位同事感叹："这里能干的人选择经商办企业，而内地能干的人都想在官场找饭吃，差距就在这里。"后来接触到关于寻租活动的经济分析，在感慨经济思想的普遍性和直观性的同时，不禁开始思考：这种因寻租导致的人才误配置，其社会成本到底有多大呢？

寻租是纯粹的再分配活动，不具有生产性（Murphy et al., 1993）。如果一个经济体中最聪明的大脑在高回报的诱导下从事寻租活动，而不是投身于需要创新人才的生产和商业活动，这种人才误配置对社会来说无疑是一个很大的损失。鲍莫尔（Baumol, 1990）对工业革命前的英国和同时期的中国进行了比较。他指出，当时英国有比较完善的财产和专利保护制度，创新和企业家活动能够获得高收益和回报，社会精英都被吸引到工商业领域。而此时中国的社会精英们都在期望通过科举考试一举成名，进入官僚系统获得巨额的回报（货币的或者非货币的）。当时中国商人的社会地位很低，腰缠万贯的

　＊　本文原载于《经济研究》2014 年第 7 期。作者：李世刚、尹恒。感谢国家自然科学基金（71173019，71373026）、中央高校基本科研业务费专项资金（2012WZD13）、教育部新世纪优秀人才支持计划（NECT‒11‒0041）和哲学社会科学研究重大课题（11JZD015）的资助。感谢北京师范大学经济与工商管理学院李实、许敏波、杨龙见、柳荻和刘盛宇的有益讨论。

富商巨贾即便在下层官员面前也只能毕恭毕敬，若得罪了这些官员，其财富随时可能不保。在这样的社会中，游戏规则给予从事寻租活动极大的回报，而工商业等生产性活动却没有足够的吸引力。这种人才误配置被认为是两国随后生活水平差距的根源。

当今世界寻租及其导致的人才误配置依然是一个严重的问题。世界上最贫穷的撒哈拉以南非洲地区，也被认为是腐败最严重的地区之一①，寻租活动的收益和吸引力远远超过正常的商业活动。拉丁美洲一些国家的公共部门寻租也很严重，政治精英们利用手中的权力攫取巨额财富，社会陷入以两极分化和停滞为典型特征的"拉美陷阱"。除了非法的寻租活动而外，合法的再分配活动也在扭曲人才配置，其优厚的待遇吸引大量优秀的年轻人，使他们远离创造性的岗位。在中国，进入公务员序列或者国有垄断部门是很多大学毕业生的首选；即使在美国就读名校后进入华尔街也仍然是一些优秀年轻人的梦想。由于非法或合法的寻租活动并不能增加社会总财富，导致了人才资源的极大浪费，人们普遍认为，由此导致的人才误配是当今绝大多数发展中国家乃至发达国家陷入发展停滞的重要原因。

20世纪90年代以来，经济学家开始对寻租活动盛行的原因及寻租导致人才误配置的机制展开正式的分析。鲍莫尔（Baumol，1990）指出人们选择从事什么职业取决于这个社会的回报结构，即游戏规则。如果从事寻租活动的回报（货币或非货币的）更高，那么能力更高的人就会选择从事寻租活动。默菲等（Murphy et al.，1991，1993）认为，出于三个原因，寻租活动具有规模收益递增的性质：寻租活动往往有一个较高的启动成本，不过一旦启动其边际成本将极低；寻租活动会自我创造新的寻租活动，因为进攻会带来防守的需求；寻租活动会在数量上自我加强，因为寻租活动越盛行，寻租的私人

---

① 根据透明国际（Transparency International）的报告，2012年，在48个撒哈拉以南的非洲国家中，有超过60%（30个）的国家政府清廉指数排在世界100名之后，在剩下40%的国家里，只有3个国家的政府清廉指数排在世界50名以内，分别是博茨瓦纳（30）、佛得角（39）、毛里求斯（43）。

成本会越低。寻租活动的规模收益递增性，使得社会中能力最高的人选择从事寻租活动，从而导致人才误配置。这些文献分析了寻租和人才误配置的理论机制，但没有尝试对人才误配置造成的损失进行估计①。寻租导致的这种人才误配置到底是不是如人们普遍相信的那样，对经济发展水平和人民福利产生重大影响？如果不对这个问题进行严谨的分析，毕竟不能满足人们的好奇心。最近，谢等（Hsieh et al.，2013）开始尝试测量美国消除因歧视导致的人才误配置带来的产出增加。他们发现在1964年94%的医生和律师都是白人男性，到了2008年这一比重下降到62%，而且这一现象在其他对能力要求较高的行业也同时存在。如果认为不同人种和性别的人内在能力是一样的，那么在1964年就存在人才误配置。利用美国职业分布的数据，他们发现1960～2008年经济增长的15%～20%可以由人才配置的改进来解释。这一研究与谢和克勒劳（Hsieh and Klenow，2009）测量资源误配置造成产出损失的方法一脉相承，激发了人们量化资源误配置的社会成本的兴趣。然而他们的方法需要详细的微观数据，这在寻租研究领域基本上是不可能的。

本文试图另辟蹊径，建立一个具有异质性个体的OLG模型，运用数值模拟方法评估寻租导致的人才误配置的社会成本。本文在模型中引入了企业家、寻租者和工人三种职业。个体的能力服从对数正态分布，他们根据自己的能力来选择回报最高的职业。与阿西莫格鲁（Acemoglu，1995）一样，本文不仅考虑了寻租者的货币回报，还考虑了寻租职位的非货币回报。本文证实寻租引起的人才误配置，其社会成本确实不容小视。在寻租职位的非货币吸引力比较正常区域内，这种社会成本相当于潜在产出的10%～20%；如果寻租的魅力大到将社会精英都吸引过去，社会成本将是灾难性的，总产出可能只有潜在产出的1/4。

---

① 托维克（Torvik，2002）、笛肯和罗德（Deacon and Rode，2012）讨论了寻租和发展中国家的"资源诅咒"（resource curse）问题；吴和黄（Wu and Huang，2008）讨论了中国30年经济转型中寻租和企业家的创新行为。

二、理论模型

考虑一个两代人共存的世代交替（OLG）经济，在任意时期 t 存在两代人：年轻人和老年人。为了简化，不考虑人口增长。年轻人出生时获得天赋能力 e_i，服从对数正态分布：$\ln e_i \sim N(0, \sigma^2)$[①]。年轻人根据自己选择的职业获得收入。老年人不工作，他们年轻时的储蓄形成当期资本（生产要素）。经济中有三种职业供年轻人选择 $OP = \{WK, RT, EP\}$，分别是工人、寻租者和企业家。工人提供生产要素（劳动），获得工资收入。寻租者不创造任何价值，其收入纯粹来自于对既有产出的再分配。企业家提供生产要素（企业家能力），获得扣除其他生产要素回报（包括寻租者的攫取）之后的生产剩余，即利润[②]。年轻人根据自己的能力选择终身效用最大的职业。

为了分离出寻租导致的社会成本，设定经济中唯一的扭曲来自于寻租。除此之外不存在摩擦，产出市场、资本市场和劳动市场都是充分竞争的。

1. 职业及其收入

● 企业家

如果年轻人 i 选择做企业家，他在资本市场和劳动市场上雇佣资本 k_i 和劳动 l_i 进行生产，其生产函数为：

$$y_i = a_i k_i^\alpha l_i^\beta \tag{1}$$

设企业的生产率等于企业家的能力，即 $a_i = e_i$。其中，α、β 分别为资本产出弹性和劳动产出弹性，满足 $\alpha, \beta \in (0,1)$，且 $\alpha + \beta < 1$，即生产函数规模报酬递减。在这种设定之下，企业家能力作为一种生产要素投入可以获得生产剩余（利润）。企业家视工资 w 和资本雇佣成本 R 给定，选择劳动和资本雇佣量最大化利润 π_i。其优化问题如下：

---

① 能力的绝对大小没有意义，因此，将能力分布的均值标准化为 0。

② 本文的利润指企业家能力作为要素投入所获得的相应回报。

$$\max_{k_i, l_i}: \pi_i = (1 - \tau) a_i k_i^\alpha l_i^\beta - Rk_i - wl_i \qquad (2)$$

τ 为寻租者攫取的产出份额。本文讨论的焦点是寻租从而人才误配置的产出损失幅度，因此，对寻租的方式和租金的来源①作了简化处理。这里借鉴默菲等（Murphy et al.，1991），直接将租金设定为企业产出的份额 τ。本文没有具体引入政府。可以认为政府通过商品税获得财政收入，据此提供标准的和必要的公共服务。这样 τ 是履行政府职能的必要商品税之后②的额外攫取。寻租规模 τ 的大小与政府规模、权力受制约程度有关。如果相对于提供正常的公共品而言政府规模过大、其权力受到的约束较弱，寻租活动就会更频繁，相应的 τ 也会更大。

据式（2）可以解出企业的要素需求函数：

$$\begin{cases} k_i^D = (1 - \tau)^{\frac{1}{1-\beta}} (a_i)^{\frac{1}{1-\alpha-\beta}} \left(\frac{\alpha}{R}\right)^{\frac{1-\beta}{1-\alpha-\beta}} \left(\frac{\beta}{w}\right)^{\frac{\beta}{1-\alpha-\beta}} \\ l_i^D = (1 - \tau)^{\frac{1}{1-\alpha-\beta}} (a_i)^{\frac{1}{1-\alpha-\beta}} \left(\frac{\alpha}{R}\right)^{\frac{\alpha}{1-\alpha-\beta}} \left(\frac{\beta}{w}\right)^{\frac{1-\alpha}{1-\alpha-\beta}} \end{cases} \qquad (3)$$

企业家的收入为：

$$\pi_i = (1 - \alpha - \beta)(1 - \tau)^{\frac{1}{1-\alpha-\beta}} (a_i)^{\frac{1}{1-\alpha-\beta}} \left(\frac{\alpha}{R}\right)^{\frac{\alpha}{1-\alpha-\beta}} \left(\frac{\beta}{w}\right)^{\frac{\beta}{1-\alpha-\beta}} \qquad (4)$$

• 工人

如果年轻人选择做工人，其人力资本等于其天赋能力：$h_i = e_i$。其对应的工资收入为 wh_i。由于所有工人的工资收入之和占总收入的比重已被生产函数参数所限定，所以，人力资本与企业家能力的绝对大小并不影响工人工资和企业家利润的相对大小。只有个体间人力资本的相对大小才有意义。

作为企业家的收入与工人工资对能力有着不同的规模收益性质。据式（4），$\pi_i \propto (a_i)^{\frac{1}{1-\alpha-\beta}}$，在给定的参数约束 $1/(1 - \alpha - \beta) > 1$ 下，企业家能力具有报酬（利润收入）递增的性质。而工人工资与能力呈线性关系，即规模报酬不变。因此，在没有寻租活动的社会中，能力最高的年轻人会选择成为企业

① 显然，寻租方式和租金来源不同，寻租活动对经济的扭曲也不一样。

② 在下面进行数值模拟时 τ 中也不包括这一部分。

家，其余的个体则选择成为工人。

- **寻租者**

寻租是纯粹的再分配活动。给定总租金份额，租金在寻租集团内部的不同分配规则会影响人们是否选择寻租职业的决策，从而造成不同程度的人才误配置。借鉴默菲等（Murphy et al.，1991），本文也设租金收入对能力是报酬递增的。同时，由于寻租职位的稀缺性，人们需要付出一定的成本才能获得寻租职位。具体的，设定如下租金分配规则：

$$rent_i = \frac{(e_i)^\gamma}{\sum_{i \in RT}(e_i)^\gamma}TR - sc \tag{5}$$

其中，$rent_i$ 表示个体 i 的租金收入；TR 表示整个社会可供分配的总租金；sc 表示为了获得寻租职位需要支付的进入成本（每个个体相等）。进入成本是一种纯粹的资源浪费。γ 为决定租金分配的参数，当 $\gamma = 1$ 时，租金分配与工资相似，不具有回报递增性；当 $\gamma > 1$ 时，租金分配具有回报递增性。γ 越大，租金在寻租者内部的分配越不平均，租金将集中到少数能力较高的人手中。本文中 sc 是内生的，它使得愿意成为寻租者的人数刚好等于寻租职位数。

2. 职业选择与储蓄决策

年轻人根据自己的天赋能力，选择终身效用最大的职业和相应的消费、储蓄。做寻租者不仅有租金收入，还有很多非货币的职位效用，如权力、声望、社会地位等。因此，本文给寻租者职位赋予一个大于 1 的非货币吸引力指数 p。其经济含义是：寻租者 1 单位货币收入给其带来的效用是企业家（或工人）1 单位货币收入（利润或工资）带来的效用的 p 倍。个体的优化问题如下：

$$\max_{\{OP,c_i^y,c_i^o\}} U(c_i^y,c_i^o) = [1(i \notin RT) + p*1(i \in RT)]c_i^y(c_i^o)^p$$

$$\text{s. t. } c_i^y + \frac{c_i^o}{1+r} = z_i^{OP} \tag{6}$$

其中，上标 $\{y, o\}$ 分别代表年轻人和老年人。r 为利率。z_i^{OP} 为年轻人的收入，满足：

$$z_i^{OP} = \begin{cases} \pi_i & OP = EP \\ wh_i & OP = WK \\ rent_i & OP = RT \end{cases} \tag{7}$$

年轻人先根据自己的能力选择职业，再根据相应的职业收入选择最优的消费和储蓄。个人的消费决策如下：

$$\begin{cases} c_i^y = \dfrac{z_i^{OP}}{1+\rho} \\ c_i^o = \dfrac{\rho(1+r)z_i^{OP}}{1+\rho} \end{cases} \tag{8}$$

储蓄决策如下：

$$s_i = \frac{\rho z_i^{OP}}{1+\rho} \tag{9}$$

3. 市场均衡

设折旧率为 1，资本雇佣成本满足：$R = r + 1$。均衡满足的条件包括资本市场出清、劳动市场出清，总租金收入等于总租金分配。

资本市场出清。上一期年轻人的储蓄等于本期社会的总资本，等于本期所有企业家雇佣的资本总量：

$$K = \sum_{i \in EP} k_i^D = \sum s_i \tag{10}$$

劳动市场出清。当期所有选做工人的年轻人的人力资本总量等于本期所有企业家的劳动需求总量：

$$L = \sum_{i \in EP} l_i^D = \sum_{i \in WK} h_i \tag{11}$$

总租金收入等于总租金分配：

$$TR = \tau \sum_{i \in EP} a_i k_i^\alpha l_i^\beta = \tau \big[\sum_{i \in EP} (a_i)^{\frac{1}{1-\alpha-\beta}} \big]^{1-\alpha-\beta} K^\alpha L^\beta = \sum_{j \in RT} rent_j \tag{12}$$

市场均衡时的总产出：

$$Y = \sum_{i \in EP} a_i k_i^\alpha l_i^\beta = \big[\sum_{i \in EP} (a_i)^{\frac{1}{1-\alpha-\beta}} \big]^{1-\alpha-\beta} K^\alpha L^\beta \tag{13}$$

社会的全要素生产率：

$$TFP = \big[\sum_{i \in EP} (a_i)^{\frac{1}{1-\alpha-\beta}} \big]^{1-\alpha-\beta} \tag{14}$$

均衡的市场价格：

$$
\begin{cases}
R = \alpha(1-\tau)\left[\sum_{i\in EP}(a_i)^{\frac{1}{1-\alpha-\beta}}\right]^{1-\alpha-\beta}K^{\alpha-1}L^{\beta} \\
w = \beta(1-\tau)\left[\sum_{i\in EP}(a_i)^{\frac{1}{1-\alpha-\beta}}\right]^{1-\alpha-\beta}K^{\alpha}L^{\beta-1}
\end{cases} \tag{15}
$$

在本文的框架下，要素市场出清之后，产品市场自动出清。

本文与默菲等（1991）模型的区别有如下几点。

第一，默菲等（1991）分析经济增长，本文模型的目标是估计寻租导致的产出水平损失。

第二，为了表达租金分配对能力的报酬递增性，默菲等（Murphy et al.，1991）设定了一个与企业生产函数类似的租金生产函数。正如本文前面的分析，一个社会的寻租活动更多的与政府权力大小及其受制约程度有关，因此，设定租金生产函数的方式并不可取。而本文对于租金分配规则的设定就可以实现租金对能力的报酬递增性。

第三，本文的模型中寻租职位的个数是固定的，个体通过支付进入成本来竞争这些有限的职位，这更符合寻租特点。而默菲等（Murphy et al.，1991）的模型中，寻租职位数是可变的。

第四，默菲等（1991）的生产函数中只有人力资本一种投入要素，没有考虑资本投入。本文模型中资本是生产要素之一，而资本来自于居民的储蓄，是内生决定的。本文后面的数值分析结果表明，人才误配置的产出损失会通过资本这一内生生产要素而被放大。因此本文的模型更加丰富，也更加符合现实。

三、数值模拟

以下对理论模型进行数据模拟，并进行反事实评估。很难得到总租金份额 τ 和寻租者规模的数据。本文选择王小鲁（2013）估计的灰色收入来近似替代租金。王小鲁估算 2011 年中国灰色收入占 GDP 的 12%，本文也选取 $\tau =$

0.12。本文选择财政供养人口占总人口的比重来近似替代寻租者规模。根据财政部国库司编写的《2009 年地方财政统计资料》，2009 年全国财政供养人口（不包括中央财政供养的人口）为 5392.6 万人[①]。本文用地方财政供养人口占当年全国总人口的比重来近似替代寻租者规模。2009 年中国的总人口为 133450 万人[②]，由此计算出寻租者规模为 4%[③]。

本文模型中需要校准的参数包括如下几类：个体能力分布参数、生产函数参数、效用函数参数和租金分配规则参数。

个体能力分布参数 σ。个体能力服从对数正态分布，均值标准化为 0，只需要校准标准差。本文利用中国居民收入的基尼系数来校准这一参数。国家统计局公布的中国 2013 年基尼系数为 0.473[④]。但是，李实、罗楚亮（2011）指出，国家统计局住户调查数据存在对高收入人群（如企业家）的抽样偏差，可能低估了中国的基尼系数。利用福布斯和胡润财富排行榜以及高管薪酬数据，李实、罗楚亮（2011）重新估计的中国居民收入基尼系数为 0.53。本文模型中计算的个体收入包括了企业家的利润收入，因而采用他们修正后的基尼系数来校准标准差，得到 $\sigma = 0.64$。

生产函数参数 α、β。根据本文设定的生产函数，β 为劳动的产出弹性，等于劳动收入占总产出的份额。白等（Bai et al.，2006）估算中国劳动收入的份额为 50%。本文也设定 $\beta = 0.5$。在规模报酬不变的生产函数中，知道了劳动收入份额可以很容易地计算出资本产出弹性。但规模报酬递减时却无法区分出资本的回报和企业家能力的回报。参照彪拉等（Buera et al.，2013）和彪拉和辛（Buera and Shin，2013），本文利用企业规模分布的特征数据来校准 α。利用中国国有及规模以上工业企业数据，我们计算出 2008 年中国工业企业

---

① 缺乏中央财政供养人口数据。相对于地方财政而言中央财政供养人口较少。

② 来源于《中国统计年鉴 2010》。

③ 需要扣除提供标准公共服务的必要人力，但应该加上垄断性企业的雇佣。因此，实际寻租者规模可能更多或更少。后文将对其进行敏感性分析。

④ 见国家统计局网站：http://www.stats.gov.cn/。

最大 10% 企业的劳动雇佣占比为 58%，利用这一结果，我们得到 $\alpha = 0.32$。

效用函数参数 ρ、p。根据式（9），储蓄率的表达式 $\rho/(1+\rho)$。本文利用中国居民储蓄率来校准 ρ。2003～2012 年中国居民的平均储蓄率为 0.35①，由此计算出 $\rho = 0.54$。效用函数中 p 表示个体对寻租职业的主观偏好程度，在基准模型中本文设定 $p = 1$。

租金分配规则参数 γ。根据理论模型，参数 γ 将决定寻租者内部的收入差距，以及全社会因竞争有限的寻租职位而浪费的进入成本。本文采用如下思路进行校准：选择 γ 使得在进入成本为零的情况下，选择成为寻租者的个体占总人口的 4%。这样得到 $\gamma = 3.2$。如果个体会为竞争有限的寻租职位支付进入成本，那么 γ 值应该介于 1 和 3.2 之间。后文将对 γ 的取值做敏感性分析。

表 1 列示了基本模拟结果。在基本模拟中寻租者规模为总人口的 4%，租金份额占总产出的 12%。设寻租职位的非货币吸引力参数 $p = 1$，即寻租职位与其他职位的社会属性同质、收入完全等价，不存在社会地位、权利、声望、满足感等方面的差别。据表 1，与没有寻租的潜在产出相比，寻租引致的人才误配置的产出损失约为其 10%。这一结果对 γ 的取值不敏感。

表 1　　　　　　　　　　　　　　基本模拟结果

γ	Y	TFP	K	L	SC	寻租者分布
3.2	0.905	0.964	0.963	0.904	0.000	[95.80, 99.80)
1	0.902	0.992	0.889	0.891	0.049	[95.30, 99.30)

注：Y 表示产出，TFP 表示全要素生产率，K 表示资本，L 表示劳动，且都是与无寻租活动的基准情形下的相应值进行比较。SC 表示因竞争有限的寻租职位而浪费的进入成本占当期总产出的比重。寻租者分布表示寻租者在能力分布上的分位位置。本文后面表格的符号与此相同，不再一一注明。

γ 取 3.2 时，寻租者分布在能力谱的 95.80～99.80 分位上，经济中能力最高的群体依然是企业家。γ 取 1 时，租金分配更加平均，在总租金份额 τ 和

---

① 根据各年中国统计年鉴计算。

寻租职位数量给定的情况下，寻租活动对高能力者的吸引力下降，对低能力者的吸引力上升，使得寻租者分布向低能力一端移动，导致 TFP 增大，劳动供给 L 减少。同时，随着租金分配更加平均，寻租职位对更多的低能力者有了吸引力，对寻租职位的竞争也更加激烈，全社会为此付出的纯粹浪费（进入成本）从零增加到 4.9%，导致资本的减少。这三方面的因素对总产出的贡献有正有负，综合起来相互抵消，因此，几乎没有引起产出损失的变化。

注意到租金分配较平均时虽然总产出并没有明显变化，但由于整个经济纯粹浪费了 4.9% 的产出，从而全社会的福利水平会下降。我们得到一个有意思的结果：撇开公平性，仅从经济福利角度看，存在寻租的社会中阶层间流动性下降、甚至寻租职位的世袭制也有积极的一面，它可以节省因竞争职位导致的无谓交易成本和资源损失，即节约了寻租的进入成本。

表 2 分析了基本模拟结果对租金份额变化的敏感性。在计算表 2 时给定寻租者规模为 4%，租金分配规则参数 $\gamma = 3.2$，寻租职位的非货币吸引力参数 $p = 1$。可以看到，随着租金份额的增大，产出损失也变得稍大。当租金份额为 0.2 时，产出为潜在产出的 87.2%；租金份额增大到 0.4，产出下降到潜在产出的 80.6%。租金份额提高导致产出损失增大的原因在于，随着租金份额的提高（但寻租者规模不变），寻租职位的货币性吸引力也增大，从而导致人才误配置加剧：部分能力较高的人（以前是企业家）转而成为寻租者，寻租者分布偏向高能力的一端，这导致 TFP 从 0.941 下降到 0.899。而且，因个体间竞争寻租职位而浪费的进入成本（交易费用）也会提高（从 0.029 增加到 0.103），这导致资本减少（从 0.922 下降到 0.824），从而产出进一步下降。劳动供给的变化不明显。

表 2   租金份额与产出损失

τ	Y	TFP	K	L	SC	寻租者分布
0.2	0.872	0.941	0.922	0.906	0.029	[95.88, 99.88)
0.3	0.839	0.915	0.886	0.908	0.066	[95.94, 99.94)
0.4	0.806	0.899	0.824	0.908	0.103	[95.96, 99.96)

表 3 讨论基本模拟结果对寻租职位非货币吸引力的敏感性。前面假设 $p =$ 1，寻租职位与非寻租职位的货币收入是等价的。然而现实中寻租职位往往附带的社会地位、权力等非货币因素，会使得即使货币收入相同，寻租职位的吸引力 p 也更大。在计算表 3 时其他参数不变，租金份额 $\tau = 0.12$、租金分配规则参数 $\gamma = 3.2$、寻租者规模为总人口的 4%。可以看到随着 p 的增大，产出损失变得更大：当 p 增加到 6，总产出损失增加了相当于潜在产出 7.8%。寻租职位非货币吸引力增大对产出损失的影响与租金份额提高对产出损失的影响机制相同。随着寻租职位非货币吸引力增大，人才误配置加剧，寻租者能力分布从 $[95.80, 99.80)$ 移到 $[95.94, 99.94)$，导致 TFP 下降了相当于基准情形的 4.2%。因个体间竞争寻租职位而浪费的进入成本（交易费用）也会提高到相当于潜在产出的 2.6%，从而资本减少、产出进一步下降。劳动供给的变化仍然不明显。

表 3　　　　　寻租职位非货币吸引力与产出损失

P	Y	TFP	K	L	SC	寻租者分布
1	0.905	0.964	0.963	0.904	0.000	$[95.80, 99.80)$
3	0.856	0.934	0.885	0.907	0.020	$[95.90, 99.90)$
6	0.827	0.915	0.847	0.908	0.026	$[95.94, 99.94)$

四、反事实分析：寻租职位非货币吸引力无穷大的情形

前面的分析中寻租职位的非货币吸引力不足以吸引能力最高的群体，他们依然选择成为企业家。下面做一个有趣的反事实思想实验，考虑寻租职位非货币吸引力无穷大时人才误配置的成本可以有多大。

假定社会倒退 200 年，精英们都期望通过科举考试一举获得寻租职位。可以设想在这种情形下，与非货币性回报相比寻租货币回报简直不值一提，即 p 趋于无穷大。或者进一步退回到丛林法则时代，精英们竞争的是能够以武力控制一切的军阀位置，p 也会趋于无穷大。在这两种情形下，社会中能力

最高的群体都会选择寻租职业，而不是生产性的企业活动。

表4设定租金份额 $\tau=0.12$，租金分配规则参数 $\gamma=3.2$。如表4所示，总产出的损失是灾难性的。即使只有1%的寻租者，总产出下降了相当于潜在产出的47.2%；当寻租者规模提高到总人口的5%时，总产出只剩下潜在产出的31.7%。从表中可以看到，导致如此灾难性产出下降的主要原因是全社会 TFP 下降，以及由此导致的总资本 K 萎缩。TFP 的极大下降会导致产出以及个体收入的极大收缩。据式（9），个体的储蓄等于收入的一个固定份额。因此，随着个体收入的急剧下降，个体的储蓄也会急剧减少。本文模型中用于生产的资本来自于上一期年轻人的储蓄，个体储蓄急剧下降使得社会的总资本也会急剧减少。这又会反过来导致社会的总产出下降。这一系列的连锁反应表明，TFP 的下降会通过资本这一要素放大产出损失，这说明将资本内生化是极其重要的。默菲等（Murphy et al.，1991）并没有考虑这一机制。当然，加入寻租者阶层之后部分以前的工人会转而从事寻租活动，造成总劳动供给 L 的减少，但相对于 TFP 和资本的减少，人才误配置造成的劳动供给下降只是次要因素。从表4还可以看到，当寻租职位数量从1%增加到5%时，纯粹的交易成本浪费从总产出的4.4%减少到3.3%，不过，在这种情形下交易成本变化对产出的影响几乎可以忽略。

表4　　　　　　　　　寻租职位吸引力无穷大时的产出损失

寻租者规模	Y	TFP	K	L	SC
1%	0.528	0.690	0.524	0.884	0.044
3%	0.385	0.584	0.382	0.806	0.037
5%	0.317	0.529	0.316	0.749	0.033

表5和表6分别考虑租金份额和寻租集团内部租金分配规则的影响。两表中设定寻租职位数都为总人口的1%，表5中，$\gamma=3.2$；表6中，$\tau=0.12$。可以看出，租金份额和租金分配规则对产出损失的影响都很小，TFP 和劳动供给 L 都不会变化，产出损失的变化完全来自资本的变化。有所不同的是，

随着租金份额的增大，纯粹的交易成本浪费增加很多。

表5   租金份额与产出损失

租金份额	Y	TFP	K	L	SC
0.1	0.529	0.690	0.528	0.884	0.036
0.2	0.525	0.690	0.517	0.884	0.074
0.3	0.520	0.690	0.501	0.884	0.110

表6   租金分配规则与产出损失

γ	Y	TFP	K	L	SC
1	0.509	0.690	0.469	0.884	0.094
3	0.526	0.690	0.520	0.884	0.048
6	0.540	0.690	0.563	0.884	0.010

值得注意的是，人才误配置是本文模型中唯一的扭曲。即便在反事实的环境中，产出市场、资本市场和劳动市场也都设定为完善的、充分竞争的，寻租者也只以攫取相当于产出12%为限。这表明，即使不考虑产权保护脆弱、生产中断、垄断等文献中通常分析的导致传统社会产出低下的因素，单单是寻租导致的人才误配置——社会中能力最高的群体选择成为寻租者，从而导致 TFP 极大下降——就足以解释传统社会的极度贫困。

五、敏感性分析

规模报酬系数 $u = \alpha + \beta$ 和能力分布标准差 σ 是本文的两个关键参数。以上参数校准建立在估计的租金份额 τ 和寻租者规模之上，与真实数据可能存在差异，这会导致 σ 和 u 的校准出现偏差。前面选择 $u = 0.82$、$\sigma = 0.64$。下面考虑 u 取 0.77 和 0.87 两个不同的值、σ 取 0.59 和 0.69 两个不同的值，对两个关键参数进行敏感性分析，看上述结论对校准偏差是否稳健。

表7 在不同的参数下，对表1、表2和表3的重新计算，以分析寻租职位非货币吸引力较小时的产出损失。为了节省空间，这里只列出了产出 Y 的变

化情况。可以看到，个体能力分布标准差 σ 的不同取值，对产出损失的变化几乎没有影响。而生产函数规模报酬系数的变化对产出损失的估计有一定影响。在 u 取更大的 0.87 时，估计的产出损失较小。这是因为在寻租职位的非货币吸引力较小时，能力最高的群体选择成为企业家，更大的规模报酬系数意味着企业的规模差距越大，资源越集中在能力最高的企业家手中，因此能力次高的群体选择成为寻租者导致的产出损失将越小。

表7 寻租职位非货币吸引力较小时的产出损失

		$\sigma = 0.64$			$u = 0.82$		
		$u = 0.77$	$u = 0.82$	$u = 0.87$	$\sigma = 0.59$	$\sigma = 0.64$	$\sigma = 0.69$
γ	3.2	0.889	0.905	—	0.906	0.905	—
	1	0.907	0.902	0.898	0.906	0.902	0.899
租金份额	0.2	0.843	0.872	0.910	0.872	0.872	0.868
	0.3	0.748	0.839	0.890	0.830	0.839	0.840
	0.4	0.723	0.806	0.890	0.777	0.806	0.806
寻租职位非货币吸引力	1	0.889	0.905	—	0.906	0.827	0.856
	3	0.832	0.856	0.891	0.861	0.905	0.856
	6	0.772	0.827	0.866	0.822	—	0.821

注："—"表示在此参数情况下，自愿选择寻租职业的人数低于 4%，因此无法计算。

表8是在不同的参数下对表4、表5和表6的重新计算，考察反事实分析的稳健性。这里也只列出了产出 Y 的变化情况。可以看出，在 u 取更小的 0.77 时，所有估计的产出损失都变小了。更小的规模报酬系数意味着企业的规模差距越小，单个企业家对社会总产出的贡献也就越小。因此，当固定规模的寻租者取代了之前的企业家时，产出的损失不会特别大。但是，即使如此，我们所估计到的产出损失依然是惊人的，例如，在 u 取 0.77 时，1% 的寻租者造成的产出损失依然高达 37.4%。同时可以看到，更小的能力分布标准差，将导致产出损失的估计变小。这也容易理解。本文考察的核心机制是高能力的人选择从事非生产性的寻租职业，从而导致人才的浪费和产出损失。如果个体能力分布的标准差更小，那么固定规模的高能力寻租者在能力加权

的社会总人力资本中占的份额就越少，他们退出生产活动对总产出损失的影响也越小。不过即使在 σ 取较小的 0.59 时，产出损失依然是惊人的。

表8　　　　　　　　寻租职位非货币吸引力无穷大时的产出损失

		$\sigma = 0.64$			$u = 0.82$		
		$u = 0.77$	$u = 0.82$	$u = 0.87$	$\sigma = 0.59$	$\sigma = 0.64$	$\sigma = 0.69$
寻租者规模	1%	0.626	0.528	0.412	0.579	0.528	0.480
	3%	0.486	0.385	0.288	0.442	0.385	0.346
	5%	0.405	0.317	0.225	0.364	0.317	0.273
租金份额	0.1	0.627	0.529	0.409	0.581	0.529	0.482
	0.2	0.627	0.525	0.410	0.584	0.525	0.480
	0.3	0.624	0.520	0.375	0.567	0.520	0.472
γ	1	0.610	0.509	0.391	0.561	0.509	0.464
	3	0.625	0.526	0.411	0.578	0.526	0.479
	6	0.637	0.540	0.424	0.593	0.540	0.491

总之，生产函数的规模报酬系数和能力分布的标准差的大小确实会影响寻租导致的社会总产出损失的估计，但不会颠覆本文的基本结论，即这种人才误配置的社会成本不可小视。

六、总结性评论

寻租的货币和非货币收益将聪明的大脑吸引到纯粹的再分配活动中，而不是从事需要创新能力的生产性活动，形成了人才误配置。人们普遍相信，寻租引起的人才误配置社会成本巨大。然而囿于缺乏数据，测量这种人才误配置的社会成本面临很大的困难。其损失到底会达到多大的规模，现有文献并没有提供可靠的估计，这毕竟令人遗憾。本文尝试利用异质性个体的 OLG 模型，内生化人们的职业选择，运用校准和数值模拟的方法评估人才误配置的社会成本。本文证实寻租引起的人才误配置，其社会成本确实不容小视。在寻租职位的非货币吸引力比较正常区域内，这种社会成本相当于潜在产出的 10%～20%；如果寻租的魅力大到将社会精英都吸引过去，社会成本将是灾难性的，总产出可能只有潜在产出的不足 1/3。

本文的结果表明，从损失的数量级上看，寻租导致的人才误配置确实可以成为理解经济史上各国经济发展路径差异的钥匙。工业革命为什么发生在英国，而没有发生在中国或世界其他地方，当时英国的私有财产保护、专利保护等保护产权的制度安排确实功不可没。企业家和创新活动的高收益和回报将社会精英吸引到研发和工商业领域，人才配置效率和全要素生产率的极大改善让当时的英国经济率先起飞。寻租导致的人才误配置也可以成为理解当今世界国家经济发展和生活水平差距的关键。撒哈拉以南非洲国家的极度贫困、拉丁美洲国家陷入"陷阱"，与其严重的腐败和社会精英们热衷于寻租携手而至，这并不是偶然的。寻租的极大收益吸引着每一代年轻人，社会经济陷入难以自拔的贫困循环。即使中国这样快速发展的经济体和美国这样发达的经济体，也必须警惕寻租导致的"人才误配置陷阱"，中国公务员或者国有垄断部门、美国华尔街对年轻人的巨大吸引力可能在传递着这样的信息。

摆脱"人才误配置陷阱"的突破口在于改变社会的激励结构，而其中的关键是游戏规则即制度安排。应该强化生产性导向的游戏规则，弱化寻租导向的游戏规则，让企业家和创新活动的收益大部分回归要素投入者。这包括更好地保护私人产权、缩减和限制寻租部门的规模，削减腐败和寻租的可能性。尤其重要的是削弱寻租职位的吸引力，特别是如优越的社会地位、特权等非货币收益。只有这样，社会中聪明的大脑才会选择从事做"大蛋糕"的工作，人才配置效率和全要素生产率才会有大幅改善的空间，从而大幅提升社会的产出和生活水平。

参考文献

［1］李实、罗楚亮：《中国收入差距究竟有多大？——对修正样本结构偏差的尝试》，载于《经济研究》2011 年第 4 期。

［2］王小鲁：《灰色收入与国民收入分配：2013 年报告》，载于《比较》2013

年第 5 期。

　　[3] Acemoglu, Daron, "Reward Structures and the Allocation of Talent", *European Economic Review*, 1995, 39 (1): 17 – 33.

　　[4] Baumol, William, J., "Entrepreneurship: Productive, Unproductive and Destructive", *Journal of Political Economy*, 1990, 98 (5): 893 – 921.

　　[5] Buera, Francisco J., Moll Benjamin and Shin Yongseok, "Well-Intended Policies", *Review of Economic Dynamics*, 2013, 16 (1): 216 – 230.

　　[6] Buera, Francisco J. and Shin Yongseok, "Financial Frictions and the Persistence of History: A Quantitative Exploration", *Journal of Political Economy*, 2013, 121 (2): 221 – 272.

　　[7] Chang-Tai Hsieh and Peter J. Klenow, "Misallocation and Manufacturing TFP in China and India", *Quarterly Journal of Economics*, 2009, 124 (4): 1403 – 1448.

　　[8] Chang-Tai Hsieh, Erik Hurst, Charles L. Jones and Peter J. Klenow, The Allocation of Talent and U. S. Economic Growth, NBER Working Paper, No. 18693, 2013.

　　[9] Chong-En Bai, Chang-Tai Hsieh and Yingyi Qian, "The Return to Capital in China", *Brookings Papers on Economic Activity*, 2006, 37 (2): 61 – 102.

　　[10] Deacon, Robert T. and Ashiwin Rode, Rent-Seeking and the Resource Curse, http: //www. econ. ucsb. edu/ ~ deacon/RentSeekingResourceCurse% 20Sept% 2026. pdf, 2012.

　　[11] Jinglian Wu and Shaoqing Huang, "Innovation or Rent-Seeking: the Entrepreneurial Behavior During China's Economic Transformation", *China & World Economy*, 2008, 16 (4): 64 – 81.

　　[12] Murphy, Kevin M., Ardrei Shleifer and Robert W. Vishny, "The Allocation of Talent: Implications for Growth", *Quarterly Journal of Economics*, 1991, 106 (2): 503 – 30.

　　[13] Murphy, Kevin M., Ardrei Shleifer and Robert W. Vishny, "Why is Rent-Seeking So Costly to Growth", *American Economic Review*, 1993, 83 (2): 409 – 414.

　　[14] Ragnar Torvik, "Natural Resources, Rent-Seeking and Welfare", *Journal of Development Economics*, 2002, 67 (2): 455 – 470.

图书在版编目（CIP）数据

公共财政与收入分配：尹恒文集／尹恒著．—北京：经济科学出版社，2016.6
（京师经管文库）
ISBN 978 - 7 - 5141 - 7022 - 1

Ⅰ．①公…　Ⅱ．①尹…　Ⅲ．①公共财政 - 关系 - 收入分配 - 研究 - 中国　Ⅳ．①F812

中国版本图书馆 CIP 数据核字（2016）第 140500 号

责任编辑：齐伟娜　张蒙蒙
责任校对：刘　昕
技术编辑：李　鹏

公共财政与收入分配
——尹恒文集

尹　恒　著

经济科学出版社出版、发行　新华书店经销
社址：北京市海淀区阜成路甲 28 号　邮编：100142
总编部电话：010 - 88191217　发行部电话：010 - 88191540
网址：www.esp.com.cn
电子邮件：esp@ esp.com.cn
天猫网店：经济科学出版社旗舰店
网址：http://jjkxcbs.tmall.com
固安华明印业有限公司印装
710 × 1000　16 开　24.75 印张　350000 字
2017 年 3 月第 1 版　2017 年 3 月第 1 次印刷
ISBN 978 - 7 - 5141 - 7022 - 1　定价：58.00 元
（图书出现印装问题，本社负责调换。电话：010 - 88191502）
（版权所有　翻印必究　举报电话：010 - 88191586
电子邮箱：dbts@ esp.com.cn）